高等院校财务与会计专业规划教材

财务管理学

Financial Management

◆主　编　许　慧
◆副主编　张　丹　严也舟　卢洁琼

ZHEJIANG UNIVERSITY PRESS
浙江大学出版社

图书在版编目(CIP)数据

财务管理学 / 许慧主编. —杭州：浙江大学出版社，2016.8(2022.1 重印)
ISBN 978-7-308-16093-3

Ⅰ. ①财… Ⅱ. ①许… Ⅲ. ①财务管理－高等学校－教材 Ⅳ. ①F275

中国版本图书馆 CIP 数据核字（2016）第 182022 号

财务管理学

主 编 许 慧

责任编辑 李 晨
责任校对 董凌芳 高士吟
封面设计 周 灵
出版发行 浙江大学出版社
(杭州市天目山路 148 号 邮政编码 310007)
(网址：http://www.zjupress.com)
排 版 杭州青翊图文设计有限公司
印 刷 浙江新华数码印务有限公司
开 本 787mm×1092mm 1/16
印 张 27.25
字 数 663 千
版 印 次 2016 年 8 月第 1 版 2022 年 1 月第 2 次印刷
书 号 ISBN 978-7-308-16093-3
定 价 68.00 元

浙江大学出版社市场运营中心联系方式：0571－88925591；http://zjdxcbs.tmall.com

前　言

经过一个多世纪的发展，现代财务管理已经形成了较为完整的理论体系和方法体系。伴随着经济全球化时代的到来，金融市场也在不断地发展与创新，植根于其中的财务管理内容也日趋丰富和完善。在不断发展的市场经济条件下建立起来的现代企业制度，让企业的经营方式和经营理念发生了转变，货币时间价值观念、风险管理观念和资本运营观念已经内化为现代企业财务管理的基石；围绕着资本的保值与增值，把净资产收益的提升作为管理的核心，通过优化配置、资本流通、资本重组来提高资本运营效益，最终实现企业价值最大化的目标等均已贯穿企业财务管理的始终。

财务管理学兼具着较强的理论性和实践性特征。一方面它突破了传统财务会计原则的束缚，吸收了当代管理学、金融学、投资学和统计学等相关学科的最新理论与成果；另一方面，在企业的管理实践中它也较迅速地创新了方法与内容。这些理论和实践的发展需要在教学中得到较好的体现。

与此同时，财务管理学已成为会计学、财务管理等工商管理类专业的一门核心课程。为了理论联系实际，引导学生深刻理解财务的理论问题和实践创新内容、熟练掌握财务管理的技能和方法，财务管理学的教学迫切需要更新课程内容、调整课程结构。

本教材在内容安排上以现代财务管理的“时间价值”和“风险报酬”两大基本价值观念为基础，以“财务管理基本理论和方法—财务管理的基本内容—财务管理内容的拓展”为基本框架，在理论性与应用性并重的指导思想下，系统地阐述了财务管理的基本理论、基本方法和基本内容。

为了便于学生更好地理解相关知识要点，本教材在每章均设置了学习目标、引导案例、基本内容、课后思考和案例讨论五个模块。本教材的特点在于：第一，每章内容之前都设置了小型引导案例并提出思考问题，有利于启发学生带着问题去学习，培养学生研究性学习的习惯；第二，每章的课后思考均便于学生有针对性地巩固学习内容；第三，每章后面均设计了大型案例讨论的内容，力求应用较新的案例内容与资料，以增强学生对财务管理的感性认识，也有利于讨论式教学法的应用，进一步提升学生的学习兴趣和财务管理素质。

本书共分为十三章，主编许慧，副主编张丹、严也舟和卢洁琼。全书整体框架的构建、编写大纲的确定、大部分章节的编写由许慧完成。张丹负责部分章节的编写和案例的搜集与整理任务，严也舟和卢洁琼负责协助全书文字的校对和排版工作。

本教材的编写得到了武汉工程大学管理学院领导的大力支持，在此表示感谢！

此外，本教材在写作过程中，参阅了国内外许多财务专家、学者的研究成果，引用了一些网站和媒体的资料，他们的思想和观点对本书的完成起到了重要作用，在此一并致谢！

由于编者水平所限，本教材难免存在一些不足之处，在此，恳请广大读者批评指正。

编　者

2016 年 4 月 10 日

目　录

第一篇　财务管理的基础

第三篇 财务管理的拓展

第一篇

财务管理的基础

第一章　总　论

学习目标

- 了解财务管理的产生与发展。
- 掌握财务管理的概念。
- 掌握财务管理目标的主要观点。
- 了解企业的组织形式、财务管理体制。
- 了解企业财务人员的职业生涯。
- 了解财务管理的环境。

引导案例

中国业务瘦身，嘉士伯关闭部分工厂

时令已到2016年春季，但中国的啤酒业却仍身处严寒之中。部分啤酒公司发布预告，业绩存在不同程度的下滑甚至亏损。国际啤酒巨头嘉士伯发布的2015年年报显示，其业绩虽在亚洲市场有所增长，但在中国却有所下滑。据嘉士伯披露的2015财年年报，其全年收入653.54亿丹麦克朗，经调整后的净利润下降了17%，为45.57亿丹麦克朗。2015年，嘉士伯集团派发分红为每股9丹麦克朗。

该公司在中国关闭多家工厂并将旗下上市公司借壳给其他意图上市的公司而备受关注。对此，嘉士伯高层在分析师会议上表示，主要是受平价品类下跌影响，嘉士伯在华销量有机增长为−2%。嘉士伯透露在中国市场已经关闭了5家工厂，并预计在2016年还将关闭两家，其称："为了巩固利润，公司已经在中国实施了大规模的结构调整，包括关闭了数家工厂。"可以看出，嘉士伯关闭部分工厂是其在华战线的收缩，甚至有可能3年内将退出中国市场，只保留部分业绩较好的品类。

然而嘉士伯中国事务总监胡钺表示：中国啤酒市场在过去两年充满挑战，行业总体销量出现下滑，行业产能过剩问题更为突出，去产能也是整个行业所面临的一个挑战。面对诸多挑战，如在嘉士伯集团对外公布的信息中所显示的，着眼于未来可持续的发展，嘉士伯中国通过产能优化等方式提升生产效率，主动对现有业务进行优化调整。对中国区是调整而不是单纯地关厂减产，这是产能优化的举措。该公司关掉不能盈利的工厂，但在有前景的地区还在建新厂，如在大理，嘉士伯正在建厂。

（资料来源：《中国经营报》2016年2月22日）

思考:(1)胡总监这似乎与“嘉士伯瘦身”表现相去甚远的观点,怎么理解?
(2)嘉士伯瘦身的原因仅仅是公司财务的调整吗?
(3)嘉士伯的财务管理目标是什么?

第一节　财务管理的概念与内容

企业兴衰,财务为本,企业财务管理能力是企业竞争力的重要表现。企业的管理活动离不开资金,资金的运动过程也就是政府、企业和个人获取经济利益的过程。然而财务管理的主体并不是所有经济利益主体,而是特指企业或者公司。

一、财务管理的产生与发展

财务管理作为企业的一项独立经济活动,是伴随着公司制的产生和发展而逐渐形成发展起来的。

(一)财务管理的产生

财务管理的萌芽可追溯到15世纪。当时商业在地中海沿岸一带的城市得到了迅猛发展,在某些城市中出现了以商人、王公大臣乃至一般市民为股东主体的城市商业组织。这种商业组织一般都由官方设立并监督其业务,股份不能随意转让,但投资者可以收回投资。国外一些学者称其为“原始的股份形式”。商业股份经济的发展,要求企业做好筹集资金、股利分配和利润回收等工作。只是当时这些活动尚未从商业经营中分离出来,也不具备独立的财务管理职能,只能视为财务管理的萌芽。

现代财务管理产生于19世纪末的西方发达资本主义国家。17—18世纪,随着资本的原始积累和生产规模的扩大,股份公司逐渐发展成为一种典型的企业组织形式。尤其是19世纪50年代以后,随着西方国家产业革命的完成、制造业的迅速崛起,股份公司已处于国民经济的主导地位,企业的规模越来越大,生产经营所需资金显著增加,财务关系日益复杂。同时,金融市场逐步建立与发展,企业发行股票和债券越来越频繁,财务管理工作日趋增多,使得各公司纷纷设立财务管理机构并配备专门的财务管理人员,让财务管理从企业管理中分离出来,成为一项独立的专门工作。财务管理实践的发展,也促使财务管理理论和方法逐渐成形。1897年,美国著名经济学家格林(Thomas L. Greene)出版了专著《公司财务》(*Corporate Finance*),标志着财务管理学科的初步形成。

(二)财务管理的发展

20世纪以来,财务管理实践与理论的发展主要经历了以下几个阶段。

1. 以筹资管理为重心的外向型财务管理阶段

20世纪初期,随着经济和科学技术的发展,新兴行业不断涌现,企业迅速发展壮大,竞争也逐步加剧。为了扩大规模，拓展经营领域，股份公司急需在资本市场上寻求新的资本。如当时美国钢铁公司、雷诺烟草公司等大公司面临的主要问题是，如何尽快取得资本以进行扩张。然而，由于资本市场初具规模，不规范的操作令人担忧。一方面上市公司会计报表存在着虚假成分，公司提供给投资者的盈余指标和财务状况不实；另一方面，公司的内部管理者和股市操纵者相互配合，造成股价与公司价值背离太大，经常出现股价大幅波动。资本市场不能取信于中小投资者，导致投资者对股票和债券望而却步，公司陷入了资本市场融资难的困境。但与此同时，资本雄厚的大公司通过合并与兼并取得了一定的经营和财务的协同效应。例如，美国历史上发生过五次兼并浪潮，其中前两次浪潮就发生在此时期。这个阶段的财务管理是以筹资为重心的外向型财务管理，如何做好筹资工作，合理预计企业资金需要量，并选择合适的融资方式筹集企业所需要的资金，尽量降低资金成本，是这一阶段财务管理的重要职能。

2. 以内部控制为重心的内涵式财务管理阶段

20 世纪 30 年代爆发了世界性的经济危机，严重的经济萧条中出现了有史以来大规模的公司倒闭事件，使得公司的管理层深刻认识到，首先应考虑生存，然后才能考虑发展。西方各国政府为了维护投资者的利益，加强了对证券市场的监管。如美国政府于 1933 年和 1934 年分别颁布了《证券法》和《证券交易法》，要求公司公布财务信息。政府监管的加强客观上要求企业把财务管理的重心转向内部控制。同时，对公司财务管理者而言，要想尽快走出经济危机的困境，不仅要关注公司的资本存量，更要关注资本的流量和资产的变现能力，因此就必须进行有效的内部控制。于是，财务管理逐渐由外向型转为以内部控制为重心的内涵式财务管理。本阶段的财务管理更加注重合理运用企业拥有或控制的经济资源，加强财务分析和预测，提高资本的利用效益。

3. 以投资管理为重心的拓展式财务管理阶段

第二次世界大战以后，企业规模越来越大，生产经营日趋复杂，再加上国际大资本和跨国公司的大量涌现、通货膨胀和市场竞争的日益激烈，使得企业的生存和发展不仅取决于筹资和内部控制，更重要的是还取决于投资管理。随着投资管理越来越受到重视，投资决策在公司财务管理中逐渐取得主导地位。于是，财务管理的重心由内部控制转向投资管理。该阶段财务管理强调投资决策程序科学化，并逐步建立科学的风险投资决策理论和方法，为正确进行投资决策提供了科学的依据。

4. 以资本运作为重心的综合财务管理阶段

20 世纪 30 年代以后，随着市场经济和经济全球化的发展，特别是资本市场的不断发展，企业集团化与国际经营已经成为必然趋势，财务活动和财务关系日益复杂，财务管理开始朝着综合性管理的方向发展。这一时期，财务管理的特点是以资本运作为重心的综合管理。其主要表现是：(1)财务管理被视为企业管理的重心，资本运作被视为财务管理的重心，财务管理广泛关注以资本运作为重心的资本筹集、资本运用和收益分配，追求资本收益的最大化；(2)财务管理方式综合化，预测、决策、计划、控制、分析和评价等在实践中得以综合应用；(3)财务管理的视野不断拓展，新的财务管理领域不断出现，如通货膨胀财务问题、跨国经营的国际财务问题、企业并购财务问题、网络财务问题等；(4)财务管理的定性和定量方法不断得到创新，计算模型在财务管理中的运用变得越来越普遍；(5)计算机的应用促进了财务管理手段的重大变革，极大地提高了财务管理的效率。

(三)我国财务管理的发展

我国财务管理理论与实践同样也是逐步发展演变的。新中国成立后，企业财务管理的发展大致经历了以下三个阶段。

1. 从20世纪50年代初到70年代后期

我国在这一时期实施的是计划经济体制，政府对企业实行统收统支的财务制度，企业财务管理明显具有较强的政府干预色彩。因此，本阶段的财务管理没有发挥其应有的职能，也就是没有现代意义上真正的财务管理。

2. 从20世纪70年代末到90年代初

这一时期企业的所有权与经营权已实现适当分离，但并没有实现真正的自主经营、自负盈亏，资金的筹集和使用不能由企业自主决定，加之企业产权关系不清、分配关系不顺，企业财务管理仍然处于初级阶段。

3. 从20世纪90年代起到现在

随着我国市场经济和资本市场的不断发展和日趋完善，财务管理在企业管理中的地位愈来愈重要，必将引起财务管理思想、理论和方法的重大变革，这些变革为财务管理注入了新的思想和活力，不断拓展和延伸财务管理的职能。这个阶段是我国企业的财务管理朝着现代化方向迈进的阶段。

二、财务活动与财务关系

财务管理(financial management)是企业组织财务活动、处理各种财务关系的一项经济管理工作。因此，要了解财务管理的概念，必须先理解企业的财务活动和财务关系。

(一)财务活动

在企业的生产经营过程中，实物商品或服务在不断地转化，其价值形态也相应地发生变化，周而复始、不断循环，形成了资金运动。资金运动以价值形式综合地反映着企业的生产经营过程，它是构成企业生产经营活动的一个部分，具有其独特的运动规律。资金运动不但以资金周转的形式存在，而且伴随生产经营过程不断地循环，因此资金运动也表现为一个不断循环的周转过程。资金的循环具体表现为资金的收支，它是企业经济活动的一个独立方面。企业的财务活动(financial activities)是以现金收支为主的企业资金收支活动的总称。

企业财务活动一般包括筹资活动、投资活动、资金营运活动和利润分配活动等四个方面。

1. 企业筹资引起的财务活动

企业筹资引起的财务活动是指企业根据一定时期内资金投放和资金运用的需求，通过吸收投资者直接投资、发行股票、发行债券、银行借款等方式，从金融市场和其他来源渠道获取资金的过程。在这个过程中，一方面企业获得投资者的资金，表现为企业资金的流入；另一方面企业为了获取资金需要付出手续费、佣金等各种筹资费用，还需要支付利息并偿还借款本金，表现为企业资金的流出。这种因资金筹集而产生的资金流入和流出，就是企业的筹资活动。

2. 企业投资引起的财务活动

在企业取得资金后，必须将资金投入生产经营过程中，以谋求资金的不断增值，即进行投资。投资的概念可以从广义和狭义两个角度进行理解。广义的投资是指企业将筹集的资金投入生产经营的所有过程，包括将资金投入企业内部的过程（如购置流动资产、固定资产、无形资产等）和对外投放资金的过程（如投资购买其他企业的股票、债券，与其他企业联营等）；而狭义的投资仅指对外投资。企业无论是购置内部经营所需资产，还是对外购买各种有价证券，都需要支付资金，这表现为企业资金的流出。而当企业出售其固定资产、无形资产、有价证券或者回收其对外投资时，都会产生资金的流入。这种因企业投资活动而产生的资金流入和流出，就是企业的投资活动。

3. 企业经营引起的财务活动

企业在生产经营过程中会发生一系列的资金流入和流出。首先，企业要采购材料或者商品，以便从事生产和销售活动，同时还要为保证正常的生产经营而支付工资和其他的营业费用；其次，当企业把产品或商品售出后，就可取得收入，收回资金。另外，如果现有资金不能满足企业经营的需要，企业还要采用短期借款、赊购材料商品或者发行短期融资券等方式来筹集所需资金。这些资金的流入和流出就是因企业经营而产生的财务活动，又称为资金营运活动。

4. 企业利润分配引起的财务活动

企业通过投资活动和资金营运活动会实现资金的增值，取得一定的收益。企业收益分配活动必须是依据现行法律和法规对企业取得的各项收入进行分配。所谓的收益分配，从广义上来理解，是指对各项收入进行分割和分派的过程，该过程的分配对象包括股东和债权人，对股东分配股利（企业税后净利润中支付），对债权人支付利息（企业税前利润中支付）。狭义上，收益分配仅指净利润的分配过程，即只包括对股东分配的股利。

在此处财务活动内容的划分上，企业收益分配活动指的是狭义上的收益分配，而对于支付给债权人的利息则归入筹资活动过程。值得一提的是，会计角度的财务活动将所有的收益分配均归入了筹资活动，所以在会计报表的现金流量表中，三大主要内容只有经营活动产生的现金流量、投资活动产生的现金流量和筹资活动产生的现金流量。

上述财务活动的四个方面不是孤立的，而是互相联系、相互依存、互相影响的，但又有一定区别，这四个方面构成了完整的企业财务活动。

（二）财务关系

企业财务关系（financial relationship）是指企业在组织财务活动的过程中与各利益相关主体所发生的经济利益联系。企业的筹资活动、投资活动、营运活动、利润分配活动与企业各利益相关者有着广泛的联系，具体包括以下七个方面的内容。

1.企业与投资者之间的财务关系

企业的投资者有广义和狭义之分，广义上，投资者是指所有向企业提供资金来源的组织或者个人，包括所有者和债权人；狭义上的投资者仅指企业的所有权主体(所有者)。此处的企业的投资者即所有权主体，包括国家、法人和个人等。企业与投资者之间的财务关系是指企业的投资者向企业投入资本金，企业向其投资者分配投资收益所形成的经济利益关系。

投资者作为财产所有者代表，履行出资义务。投资者除了拥有重大经营决策权、参与企业收益分配权、对剩余财产的分配权等权利之外，还承担着一定的风险；作为接受投资的企业，对投资者承担资本保值增值的责任。企业利用资本进行营运，实现盈利后按照投资者的出资比例或合同、章程的规定，向其所有者支付报酬。两者之间的财务关系体现着所有权的性质及所有者在企业中的利益。

2.企业与债权人之间的财务关系

企业除利用投资者投入的资本进行经营活动外，还要借入一定数量的资金，以扩大经营规模，降低资金成本。企业与债权人之间的财务关系是指企业向债权人借入资金，并按借款合同的规定按时支付利息和归还本金所形成的经济利益关系，在性质上属于建立在契约关系之上的债务债权关系。

3.企业与受资者之间的财务关系

企业与受资者之间的关系是指企业以购买股票或者直接投资的形式向其他企业投资所形成的经济利益关系。通常企业作为投资者要按照投资合同、协议、章程的约定履行出资义务，以便及时形成受资企业的资本金。受资企业利用资本金进行经营，实现利润后应按照出资比例或合同、章程的规定向投资者分配利润。随着市场经济的不断深入发展，企业经营规模和经营范围的不断扩大，企业向其他单位投资而形成的这种关系将会越来越广泛。企业与受资者之间的财务关系是体现所有权性质的投资与受资的关系。

4.企业与债务人之间的财务关系

企业与债务人之间的财务关系是指企业将其资金以购买债券、提供贷款或赊销材料商品等形式出借给其他单位所形成的经济利益关系。企业将资金出借后，有权要求其债务人按约定的条件支付利息和归还本金。企业同其债务人之间的财务关系体现的是一种债权债务关系。

5.企业内部各经济责任主体之间的财务关系

企业内部各经济责任主体，既是履行特定经营、生产和管理等不同职能的组织，又是以责权利相结合原则为基础的企业内部经济责任单位。企业内部各经济责任主体既分工又合作，共同形成一个企业系统。只有这些子系统功能协调，才能实现企业预期的经济效益。企业内部各经济责任主体之间的经济往来及企业内部各经济责任单位相互之间的经济往来，不但要进行企业内的经济核算，而且要分清经济责任，进行绩效考核与评价，落实约束与激励措施。企业内部各经济责任单位之间的财务关系体现了企业内部各经济责任单位之间的利益交换与转移关系。

6.企业与其员工之间的财务关系

企业员工是企业的经营管理者和劳动者，他们以自身提供的劳动作为参与企业资金分配的依据。企业根据员工的职务、能力和经营业绩的优劣，用其收益向员工支付劳动报酬，并提供必要的福利和保险待遇等。企业与员工之间的财务关系是以权、责、劳、绩为依据的劳动成果上的分配关系。

7.企业与国家行政管理部门之间的财务关系

企业与国家行政管理部门之间的经济利益关系，并不在于政府是不是企业的出资者，而在于政府行使其行政管理职能，为企业生产经营活动提供公平竞争的经营环境和公共设施等条件。政府在行使其行政管理职能时，为维护社会正常秩序、保卫国家安全、组织和管理社会活动等付出了一定的代价，要参与企业的资金分配。企业必须按照税法规定缴纳各种税款，包括所得税、流转税、资源税、财产税和行为税等，从而形成了企业与国家行政管理部门之间强制与无偿的经济利益支付关系。

企业财务关系体现了企业财务的本质，处理和协调好各种财务关系是财务管理者必须遵循的一项基本原则。

三、财务管理的特点与内容

综上所述，财务管理的概念可以概括为：企业财务管理是企业管理的一个组成部分，它是根据财经法规制度，按照财务管理的原则，组织企业财务活动，处理财务关系的一项经济管理工作。

（一）财务管理的特点

企业生产经营活动的复杂性必然决定了企业管理包括多方面的内容，如生产管理、技术管理、人力资源管理、设备管理、销售管理、物流管理和财务管理等。各项工作是互相联系、紧密配合的，同时又有科学的分工，具有各自的特点，而财务管理有三个方面的特点。

1.财务管理能迅速反映企业的生产经营状况

在企业管理中，决策是否恰当、经营是否合理、技术是否先进、产销是否顺畅，都可以迅速地在企业财务数据中得到反映。例如，若企业生产的产品适销对路，质量优良可靠，就可带动生产发展，实现产销两旺，资金周转加快，盈利能力增强，这一切都可以通过各种财务指标迅速地反映出来。这也说明，财务管理工作既有其独立性，又受到整个企业管理工作的制约。财务部门应通过自己的工作，向企业领导及时汇报有关财务信息的变化情况，以便把各部门的工作都纳入提高经济效益的轨道，努力实现财务管理的目标。

2.财务管理是一项综合性管理工作

企业在实行分工、分权的过程中形成了一系列专业管理，有的侧重于使用价值的管理，有的侧重于价值的管理，有的侧重于劳动要素的管理，有的侧重于信息的管理。社会经济的发展，要求财务管理主要运用价值信息对经营活动实施管理。通过价值形式，把企业的一切物质条件、经营过程和经营结果都合理地加以规划和控制，达到企业效益不断提高、财富不断增加的目的。因此，财务管理既是企业管理的一个独立方面，又是一项综合性的管理工作。

3. 财务管理与企业各方面有着广泛的联系

在企业的日常经营活动中，一切涉及资金的收支活动都与财务管理有关。事实上，企业内部各部门与资金不发生联系的情况是很少见的。因此，财务管理的触角常常伸向企业经营的各个角落。

每一个部门都会通过资金的使用与财务部门发生联系，每一个部门也都要在合理使用资金、节约资金支出等方面接受财务部门的指导，受到财务制度的约束，以此来保证企业经济效益的不断提高。

（二）财务管理的内容

财务管理是基于企业在生产经营过程中客观存在的财务活动和财务关系而产生的，企业筹资、投资、资金营运和收益分配构成了完整的企业财务活动，与此相对应，企业筹资管理、投资管理、营运资金管理和利润分配管理便成为企业财务管理的基本内容。

1. 筹资管理

筹资管理是企业财务管理的首要环节，是企业投资活动的基础。筹资管理主要解决的问题是如何取得企业所需要的资金，即指在何时通过何种渠道获取多少资金。事实上，在企业发展的过程中，筹资及筹资管理是贯穿始终的。无论在企业创立之初，还是在企业成长过程中追求规模扩张时，甚至是在日常经营周转过程中，都可能需要筹措资金。可见筹资是企业为了满足投资和用资的需要，筹措和集中所需资金的过程。在筹资的过程中，企业首先需要根据战略发展的要求和投资规划来确定各个时期企业总体的筹资规模，以保证企业投资经营所需的足够资金；另一方面，还需要分析不同筹资渠道和筹资方式的利弊，合理确定筹资结构，不断降低筹资成本和风险，提高企业的筹资效果。这些就是企业的筹资管理。

2. 投资管理

投资是企业资金的运用，是为了获得收益或者避免风险而进行的资金投放活动。在投资过程中，企业必须考虑投资规模是否合适；同时，企业还必须通过投资方向和投资方式的选择，来确定合理的投资结构。在投资过程中，企业需要科学地进行投资项目的可行性分析，根据企业经营的目标和对投资报酬的需求，选择合适的投资项目，有效规避风险，提高投资效益。投资是企业实现财务管理目标的重要途径，投资决策的成败对企业未来经营的前景具有根本性影响，因此，企业需要对投资活动进行有效的管理。

3. 营运资金管理

在资金营运过程中，企业将为满足日常经营活动的需要而垫支流动资金，营运资金管理主要是对企业短期资产的管理，包括对现金、短期金融资产投资、应收账款和存货的管理。因为，短期资产在企业经营中随着经营过程的进行不断变换其形态，营运资金的周转与生产经营周期应具有一致性，在一定时期内，资金周转的速度越快，就越能利用相同数量的资金生产出更多数量的产品，短期资产的周转速度和使用效率直接影响企业的经营效益。因此，企业就必须对其短期资产的周转速度和使用效率进行管理，即进行营运资金管理。营运资金管理就是要在保证企业生产经营顺利进行的同时，节约使用资金，提高资金利用效果。

4. 利润分配管理

利润是企业在一定会计期间的经营成果，也是企业在一定会计期间内实现的收入减去费用后的净额。企业实现的利润必须在企业的各利益相关者之间进行合理的分配，这关系到国家、企业所有者、债权人、经营者、员工及社会其他各方面的利益。一方面，企业取得的净利润（税后利润）主要是在所有者和企业之间进行分配，不同的所有者由于投资目的不同，对待分配的利润和企业留存利润的态度也不尽相同，这将直接影响企业的利润分配决策；另一方面，随着利润分配方案的实施，资金退出或者留存企业，必然影响企业的资金运动，这不但表现在资金运动的规模上，而且表现在资金运动的结构上，比如筹资的结构。企业利润的留存是企业的内部筹资活动，对利润分配的管理又直接影响企业的筹资决策。

因此，在国家法律、法规允许的范围内，如何合理确定企业税后利润的分配对象、分配方式和分配规模，以提高企业的潜在收益能力，进而提高企业的价值，也是企业财务管理的一项重要的内容。

四、财务管理的环节

财务管理的环节是指财务管理的工作步骤和一般程序。企业财务管理一般包括财务预测、财务决策、财务预算、财务控制和财务分析等五个基本环节，这些环节构成了完整的财务管理工作体系。

（一）财务预测

财务预测是指企业根据财务活动的历史资料（如财务报告），考虑现实条件与要求，运用特定方法对企业未来的财务活动和财务成果做出科学的预计或测算。财务预测是进行财务决策的基础，是编制财务预算的前提。

财务预测所采用的方法主要有两种：一是定性预测，也就是在企业缺乏完整的历史资料或有关变量之间不存在较为明显的数量关系时，专业人员进行的主观判断与推测；二是定量预测，是指企业根据比较系统完备的资料，运用数学方法，建立数学模型，对事物的未来进行的预计和估算。实际工作中通常将两者结合起来进行财务预测。

财务预测的内容涉及企业资本运作的全过程，一般包括流动资产需要量预测、固定资产需要量预测、成本费用预测、销售收入预测、利润总额预测与分配预测，以及有关长短期投资的预测等。财务预测的程序包括明确预测目标、收集整理资料、建立预测模型和论证预测结果等步骤。

（二）财务决策

财务决策是企业财务人员按照企业财务管理目标，利用专门方法对各种备选方案进行比较分析，并从中选出最优方案的过程。它不是选定方案的瞬间行为，而是提出问题、分析问题和解决问题的全过程。合理的、顺应环境条件的决策可使企业起死回生，不合理的、错误的决策可导致企业毁于一旦，所以财务决策是企业财务管理的核心，其正确与否直接关系到企业的兴衰成败。

财务决策的方法主要有两大类：一类是经验判断法，这是根据决策者的经验来判断选择最优方案的，常用的方法有淘汰法、排队法、归类法等；另一类是定量分析法，是应用决策论的定量方法进行方案的确定、评价和选择，常用的方法有数学分析法、数学规划法、概率决策法、优选对比法和综合平衡法等。

财务决策的内容非常广泛，主要包括筹资决策、投资决策、营运资金管理决策和利润分配决策等。在企业的主要决策中，投资决策是最主要的。财务决策的基本程序包括确定决策目标、提出实施方案和评价选择方案等步骤。

（三）财务预算

财务预算是指企业运用科学的技术手段和数量方法，对未来财务活动的内容及指标进行综合平衡与协调的具体规划。财务预算是以财务决策选择的方案和财务预测提供的信息为基础编制的，是财务预测和财务决策的具体化、数量化，是财务控制和财务分析的依据，贯穿企业财务活动的全过程。

财务预算一般包括以下环节：分析财务环境、确定预算指标，协调财务能力、组织综合平衡，选择预算方法、编制财务预算。

（四）财务控制

财务控制是对预算和计划的执行进行追踪监督，对执行过程出现的问题进行调整和修正，确保企业全面实现财务计划目标的过程。实行财务控制是落实财务预算、保证预算实施的有效举措，也是责任绩效考评与奖惩的重要依据。

财务控制程序包括确定控制目标、建立控制系统、信息传递与反馈和纠正实际偏差等环节。在财务控制过程中尤其重要的是对财务活动的各个环节进行风险控制和管理，以保证目标和预算的顺利执行。风险控制和管理就是要预测风险发生的可能性，尽可能地提出预警方案，确定和甄别风险，采取有效措施规避、化解风险或减少风险所带来的危害等。

（五）财务分析

财务分析是根据以财务报告为核心的企业核算资料和相关政策与市场信息，运用特定方法对企业财务活动过程及其结果进行分析和评价的一项工作。财务分析既是本期财务活动的总结，也是下期财务预测的前提，具有承上启下的作用。通过财务分析，可以把握企业财务预算的执行情况，评价企业财务状况，研究和掌握企业财务活动的规律，进而改善财务预测、财务决策、财务预算和财务控制，最终提高企业财务管理水平。

财务分析的内容主要包括分析企业的偿债能力、营运能力、盈利能力、发展能力和综合财务能力，并进行业绩评价。业绩评价是通过运用一定手段和方法对企业一定经营期间的获利能力、资产质量、债务风险以及经营增长和努力程度等各方面进行的综合评判。科学地评价企业业绩，可以为企业所有者选择经营者提供重要依据，可以有效地加强对企业经营者的监督和约束，可以为有效地激励企业经营者提供合理的基础，还可以为政府有关部门、债权人、企业员工等利益相关方提供有效的信息支持。

第二节　财务管理的目标

财务管理的目标是企业财务活动所希望实现的结果，是评价企业财务活动是否有效的基本标准，也是制约企业财务工作运行基本特征和发展方向的关键要素，它决定着财务管理主体的行为模式。

一、企业目标对财务管理目标的影响

财务管理是企业管理的一个组成部分，是对企业资金获取和有效使用的管理工作。财务管理的目标取决于企业的总体目标。企业是具有一定目标，在生产或流通领域从事特定活动，向社会提供商品和劳务，实现自主经营、自负盈亏、自我约束、自我发展，获取盈利的经济组织。企业管理是一个复杂的系统工程，为了解决这一复杂系统的相关问题，首先要建立系统的总体目标。

企业是营利性经济实体，其出发点和归宿是获利。企业自成立之初就会面临竞争，并始终处于生存和倒闭、发展和萎缩的矛盾之中。企业必须生存下去才能获利，只有不断发展才能生存。因此，概括地说，企业的目标有三个层次：首先是生存，其次是发展，最后则是获利。

（一）生存

企业的首要目标是生存。企业生存的条件是：第一，以收抵支。企业只有在经营过程中做到收入大于支出，企业的生产经营活动才能够不断地重复进行，否则，企业的再生产活动将会因收不抵支而难以为继，将迫使投资者退出生产经营活动。第二，到期偿债。企业如果负债经营，则必须保证债务的按期还本付息，否则，企业将由于不能偿还到期债务而导致债权人行使法律权力，迫使债务企业破产。

因此，企业生存的威胁主要来自两个方面：一是长期亏损，这是企业终止的内在原因；二是不能偿还到期债务，这是企业终止的直接原因。亏损企业为维持营运被迫进行偿债性融资，借新债还旧债，如果不能扭亏为盈，迟早会因借不到钱而无钱周转，资金链断裂，无法偿还到期债务。盈利企业也可能出现“无力支付”的情况，主要是借款扩大业务规模、冒险失败，为偿债必须出售经营的核心资产如厂房和设备等，使得生产和经营无法继续下去。

企业要想生存下去，对财务的要求就是力求保持以收抵支和到期偿债的能力，减少破产的风险，从而使企业能够长期、稳定地生存下去。

（二）发展

企业不仅要生存，还要不断地发展，增强竞争能力。企业的生产经营如逆水行舟，不进则退。在科技不断进步的现代经济中，产品不断更新换代，企业必须不断推出更好、更新、更受顾客欢迎的产品，才能在市场中立足。在竞争激烈的市场上，各个企业此消彼长，优胜劣汰。一个企业如果不能发展，不能提高产品和服务的质量，不能扩大自己的市场份额，就会被其他企业挤出市场。企业的发展对财务的要求就是要能够及时、足额地筹集到发展资金，满足研发创新和市场拓展对企业资金的需求。

(三)获利

企业生存、发展的最终目标是获利，只有获利的企业才有存在的价值，获利是最具综合性的目标，它不但体现了企业的出发点和归宿，而且可以综合反映其他目标的实现程度，并有助于其他目标的实现。为了实现企业的获利，就需要企业正确地进行投资，有效地使用资金，取得较高的投资报酬率。

因此，在正常的生存前提下谋求企业的发展，在发展的基础上再去获利，才能实现企业成长的良性循环。而这三个层次的企业目标影响着财务管理工作的内容与方向，进而决定了企业财务管理的目标。

二、财务管理目标的发展

财务管理目标直接反映了理财环境的变化，并需要据其变化做出适当的调整。不同的财务管理目标会产生不同的财务管理运行机制，科学地设置财务管理目标，对优化理财行为，实现财务管理工作的良性循环具有重要意义。从根本而言，企业的目标是通过生产经营活动创造更多的财富，不断增加企业的价值。但是，不同国家的企业面临的财务管理环境不同，财务管理目标在体现企业的根本目标的同时又有其不同的表现形式。最具代表性的有关财务管理目标的观点主要有以下四种。

(一)以利润最大化为目标

利润最大化目标就是假定在投资预期收益确定的情况下，财务管理行为将朝着有利于企业利润最大化的方向发展。该目标是从 19 世纪初形成和发展起来的，其渊源是亚当·斯密的“经济人”假说。时至今日，这种观点在实务界和理论界仍然存在着较大的影响。该观点认为，利润代表了企业新创造的财富，利润越多则说明企业的财富增加得越多，越接近企业的目标。以利润最大化为目标有其合理性，原因在于：(1)人类从事生产经营活动的目的是创造更多的剩余产品，在商品经济条件下，剩余产品的多少可以用利润这个价值指标来衡量；(2)在自由竞争的资本市场中，资本的使用权最终属于获利最多的企业；(3)只有每个企业都最大限度地获得利润，整个社会的财富才可能实现最大化，从而带来社会的进步和发展。

然而，随着商品经济的发展，企业的组织形式和经营管理方式发生了深刻的变化，随着现代企业制度的建立，所有权和经营权相分离，企业利益主体呈现了多元化的趋势，在这种情况下，把利润最大化作为企业财务管理目标的缺点就逐渐显现出来了。这种观点的主要缺点是：

(1)利润最大化没有考虑利润实现的时间，未能考虑项目报酬的时间价值。投资项目收益价值的大小，不仅取决于其收益总额的大小，还要受取得收益时间的制约。因为早取得收益，就能早进行再投资，进而早获得新的收益，例如，同样是获利 800 万元的两个企业，A 企业今年获利，B 企业明年获利，两者相比较，若不考虑时间价值，就很难判断哪个企业的投资收益价值更大。

(2)利润最大化不能有效地考虑风险问题。高额利润往往要承担较高的风险。例如,企业有两个投资备选方案,一个是国库券投资,将获利 100 万元;另一个是期货投资,将获利 105 万元。该企业到底应该选择哪个投资方案呢?如果不考虑风险问题,也许将做出错误的决策。

(3)利润是一个会计度量指标,将其用于衡量企业经营成果存在一定的局限性。一方面,利润是一个绝对值指标,该指标没有考虑投入和产出之间的关系,难以在不同资本规模的企业间进行比较。另一方面,利润指标是基于历史角度的,反映的是企业过去某一期间的盈利水平,并不能反映企业未来的盈利能力,而且对于同一经济问题的会计处理方法的多样性和灵活性可以使得利润并不一定能真实反映企业的实际经营情况。例如,有些企业通过出售资产增加现金收入,表面上增加了利润,但实际上企业财富并没有增加。

(4)利润最大化往往会使企业财务决策出现短期行为的倾向。利润最大化会诱使企业只顾实现目前的最大利润,而忽视企业的长远发展,比如企业可能会减少产品开发、技术研发、人员培训或者技术装备改造等方面的支出来提高当年的利润,这将背离企业发展的战略目标。

(二)以每股收益最大化为目标

20 世纪 60 年代,随着资本市场逐渐完善,股份制企业组织形式不断发展,每股收益最大化逐渐成为西方企业的财务管理目标。这种观点认为,所有者作为企业投资者,其投资目标是取得资本收益,具体表现为净利润与普通股股份数的对比关系,该关系可以用每股收益这一指标来反映,也可以用资本利润率来反映。每股收益是指归属于普通股的净利润与发行在外的普通股股数的比值,它的大小反映了所有者投入资本获得回报的能力。

每股收益最大化目标的优点是将企业实现的利润额与股东投入资本或股本联系起来考虑,这样就可以在不同资本规模的企业间或同一企业不同期间进行比较,揭示其盈利水平差异,避免了“利润最大化”目标“未考虑投入和产出”方面的缺陷。

但是这种观点仍然未能解决以下问题:它既没有考虑资金的时间价值和风险问题,也不可避免地存在企业的决策短期行为,还可能会导致企业的战略目标无法实现。

(三)以股东财富最大化为目标

股东(所有者)作为企业的投资者,承担着企业的全部风险,其投资目标是利用投入的资本创造尽可能多的财富,企业对投资者注入的资本进行合理经营,从而使股东财富达到最大。在股份公司,股东财富是由其所持有的股票数量和股票市场价格两个方面的因素决定的,在股票数量一定的前提下,当股票价格不断上升时,股东财富也会随之增加。因此,股东财富最大化也就演化为股票价格最大化。股东财富最大化目标的优点表现在以下几个方面:

(1)股东财富最大化目标考虑了现金流量的时间价值和风险因素。公司获得收益产生现金流量的时间早晚和风险的高低不同会对股票价格产生重要的影响,从而也就会影响股东财富最大化目标的实现。

(2)由于股票市价是一个预期值,股东财富最大化在一定程度上能够克服企业在追求利润上的短期行为，保障企业的长期发展。

(3)股东财富最大化反映了资本与报酬之间的关系。因为股票价格是对每股股份的一个标价，反映的是单位投入资本的市场价格。

(4)股东财富最大化目标也是判断企业财务决策是否正确的标准。因为企业的投资、筹资决策和股利政策的优劣将通过股票的市场价格表现出来，企业在做出财务决策时就要综合考虑多种因素，以符合股东的最大利益。

虽然股东财富最大化的观点已得到了普遍认可，但是，随着债权人、供应商、客户、雇员、政府等利益相关者在企业运营中的作用越来越重要，有人提出了基于相关者利益均衡条件下的股东财富最大化目标。持该观点的学者认为，企业不能单纯以实现股东利益为目标，而应把股东利益置于与利益相关者(如债权人、政府、经营者、雇员和供应商等)利益相同的位置上，即要在考虑这些相关者利益的条件下实现股东财富最大化。

但是，持有股东财富最大化观点的学者提出，追求股东财富最大化实际上并不损害其他相关者的利益，恰恰相反，该目标是以保证其他相关者利益为前提的。因为企业要实现股东财富最大化目标，也就增加了企业的整体财富，其他相关者的利益也会得到更有效的满足。如果企业不追求股东财富最大化，相关者的利益也会受损。另外，根据法律规定，股东所持有的投资报酬要求权是“剩余财产请求权”，是在其他相关者利益得到满足之后的剩余权益，企业只有在向债权人偿还了债务本息、向雇员发放了薪酬、向供应商支付了货款、向政府支付了税款之后，才能够向股东支付剩余财产。

因此，基于以上观点，再加上股价具备客观、明确、容易计量的优点，股东财富最大化仍然是目前西方财务界所认可的主流观点。然而，该目标也存在着以下缺点：

(1)股东财富最大化目标的适用性有一定的局限，它只适用于上市公司，对非上市公司则很难适用。

(2)由于股票价格的变动并不仅仅受公司业绩的影响，而是受诸多因素影响的综合结果，因而股票价格的高低实际上不能完全反映股东财富的大小。特别是在资本市场效率低的情况下，股价很难反映企业所有者的价值，只有当资本市场高度发达、有效时，上市公司把股东财富最大化作为财务管理的目标才是一个比较好的选择。

(3)股东财富最大化目标在实际工作中可能会导致公司所有者与其他利益主体之间的矛盾与冲突。

(四)以公司价值最大化为目标

这一目标的起源是著名经济学家莫迪利亚尼(Modigliani)和米勒(Miller)于 1958 年和 1963 年提出的 MM 定理。他们都以公司价值最大化为目标，证明了企业存在一个最佳资金结构，可使公司价值最大化。公司价值就是企业全部资产的市场价值，是企业所能创造的预计未来现金流量的现值，它反映了企业潜在或预期的获利能力和成长能力。公司价值不同于利润，利润只是新创造价值的一部分，而公司价值不仅包含了新创造的价值，还包含了潜在或者预期的获利能力，兼顾了债权人和股东的利益。其表达式如下：

公司价值＝债券市场价值＋股票市场价值

公司价值最大化目标的内涵包括：强调了股东的首要地位，创造企业与股东之间利益的协调关系;强调风险与报酬的均衡,将风险限制在企业可以承受的范围内;关心本企业一般雇员的利益,创造优美和谐的工作环境和合理恰当的福利待遇,使雇员长期努力地为企业工作;加强对企业经营者的监督和控制,建立有效的激励机制以便企业战略目标的顺利实施;不断加强与债权人的关系,请债权人参与重大财务决策的讨论,培养可靠的资金供应链关系;关心客户的长期利益;加强与供应商的合作,遵守承诺,讲究信誉;保持与政府部门的良好关系。

以公司价值最大化作为财务管理的目标,其优点主要表现在以下几个方面:

(1)公司价值最大化目标考虑了资金的时间价值和风险报酬。

(2)该目标反映了对企业资产保值增值的要求。从某种意义上而言,股东财富越多,企业市场价值就越大,追求公司价值最大化的结果可促使企业资产保值或增值。

(3)该目标有利于克服管理上的片面化和短期行为。

(4)该目标有利于社会资源合理配置。社会资金通常流向公司价值最大化或者股东财富最大化的企业或行业,有利于实现社会效益最大化。

以公司价值最大化作为财务管理目标,也存在其局限性:

(1)尽管对于股票上市公司,股票价格的变动在一定程度上揭示了公司价值的变化,但是股价会受多方面因素的影响,特别是在资本市场不够完善的情况下,股票价格很难反映企业所有者权益的价值。

(2)为了控股或稳定购销关系,不少现代企业采用环形持股的方式,相互制约。法人股东对股票市价的敏感程度远不及个人股东,他们对股票价值的增加没有足够的兴趣。

(3)对于非股票上市公司,只有对企业进行专门的评估才能确定其价值。而在评估企业的资产时,由于受评估标准和评估方法的影响,这种估价不易做到客观和准确,这也导致企业价值确定的困难。

目前,公司价值最大化目标已经被理论界和实务界广泛接受,本书采纳以公司价值最大化作为企业财务管理目标的观点。

三、财务管理目标与利益冲突

在两权分离的现代企业制度中,股东和债权人都为企业提供了财务资源,但是他们处在企业之外,只有经营者即管理层在企业里直接从事管理工作。股东、经营者和债权人之间构成了企业最为重要的财务关系,企业必须处理、协调好这三者之间的矛盾与利益关系。

(一)委托—代理问题与利益冲突

传统的委托—代理问题是指由于企业所有权与经营权的分离产生的股东与管理层之间、股东与债权人之间的代理问题。然而,随着公司治理情况的变化,目前大股东与中小股东之间的关系也成为一种主要的代理问题。委托—代理问题的存在必然带来相应的委托人与代理人之间的利益冲突,该冲突能否有效协调直接关系到财务管理目标实现的程度。

1.所有者与经营者之间的矛盾与协调

公司属于所有者,公司价值最大化代表了所有者的利益。现代公司制企业所有权与经营权完全分离，经营者不持有公司股票或者仅持有微量股票，其经营的积极性就会降低，因为经营者拼命工作的所得不能全部归自己所有，而是由全体股东分享，因此，经营者希望在增加公司价值的同时获得更多的利益，如增加报酬、休闲时间和尽可能多地利用职务消费，即经营者希望其享有成本（同时是所有者的管理成本）能够最大化。但是，所有者则希望以最少的管理成本获得最多的公司价值，由此便产生了经营者个人目标和所有者目标的冲突。

为了协调所有者与经营者的矛盾，防止经营者背离所有者的目标，一般可以通过监督、激励和解聘来协调解决。

（1）监督

经营者背离所有者目标的条件是，双方的信息不对称。经营者掌握企业实际的经营控制权，对企业财务信息的掌握远远多于所有者。为了协调这种矛盾，所有者除要求经营者定期对其公布财务报表外，还应尽量获取更多信息，对经营者进行必要的监督。但是监督只能减少经营者违背股东意愿的行为，因为所有者是分散的，得不到充分的信息，全面监督实际上很难做到，也会受到合理成本的制约。

（2）激励

将经营者的管理绩效与其报酬相关联，使得经营者能分享企业增加的财富和价值，鼓励他们自觉采取符合所有者目标的措施。激励方式主要有两种：一是绩效股方式，即企业运用一定的业绩评价指标考核经营者的业绩，根据其业绩的优劣给予经营者相应数量的股票作为报酬。二是管理层股票期权计划，即允许经营者在未来以事先约定的价格购买一定数量的本公司股票。当经营者采取有效的措施提高每股收益、资产报酬率、净资产收益率以及资产流动性等考核指标后，公司股票市场价格理论上应该提高，从而经营者能自然获取股票涨价带来的收益。但是激励作用与激励成本相关，报酬太低，起不到激励作用；报酬太高，又会增加所有者的管理成本，减少所有者自身的利益。因此，激励也只能减少经营者违背所有者意愿的行为，不能解决全部问题。

（3）解聘

如果经营者的工作出现严重失误，或者出现严重违反法律、法规的情况，可能会被所有者解聘。

通常情况下，企业采用监督和激励相结合的办法使经营者的目标与企业的目标相互协调，力求使得监督管理成本、激励成本和经营者背离所有者目标的损失之和最小。

2.大股东与中小股东之间的矛盾与协调

大股东通常是指企业的控股股东，他们持有企业大多数股份，能够左右股东大会和董事会的决议，往往还拥有聘任企业的最高管理者的权力，从而掌握企业的重大经营决策权，拥有对企业的控制权。为数众多但持有股份数量很少的中小股东基本没有机会接触到企业的经营管理，尽管他们按照各自的持股比例对企业的利润拥有索取权，但由于与控股股东之间存在严重的信息不对称，因此他们的权利很容易受到控股股东各种形式的侵害。这样就产生了大股东与中小股东之间的代理冲突，其表现形式包括：

（1）利用关联交易转移上市公司的利润，比如大股东向上市公司高价出售低质量的资产，或者大股东以较低价格购买上市公司的优质资产。

（2）非法占用上市公司巨额资金，或利用上市公司进行各种恶意的担保或筹资。

(3)发布虚假信息，操纵股价，欺骗中小投资者。

(4)向大股东委派的高级管理者支付过高的薪酬或者特殊津贴。

(5)利用不合理的股利政策，掠夺中小股东的利益。

在我国这种矛盾冲突尤为突出。目前保护中小股东利益的具体措施有以下几种。

(1)规范上市公司的信息披露制度，保证信息的完整性、真实性和及时性

信息的完整性是指所有影响投资者做出购买或出售股票决定的信息均应予以披露；真实性是指公开的信息应该如实反映上市公司经营的实际情况；及时性是指公开的信息传递速度要快，以利于投资者能够迅速做出决策。同时应完善会计准则体系和信息披露规则，加大对信息披露违规行为的处罚力度，对信息披露的监管也要有所加强。

(2)完善上市公司的治理结构

建立股东大会、董事会和监事会之间的有效协作机制，形成相互制约。在采取法律措施增强中小股东的投票权、知情权和裁决权的同时，可以尝试建立与完善股东分类表决机制；还需要提高董事会中独立董事的比重，独立董事可以代表中小股东的利益，在董事会中行使表决权；此外，还应该建立健全监事会，真正实现监事会对董事会和管理层的监督，保证监事会在实质上的独立性，并赋予监事会更大的监督和起诉权。

3. 所有者与债权人之间的矛盾与协调

当企业向债权人借入资金后，所有者与债权人就形成了委托—代理关系。债权人追求的目标是借款本金的安全与固定的利息回报，而所有者则追求公司价值最大化。要实现公司价值最大化目标，所有者借入的本金就可能需要冒风险进行投资，在投资于比债权人期望风险更高的项目后，就会在一定程度上损害债权人的利益。因为这些高风险的项目一旦成功，额外的利润会被所有者独享；但若失败，债权人却要与所有者共同负担由此而造成的损失，这对债权人而言，风险与收益是不对称的。而且所有者还有可能未征得现有债权人同意，要求经营者发行新债券或者借入新的债务，这就增大了企业破产的风险，致使旧债券或原有债务的价值降低，从而侵犯债权人的利益。因此，在企业财务拮据时，所有者和债权人之间的利益冲突会加剧。

所有者与债权人的上述矛盾，一般通过以下方式解决：

(1)限制性借款。也就是通过限制借款的用途、设置担保条款和信用条件等来防止和迫使所有者不能利用这些方法降低债权人的债权价值。

(2)收回借款或不再借款。这是指当债权人发现公司有侵蚀其债权价值的意图时，采取收回债权和不给予公司重新放款等措施，来保护自身的权益。

(二)社会责任与利益冲突

根据古典经济学理论，在一个有效的市场中，市场机制这只“看不见的手”使价值增加与履行社会责任趋于一致。比如股东在为自己创造财富(通过投资等活动增加收益)的同时，也为社会创造更多的就业机会，提供更多的产品，从而实现履行社会责任的目标。但是市场机制也有失效的时候，企业在追求价值最大化的同时，也可能会给社会带来不同的负面效应，如为了公司自身利益生产各种污染环境的产品或损害公共利益的产品等。如果这些负面效应不能以成本的方式追索到特定的公司，从短期看，虽然可能增加了股东财富，但从长

远来看则会阻止企业价值的长期可持续增长，最终将减少公司的收益。

因此，实现公司价值最大化与其承担的社会责任是息息相关的。企业只有给员工提供合理的薪酬和安全的工作环境，才能调动员工的积极性，进而提高劳动生产率，增加企业的利润，否则最终将损害所有者的利益。同时企业要为顾客提供合格的产品和优质的服务，否则就会面临失去顾客和遭遇诉讼的危险，这必然将提高企业的成本，最终也会损害所有者的利益。企业在满足自身利益的同时，要维护供应商的利益，否则供应商将会提高供货价格，或者取消对企业的赊销政策。企业还要承担必要的社会责任，因为良好的社会形象有利于企业长远的发展，许多消费者也更愿意从对社会负责的企业那里购买产品。

但是要求企业自觉承担所有的社会责任是不现实的，还必须要通过法律来规范企业的社会责任，并让所有企业均衡地分担社会责任的成本，以维护那些自觉承担社会责任的企业的利益。此外，还可以通过社会道德评判来促使企业维护社会的公共利益。

第三节　财务管理工作的组织

财务管理的基础是企业组织形式，企业组织的性质和特点决定企业目标及其相应的财务目标。不同类型的企业，其资金来源结构不同，企业所适用的法律规范不完全相同，财务管理活动开展的空间范围不同，财务管理职业工作的内容也就不尽相同。

一、企业组织形式

企业究竟采取什么样的形式来管理自身的财务活动，直接关系到企业的生存和发展。企业是市场经济的主体，企业组织形式决定着企业的财务结构、财务关系、财务风险等。企业的组织可以根据不同方式进行分类，根据产权所有可以分为全民所有制企业、集体所有制企业、私营企业和外资企业，根据企业的规模大小可以分大型企业集团、中型企业和小微企业，根据投资组合形式可以分为独资企业、合伙企业和公司制企业。这里主要介绍最后一种分类方法。

（一）独资企业

独资企业（sole proprietorship）是指依法设立，由一个自然人投资，财产为投资者个人所有，投资人以其个人财产对公司债务承担无限责任的经营实体。独资企业是最简单的企业组织形式。企业不具有独立法人资格，依附于业主存在。其财务优势主要有：(1)企业设立、转让、终止的手续简便。(2)企业主自负盈亏，对企业的债务承担无限责任，没有委托—代理矛盾，企业主会竭力经营好企业。(3)企业只需要缴纳个人所得税，税负较轻。(4)企业在经营管理上制约因素较少，经营方式灵活，决策效率高。(5)没有信息披露的限制，企业的技术和商业信息保密容易。

然而，独资企业也有无法克服的财务劣势：(1)筹资较困难。独资企业规模小，企业主个人财力有限，由于受到还债能力的限制，对债权人缺少吸引力，其取得贷款的能力也就比较差，因为难以投资经营一些资金密集、宜规模化经营的行业。(2)企业存续期短。一旦企业主死亡、丧失民事行为能力或不愿意继续经营，企业的生产经营活动就只能终止。(3)抗风险能力差。由于受到企业主个人素质、资金规模、信息把握等影响，独资企业抵御经营和财务风险的能力低下。

基于以上财务特点，独资企业的财务管理活动相对而言是比较简单的。

(二)合伙企业

合伙企业(partnership)是依法设立，由各个合伙人订立合伙协议，共同出资，合伙经营，共享收益，共担风险，并对合伙企业债务承担无限连带责任的经营组织。合伙企业一般有两个以上的合伙人，依照书面合伙协议享有权利、承担责任、分配利润和分担亏损。

根据合伙人的责任不同，合伙企业包括普通合伙企业和有限合伙企业两种。普通合伙企业的合伙人均对企业的债务承担无限连带责任。有限合伙企业由普通合伙人和有限合伙人组成，有限合伙人以其出资额为限对债务承担有限责任。但是，有限合伙企业中要求至少有一个普通合伙人，而且有限合伙人不直接参与企业经营管理活动。

合伙企业具有设立程序简单、设立费用低等财务优势，但是也存在债务无限、权力分散、产权转让困难等财务劣势。

与独资企业相比，合伙企业的资金来源和信用能力都有所增加，盈利分配也就更加复杂，因此合伙企业的财务管理工作要复杂一些。

(三)公司制企业

公司制企业(corporation)是依照公司法登记设立，以其全部法人财产依法自主经营、自负盈亏的企业法人。公司制企业的主要特征包括：(1)公司设立手续较为复杂。要成立公司必须依据法律规范制定公司章程，其中规定企业成立的目的、可发行的股票数量、董事会组成形式。(2)公司是独立法人实体。有独立的名称、地址和相应的财产，公司可以独立向金融机构借款、发行公司股票或债券。(3)公司实行有限责任制，即股东对公司的债务只负有限责任，在公司破产清算时，股东所承受的损失以其在该公司的出资额为限。(4)所有权和经营权分离。公司的所有权属于全体股东，经营权委托给职业的经营者，这种管理的专门化有利于提高公司的经营能力。(5)具有无限的存续期。股东投入的资本长期归公司支配，股东一般不得从公司财产中抽回投资，只能通过转让其拥有的股份收回投资。这种资本的长期稳定性决定了公司只要不解散、不破产，就能够独立于股东而持续地、无限期地存在下去，这将有利于企业实施战略管理。

根据我国《公司法》规定，公司可以分为有限责任公司和股份有限公司。两者的主要区别在于：(1)成立条件和募集资金的方式不同。有限责任公司的成立条件相对而言比较宽松，股份有限公司的成立条件比较严格；有限责任公司只能由发起人集资，不能向社会公开募集资金，股份有限公司可以向社会公开募集资金，资本平均分为股份，每股金额相等，同股同权、同股同价。(2)股权证明不同。股份有限公司的股权证明就是股东持有的股票；而有限责任公司则是根据注册会计师的验资报告，开具给股东的出资证明。(3)股东的数量不同。有限责任公司的股东人数有最高和最低要求，我国规定是由五十个以下股东出资设立。而股份有限公司的股东人数只有最低要求，没有最高限制。(4)股份转让的限制条件不同。

有限责任公司的股份转让要经股东会讨论同意；股份有限公司的股票可以自由转让，具有充分的流动性。

以上三种企业组织形式中，公司制企业虽然存在双重税收（企业所得税和个人所得税）的负担和开办费较高的缺陷，但是具有存续时间长、对资本的吸引力较大和规模优势，成为目前企业普遍采用的组织形式，因此，现代财务管理学的分析与研究均是基于公司制企业这种组织形式的。本书所介绍的也是公司财务管理。

二、企业财务管理体制

财务管理体制分为宏观和微观两个层面，宏观财务管理体制是协调国家财政部门与社会个人和经济组织之间财务关系的基本规则和制度安排，主要由国家以法律规范的形式予以确立；微观的财务管理体制是指企业财务管理体制，是协调企业利益相关主体之间财务关系的基本规则和制度安排，是构建企业财务管理制度的基础和框架，是由所有者和经营者通过企业章程、内部财务制度等来确立的。这里就是针对后者进行介绍。具体包括所有者财务管理体制和经营者财务管理体制两个方面的内容。

（一）所有者的财务管理职责

所有者对企业进行财务管理，主要手段是利用对若干重大事项的控制权，约束经营者的财务行为，以确保企业资本的安全和增值，最终实现所有者财富的最大化。

1.决策权

所有者的决策权包括基本管理事项决策权和重大财务事项决策权。

基本管理事项主要包括审议批准企业内部财务管理制度、财务战略、财务规划和财务预算。这四个事项都是所有者掌握财务控制权的基本体现，因此，其最终决策权必须由所有者行使。

重大财务事项包括筹资、投资、担保、捐赠、重组、经营者报酬、利润分配等。企业拥有自主经营权，所有者不能直接干预企业的经营。所有者不可能取代经营者做出每一项具体事项的决策，只能对一些重大财务事项掌握最终决策权。

2.建立财务总监制度

财务总监制度是在企业所有权与经营权相分离、组织规模和经营规模扩大和复杂化、财务管理体制层级增多的情况下，所有者为了保障自身利益，按照一定程序向其全资或者控股的企业派出特定人员或机构，代表所有者进行财务监督而形成的制度，是企业法人治理结构的有机组成部分。

建立财务总监制度的根本目的是保障所有者的利益，财务总监的具体职责包括：督促、指导、协助企业建立健全内部财务监督制度；督促企业按照国家规定和所有者战略从事财务活动；及时发现和制止企业违反国家规定和可能造成所有者损失的行为；审核企业重要财务报表；参与拟订涉及企业财务方面的重大计划、预算和方案；参与企业重大投资项目的可行性研究；参与企业重大财务决策活动；监督、检查企业重要的财务运作和资金收支情况；对经营者的选拔、任用和考核提出意见等。

西方国家的公司制企业一般设立财务总监，在我国的国有企业则大都设立总会计师，二者之间的比较见表1-1。

表1-1　财务总监与总会计师的比较

比较项目	财务总监	总会计师
适用范围	治理结构健全的公司制企业	我国国有独资或国资占控股或主导地位的大中型企业
公司治理地位	对董事会负责，一般属于董事会成员	对厂长或总经理负责
产生方式	由股东会、董事会委派或董事会聘任	由政府主管部门任命或聘任
职责	兼具所有者监督职责和企业价值管理职责	履行经营者的内部财务监督管理职责
工作层面	协调企业内外部各利益相关者关系	协调企业内部各利益相关者关系及直接影响会计工作的外部利益相关者关系
组织结构定位	是企业财务资源的第一把关人，与总经理一起对企业的财务安全运行负责	协助厂长或总经理管理企业财务工作、调配企业财务资源
工作侧重点	侧重于价值管理、财务监督和财务审计	侧重于财务管理和会计核算

3.所有者的管理授权

在一定条件下，所有者可以通过一定方式将某些财务管理的职责授权给经营者。一般情况下，投资者行使对所有者权益有重大影响的财务决策权，但在现实中，由于企业规模大、业务复杂、所有权结构分散、投资者管理能力和精力不允许等多重原因，所有者往往无法履行全部财务管理职责。因此，所有者可以授权经营者行使部分财务管理职责，从而形成委托代理关系。

所有者对经营者的授权应该是有限的，不可能也不应该将所有的财务管理职责都委托给经营者，否则所有者就失去了对企业的实际控制权。如财务监督和财务考核，以及重大财务决策中的经营者报酬、利润分配等事项，应当由所有者做出决策。

（二）经营者的财务管理职责

经营者凭借企业法人财产的经营权行使财务管理职责。履行经营者职责的主体包括公司的董事会、财务总监、财务经理和会计主管。在企业正常经营的情况下，经营者（包括企业经理、厂长以及实际负责经营管理的其他领导成员）直接掌握企业财务的控制权。为了实现企业价值最大化的财务目标，经营者的财务管理职责主要有以下四个方面。

1.遵守国家统一规定

根据国家有关企业财务管理的规章制度，拟定企业内部财务管理制度；编制并向主管财政机关和所有者提供企业财务会计报告，如实反映财务信息和有关情况；依法缴纳税费；配合有关机构依法做好审计、评估、财务监督等工作。

2.执行所有者的重大决策，实施财务控制

按照企业章程和投资者的决策，组织实施企业筹资、投资、担保、捐赠、重组和利润分配等财务方案；拟定企业的财务战略、财务规划，编制财务预算；组织财务预测和财务分析；统筹运用企业资金，对企业各项资源的配置实施财务控制。

3.保障债权人合法权益

诚信履行企业偿债责任，不得拖延履行甚至逃避债务偿付义务，维护企业的良好信用形象。

4.保障员工合法权益

执行国家有关员工劳动报酬和劳动保护的政策规定，依法缴纳社会保险费、住房公积金等。按规定应由员工（代表）大会审议或者听取员工意见的事项，应当严格履行相关程序。

三、财务人员的职业生涯

财务人员的职业生涯主要在两个领域，一个是在金融机构就职，另一个是从事企业的财务管理。

1.金融机构的财务职业

金融机构是专门从事与货币信用相关的中介组织，包括商业银行、保险公司、基金管理公司和投资银行等。

商业银行的主要功能是吸收存款、将贷款投向公司或个人。对于加入银行的财务人才，其工作主要有：在熟悉了银行的运作程序和业务后，从事个人和小型公司的存款或贷款工作；帮助分析对大型公司的大笔贷款业务；结算个人及公司之间的往来款项；划转如工资、税款和货款等大笔现金；从事期货、期权等金融衍生产品的业务等。

保险公司通常需要将投保人的保险金投资于金融债券、投资基金或者中长期贷款。工作在其中的财务人员要评价企业的经营能力，调查企业的信用，决定股票的投资对象或者设计合理的投资组合以减少投资风险。

基金管理公司是从个人投资者手中筹集资金，投资于多种股票或债券投资组合，谋求所管理的基金资产不断增值，使基金持有人获取尽可能多的报酬的机构。在基金管理公司工作的财务人员，主要负责分析证券的发展走势，决定何时买入或卖出何种证券。基金收益的好坏取决于基金管理人管理运用基金资产的水平，因此对基金管理人的任职资格有严格的限定。

投资银行是指经营资本市场业务的金融机构，其业务包括帮助公司出售证券，为企业筹资，协助公司完成兼并和收购，提供咨询服务，资产管理，自有资金的操作交易等。在我国，投资银行的业务主要由证券公司承担。

2.企业的财务管理

财务管理在所有商业组织中都非常重要，除上述金融机构外，还有大量的工业企业和商业企业。财务管理在政府机关及非营利组织中也同样重要，如学校、医院等。财务管理人员的工作是帮助其所在单位评估投资项目，或者帮助筹集项目所需要的资金，也可能是与银行谈判贷款，或者是协商租赁厂房或者大型设备。财务人员也可以参与监督和控制风险，如为企业的厂房和设备投保，或者协助购买和出售期权、期货以及其他金融衍生工具。

从图 1-1 所示的企业组织结构可以看出，在大型企业中，财务活动通常与副总裁、财务经理和其他经理等高层管理人员有关。公司董事会聘任总裁(即首席执行官)，直接负责管理企业的生产经营；总裁下设的副总裁负责不同部门的经营与管理。负责向财务总监报告的是财务经理和会计经理。财务经理负责投资、筹资、分配和营运资本的管理，并且通过这些工作为公司创造价值。

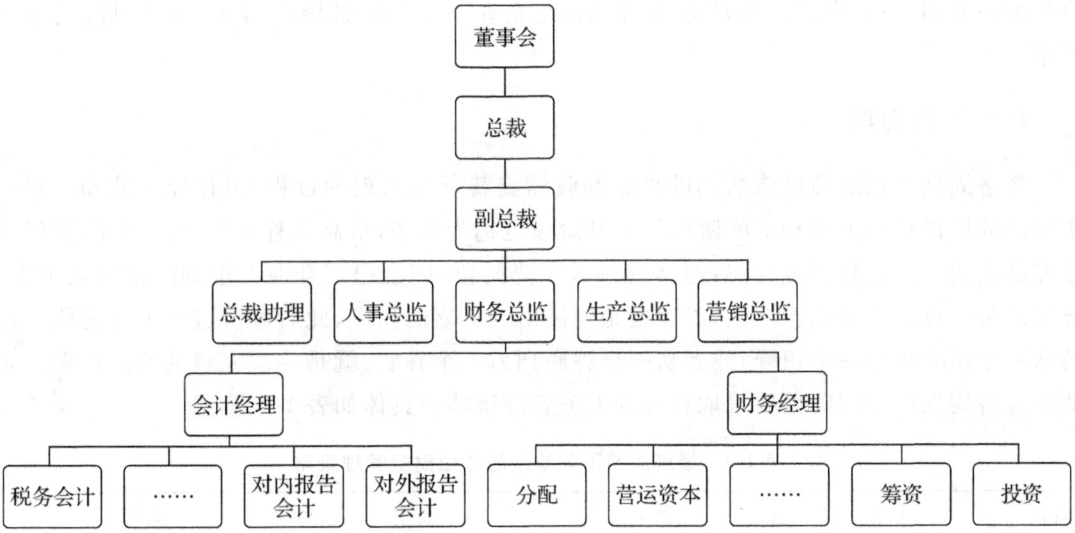

图 1-1 大型企业组织结构图

财务经理的工作一方面是在企业与金融市场之间进行资金运作，如前面讲到的筹资中的借款、发售股票和债券，分配股利以及偿还债务等；另一方面是配合公司的经营活动，安排资金收支，如进行流动资产和流动负债的管理，进行固定资产的投资决策等。

第四节 财务管理的环境

企业的财务管理环境又称理财环境，是指对企业财务活动和财务关系产生影响作用的企业内外部的各种条件。任何理财活动都是在一定环境之下开展的，企业资金的取得、运用和收益的分配会受到环境的影响，资金的配置和利用效率会受到环境的影响，企业成本的高低、利润的多少、资本需求量的大小也会受到环境的影响，企业的兼并、破产、重整与环境的变化也有着千丝万缕的联系。因此，财务管理要获得成功，必须深刻认识和认真研究企业所面临的各种环境。

内部财务环境存在于企业内部，是企业可以从总体上采取一定的措施予以控制和改变的因素。而外部财务环境对企业财务行为的影响，无论是有形的硬环境，还是无形的软环境，企业都难以控制和改变，更多的是适应和因势利导。所以本节主要介绍外部财务环境。影响企业外部财务环境的有各种因素，包括政治、经济、金融、法律和文化等许多方面，其中最主要的有经济环境、法律环境、金融环境和社会文化环境等因素。

一、经济环境

企业的理财活动必须融入宏观经济运行中，微观理财主体的投入产出效益和宏观经济环境是密切相关的。经济环境是企业进行财务活动的客观经济状况，主要指国民经济发展目标与政策，如经济周期、经济发展状况、经济体制及政策、通货膨胀状况和市场竞争等。无论是哪一方面，对其做出正确的分析、评估，是企业采取适应性财务行为、规避风险的基本要求。

（一）经济周期

经济周期是指总体经济活动的扩张和收缩交替反复出现的过程，也称经济波动。每一个经济周期都包括上升和下降阶段。上升阶段也称为繁荣，最高点称为顶峰。然而，顶峰也是经济由盛转衰的转折点，此后经济就进入下降阶段，即衰退。衰退严重则经济进入萧条，衰退的最低点称为谷底。当然，谷底也是经济由衰转盛的拐点，此后经济进入上升阶段。经济从一个顶峰到另一个顶峰，或者从一个谷底到另一个谷底，就是一次完整的经济周期。企业在经济周期的不同阶段要采取相应的财务管理策略。具体如表 1-2 所示。

表 1-2　经济周期不同阶段的企业财务管理策略

阶段	复苏	繁荣	衰退	萧条
财务管理策略	1. 增加厂房设备 2. 实行长期租赁 3. 增加存货 4. 开发新产品 5. 增加劳动力	1. 扩充厂房设备 2. 继续增加存货 3. 提高产品价格 4. 开展营销规划 5. 继续增加劳动力	1. 停止扩张 2. 处置闲置设备 3. 停产不利产品 4. 停止长期采购 5. 减少库存 6. 停止雇员	1. 建立投资标准 2. 保持市场份额 3. 减少管理费用 4. 放弃次要利益 5. 继续减少库存 6. 裁减员工

（二）经济发展状况

经济发展状况是指宏观经济的短期运行特征。国家统计部门会定期公布经济发展状况的各种经济指标，如经济增长速度、失业率、物价指数、进出口贸易增长率和各个行业的景气指数等。当经济发展处于繁荣时期，经济发展速度较快，市场需求旺盛，销售额大幅度上升，企业为了扩大生产，需要增加投资，与此相适应则需筹集大量的资金以满足投资扩张的需要。当经济发展处于衰退时期，经济发展速度缓慢，甚至出现负增长，企业的产销量下降，投资锐减，资金紧缺与闲置不规则出现，财务运作会出现较大困难。

（三）经济体制及政策

现行的经济体制主要有计划经济体制和市场经济体制。在计划经济体制时期，企业在筹资、投资和收益分配等方面只有执行权，没有决策权，财务管理的内容比较单一、方法比较简单。而在市场经济体制下，企业拥有筹资、投资的自主权，可根据自身条件和外部环境做出各种各样的财务决策并组织实施，财务管理的内容比较丰富、方法比较复杂，财务管理发展水平较高。

经济政策是政府对宏观经济进行干预的重要手段，主要包括产业政策、金融政策和财政政策等。政府通过宏观经济政策的调整引导微观财务主体的经济行为，达到调控宏观经济的目的。这些宏观经济调控政策对企业财务管理的影响是直接的，企业必须按照国家政策办事，否则将寸步难行。例如，国家在采取收缩的调控政策时，会导致企业的现金流入减少、现金流出增加、资金紧张、投资压缩。反之，当国家采取扩张的调控政策时，企业财务管理则会出现与之相反的情形。所以，作为微观的市场竞争主体，企业必须关注宏观经济政策的取向及其对企业经济行为的影响，并根据宏观经济政策的变化及时调整自身的行为，以规避企业财务运行的政策性风险。

(四)通货膨胀状况

通货膨胀对企业财务活动的影响主要表现为：引起资金占用的增加，利率上升，导致企业成本增加；引起有价证券价格下跌，给筹资带来困难；引起利润虚增，造成资金流失。财务人员必须对通货膨胀有所预测，并采取相应措施，减少损失。例如，通货膨胀加剧会使企业负债利率上升和证券市场价格下降，企业产品成本增加，资金周转困难，产生虚假利润，增加税负，增加筹资压力等。为此，企业需要对通货膨胀开展预期分析，提前购进或延期出售存货与设备，减少通货膨胀带来的损失。

(五)市场竞争

市场竞争是市场经济的推动力，其涉及产品、技术、管理、人才、营销等各方面。财务管理活动的决策在很大程度上取决于企业的竞争环境。不了解企业所处的市场环境，就不可能深入地了解企业的运营状况，也就很难做出科学而行之有效的财务决策。各种财务策略的谋划和运用应注意相通性，企业欲取得竞争优势，必须正确制定和实施科学的财务管理战略，关注竞争对手的财务策略。

二、法律环境

财务管理的法律环境是指企业和外部发生经济关系所应遵守的各种法律法规。企业在其经营活动中，要和本国政府、其他企业或社会组织、企业员工及国外的经济组织或个人发生经济关系。国家管理这些经济活动和经济关系的手段包括行政手段、经济手段和法律手段。在市场经济条件下，行政手段逐步减少，而经济手段，特别是法律手段日益增多，越来越多的经济关系和经济活动的准则用法律的形式固定下来。同时，众多的经济手段和必要的行政手段的使用，也必须逐步做到有法可依，从而转化为法律手段的具体形式，真正实现国民经济管理的法制化。一方面，法律提出了企业从事一切经济业务所必须遵守的规范，从而对企业的经济行为进行约束；另一方面，法律也为企业合法从事各项经济活动提供了有效的保护。

(一)企业组织法律规范

企业组织必须依法成立。组建不同的企业，要依照不同的法律规范。具体包括我国的

《中华人民共和国公司法》、《中华人民共和国全民所有制工业企业法》、《中华人民共和国个人独资企业法》、《中华人民共和国合伙企业法》、《中华人民共和国外资企业法》、《中华人民共和国中外合资经营企业法》、《中华人民共和国中外合作经营企业法》等。这些法律规范既是企业的组织法，又是企业的行为法。

（二）财务会计法律规范

财务会计法律规范主要包括《中华人民共和国会计法》、《企业财务通则》、《企业会计准则》、《企业会计制度》等。《企业会计准则》是针对所有企业制定的会计核算规则，分为基本准则和具体准则，实施范围是大中型企业，自 2007 年起在上市公司中实施，2008 年起在国有大中型企业中实施。为了规范小企业的会计行为，财政部还颁布了《小企业会计制度》，自 2005 年起在全国小企业范围内实施。该法规自 2013 年 1 月 1 日起废止，改为施行《小企业会计准则》。《企业财务通则》明确适用于"在中华人民共和国境内依法设立的具备法人资格的国有及国有控股企业"。金融企业在资产管理、财务运行、财务风险控制、财务监管等方面具有一定的特殊性。财政部专门颁布了《金融企业财务规则》，该规则适用于我国境内依法设立的国有及国有控股金融企业、金融控股公司、担保公司、城市商业银行、农村商业银行、农村合作银行和信用社。

除上述法规之外，与企业财务管理有关的经济法规还包括证券法规、结算法规等。财务人员要在遵守法律法规的前提下完成财务管理的职能，实现企业财务管理的目标。

（三）税务法律规范

任何企业都有法定的纳税义务。有关税收的立法分为三类：所得税的法规、流转税的法规、其他地方税的法规。税负是企业的一种费用，会增加企业的现金流出，对企业财务管理有着重要的影响。企业均有在不违反税法的前提下减少税务负担的需求。税负的减少，只有靠精心安排和筹划投资、筹资及利润分配等财务决策，而不允许在纳税行为已经发生时偷税漏税。如前述的独资企业和合伙企业只要缴纳个人所得税，所得税税负较轻；而公司制企业则要缴纳企业所得税和个人所得税双重税收，所得税税负较重，但如果在利润分配时不采用现金股利分配形式，就可以回避个人所得税。因此，精通税法，对财务管理人员有重要的意义。

三、金融环境

企业需要不断地从事投资和经营活动。而资金的取得，除了自有资金外，主要是从金融市场和金融机构获得。金融政策的变化必然影响企业的筹资、投资和资金营运活动。从而金融环境也就成为企业最重要的环境因素之一。

（一）金融市场

金融市场是指资金融通的场所。广义的金融市场是指一切资本（包括物质资本和货币资本）流动的场所，其交易对象包括货币借贷、票据承兑和贴现、有价证券交易、黄金和外汇交易、办理国内外保险、产权交易等。狭义的金融市场一般是指有价证券市场，即股票和债券的发行和买卖市场。

1. 金融市场对财务管理的影响

金融市场对财务管理的影响主要表现在以下几个方面：

(1)金融市场为企业提供了有效的投资和筹资的场所。金融市场能够为资本所有者提供多种投资渠道，为资金需求方提供多种可供选择的筹资方式。企业需要资金时，可以到金融市场选择适合自己需要的方式筹资。企业有了剩余的资金，也可以在市场上选择合适的投资方式，为其资金寻找增值的途径。

(2)促进企业资金的灵活转换。企业可通过金融市场将长期资金，如股票、债券，变现转为短期资金；也可以通过金融市场将短期资金转化为长期资金，如购买股票、债券等。

(3)金融市场为企业财务管理提供有效的信息。金融市场的利率变动反映了资金的供求状况，有价证券市场的行情反映了投资者对企业经营状况和盈利水平的评价。这些都是企业生产经营和财务管理的重要依据。

2. 金融市场的分类

金融市场可以根据不同的标准进行分类，常见的分类方法如图 1-2 所示。

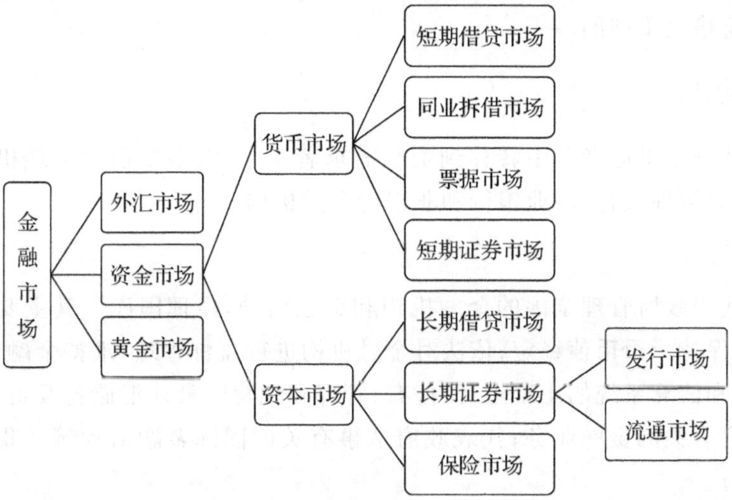

图 1-2 金融市场的基本分类

(1)以融资对象为标准，金融市场分为外汇市场、资金市场和黄金市场。外汇市场以各种外汇信用工具为对象开展投融资活动；资金市场以货币和资本为交易对象；黄金市场则是集中进行黄金买卖和金币兑换的交易市场。

(2)以期限为标准，金融市场分为短期资金市场和长期资金市场。短期资金市场又称货币市场，是指融资期限在一年以内的资金市场，包括短期借贷市场、同业拆借市场、票据市场和短期证券市场；长期资金市场又称为资本市场，是指融资期限在一年以上的资金市场，包括长期借贷市场、长期证券市场和保险市场。

(3)以功能为标准，证券市场分为发行市场和流通市场。发行市场又称为一级市场或初级市场，是指新发行证券的市场，这类市场是处理证券发行与最初购买者之间交易的；流通市场又称为二级市场或次级市场，主要处理金融证券资产在不同持有者间的交易。

3. 金融市场的构成要素

金融市场的构成要素主要有以下四个。

(1)交易主体,也就是参与金融市场交易活动而形成买卖双方关系的交易者。这些交易者可分为五大类,即政府部门、货币管理当局、金融机构、产业公司和消费者个人。

(2)交易客体,即金融工具,也就是借以进行金融交易的工具,一般包括债权凭证、债务凭证和所有权凭证等。交易客体从性质上可划分为四类:一是货币类金融工具,如黄金、外汇、单证、票据;二是债权类金融工具,如信贷、债券、同业拆借;三是权益类金融工具,如股票、基金、股权证;四是衍生类金融工具,如金融远期合约、金融期货合约、金融期权合约、金融互换合约、信用衍生品及证券化的信贷合约、保险合约和其他各种金融交易合约。

(3)交易中介,指在金融市场上专门从事经纪业务,为金融商品买卖双方成交撮合,帮助其顺利完成交易,从中赚取佣金和手续费的商人或机构,如证券公司。金融市场的交易中介按性质可分为两类:一类是自然人经纪人;另一类是法人经纪人。

(4)交易价格,是反映在一定时期内转让货币资金使用权的报酬。由于金融商品性质的特殊性,它的价格往往有不同的表现。尽管金融商品最终是以货币单位来计价的,但具体的金融商品交易价格是不同的。

(二)金融机构

社会资金从资金供应者手中转移到资金需求者手中,大多要通过金融机构。金融机构包括中央银行、政策性银行、商业银行和非银行金融机构。

1. 中央银行

中央银行代表政府管理全国的金融机构和金融活动,经理国库。其主要职责是制定和实施货币政策,保持货币币值稳定;依法对金融机构进行监督管理,维持金融业的合法、稳健运行;维护支付和清算系统的正常运行;持有、管理和经营国家外汇储备及黄金储备;代理国库和其他与政府有关的金融业务;代表政府从事有关的国际金融活动等。我国的中央银行是中国人民银行。

2. 政策性银行

政策性银行是指由政府设立,以贯彻国家产业政策和区域发展政策为目的,不以营利为目的的金融机构。与商业银行相比,政策性银行的特点在于:不面向公众吸收存款,而以财政拨款和发行政策性金融债券为主要资金来源;其资本主要由政府拨付;不以营利为目的,经营时主要考虑国家的政策导向和社会效益需求;其服务主要是面向对国民经济发展和社会稳定有重要意义的领域,而商业银行出于营利性考虑不愿借贷的领域;一般不普遍设立分支机构,其业务由商业银行代理。然而,政策性银行的贷出资金并非财政拨款,也必须有偿使用,对贷款也要进行严格审查,并要求还本付息、周转使用。我国目前有国家开发银行、中国进出口银行、中国农业发展银行等三家政策性银行。

3. 商业银行

商业银行是以经营存款、贷款、办理转账结算为主要业务,以盈利为主要经营目标的金融企业。我国的商业银行可以分为三类。

(1)国有控股商业银行。其是由国家专业银行演变而来的,包括中国银行、中国农业银行、中国工商银行、中国建设银行。这四大家银行过去分别在外汇业务、农业、工商业和固定资产贷款领域中提供服务,近年来其业务交叉进行,传统的分工已经淡化。

(2)股份制商业银行。其是1987年以后发展起来的,包括交通银行、深圳发展银行、中信实业银行、中国光大银行、华夏银行、招商银行、兴业银行、上海浦东发展银行、中国民生银行以及各地方的商业银行、城市信用合作社等。

(3)外资银行。按照我国与世界贸易组织签订的协议,金融市场要逐渐对外开放,外资银行可以在中国境内设立分支机构或营业网点,可以经营人民币业务。

4.非银行金融机构

我国目前主要的非银行金融机构有金融资产管理公司、保险公司、信托投资公司、证券机构、财务公司和金融租赁公司。

金融资产管理公司的主要使命是收购、管理、处置商业银行剥离的不良资产。我国于1999年相继设立了4家金融资产管理公司,即中国华融资产管理公司(CHAMC)、中国长城资产管理公司(GWAMCC)、中国信达资产管理公司(CINDAMC)和中国东方资产管理公司(COAMC),分别收购、管理和处置四家国有商业银行和国家开发银行的部分不良资产,同时还肩负着推动国有企业改革的使命,也就是运用债权转股权、资产证券化、资产置换和转让销售等市场化债权重组手段,实现对扶持企业的重组,推动国有大中型企业优化资金结构、转变经营机制,最终建立现代企业制度,达到推动国企脱困的目标。

保险公司主要经营保险业务,包括财产保险、责任保险、保证保险和人身保险。目前,我国保险公司的资金运用被严格限制在银行存款、政府债券、金融债券、股票和投资基金范围内。

信托投资公司主要是以受托人的身份代理委托方理财。其主要业务有经营资金、财产委托、代理资产保管、金融租赁、经济咨询以及投资等。

证券机构是指从事证券业务的机构,主要包括证券公司、证券交易所和登记结算公司等三类。证券公司的主要业务是推销政府债券、企业债券和股票,代理买卖和自营买卖已上市流通的各类有价证券,参与企业收购和兼并,充当企业财务顾问等。证券交易所是提供证券交易的场所,具体业务包括制定证券交易的业务规则,接受公司上市申请并安排上市,组织、监督证券交易,对会员和上市公司进行监管等。登记结算公司主要办理股票交易中所有权转移时的过户和资金的结算。世界各国对证券公司的划分和称呼不尽相同,美国的通俗称谓是投资银行,英国则称商人银行。以德国为代表的一些国家实行银行业与证券业混业经营,通常由银行设立公司从事证券业务经营。日本等一些国家和中国一样,将专营证券业务的金融机构称为证券公司。

财务公司通常类似于投资银行。财务公司又称金融公司,于20世纪初兴起,是为企业技术改造、新产品开发及产品销售提供金融服务,以中长期金融业务为主的非银行机构。对于财务公司,各国的名称不同,业务内容也有差异,但多数是商业银行的附属机构,其主要任务是吸收存款。我国的财务公司不是商业银行的附属机构,而是隶属于大型集团的非银行金融机构,是由企业集团内部各成员单位入股的。它的业务被限定在本集团内,不得从企业集团之外吸收存款,也不得向非集团单位和个人贷款。

金融租赁公司是办理融资租赁业务的公司组织。其主要业务有动产和不动产的租赁、转租赁和售后租回等。

（三）金融工具

金融工具(financial instruments)是指在金融市场中可交易的金融资产，是用来证明贷者与借者之间融通货币余缺的书面证明，其最基本的要素为支付的金额与支付条件。同样的金融资产根据其不同的作用，有不同的称呼，如股票、期货、黄金、外汇、保单等是在金融市场可以买卖的产品，故又称金融产品；因为它们有不同的功能，能达到不同的目的，如融资、避险等，故称金融工具；在资产的定性和分类中，它们属于金融类资产，故称金融资产；它们是可以证明产权和债权债务关系的法律凭证，故称有价证券。绝大多数的金融工具或称产品、资产、有价证券，具有不同程度的风险。金融工具的基本分类如图 1-3 所示。

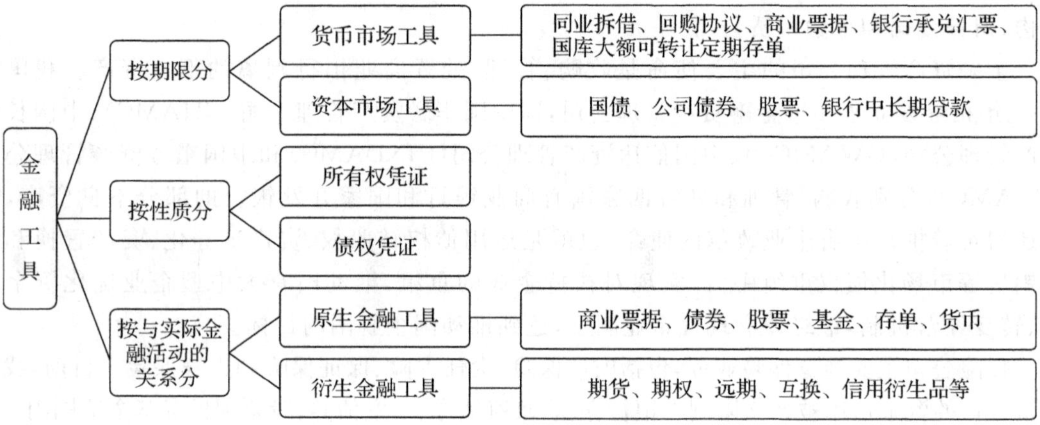

图 1-3　金融工具的基本分类

四、社会文化环境

社会文化环境包括教育、科学、文学、艺术、新闻出版、广播电视、卫生体育、世界观、理想、信念、习俗，以及同社会制度相适应的权利义务观念、道德观念、组织纪律观念、价值观念和劳动态度等。企业的财务活动不可避免地受到社会文化的影响。但是，社会文化的各方面对财务管理的影响程度不尽相同，有的影响是直接的，有的是间接的，有的影响比较明显，有的微乎其微。

比如科学的发展对财务管理理论的发展与完善起着重要的作用。经济学、数学、统计学和计算机科学等诸多学科的发展，都在一定程度上促进了财务管理理论的进步。而随着社会的发展，财务管理工作的内容越来越丰富，社会整体的教育水平将越来越重要。事实上，在教育落后的情况下，为提高财务管理水平所做的努力往往收效甚微。此外，社会的诚信程度也会影响财务管理的活动。但社会诚信程度较高时，企业间的信用往来会加强，会促进彼此之间的合作，并减少企业的坏账损失，有利于降低企业运营的成本。

因此，随着全球经济一体化的到来，将有越来越多的企业跨国经营。而在不同的文化环境中经营，需要对企业员工进行文化差异方面的培训，并且在可能的情况下雇用文化方面的专家。忽视社会文化对公司财务活动的影响，将会给公司的财务管理带来不利的后果。

课后思考

1. 财务管理包括哪些主要内容？
2. 企业的主要财务关系有哪些？企业应该如何处理与各方的财务关系？
3. 阐述不同组织形式的财务管理特点。
4. 财务管理的主要目标有哪些？
5. 请说明你认为企业最合理的财务管理目标，并说明为什么。
6. 所有者与经营者之间有哪些矛盾冲突，该如何解决？
7. 所有者与债权人之间的矛盾冲突是什么？又该如何解决？
8. 请介绍财务管理体制的主要内容。
9. 请介绍财务人员的职业生涯内容。
10. 请用案例说明企业财务管理所处的环境。

案例讨论

美国雷曼兄弟银行的破产

事件简介

2008 年 9 月 15 日，在国际金融界享有盛名、拥有 158 年历史的美国第四大投资银行雷曼兄弟控股公司（Lehman Brothers Holding Inc.）宣布申请破产保护，同一天，美国银行正式宣布收购美国第三大投资银行美林集团。受此影响，美国乃至全球金融市场迅即发生强烈“地震”，次贷危机全面升级为整个美国的金融危机，并演化为一场全球性的金融风暴。

事态发展

美联储前任主席格林斯潘预测说，将有更多大型金融机构在这场危机中倒塌。分析人士也纷纷站出来表示，美国金融机构会像多米诺牌一样倒下，而人们需要关注的只不过是下一个是谁。正如一位华尔街资深人士所说，我们一起造就了危机，现在就得一起付出代价。

2008 年 9 月 15 日，在严重的次贷危机面前，在苦苦寻找买家却始终没有结果的情况下，公司董事会不得不做出申请破产保护的决定。有着 158 年悠久历史、在美国抵押贷款债券业连续 40 年独占鳌头的第四大投资银行——雷曼兄弟正式宣布申请破产保护。随即，两万多名职员开始了撤退，很多人面临失业、再择业。

就在 9 月 15 日当天，美国银行发表声明，宣布以近 500 亿美元的总价收购美国第三大投资银行美林公司。美林这个“美国第三大投资银行”、“世界最大的证券经纪商”，而今也成为全球信贷危机下的又一受害者。在接连倒下的“华尔街巨人”里，美林公司的经历显得“与众不同”：论危机它来得最早，而它却因此赢得了清理债务负担的宝贵时间。金融危机爆发后，美林积极采取各种措施以图自保，包括筹集巨额资本、清除问题资产、出售所持大笔股权资产等。在这种情况下，美林与美国银行突然达成了收购协议。在一场闪电般的并购中，美林和美国银行以每股 29 美元的收购价达成一致，美林以换股方式将公司以近 500 亿美元出让给美国银行。在并购成交后，美林股价旋即暴跌 21.3%。

当真正的金融风暴袭来时，不被看好的美林公司反而踉踉跄跄地爬上岸来。然而，52

岁的约翰·赛恩,素有“华尔街救火队长”之誉的他,心情却并不轻松。在美林前任 CEO 斯坦利·奥尼尔黯然离职后,他继任才 10 个月,就在这段时间里,他的头上又添白发。巴菲特曾说:“华尔街的所有公司都是‘裸泳者’。”只是这一回,美林好歹爬上了岸,没有淹死在水里。这是一场充满“戏剧性”的交易。本来,人们正在密切关注着深陷困境的雷曼兄弟公司,很少有人料到美林会采取这么快速、突然的行动。这充分表明了美林对这场金融风暴的恐慌。面对雷曼兄弟的绝望,美林显然担心自己将是次贷危机的下一个牺牲品。与其坐以待毙,不如主动出击,争得一个好些的收购价,总要强过破产清算。然而,这种想法充其量只能算作一种自我安慰。94 年的历史、1.6 万人组成的金融经纪人大军、“雷电部落”的美誉……这一切都未能躲过信贷风暴的袭击。覆巢之下,安有完卵。随着金融危机的日益严重,在危机面前时间就是生命,五大投资银行中硕果仅存的最后两家银行——高盛和摩根士丹利于 2008 年 9 月 15 日向美国联邦储备委员会提出转为银行控股公司的请求,美国联邦储备委员会很快于 9 月 21 晚宣布批准这两家投资银行的请求。这是一个快速的被迫“变身”。此后,高盛和摩根士丹利既可设立商业银行分支机构吸收存款,也可与其他商业银行一起永久享受从美联储获得紧急贷款的权利,有望借此渡过当时的难关。

至此,在不到一年的时间里,雷曼兄弟破产,美林公司和贝尔斯登公司被收购(贝尔斯登于 2008 年 5 月被摩根大通收购),高盛和摩根士丹利转型。华尔街五大投资银行的格局天翻地覆。长期以来,一直处于世界金融核心地位的华尔街,正面临着空前的严峻考验。前美联储主席格林斯潘沉痛宣示,这轮发生在华尔街的金融危机为百年难遇,意味着二战以后形成的以华尔街为标志的美式金融梦想的破碎。虽然这还不能说是美式强国梦想的轰然倒塌,但给全世界敲响了美式金融体制亟须更新转型的警钟。

事件背景

市值曾经位列美国第四的投资银行雷曼兄弟公司因投资次级抵押住房贷款产品不当蒙受巨大损失,由于所有潜在投资方均拒绝介入,更由于美国财长保尔森公开表示“见死不救”,终于向纽约南区美国破产法庭申请破产保护。2008 年 9 月 10 日公布的财务报道显示,雷曼兄弟当年第二季度损失 39 亿美元,是它成立 158 年来单季度蒙受的最惨重损失。雷曼兄弟股价较 2007 年年初最高价已经跌去 95%。

雷曼兄弟的倒闭,其直接触媒是保尔森“见死不救”的表态,而这一表态的实质,是美国政府放出一个明确信号,即它不愿再如对贝尔斯登或“两房”(即房利美(Fannie Mae)和房地美(Frddie Mac),是带有政府性质的两个美国联邦住房贷款抵押融资公司)那样,直接干预市场实施援助。9 月 14 日,美联储联合十大金融机构成立 700 亿美元平准基金,用来为存在破产风险的金融机构提供资金保障,确保市场的流动性,这十大金融机构中赫然包括刚刚逃过一劫的美林。显然,美国政府不希望一家又一家陷入困境的华尔街投资银行把自己的经营风险转嫁到美国政府头上。

从某种意义上说,对合成 CDO(担保债务凭证)和 CDS(信用违约掉期合约)市场的深度参与,很可能是雷曼倒塌的直接原因之一。雷曼兄弟、美国最大的保险公司美国国际集团(AIG)以及美国很多金融机构之所以大幅亏损,都不在于自己的传统业务(AIG 的传统保险业务甚至无可挑剔的强大),而在于它们过多参与了新鲜刺激的金融衍生品 CDS。CDS 的市场是次级按揭市场的 48 倍,相当于美国 GDP 的 4 倍。CDS 是一种合同,意思是信用违约掉期合约。CDS是美国一种相当普遍的金融衍生工具，1995年首创。CDS这一产品的出现，让贷款人觉得可以拼命放贷而无须知道贷款是不是能收回来，这是雷曼危机背后的推动力量。不幸的是，在次贷危机爆发一年以后，社会的信用履约率大幅度、大面积下降，那些往日为全社会提供信用保险的商家，在CDS市场上所承受的风险，已大到了足以将自己百年老店的全盘业务都拖垮的地步。

事件影响

美国金融巨头雷曼兄弟的轰然倒塌，迅即引发了全球金融市场的剧烈动荡。2008年9月15日，华尔街迎来了名副其实的"黑色星期一"，美股暴跌，道琼斯指数创"9·11"事件以来单日最大下跌点数与跌幅，全球股市也随之一泻千里。亚太股市9月16日大幅下跌，其中日本、中国香港、韩国跌幅都超过了5%；澳大利亚股市也遭遇地震，澳元16日开市走弱，股市收市已经跌了超过1.5%……然而，从长远看，雷曼兄弟的破产对世界影响最大的地方，在于它进一步挫伤了人们对市场和未来的信心。2007年在美国爆发的次贷危机，不仅给美国，也给全球经济带来重创，而2008年，雷曼兄弟的破产预示着危机将进一步升级，将有更多的大型金融机构在这场危机中倒下；作为华尔街支柱的一线投资银行的倒塌，宣布了美国金融体系的核心已经被撼动，次贷危机正式演变为一场全球性的金融风暴。

更深层的国际影响，则是各国对通胀的担忧恐将就此被对紧缩的担忧所取代。瑞银资深经济顾问马格努斯认为，债务违约和资产价格下滑，将给各国经济构成恶性循环的连锁压力，导致银行经营困难，企业获得贷款难度大增，最终不得不更多采用裁员、减产等极端手段以渡过难关，从而导致经济进入全球通缩时代。各国尤其是各新兴国家的央行将面临非常严峻的挑战：一方面，本国经济的长期过热，让它们不敢对通胀掉以轻心；另一方面，雷曼兄弟事件将导致的全球性通缩危机，又让它们在抉择本国利率政策方面遭逢进退两难的窘境。

事件剖析

雷曼兄弟公司正式成立于1850年，在成立初期，公司主要从事利润比较丰厚的棉花等商品的贸易，公司的性质为家族企业，且规模相对较小，其财务管理目标自然是利润最大化。在雷曼兄弟公司从经营干洗、兼营寄存的小店逐渐转型为金融投资公司的同时，公司的性质也从一个地道的家族企业逐渐成长为在美国乃至世界都声名显赫的上市公司。由于公司性质的变化，其财务管理目标也随之由利润最大化转变为股东财富最大化，该目标是指通过财务上的合理经营，为股东带来最多的财富。但雷曼兄弟公司选择股东财富最大化为其财务管理目标之后，成长迅速，但由于股东财富最大化的财务管理目标利用主体单一（仅强调了股东的利益）、适用范围狭窄（仅适用于上市公司）、目标导向错位（仅关注现实的股价）等，雷曼兄弟公司最终也无法在百年一遇的金融危机中幸免于难。股东财富最大化对于雷曼兄弟公司而言，颇有成也萧何败也萧何的意味。

（资料来源：搜狗百科 http:// baike. sogou. com）

讨论问题

（1）进一步查阅资料，详细说明导致雷曼兄弟银行破产的原因。

（2）雷曼兄弟银行破产对我国的企业有哪些启示？

（3）通过案例学习，请说明财务管理环境对公司财务管理的影响。

第二章 价值观念与证券估价

学习目标

- 掌握货币时间价值的概念及其计算方法。
- 掌握风险价值的概念及风险的衡量方法。
- 掌握资产投资组合的意义及方法。
- 熟悉资本资产定价模型及证券市场线的含义及应用。
- 理解利息率的概念和分类。
- 了解利息率的构成和测算。
- 理解证券的价值评估方法。

引导案例

拿破仑的“玫瑰花承诺”

拿破仑1797年3月在卢森堡第一国立小学演讲时说了这样一番话：“为了答谢贵校对我，尤其是对我夫人约瑟芬的盛情款待，我不仅今天呈上一束玫瑰花，并且在未来的日子里，只要我们法兰西存在一天，每年的今天我将亲自派人送给贵校一束价值相等的玫瑰花，作为法兰西与卢森堡友谊的象征。”时过境迁，拿破仑穷于应付连绵的战争和此起彼伏的政治事件，最终惨败而被流放到圣赫勒拿岛，把对卢森堡的诺言忘得一干二净。可卢森堡这个小国对这位“欧洲巨人与卢森堡孩子亲切、和谐相处的一刻”念念不忘，并载入它的史册。1984年年底，卢森堡旧事重提，向法国提出违背“赠送玫瑰花”诺言的索赔；要么从1797年起，用3路易作为一束玫瑰花的本金，以5厘复利（即利滚利）计息全部清偿这笔“玫瑰花”债，要么法国政府在其各大报刊上公开承认拿破仑是个言而无信的小人。

起初，法国政府准备不惜重金赎回拿破仑的声誉，但却又被电脑算出的数字惊呆了：原本3路易的许诺，本息竟高达1375596法郎。

经苦思冥想，法国政府斟词酌句的答复是：“以后，无论在精神上还是在物质上，法国将始终不渝地对卢森堡大公国的中小学教育事业予以支持与赞助，来兑现我们的拿破仑将军那一诺千金的玫瑰花信誉。”这一措辞最终得到了卢森堡人民的谅解。

思考：为什么拿破仑的承诺无法兑现呢？

（资料来源：孙君飞，《创新科技》，2007年第7期）

第一节　货币时间价值

企业的财务活动是在一定的时空中展开的，为了正确地计算不同时期的财务收支，合理地评价企业的盈亏状况，需要考虑货币在不同时点上的换算关系，也就是需要对货币的时间价值进行合理的计量。

一、基本概念和符号

为了更好地分析时间价值，这里先介绍一些基本的概念和符号，包括货币时间价值的概念、单利和复利、现值和终值、时间轴以及单一支付款项和系列支付款项等。

（一）货币时间价值的概念

西方经济学家认为在没有风险和通货膨胀的条件下，现在1万元钱的价值要高于一年后1万元钱的价值。比如银行资本家借给职能资本家1万元钱，就失去了当时使用或者消费这1万元钱的权利或机会，根据借出时间计算的这种权利或机会应该获得的报酬，就被称作了“时间价值”。但这种解释并未能说明时间价值的本质。试想银行资本家将这1万元不用于发放贷款，而是放在银行的保险柜中，能否产生报酬呢？显然“摇钱树”和“聚宝盆”在现实中是没有的，也就是这1万元如果不作为资本投入生产经营过程，就不能产生增值，也就没有时间价值。只有当资金被投入生产经营过程之后，劳动者制造出新的产品，产品销售后会得到比原投入资金更多的货币，创造新的价值，形成资金的增值，也就产生了货币的时间价值。所以说，货币时间价值是来源于劳动者新创造的价值，产生于生产经营过程的。

货币时间价值(time value of money)是指资金在周转使用过程中随着时间的推移而产生的增值，也就是一定量资金在不同时间点上价值量之间的差额。然而由于投资者在经营过程中不可避免地要承担或高或低的风险，而且现在世界上通行的货币——纸币不具备实际价值，也就不可避免地会产生通货膨胀，所以资金在生产经营过程中产生的增值并不完全是货币的时间价值。投资者承担风险，就需要获得相应的报酬。同时，在存在通货膨胀的条件下，资金的供应者必然会要求更高的报酬以补偿其购买力产生的损失，即通货膨胀贴水。因此，货币在生产经营过程中产生的报酬不仅包括时间价值，还包括风险报酬和通货膨胀贴水。出于分析问题由简到繁的需要，本节在进行货币时间价值的测算时，是假定不存在风险和通货膨胀的。时间对于社会上任何的个人或组织都是公平的，因此时间价值一般用社会平均资金利润率或平均报酬率来衡量。

货币的时间价值一般有两种表现形式：(1)相对数形式，即时间价值率，是指扣除风险报酬和通货膨胀贴水后的社会平均报酬率。(2)绝对数形式，即时间价值额，是指资金与时间价值率之积。这两种形式在实际工作中没有严格的区分，都可以使用。

（二）单利和复利

单利和复利是两种不同的利息计算方法。在单利(simple interest)计算法下，只有本金计算利息，利息不再重复计算利息；而在复利(compound interest)计算法下，除本金计算利息之外，每经过一个计算期所得到的利息也要计算利息，逐期滚算，俗称“利滚利”。

资金的循环和周转以及因此实现的货币增值，需要或多或少的时间，每完成一次循环，货币就增加一定数额，周转的次数越多，增值额也就越大。因此，随着时间的推移，货币总量在循环和周转中按几何级数增长，使得货币具有了时间价值，也就是说货币的时间价值需要使用复利的方法进行计量。

(三)现值和终值

现值即现在的价值，是一个或多个发生在未来的现金流相当于现在时点的价值，一般可用 PV(present value)表示。终值即未来值，是一个或多个现在发生或未来发生的现金流相当于未来某个时点的价值，一般可用 FV(future value)表示。

(四)时间轴

时间轴(也称为时间线)是时间价值应用的一种工具。在解决时间价值问题时，甚至在解决整个公司理财中遇到的各种财务问题时，绘制时间轴总是第一个步骤。

如果在不同时间点上发生的现金流不能够直接进行比较，那么在比较现金价值的时候，就必须同时强调现金发生的时点。时间轴就是能够表示各个时间点的数轴，一般完整的时间轴包括三个基本的要素：(1)数轴线，即分为等距离(代表相等的时间)若干段的数轴；(2)时间数字，对应着各等距离端点的时点数字，一般用字母 t 表示，放在数轴上方；(3)现金流量，发生在各个时点上的现金流入和流出的数量，一般放在数轴的下方。具体可见图 2-1。

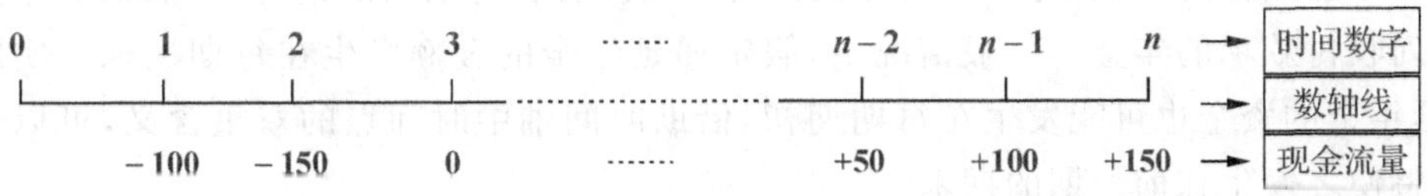

图 2-1　货币时间价值时间轴的基本要素图

这里需要注意两点：

(1)除 0 点以外，数轴线上每个时间点都代表两个含义，即当期的期末和下一期的期初，如时间数 $t=2$ 对应的时间点就表示第 2 期期末和第 3 期期初。然而为了避免产生歧义，这双重含义一般在分析实际问题并绘制时间轴的时候使用，而一旦绘制好了时间线之后，每一个时间数字最好只考虑其期末的含义。

(2)现金流量之前的正负号表示的是现金流入或者现金流出的方向，其中正号表示的现金流量是从公司外部流入到公司内部的，如收回的货款、出售固定资产获得的现金等；而负号表示的现金流量则是指从公司内部流出到外部的，如项目开始建设时购买设备的支出、购买材料支付的现金等。

为了简化，决策所处的时间均为时点 $t=0$，即“现在”，也就是所有的现值均是计算到 $t=0$ 这个时间点，所有的终值均是计算到最后一期的期末，如图 2-1 中的 $t=n$ 这个时间点。

(五)单一收付款项和系列收付款项

1. 单一收付款项

单一收付款项是指在某一特定时间内只发生一次的简单现金流量,如银行的整存整取储蓄业务,就是在期初一次性存入本金。

2. 系列收付款项

系列收付款项是指在 n 期内多次发生现金流入或现金流出。年金是系列收付款项的特殊形式,是在一定时期内每隔相同时间(如一年)发生相等金额的现金流量,如折旧、租金、利息、保险金等通常都采用年金的形式。年金是有别于单一收付款项的系列支付款项,具有金额多次发生、每次发生金额相等、资金同收同付、发生金额的时间距离相等这四个特点。年金(annuity,一般用 A 表示)可以分为以下四种形式。

(1)普通年金(ordinary annuity)

普通年金又称为后付年金,是指在一定时期内每期期末发生的等额现金流量。例如银行的零存整取储蓄业务,就是每期期末存入相等金额的本金,这些本金就属于普通年金的形式。

(2)预付年金(annuity due)

预付年金又称为先付年金,是指一定时期内每期期初发生的等额现金流量。例如,对租入的设备,如果要求每年年初支付相等的租金,那么该租金就属于预付年金的形式。

(3)递延年金(deferred annuities)

递延年金又称为延期年金,是指在最初若干期没有收付款项的情况下,后面若干期有等额的系列收付款项的年金。一般情况下,假定递延年金的金额发生在每期期末。实际工作中,递延年金的资金也可能发生在每期期初,借助时间轴中时间点的双重含义,可以通过人为的调整使之发生在前一期的期末。

(4)永续年金(perpetuity)

永续年金是指无限期支付的相等的系列收付款项,即永续年金的支付期 n 趋近于无穷大。

以上四种年金中,除了永续年金没有终止的时间,只能计算现值外,其余三种形式都既可以计算终值也可以计算现值。

二、终值和现值的计算

为方便起见,本书在介绍资金时间价值的计算方法时,假定有关字母的含义如下:P 表示现值;F 表示终值;FV_n 表示第 n 期期末的复利终值;PV 表示复利现值;FVA_n 表示普通年金的终值;PVA 表示普通年金的现值;i 表示期利率(贴现率、折现率);n 表示计息期数;I 表示每期利息额。此外,无特殊说明,给出的利率均为年利率。

(一)单利终值和现值的计算

单利只对本金计息,其终值与现值的计算比较简单。

1. 单利终值的计算

计算公式为

$$F=P\times(1+i\times n)$$

【例 2-1】某储户将一笔 1000 元的现金存入银行，银行三年期定期存款利率为 2.75%。目前银行整存整取采用单利法计算利息。求该储户存满 3 年后能从银行取出的本利和为多少。

解　$F=P\times(1+i\times n)=1000\times(1+2.75\%\times 3)=1082.50$(元)

从以上计算可以看出，单利计息时本金不变，利息随时间的变化呈正比例变化，一般将这种变化称为算术级数增长，这种增长速度是比较缓慢的。

2. 单利现值的计算

计算公式为

$$P=\frac{F}{1+i\times n}$$

【例 2-2】某人希望 5 年后获得 34500 元本利和，银行整存整取的五年期存款利率为 3%，请计算此人现在需要存入银行多少资金。

解　$P=\frac{F}{1+i\times n}=\frac{34500}{1+3\%\times 5}=30000$(元)

以上求现值的计算，也可称为贴现值的计算，贴现使用的利率也称为贴现率。

(二)复利终值和现值的计算

复利属于单一收付款项，是货币时间价值计算的方法。

1. 复利终值的计算

计算公式为

$$FV_n=PV\times(1+i)^n=PV\times FVIF_{i,n}=PV\times(F/P,i,n)$$

上式中 $(1+i)^n$ 称为复利终值系数，可用英文缩写 $FVIF_{i,n}$ (future value of interest factor)，或者符号 $(F/P,i,n)$ 表示。

为了简化计算，本书附录中将部分利率计算的复利终值系数列了表格，表 2-1 是其中的一部分。

表 2-1　复利终值系数表(简表)

时间 n	利息率 i					
	1%	2%	3%	4%	5%	6%
1	1.010	1.020	1.030	1.040	1.050	1.060
2	1.020	1.040	1.061	1.082	1.103	1.124
3	1.030	1.061	1.093	1.125	1.158	1.191
4	1.041	1.082	1.126	1.170	1.216	1.262

续表

时间 n	利息率 i					
	1%	2%	3%	4%	5%	6%
5	1.051	1.104	1.159	1.217	1.276	1.338
6	1.062	1.126	1.194	1.265	1.340	1.419
7	1.072	1.149	1.230	1.316	1.407	1.504
8	1.083	1.172	1.267	1.369	1.477	1.594
9	1.094	1.195	1.305	1.423	1.551	1.689
10	1.105	1.219	1.344	1.480	1.629	1.791

【例 2-3】 某人现在将 10000 元存入银行，银行一年期理财产品报酬率为 4%，此人在一年到期后将本利和一并转入下一期理财，共计存 5 年。问：5 年后他可以取出本利和多少钱？

解 $FV_5 = PV \times (1+i)^n = 10000 \times (1+4\%)^5 = 12166.53$ (元)

或 $FV_5 = PV \times FVIF_{i,n} = 10000 \times FVIF_{4\%,5} = 10000 \times 1.217 = 12170$ (元)

上面两种方法之间的差异是因为复利终值系数都是保留三位小数，与实际计算值有一定的误差。

由以上例子可知，复利终值与时间和利率正相关。在其他条件一定的情况下，现金流量的终值与利率和时间呈同方向变动，现金流量时间间隔越长，利率越高，终值越大。

2. 复利现值的计算

计算公式为

$$PV = FV_n \times \frac{1}{(1+i)^n} = FV_n \times PVIF_{i,n} = FV_n \times (P/F, i, n)$$

上式中 $\frac{1}{(1+i)^n}$ 称为复利现值系数，可用英文缩写 $PVIF_{i,n}$ (present value of interest factor)，或者用符号 $(P/F, i, n)$ 表示。

为了简化计算，本书附录中也将部分利率计算的复利现值系数列了表格，表 2-2 是其中的一部分。

表 2-2 复利现值系数表(简表)

时间 n	利息率 i					
	5%	6%	7%	8%	9%	10%
1	0.952	0.934	0.935	0.926	0.917	0.909
2	0.907	0.890	0.873	0.875	0.842	0.826
3	0.864	0.840	0.816	0.794	0.772	0.751
4	0.823	0.792	0.763	0.735	0.708	0.683
5	0.784	0.747	0.713	0.681	0.650	0.621
6	0.746	0.705	0.666	0.630	0.596	0.564

续表

时间 n	利息率 i					
	5%	6%	7%	8%	9%	10%
7	0.711	0.665	0.623	0.584	0.547	0.513
8	0.677	0.627	0.582	0.540	0.502	0.467
9	0.645	0.592	0.544	0.500	0.460	0.424
10	0.614	0.558	0.508	0.463	0.422	0.386

【例 2-4】 某人希望 5 年后获得 10000 元现金，银行一年期理财产品报酬率为 6%，此人在一年到期后将本利和一并转入下一期理财，共计存 5 年。问：现在他需要存入多少钱？

解　$PV=FV_n\times(1+i)^{-n}=10000\times(1+6\%)^{-5}=7472.58$ (元)

或　$PV=FV_n\times PVIF_{i,n}=10000\times PVIF_{6\%,5}=10000\times 0.747=7470$ (元)

上述计算表明，在折现率为 6%的条件下，5 年后的 10000 元与现在的 7470 元在价值量上是相等的。

由以上例子可知，复利现值系数与时间和利率负相关。在其他条件不变的情况下，现金流量的现值与利率和时间呈反方向变动，现金流量间隔的时间越长，利率越高，现值越小。

(三)年金终值和现值的计算

在现实经济生活中，年金的具体应用多种多样，如保险费、折旧费、租金、养老金、零存整取或整存零取储蓄等，这里将分别计算普通年金、预付年金、递延年金的终值和现值以及永续年金的现值。

1. 普通年金的终值和现值计算

(1)普通年金终值的计算

由图 2-2 可知，普通年金终值的计算公式为

$$\begin{aligned}FVA_n &=A(1+i)^0+A(1+i)^1+A(1+i)^2+\cdots+A(1+i)^{n-2}+A(1+i)^{n-1}\\ &=A\times\frac{(1+i)^n-1}{i}\\ &=A\times FVIFA_{i,n}\\ &=A\times(F/A,i,n)\end{aligned}$$

上式中$\frac{(1+i)^n-1}{i}$称为年金终值系数，可用英文缩写 $FVIFA_{i,n}$ (future value interest factor of annuity)或者用符号$(F/A,i,n)$表示。

为了简化计算，本书附录中也将部分利率计算的年金终值系数列了表格，表 2-3 是其中的一部分。

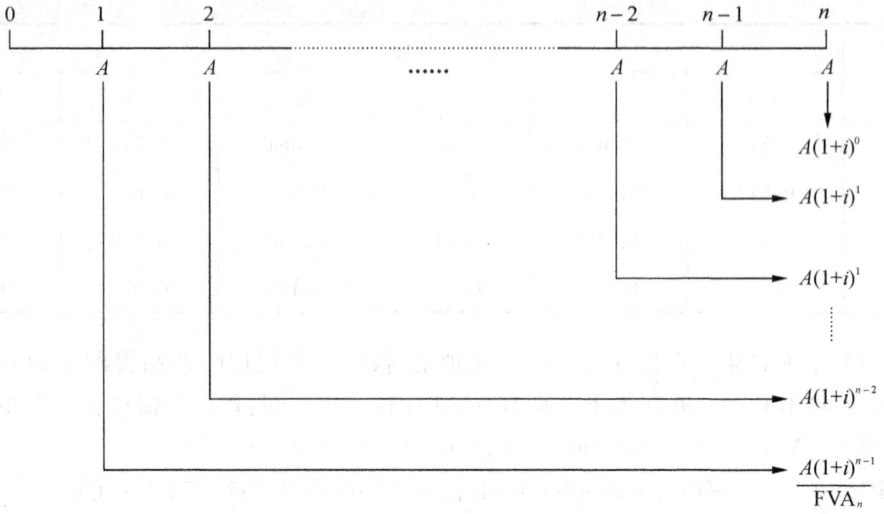

图 2-2　普通年金终值的计算示意图

表 2-3　年金终值系数表(简表)

时间 n	利息率 i					
	5%	6%	7%	8%	9%	10%
1	1.000	1.000	1.000	1.000	1.000	1.000
2	2.050	2.060	2.070	2.080	2.090	2.100
3	3.152	3.183	3.214	3.246	3.278	3.310
4	4.310	4.374	4.439	4.506	4.573	4.461
5	5.525	5.637	5.750	5.866	5.984	6.105
6	6.801	6.975	7.153	7.335	7.523	7.715
7	8.142	8.393	8.654	8.922	9.200	9.487
8	9.549	9.879	10.259	10.636	11.028	11.435
9	11.026	11.491	11.977	12.487	13.021	13.579
10	12.577	13.18	13.816	14.486	15.192	15.937

【例 2-5】假设某企业投资某项目,在 5 年内每年年末从银行借款 100 万元,借款利率为 9%,则该企业第 5 年年末应偿还给银行的本息总额为多少?

解　$FVA_n = A \times \frac{(1+i)^n - 1}{i} = 100 \times \frac{(1+9\%)^5 - 1}{9\%} = 598.47$ (万元)

或　$FVA_n = A \times FVIFA_{i,n} = 100 \times FVIFA_{9\%,5} = 100 \times 5.984 = 598.4$ (万元)

在实际工作中,公司可根据要求在贷款期内建立偿债基金,以保证在期满时有足够的现金偿还贷款的本金或兑现债券。此时的债务实际上等于年金终值 FVA_n。也就是说,年偿债基金的计算实际上是年金终值的逆运算。其计算公式为

$$A=\mathrm{FVA}_n\times\left[\frac{(1+i)^n-1}{i}\right]^{-1}=\mathrm{FVA}_n\times\frac{i}{(1+i)^n-1}$$

上式中$\frac{i}{(1+i)^n-1}$称为偿债基金系数，记作$(A/F,i,n)$，可通过年金终值系数的倒数推算出来。

【例 2-6】 假设某公司有一笔 4 年后到期的借款，金额为 1000 万元，为此设置偿债基金，年利率为 10%，到期一次还清借款，问每年年末应存入的金额为多少？

解
$$\begin{aligned}A&=\mathrm{FVA}_n\times\frac{i}{(1+i)^n-1}\\&=1000\times\frac{10\%}{(1+10\%)^4-1}\\&=215.47(\text{万元})\end{aligned}$$

(2)普通年金现值的计算

由图 2-3 可知，普通年金现值的计算公式为

$$\begin{aligned}\mathrm{PVA}&=A\times\frac{1}{(1+i)^1}+A\times\frac{1}{(1+i)^2}+\cdots+A\times\frac{1}{(1+i)^{n-1}}+A\times\frac{1}{(1+i)^n}\\&=A\times\frac{1-(1+i)^{-n}}{i}\\&=A\times\mathrm{PVIFA}_{i,n}\end{aligned}$$

上式中$\frac{1-(1+i)^{-n}}{i}$称为年金现值系数，可用英文缩写 $\mathrm{PVIFA}_{i,n}$(present value interest factor of annuity)，或者用符号$(P/A,i,n)$表示。

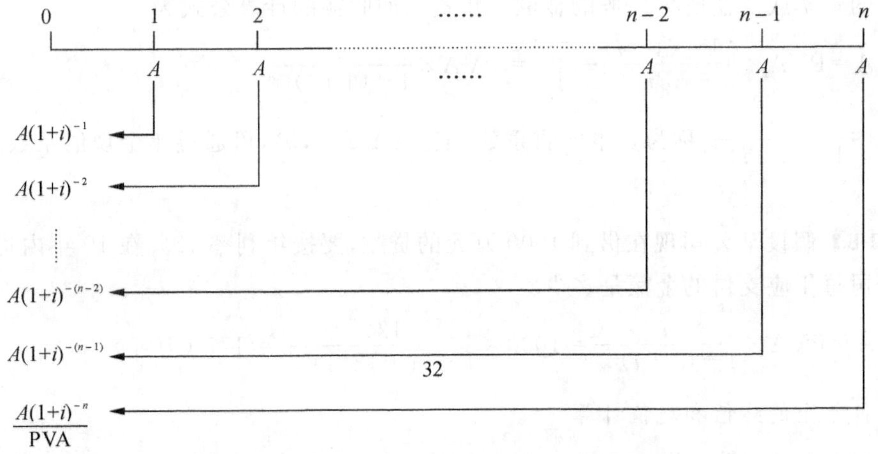

图 2-3　普通年金现值的计算示意图

为了简化计算，本书附录中将部分利率计算的年金现值系数列了表格，表 2-4 是其中的一部分。

表 2-4　年金现值系数表(简表)

时间 n	利息率 i					
	3%	4%	5%	6%	7%	8%
1	0.970	0.962	0.952	0.943	0.935	0.926
2	1.913	1.886	1.859	1.833	1.808	1.783
3	2.828	2.775	2.723	2.673	2.624	2.577
4	3.717	3.630	3.545	3.465	3.387	3.312
5	4.579	4.452	4.329	4.212	4.100	3.993
6	5.417	5.242	5.075	4.917	4.766	4.632
7	6.230	6.002	5.786	5.582	5.389	5.206
8	7.019	6.733	6.463	6.210	5.971	5.747
9	7.786	7.435	7.107	6.802	6.515	6.247
10	8.530	8.111	7.721	7.360	7.024	6.710

【例 2-7】 某人希望每年年末取得 10000 元,连续取 5 年,年利率为 5%。第一年年初应一次性存入多少元?

解　$PVA=A\times\frac{1-(1+i)^{-n}}{i}=10000\times\frac{1-(1+5\%)^{-5}}{5\%}=43295$(元)

或　$PVA=A\times PVIFA_{i,n}=10000\times PVIFA_{5\%,5}=10000\times 4.329=43290$ (元)

年金现值的逆运算是年资本回收额的计算。资本回收额是指在给定的年限内等额回收初始投入的资本或清偿所欠债务的金额。年资本回收额的计算公式为

$$A=PVA\times\left[\frac{1-(1+i)^{-n}}{i}\right]^{-1}=PVA\times\frac{i}{1-(1+i)^{-n}}$$

上式中$\frac{i}{1-(1+i)^{-n}}$称为资本回收系数,记作$(A/P,i,n)$,可通过年金现值系数的倒数推算出来。

【例 2-8】 假设某公司现在借到 1000 万元的贷款,要按年利率 12%在 10 年内均匀偿还,那么该公司每年应支付的金额是多少?

解　$A=PVA\times\frac{i}{1-(1+i)^{-n}}=1000\times\frac{12\%}{1-(1+12\%)^{-10}}=177$ (万元)

2. 预付年金的终值和现值计算

预付年金与普通年金的区别在于收付款的时点不同。普通年金的款项(如图 2-4 中的 A)发生在每期期末,预付年金的款项(如图 2-4 中的 B)发生在每期期初,具体如图 2-4 所示。

(1)预付年金终值的计算

由于付款时间不同,n 期预付年金终值要比 n 期普通年金终值多计一期的利息。因此,在普通年金终值的基础上乘上$(1+i)$便可计算出预付年金的终值,其计算公式为

$$V_n=A\times FVIFA_{i,n}\times(1+i)$$
$$=A\times(FVIFA_{i,n+1}-1)$$

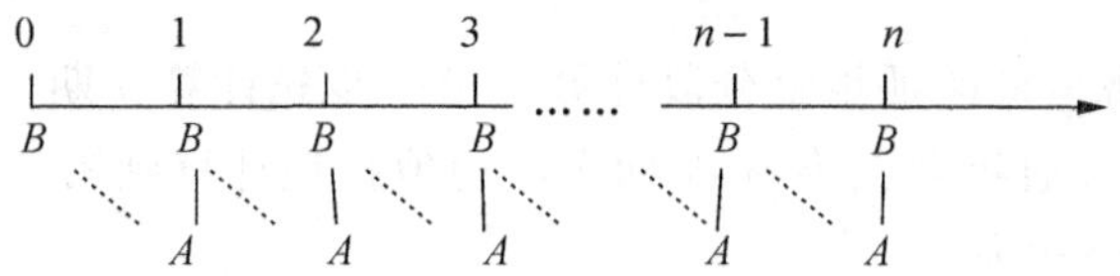

图 2-4　预付年金和普通年金的区别示意图

【例 2-9】 假设某企业投资某项目，在 5 年内每年年初从银行借款 100 万元，借款利率为 9%，则该企业第 5 年年末应偿还给银行的本息总额为多少？

解　$V_n = A \times \mathrm{FVIFA}_{i,n} \times (1+i)$

$= 100 \times \mathrm{FVIFA}_{9\%,5} \times (1+9\%)$

$= 100 \times 5.984 \times (1+9\%)$

$= 652.26$（万元）

或　$V_n = A \times (\mathrm{FVIFA}_{i,n+1} - 1)$

$= 100 \times (\mathrm{FVIFA}_{9\%,6} - 1)$

$= 100 \times (7.523 - 1)$

$= 652.3$（万元）

(2)预付年金现值的计算

虽然 n 期预付年金现值与 n 期普通年金现值的期限相同，但由于其付款时间不同，n 期预付年金现值比 n 期普通年金现值少折现一期，因此预付年金现值的计算公式为

$V_0 = A \times \mathrm{PVIFA}_{i,n} \times (1+i)$

$= A \times (\mathrm{PVIFA}_{i,n-1} + 1)$

【例 2-10】 某人希望每年年初取得 10000 元，连续取 5 年，年利率为 5%。第一年年初应一次性存入多少元？

解　$V_0 = A \times \mathrm{PVIFA}_{i,n} \times (1+i)$

$= 10000 \times \mathrm{PVIFA}_{5\%,5} \times (1+5\%)$

$= 10000 \times 4.329 \times (1+5\%)$

$= 45454.5$（元）

或　$V_0 = A \times (\mathrm{PVIFA}_{i,n-1} + 1)$

$= 10000 \times (\mathrm{PVIFA}_{5\%,4} + 1)$

$= 10000 \times (3.545 + 1)$

$= 45450$（元）

3. 递延年金的终值和现值计算

递延年金是普通年金的特殊形式。凡不在第一期开始收付款项的年金都是递延年金。但如果将发生递延年金的第一期设为时间点 1，则用时间轴表示的递延年金与普通年金完全相同，因此递延年金终值的计算方法与普通年金终值的计算方法基本相同，只是发生的期间是递延年金款项收付的实际期限。这里就不再重复。

递延年金现值的计算方法有分段法和填全法两种。

（1）分段法

分段法的基本思路是将递延年金分段计算。第一步先计算 n 期普通年金在第 m 期期末的现值；第二步将 n 期普通年金在第 m 期期末的现值折现计算到第 1 期期初（0 点）的现值。如图 2-5 所示，其计算公式为

$$V_0 = A \times PVIFA_{i,n} \times PVIF_{i,m}$$

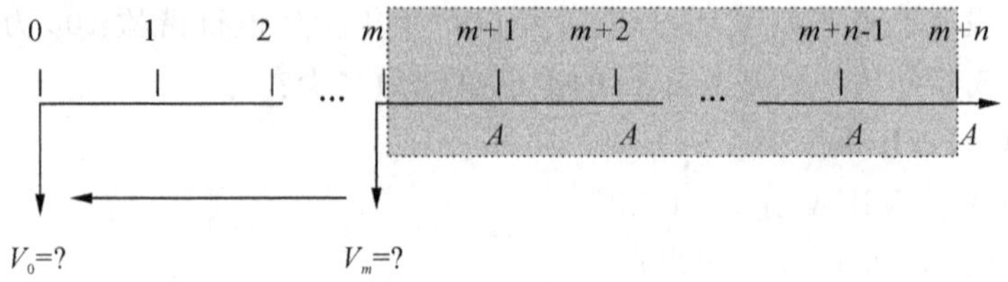

图 2-5　递延年金现值计算分段法示意图

（2）填全法

填全法的基本思路是假定递延期中也发生款项的收付。第一步先计算 $m+n$ 期年金现值；第二步计算 m 期年金现值；第三步将计算出的 $m+n$ 期年金现值减去 m 期年金现值得出 n 期递延年金现值。如图 2-6 所示，其计算公式为

$$V_0 = A \times (PVIFA_{i,m+n} - PVIFA_{i,m})$$

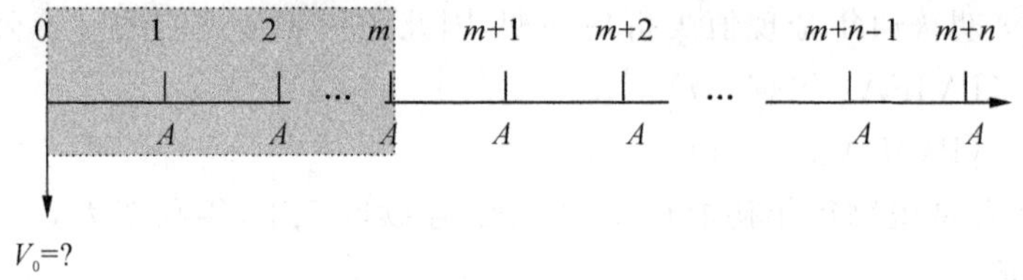

图 2-6　递延年金现值计算填全法示意图

【例 2-11】 假设某公司计划在年初存入一笔资金，从第 4 年起每年年末取出 100 万元，至第 9 年年末取完，在年利率为 10%的情况下，问：该公司最初一次应该存入多少钱？

解　该递延年金现值计算如下：

$$\begin{aligned} V_0 &= A \times PVIFA_{i,n} \times PVIF_{i,m} \\ &= 100 \times PVIFA_{10\%,6} \times PVIF_{10\%,3} \\ &= 100 \times 4.355 \times 0.751 \\ &= 327.06\ (\text{万元}) \end{aligned}$$

或

$$\begin{aligned} V_0 &= A \times (PVIFA_{i,m+n} - PVIFA_{i,m}) \\ &= 100 \times (PVIFA_{10\%,9} - PVIFA_{10\%,3}) \\ &= 100 \times (5.759 - 2.487) \\ &= 327.2\ (\text{元}) \end{aligned}$$

4.永续年金的现值计算

永续年金的现值可以通过普通年金现值的计算公式推导得出，即有

$$V_0=A\times PVIFA_{i,n}=A\times\frac{1+(1+i)^{-n}}{i}$$

而永续年金中 $n\to\infty$，则 $(1+i)^{-n}\to 0$，因此，永续年金现值的计算公式为

$$V_0=\frac{A}{i}$$

【例 2-12】 假设某公司拟设立一项永久性的奖学金，每年计划发放 10000 元奖金资助某大学学生。如果利率为 5%，那么该公司现在应该存入多少钱？

解　$V_0=\frac{10000}{5\%}=200000$（元）

三、货币时间价值计算中的几个特殊问题

前面介绍的是时间价值计算中的基本原理，以下说明几个特殊的计算问题。

（一）年金和不等额现金流量混合情况下的现值计算

年金每次收入或者付出的款项都是相等的，但是在财务管理实践中，更多的情况是每次发生的金额不一定相等，甚至会出现有些时间段的金额相等，有些时间段的金额却不同的情况。对于这种情况，具备年金四个特点的可以用年金公式计算，不符合年金特点的则用复利公式计算，然后与用年金计算的部分汇总，便可以得出全部现金流量的现值。

【例 2-13】 某公司正考虑买入一台机器，预计产生的现金流量如表 2-5 所示，如果确定的年贴现率为 14%，则该现金流的现值是多少？

表 2-5　项目现金流量表　　单位：元

年次 t	1	2	3	4	5	6	7	8	9	10
现金流	1200	2000	2400	1900	1600	1400	1400	1400	1400	1400

解　该笔现金流中前 5 年的现金流均不相等，使用复利方法计算，第 6～10 年的现金流量满足年金的特征，应用递延年金现值的计算方法，有

$$\begin{aligned}V_0&=1200\times PVIF_{14\%,1}+2000\times PVIF_{14\%,2}+2400\times PVIF_{14\%,3}+1900\times PVIF_{14\%,4}+\\&\quad 1600\times PVIF_{14\%,5}+1400\times PVIFA_{14\%,5}\times PVIF_{14\%,5}\\&=1200\times 0.877+2000\times 0.769+2400\times 0.675+1900\times 0.592+1600\times 0.519\\&\quad +1400\times 3.433\times 0.519\\&=8660.02(\text{元})\end{aligned}$$

（二）折现率的计算

在前面计算现值和终值时，都是假定利率是给定的，但实际工作中经常会遇到已知计算期数、终值和现值，求折现率的问题。一般而言，求折现率可以分为两步：第一步求出换算系数；第二步根据换算系数和有关系数表求折现率。换算系数可根据如下公式计算：

$$FVIF_{i,n}=\frac{FV_n}{PV}$$

$$PVIF_{i,n}=\frac{PV}{FV_n}$$

$$FVIFA_{i,n}=\frac{FVA_n}{A}$$

$$PVIFA_{i,n}=\frac{PVA}{A}$$

【例 2-14】将 100 元存入银行，10 年后可获得本利和 259.4 元。问：银行存款的利率为多少？

$$FVIF_{i,10}=\frac{FV_{10}}{PV}=\frac{259.4}{100}=2.594$$

查附表 1，与 10 年相对应的复利终值系数中，10％的系数为 2.594，因此，利息率应为 10％。

【例 2-15】假设现在向银行存入 10000 元钱，问：折现率为多少才能保证在以后的 10 年中每年年末都能够从银行取出 2000 元？

解 $PVIFA_{i,10}=\frac{PVA}{A}=\frac{10000}{2000}=5.000$

查年金现值系数表，当利率为 14％时系数是 5.216，当利率为 15％时系数是 5.019，可见利率应该在 14％和 15％之间，假设 x 为超过 14％的利率，用插值法计算 x 的值如下：

$$\begin{array}{ll} \text{利率 } i & PVIFA_{i,10} \\ \left.\begin{array}{l}\left.\begin{array}{l}14\% \\ i\end{array}\right\} x\% \\ \\ 15\%\end{array}\right\} 1\% & \left.\begin{array}{l}\left.\begin{array}{l}5.216 \\ 5.000\end{array}\right\} 0.216 \\ \\ 5.019\end{array}\right\} 0.197 \end{array}$$

$$\frac{x}{1}=\frac{0.197}{0.216} \qquad x=0.912$$

$$i=(14+x)\%=14.91\%$$

故银行利率为 14.91％。

以上方法还可以用于计算计息期数 n。在已知终值、现值和利率的情况下，即可求出计息期数 n，其基本方法同上述折现率的确定方法。

(三)计息期短于一年的时间价值的计算

前面的终值和现值计算通常是按照年为单位时间来计算的，但在有些时候，也会遇到计息期短于一年的情况。例如，债券利息一般每半年支付一次，股利有时候会每季度支付一次，这就出现了以半年、一个季度、一个月甚至以天为期间的计息期。与计息期相对应的一个概念是复利计息频数，即利息在一年中累计复利多少次。

若以 r 表示期利率，i 表示年利率，m 表示每年的计息频数，n 表示年数，t 表示换算后的计息期数，则计息期数和计息利率存在如下换算关系：

$$r=\frac{i}{m} \qquad t=m\cdot n$$

在各种计算中，利率与期数必须相匹配。应用上述公式，然后将 r 和 t 替换原来的 i 和 n

代入前面的现值和终值公式中进行计算。

【例 2-16】 某公司向银行借款 1000 元,年利率为 16%,试计算:(1)如果每年计息一次,两年后应向银行偿付多少本息?(2)若按季计息,两年后又应向银行偿付多少本息?

解　(1)如果每年计息一次,有

$$FV_2 = PV \times FVIF_{i,n} = 1000 \times FVIF_{16\%,2} = 1346(\text{元})$$

(2)如果每个季度计息一次,即 $m=4$,则

$$r = \frac{i}{m} = \frac{16\%}{4} = 4\%$$

$$t = m \times n = 4 \times 2 = 8$$

$$FV_8 = PV \times FVIF_{i,n} = 1000 \times FVIF_{4\%,8} = 1369(\text{元})$$

从以上计算可以看出,计息频次越高,其利息就越多。

(四)有效年利率和简单年利率之间的换算

在上面计息期短于一年的时间价值问题中,每年的复利次数超过了一次,这时候的年利率 i 称为有效年利率 EAR(effective annual rate),而每年只复利一次的年利率叫作简单年利率 APR(annual percentage rate)。设 1 年复利次数为 m 次,则有效年利率和简单年利率的利率之间的换算关系如下:

$$EAR = \left(1 + \frac{APR}{m}\right)^m - 1$$

表 2-6 说明了简单年利率在 12%的情况下有效年利率与简单年利率之间的关系。

表 2-6　100 元在不同计息期下名义利率与实际利率的关系表

简单年利率	计息期	1 年后终值(元)	利息(元)	有效年利率(%)
12%	一年	112.00	12.00	12.00
	半年	112.36	12.36	12.36
	一个季度	112.55	12.55	12.55
	一个月	112.68	12.68	12.68

在实际生活中,往往也把有效年利率称为实际利率,把简单年利率称为名义利率。

第二节　风险价值

企业的经济活动大都是在有风险和不确定的情况下进行的,离开了风险因素就无法正确评价企业收益的高低。风险价值原理揭示了风险与报酬之间的关系,它和时间价值原理一样,是财务管理的基本观念。

一、风险与决策

对于大多数投资者而言,个人或企业当前投入资金是因为期望在未来会获得报酬,产生

更多的资金流入。报酬是投资者衡量投资项目财务绩效的有效方式。然而，不同的项目在不同的领域产生的报酬是不相同的。比如投资于一家刚成立的高科技公司，其报酬就无法准确地估计，也就是投资面临了风险。

(一)风险的含义

通常，风险是指在特定的环境条件和时期，某一事件产生的实际结果与预期结果之间的差异程度。比如我国老百姓常用的投资方式之一——银行储蓄，在现今条件下，如果将10万元存入我国工、农、中、建这些银行，年利息率为2%，那么在1年后以后就可以获得本利和10.2万元，也就是预期结果为10.2万元，实际结果也将得到10.2万元，这样就不存在风险。然而，假如在2007年将资金存入美国雷曼兄弟银行，在2008年该银行宣布破产后可能就无法获得预期的本金和利息，这就是存在风险了。在财务管理中的风险主要是指实际现金流量与预期现金流量之间的差异程度。

(二)财务决策的类型

公司的财务决策几乎都是在包含风险和不确定的情况下做出的。风险是客观存在的，按财务决策面临风险的程度，可以把公司的财务决策分为三种类型。

1. 确定性决策

决策者做出的对未来的情况是完全肯定的或已知的决策，称为确定性决策。例如，投资者将资金投资于我国政府发行的国库券，由于国家实力雄厚，到期得到的报酬几乎是肯定的，因此，一般认为这种决策为确定性决策。

2. 风险性决策

决策者对未来的情况不能完全确定，但不确定性出现的可能性——概率的具体分布是已知的或可以估计的，这种情况下的决策称为风险性决策。

3. 不确定性决策

决策者不仅对未来的情况不能完全确定，而且对投资项目可能出现多少种结果，或者对每一种结果出现的可能性不太清楚，这种情况下的决策称为不确定性决策。

从理论上讲，不确定性是无法科学地衡量的，但在实际管理决策中，通常应用专门的方法为不确定性规定了一些主观概率，以便进行定量分析。不确定性在被规定了概率之后，就与风险性决策十分相似了。因此，在公司管理过程中，对风险性决策与不确定性决策并不做严格区分，当提到风险时，可能是风险性决策，也可能是不确定性决策。

(三)风险报酬的概念

决策者一般都讨厌风险，并尽可能地回避风险。愿意要肯定的某一报酬率，而不愿要不肯定的某一报酬率，是决策者的共同心态。这种反感风险的现象普遍存在，因而提到风险时，多数人都将其理解为损失。事实上，风险虽然有可能带来超出预期的损失，呈现其不利的一面，但也可能带来超出预期的收益，呈现其有利的一面。风险报酬指投资者在冒风险进行投资时，所获得的那部分超过时间价值的额外报酬。其表现形式既可以是相对数形式的风险报酬率，也可以是绝对数形式的风险报酬额。

要注意的是风险报酬的概念中暂时仍然没有考虑通货膨胀。

二、单项资产投资的风险报酬

一般而言，投资者对意外损失比对意外收益更加关注，因而在研究风险时主要从不利的方面来考察，经常把风险看成是不利事件发生的可能性。从财务管理的角度理解，风险也就是对企业目标产生负面影响的事件发生的可能性。这种可能性也就是投资报酬的概率分布，在投资决策中，投资者必须要考虑风险，也就是需要对项目的风险程度进行衡量。风险的大小与未来各种可能结果的变动程度的大小有直接关系，人们在对风险进行计量时，往往采用概率和数理统计的方法。

（一）确定概率分布

在经济活动中，某一事件在相同的条件下可能发生、也可能不发生，这类事件称为随机事件。概率就是用来表示随机事件发生的可能性大小的数值。通常，把必然发生的事件的概率定为1，把不可能发生的事件的概率定为0。将随机事件的各种可能结果按其可能性数值的大小顺序排列，并列出各种结果的相应概率，这一完整的描述称为概率分布。

如果随机变量（如报酬率）只取有限个值，并且对应于这些值有确定的概率，则称随机变量是离散型分布。如果随机变量的取值为无数多个，也对应着无数个相应的概率，则随机变量的概率分布为连续型分布，比如正态分布就是连续型分布的一种常见的形态。在进行投资分析时，为了简化计算，通常假设经济情况的个数是有限的，并为每一种经济情况赋予一定的概率，这种概率分布属于离散型分布。

离散型概率分布必须符合以下两条规则：

(1)所有的概率(P_i)都在0和1之间，即$0 \leqslant P_i \leqslant 1$。

(2)所有的概率之和必须等于1，即$\sum_{i=1}^{n} P_i = 1$（n为可能出现结果的个数）。

（二）计算预期报酬

在投资活动中，一般用概率来表示每一种经济情况出现的可能性，同时也就是各种不同预期报酬率出现的可能性。在这里，报酬率作为一个随机变量，受到多种因素的影响和制约。但为了简化计算，一般假设其他的因素都不变，只有经济情况这一个因素影响报酬率。

但需要注意的是，实际上出现的经济情况往往远不止几种，有无数可能的情况发生，如果对每种情况都赋予一个概率，并分别测定其报酬率，则可以用连续型分布描述。统计上，常用正态分布这种连续型分布。虽然实际上并非所有的问题都符合正态分布，但是，根据统计学的理论，无论总体分布是正态还是非正态，当样本量很大时，其样本平均数都呈正态分布。一般而言，如果被研究的变量受彼此独立的大量偶然因素的影响，并且每个因素在总的影响中只占很小部分，那么，这个总影响所引起的数量上的变化就近似服从正态分布。

随机变量的各个取值以相应的概率为权数的加权平均数，叫作随机变量的期望值（数学期望或均值），它反映随机变量取值的平均化。在投资活动中，一般以各种经济情况出现的

概率(即各种报酬率出现的概率)为权数计算报酬率的加权平均数,即期望报酬率,其计算公式如下:

$$\bar{R}=\sum_{i=1}^{n}R_iP_i$$

式中:$\bar{R}$ 表示预期报酬率;P_i 表示第 i 种经济情况出现的概率;R_i 表示第 i 种结果出现后的期望报酬;n 表示所有可能的经济情况的数目。

【例 2-17】 某企业现有 A、B 两个投资项目,假设未来的市场景气程度有繁荣、一般和萧条三种,根据预测,两个项目在不同经济情况下的预期报酬率和概率分布见表 2-7。

表 2-7 两个投资项目的预期报酬率与概率分布表

经济景气程度	概率 P_i	投资报酬率	
		项目 A(%)	项目 B(%)
繁荣	0.3	90	20
一般	0.4	15	15
萧条	0.3	−60	10

根据公式可以分别计算出投资项目 A 和 B 的期望报酬率。

A 项目期望报酬率:

$$\overline{R_A}=\sum_{i=1}^{n}R_iP_i=0.3\times 90\%+0.4\times 15\%+0.3\times(-60\%)=15\%$$

B 项目期望报酬率:

$$\overline{R_B}=\sum_{i=1}^{n}R_iP_i=0.3\times 20\%+0.4\times 15\%+0.3\times 10\%=15\%$$

期望报酬率仅代表一个投资项目获利水平的高低,反映预期报酬的平均化水平,在各种不确定因素影响下,它代表着投资者的合理预期,但不能反映投资项目的风险程度。如例 2-17中 A 和 B 两个项目,虽然其预期报酬率相同,但其概率分布不同。因此,还需要通过一系列指标来衡量投资项目的风险程度。

(三)计算标准离差

实际生活中存在着很多投资机会,它们的期望报酬率相同,但是它们的报酬率的概率分布差别很大,也就是说它们能否达到期望报酬的可能性相差也很大,这也就是人们所说的投资风险。为了衡量风险的大小,还需要使用统计学中衡量概率分布离散程度的指标,这里主要介绍标准离差和标准离差率。

标准离差也叫均方差,是各种可能的报酬偏离期望报酬的综合差异。通常情况下,用标准离差描述投资项目报酬的离散程度,以反映投资项目的风险程度。如果用 σ 表示标准离差,其计算公式为

$$\sigma=\sqrt{\sum_{i=1}^{n}(R_i-\bar{R})^2P_i}$$

【例 2-18】 根据例 2-17 提供的资料,可以计算出投资项目 A 和 B 的标准离差分别为

$$\sigma_A=\sqrt{\sum_{i=1}^{n}(R_i-\bar{R})^2P_i}$$
$$=\sqrt{(90\%-15\%)^2\times0.3+(15\%-15\%)^2\times0.4+(-60\%-15\%)^2\times0.3}$$
$$=58.09\%$$

$$\sigma_B=\sqrt{\sum_{i=1}^{n}(R_i-\bar{R})^2P_i}$$
$$=\sqrt{(20\%-15\%)^2\times0.3+(15\%-15\%)^2\times0.4+(10\%-15\%)^2\times0.3}$$
$$=3.87\%$$

从以上计算结果可以看出A项目的风险程度远远高于B项目的风险程度。

然而，要注意的是该例子比较特殊，A和B两个项目的预期报酬率均为15%，是相等的。只有在预期报酬率相等的时候，才能直接使用标准离差比较项目之间的风险水平高低。否则，就不适用。

（四）计算标准离差率

虽然标准离差能够反映投资项目的风险程度，但不能反映与投资报酬率的变化关系。如果一个投资项目的标准离差很大，其投资报酬率可能也很大；一个投资项目的标准离差很小，其投资报酬率可能也很小。那么投资者应该选择那个方案呢？这就需要借助于标准离差率。该指标等于标准离差除以预期报酬率，也叫变异系数。若用V表示标准离差率，其计算公式如下：

$$V=\frac{\sigma}{\bar{R}}\times100\%$$

【例2-19】根据例2-17中预期报酬率和标准离差的计算结果可以计算出投资项目A和B的变异系数分别为

$$V_A=\frac{\sigma_A}{\bar{R}}\times100\%=\frac{58.09\%}{15\%}\times100\%=3.87$$

$$V_B=\frac{\sigma_B}{\bar{R}}\times100\%=\frac{3.87\%}{15\%}\times100\%=0.26$$

通过计算可以看出，A项目的风险程度远高于B项目的风险程度，与前面标准离差判断的结论相同。标准离差率是一个相对指标，它以相对数反映决策方案的风险程度，表示每单位预期报酬所包含的风险。对于预期报酬不同的决策方案，评价和比较其各自的风险程度只能借助于标准离差率这一相对数指标。在期望值不同的情况下，标准离差率越大，风险越大；反之，标准离差率越小，风险越小。

（五）计算风险报酬率

在有效市场假设条件下，风险与报酬是相互匹配的，即高风险高报酬、低风险低报酬。投资者可以根据自身风险承受能力的大小选择适度风险的投资项目，获取报酬。美国经济学家哈里·马科维茨(Harry M. Markowitz)通过对投资者的行为特征进行研究发现，理性投资者具有两个基本特征：一是追求收益最大化；二是厌恶风险。这两个特征决定着理性投资者在投资决策时必定会遵守以下两条基本原则:(1)在两个风险水平相同的投资项目中,投资者会选择预期报酬较高的投资项目;(2)在两个预期报酬相同的投资项目中,投资者会选择风险较小的投资项目。尽管人们对风险的厌恶程度不完全相同,有的人对风险厌恶程度较高,有的则较低,甚至有的人可能偏好风险,但是,从理论上来讲,理性投资者一般是厌恶风险的。对于厌恶风险的理性投资者而言,要是只接受风险较大的投资项目,就必须给予风险补偿,风险越大,风险补偿也就越高。

从理论上而言,风险报酬率(R_R)可以表述为风险价值系数(b)与标准离差率(V)的乘积,即

$$R_R = b \times V$$

标准离差率反映了资产全部风险的相对大小,而风险价值系数则取决于投资者对项目的风险偏好。对风险态度越是回避,要求的补偿也就越高,因而要求的风险报酬率也就越高,所以风险价值系数的值也就越大;反之,如果对风险的容忍程度较高,则说明风险的承受能力较强,那么要求的风险补偿也就没有那么高,所以风险价值系数的取值就会较小。

风险价值系数的计算可采用统计回归方法对历史数据进行分析,得出估计值,也可结合管理人员的经验分析判断而得出。但是,由于风险价值系数受风险偏好的影响,而风险偏好又受风险种类、风险大小及心理因素的影响,因此,对于风险价值系数的准确估计就变得相当困难和不够可靠。

(六)计算必要报酬率

必要报酬率是指投资者进行投资(购买资产)时必须得到的最低报酬率,通常由无风险报酬率和风险报酬率两个部分构成,前者取决于政府债券利率,后者取决于公司所面临的全部风险获得的报酬,即可以用以下模型来确定:

必要报酬率=无风险报酬率+风险报酬率

如果用 K 来表示必要报酬率,用 R_F 表示无风险报酬率、R_R 表示风险报酬率,则必要报酬率的计算公式如下:

$$\begin{aligned} K &= R_F + R_R \\ &= R_F + b \times V \end{aligned}$$

式中:无风险报酬率是纯利率与通货膨胀贴水之和,通常用政府债券的利率来近似地替代;风险报酬率代表因承担该项资产的风险而要求的额外补偿。

要注意区别预期报酬率与必要报酬率。预期报酬率是投资者在现有市场条件下进行某一项投资后预期能够获得的报酬率。预期报酬率和必要报酬率在时间点上都是面向未来的,都具有不确定性。但必要报酬率是投资者主观上根据投资项目的风险评价确定的,预期报酬率是由市场交易条件决定的,即在当前市场价格水平下投资者可获得的收益。如果投资者的主观评价与市场的客观交易不一致,就会形成两个报酬率的差异。但在一个完善的市场上,市场套利行为很快会消除这种差异,使两者趋于一致,此时,投资的预期报酬率等于必要报酬率。

三、证券组合投资的风险报酬

投资者在进行证券投资时,一般不会把所有资金投资于一种证券。由两种或两种以上

证券所构成的投资组合，称为证券的投资组合，简称证券组合。这种组合会降低风险，因为报酬率高的证券会抵消报酬率低的证券带来的负面影响。因此，大多数法人投资者，如工商业企业、信托投资公司、投资基金公司等，都同时投资于多种证券。所以，了解证券投资组合的风险与报酬对于公司财务人员而言非常重要。

（一）证券组合的风险

证券组合投资过程中面临的所有风险可以称为证券组合的总风险，具体包括可分散风险和不可分散风险，下面就从这两个角度进行分析。

1. 可分散风险

可分散风险也被称为公司特有风险或非系统风险，是某些因素对个别证券造成经济损失的可能性。该风险是由某些随机事件导致的，如个别公司员工罢工、公司核心高管人员集体辞职、公司在市场竞争中失败等。这种风险可以通过证券持有的多样化来抵消，即多买几家公司的股票，其中某些公司的股票报酬上升，另一些公司的股票报酬下降，从而将风险抵消。

可分散风险一般可以用两种证券之间的相关系数（ρ）来衡量，也就是用两种证券报酬率之间相对运动的状态来表示。理论上，相关系数在区间[－1，1]内。

当 $\rho=1$ 时，表明两种证券的报酬率具有完全正相关的关系，即它们的报酬率变化方向和变化幅度完全相同，这时候两种证券的风险完全不能互相抵消，所以这样的组合不能降低任何风险。

当 $\rho=-1$ 时，表明两种证券的报酬率具有完全负相关的关系，即它们的报酬率变化方向和变化幅度完全相反。这时候两者之间的风险可以充分地相互抵消掉。因而如果一项投资购入这两种证券各 50%，就可以最大限度地抵消风险，甚至将可分散风险完全消除掉。

在实际投资中，两种证券的报酬率具有完全正相关或完全负相关关系的情况几乎是不存在的。绝大多数证券之间都具有不完全的相关关系，即相关系数小于 1 且大于－1（大多数情况下大于零）。平均而言，随机挑选两只股票，其报酬的相关系数大约等于 0.6，且对于多数股票而言，其报酬的两两相关系数 ρ 都为 0.5～0.7。在此情况下，证券投资组合能够降低风险但不能完全消除风险。

若投资组合包含的股票多于两只，通常情况下，投资组合的风险将随所包含证券数量的增加而降低。

2. 不可分散风险

任意一种证券所包含的风险，几乎有一半能够通过构建一个适度最大分散化的投资组合而消除。不过，由于总会残留一些风险，因此几乎不可能完全分散那些影响所有证券报酬的整个股票市场的波动，而这些波动就产生了不可分散风险。

不可分散风险也被称为市场风险或系统风险，是指某些因素对市场上所有证券带来经济损失的可能性。该风险产生于那些影响大多数公司的因素，如经济危机、通货膨胀、经济衰退以及市场货币供给收紧等。由于这些因素会对大多数股票产生负面影响，因此无法通过分散投资来消除市场风险。

(1)单项资产的系统风险系数(β_i 系数)

市场风险的程度通常用 β_i 系数来衡量。如果以 ρ_{iM} 表示第 i 种证券的报酬与市场组合报酬的相关系数,σ_i 表示第 i 种证券报酬的标准差,σ_M 表示市场组合报酬的标准差,则该种证券的 β_i 系数可由下式得出:

$$\beta_i = \left(\frac{\sigma_i}{\sigma_M}\right) - \rho_{iM}$$

从上式可以看出,对于标准差 σ_i 较高的证券而言,其 β_i 系数也较大。因为在其他条件都相同的情况下,高风险的证券将为投资组合带来更多的风险。同时,与市场组合报酬间相关系数 ρ_{iM} 较高的证券也具有较大的 β_i 系数,从而风险也更高,此时意味着分散化的作用不大,该证券将给投资组合带来较多风险。

也就是说 β_i 系数的直观经济意义可以表示如下:

$$\beta_i = \frac{\text{第 } i \text{ 种证券的风险报酬率}}{\text{市场组合的风险报酬率}}$$

将整个证券市场视为一个特殊的证券组合(市场组合),则其 β_i 系数为 1。根据上述定义,与市场水平同步波动的证券可以视为平均风险证券,此类证券的 β_i 系数为 1。这就意味着如果市场报酬率上升 10%,通常该类证券的报酬率也将上升 10%;如果市场报酬率下降 10%,该证券报酬率也将同样下降 10%。由 β_i 系数为 1 的证券所组成的投资组合将随整体市场指数上下波动,其风险程度也与这些市场指数相同。若 $\beta_i=0.5$,则该证券的波动性仅为市场波动水平的一半;若 $\beta_i=2$,则该证券的波动性将为平均证券波动水平的 2 倍,因此该类证券投资组合的风险程度也将为市场组合风险程度的 2 倍。

(2)证券组合的系统风险系数(β_P 系数)

证券组合的 β_P 系数是单个证券 β_i 系数的加权平均数,权数为各种证券在组合中所占的比重,其计算公式为

$$\beta_P = \sum_{i=1}^{n} W_i \beta_i$$

式中:β_P 表示证券组合的 β 系数;W_i 表示证券组合中第 i 种证券所占的比重;β_i 表示第 i 种证券的系统风险系数;n 为证券组合中证券的数量。

【例 2-20】 现有某股票投资组合,已知三种股票 A、B、C 在证券组合中所占的比重及其各自的 β 值如表 2-8 所示,要求计算该证券组合的 β_P 系数。

表 2-8 证券组合的风险构成情况

股票种类	股票在证券组合中的比重(%)	β_i
A	40	1.00
B	25	0.75
C	35	1.30

解 上述证券组合的 β_P 系数计算如下:

$$\beta_P = \sum_{i=1}^{n} W_i \beta_i = 1.00 \times 40\% + 0.75 \times 25\% + 1.30 \times 35\% = 1.04$$

通过上述公式及例子可以得出结论：证券组合的 β_P 系数取决于各种证券在组合中所占的比重(W_i)和单个证券的 β_i 值两个因素。如果证券组合中的权数不变，投资于系统风险更低的证券，则整个组合的系统风险系数(β_P 系数)相应降低，反之亦然。而同样地，改变投资比重，也可以影响投资组合的 β_i 系数，进而会改变其风险报酬率。通过降低系统风险大的证券的比重，提高系统风险小的证券的比重，能达到降低投资组合总体风险水平的目的。

证券组合的总风险构成如图 2-7 所示。

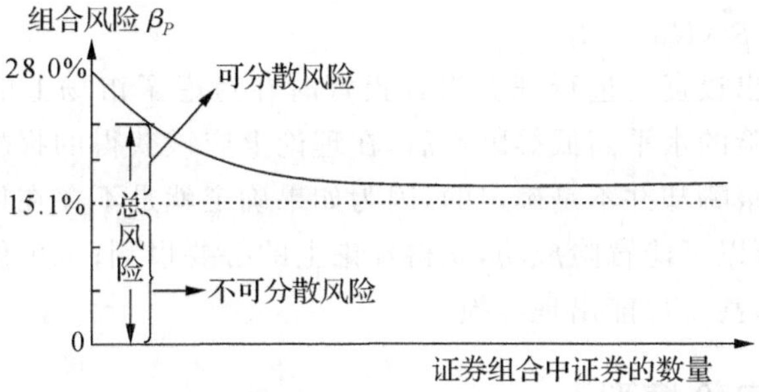

图 2-7　证券组合的风险构成图

(二)证券组合的风险报酬率

投资者进行证券组合投资与进行单项投资一样，都要求对所承担的风险进行补偿，证券的风险越大，要求的报酬越高。但是，与单项投资不一样的是，证券组合投资要求补偿的风险只有不可分散风险，而不要求对可分散风险进行补偿。这主要是因为，如果可分散风险的补偿也存在，善于科学地进行投资组合的投资者将会购买这部分证券，并抬高其价格，使得这部分补偿失去了意义，所以最终的报酬率仍然只反映市场风险。因此，证券组合的风险报酬是投资者因承担不可分散风险而要求的，超过时间价值的那部分额外报酬率，可用以下公式计算：

$$R_P = \beta_P(R_M - R_F)$$

式中：R_P 表示证券组合的风险报酬率；β_P 表示证券组合的系统性风险系数；R_M 表示所有证券的平均报酬率，即市场组合平均报酬率，简称市场报酬率；R_F 表示无风险报酬率，一般用政府债券的利率来衡量。

【例 2-21】 某公司共持有三种股票，其 β_i 系数及占投资组合的比重分别为 1.2、2.0、1.8；70%、20%、10%。市场报酬率为 12%，政府债券的利息率为 8%。试确定这种证券组合的风险报酬率。

(1)计算该证券组合的 β_P 系数

$$\beta_P = \sum_{i=1}^{n}\beta_i W_i = 1.2\times70\% + 2.0\times20\% + 1.8\times10\% = 1.42$$

(2)计算该证券组合的风险报酬率

$$R_P = \beta_P(R_M - R_F) = 1.42\times(12\% - 8\%) = 5.68\%$$

计算出风险报酬率后，便可根据投资额和风险报酬率计算出风险报酬额。

从例 2-21 可以看出，在其他因素不变的情况下，风险报酬取决于证券组合的 β_P 系数。

β_P 系数越大，风险报酬越高；反之亦然。或者说，β_P 系数反映了证券报酬对于系统风险的反映程度。

（三）证券组合的必要报酬率

由前面必要报酬率的计算原理可以知道，证券组合的必要报酬率（K_P）应该由无风险报酬率（R_F）和证券组合的风险报酬率（R_P）两个部分构成，其计算公式如下：

$$\begin{aligned} K_P &= R_F + R_P \\ &= R_F + \beta_P(R_M - R_F) \end{aligned}$$

该模型可以反映出投资者进行证券组合投资时在考虑了市场上的时间价值、通货膨胀贴水以及不可分散风险的水平高低等因素后，在理论上应该获得的报酬率水平。然而，实际是否能够得到这么多报酬却并不是确定的，因为如果确定就是不存在风险的确定性决策了。正是因为存在风险，所以可能冒险成功，获得理论上的必要报酬；也可能冒险失败，获得的报酬率低于必要报酬率，甚至可能出现亏损。

四、资本资产定价模型

在构造了证券投资组合并计算它们的报酬率之后，其必要报酬率计算方法可以扩展到所有的资产投资，这也就是资本资产定价模型 CAPM（capital asset pricing model），该模型可以进一步测算投资组合中的每一种资产的报酬率。

（一）资本资产定价模型的形式

资本资产定价模型基于如下假设：(1)所有的投资者都追求单期最终财富的效用最大化，他们根据投资组合预期报酬率和标准离差来选择优化投资组合；(2)所有的投资者都能以给定的无风险利率借入或贷出资本，其数额不受任何限制，市场上对卖空行为无任何约束；(3)所有的投资者对每一项资产报酬的均值、方差的估计相同，及投资者对未来的展望相同；(4)所有的资产都可完全细分，并可完全变现（即可按市价卖出，且不发生任何交易费用）；(5)无任何税收；(6)所有的投资者都是价格的接受者，即所有投资者各自的买卖活动不影响市场价格；(7)所有资产的数量都是确定的。

资本资产定价模型的一般形式为

$$R_i = R_F + \beta_i(R_M - R_F)$$

式中：R_i 表示第 i 种资产的必要报酬率；R_F 表示无风险报酬率；β_i 表示第 i 种资产的系统风险系数；R_M 表示市场报酬率。

【例 2-22】 科林公司股票的 β_i 系数是 1.45，无风险报酬率是 8%，市场上所有股票的期望报酬率是 13%，那么该股票要求的报酬率是多少？

解 $R_i = R_F + \beta_i(R_M - R_F) = 8\% + 1.45 \times (13\% - 8\%) = 15.25\%$

也就是说，只有在科林公司股票的报酬率达到或者超过 15.25%时，投资者才愿意进行投资，如果低于 15.25%，则投资者不会购买其股票。

（二）证券市场线

资本资产定价模型通常可以用图形来表示，证券市场线 SML（security market line）用于说明必要报酬率与不可分散风险水平 β_i 系数之间的关系(见图 2-8)。

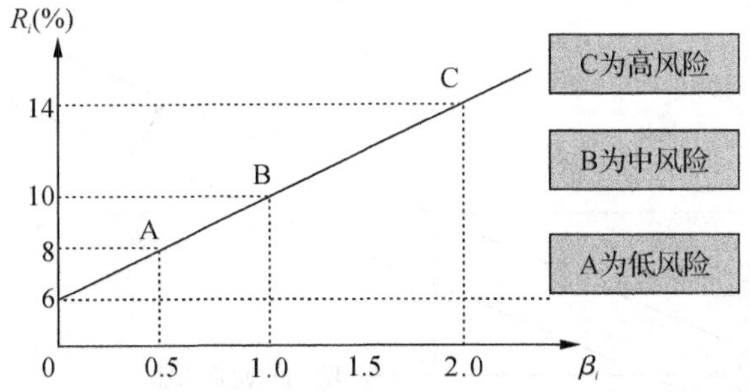

图 2-8　证券市场线基本示意图

由图 2-8 可知,在无风险报酬率为 6%的条件下,β_i 系数不同的股票有不同的风险报酬率,当 $\beta_i=0.5$ 时,风险报酬率为 2%,股票的必要报酬率为 6%;当 $\beta_i=1.0$ 时,风险报酬率为 4%,股票的必要报酬率为 10%,也就是等于市场报酬率;当 $\beta_i=2.0$ 时,风险报酬率为 8%,股票的必要报酬率为 14%。也就是说,要求的风险报酬率越高,在无风险报酬率不变的情况下,必要报酬率也就越高。

(三)证券市场线的影响因素

由资本资产定价模型可以知道,影响证券市场线的因素有无风险报酬率(R_F)、市场报酬率(R_M)和投资资产的系统风险系数(β_i),具体分析可以知道这实际上是通货膨胀、投资者风险回避程度和投资对象的风险水平等三个因素。

1. 通货膨胀对证券市场线的影响

从投资者的角度来看,无风险报酬率是其投资的报酬率,但从筹资者的角度来看,则是其支出的无风险成本,或称无风险利率。现在市场上的无风险利率由两部分构成:一是无通货膨胀的纯利率 K_0,这是真正的时间价值部分;二是通货膨胀贴水 IP,它等于预期的通货膨胀率。这样,无风险报酬率 $R_F=K_0+\text{IP}$。在图 2-8 中,无风险报酬率为 6%,假设包括 3%的纯利率和 3%的通货膨胀贴水,则有

$$R_F=K_0+\text{IP}=3\%+3\%=6\%$$

如果预期通货膨胀率上升 2%,增加到 5%,这将使 R_F 上升到 8%(见图 2-9)。通货膨胀贴水的增加也会引起所有资产报酬率的增加,所以,市场报酬率 R_M 也将增加 2%,上升到 12%,这样证券市场线将产生平行移动,这种平移的幅度取决于通货膨胀贴水的变化幅度。若通货膨胀贴水增加,将向上平移;反之,将向下平移。

2. 投资者风险回避程度对证券市场线的影响

证券市场线也反映了市场上所有投资者对风险规避的程度——直线越陡峭,投资者越规避风险。也就是说,在同样的风险水平上,要求的报酬更高;或者在同样的报酬水平上,要求的风险更低。如果投资者不规避风险,当 R_F 为 6%时,各种证券的报酬率也将是 6%,这样,证券市场线将平行于横轴;当市场上所有投资者都更加谨慎、风险规避增加时,风险报酬率将随之增加,证券市场线的斜率也就会变大,证券市场线将会变得更加陡峭。图 2-10 说

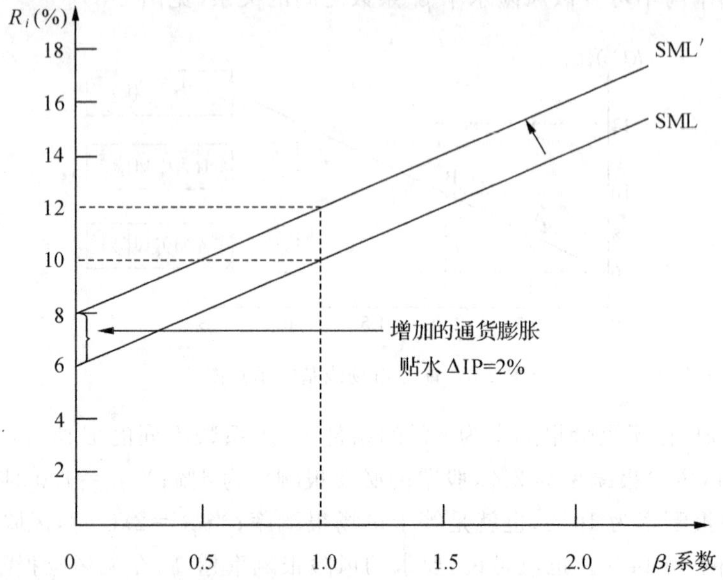

图 2-9　通货膨胀对证券市场线影响的示意图

明了风险回避程度增加的情况。市场风险报酬率上升了 2%，此时的市场必要报酬率从 10%上升到了 12%。风险回避程度的影响对高风险的证券更为明显。例如，一只 β 系数为 0.5 的股票的必要报酬率只增加了 1%，即从 8%增加到了 9%；而一只 β 系数为 2 的股票的必要报酬率却增加了 4%，即从 14%增加到了 18%。所以当市场的风险加剧时，投资者也将更加谨慎。

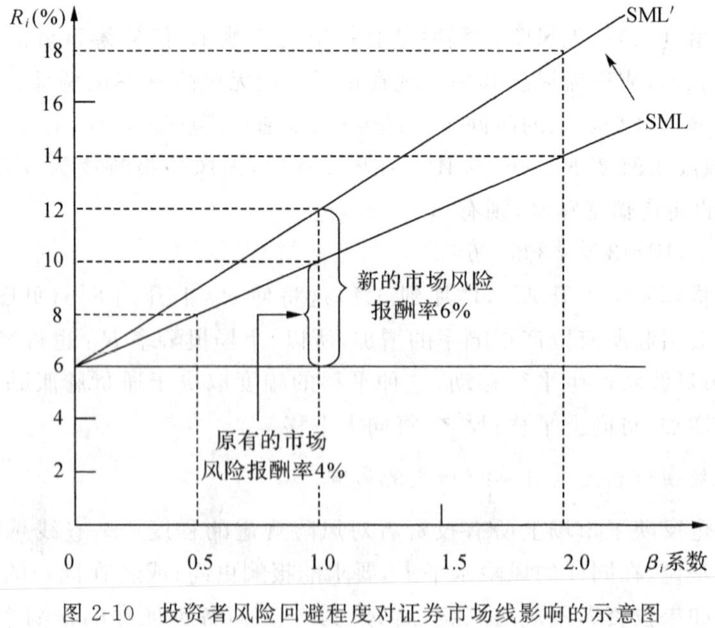

图 2-10　投资者风险回避程度对证券市场线影响的示意图

3. 投资对象的风险水平对证券市场线的影响

在实际投资过程中，不仅投资的环境会发生改变，更多的时候，投资者的主观选择也会发生变化，这样就使得投资对象也就是资产组合、负债结构等因素发生改变，进一步使β系数发生变化，最终将使投资的必要报酬率发生改变。如果市场条件不发生改变，这种投资对象的变化将不会使证券市场线产生移动，而仅仅只是在证券市场线上的点与点之间的移动。如在图 2-8 中，有的投资者可能选择投资风险水平较低的 A 项目，也有的投资者可能会选择风险水平较高的 C 项目。

第三节　利息率的测算

企业的财务活动均与利息率有一定的联系，离开了利息率这一因素，就无法正确做出筹资决策和投资决策。因此，利息率是进行财务决策的基本依据，利息率原理是财务管理中的一项基本原理。

一、利息率的含义、意义与类别

(一)利息率的含义

利息率简称利率，这个名词在工作与生活中我们都非常熟悉，比如将货币存入银行，会根据存款时间的长短确定不同档次的利率；从银行或者金融机构取得贷款，也要根据不同的利率水平支付利息；国家根据市场状况不断地调整基准利率水平；等等。然而，这些基本上都属于狭义角度的利率，是指借款人需为其所借金钱支付的代价，亦是债权人将资金借给债务人所获得的回报。

从广义角度理解，利率是衡量资金增值量的基本单位，即资金的增值同投入资金的价值之比。而前面章节介绍的资金时间价值是时间作用产生的增值，这种增值与本金之比即时间价值率，属于利率的一种。风险价值是风险存在条件下产生的增值，这种增值与投入资金之比即风险报酬率，也是一种利率。也就是说，实质上一个投资项目所产生的因为时间作用、通货膨胀作用和风险作用等因素产生的报酬，都属于资金的增值，这种必要报酬与投入本金之比，即必要报酬率，就是利率。因此，在介绍了财务管理的时间价值和风险价值两大基本观念后再来介绍利息率，能将财务决策中的基本观念整合在一起。

(二)利息率的意义

从资金流通的借贷关系来看，利率是特定时期运用资金这一资源的交易价格。也就是说，资金作为一种特殊商品，其在资金市场上的买卖是以利率为价格标准的，资金借助利率这个价格体系在市场机制作用下进行再分配。因此，利率在资金的分配及个人和企业做出财务决策的过程中起着重要作用。例如，一个公司拥有投资报酬率非常高的投资机会，就可以发行较高利率的证券以吸引资金。投资者会把过去投资的利率较低的证券卖掉，来购买这种利率较高的证券。这样，资金将从低利率的投资项目不断向高利率的投资项目转移。因此，在发达的市场经济条件下，资金这种资源的合理配置，也就是资金从高报酬项目到低报酬项目依次分配，是由市场机制通过资金的价格——利率的差异来实现的。另一方面，在企业的财务决策中，投资者会把资金投向报酬率较高，即利率较高的项目。

(三)利息率的分类

利息率根据不同的分类标准可以分为多种类别，前面已经介绍的单利和复利、存款利率和贷款利率这里就不再重复介绍了。

1. 根据利率之间的变动关系，可分为基准利率和套算利率

基准利率是在多种利率并存的条件下起决定作用的利率，我国的基准利率是中国人民银行对商业银行贷款的利率。

套算利率是指在基准利率确定后，各金融机构根据基准利率和借贷款项的特点而换算出的利率。比如我国部分银行曾经对于消费者购买二套房的贷款，利率上浮10%，也就是二套房贷款的利率为国家规定基准利率的110%。

2. 根据与通货膨胀的关系，可分为名义利率和实际利率

名义利率是指没有剔除通货膨胀因素的利率，也就是借款合同或单据上标明的利率。

实际利率是指不存在通货膨胀条件下的利率，或者说是已经剔除通货膨胀因素后的利率，一般是投资者能获得的真实报酬率。

由于纸币的流通和通货膨胀的存在，目前市场上的利率一般都属于名义利率。要注意将其区别于简单年利率和有效年利率。

3. 根据市场供求关系，可分为固定利率和浮动利率

固定利率(fixed interest rate)是指在借贷期内不做调整的利率。实行固定利率对于借贷双方准确计算成本与收益十分方便，是传统采用的方式。银行存款就是在存入款项时即设定好固定的利率，在存款期限内，不论市场利率如何变动，银行都按照固定的利率支付利息，不需要“随行就市”。

浮动利率(floating interest rate)是一种在借贷期内可定期调整的利率。根据借贷双方的协定，由一方在规定的时间内依据某种市场利率进行调整，一般调整期为半年或者一年。比如目前我国银行的住房贷款通常就是根据国家规定的基准利率每年调整一次。

4. 根据确定方式不同，可分为官定利率和市场利率

官定利率是指由政府的金融管理部门或者中央银行确定的利率。市场利率是指根据市场资金借贷关系的紧张程度所确定的利率。此外还有一种不太常用的公定利率，是指由金融机构或银行业协会按照协商办法确定的利率。这种利率标准只适合于参加该协会的金融机构，对其他机构不具约束力，利率标准也通常介于官定利率和市场利率之间。

二、利息率的构成

据前面介绍可以知道，利息率实质上是一种广义的投资必要报酬率，因此资金的利息率

也就由两个部分组成,一部分是无风险报酬率;另一部分是风险报酬率。其中无风险报酬率又包括纯利率和通货膨胀贴水两个内容;风险报酬又可以分为违约风险报酬、流动风险报酬和期限风险报酬三种。这样利率的一般计算公式可以表示为

$$K=K_0+\mathrm{IP}+\mathrm{DP}+\mathrm{LP}+\mathrm{MP}$$

式中:K 表示利率(指名义利率);K_0 表示纯利率;IP 表示通货膨胀贴水; DP 表示违约风险报酬率;LP 表示流动风险报酬率;MP 表示期限风险报酬率。

(一)纯利率

纯利率是指无通货膨胀、无风险时的均衡利率,即货币的时间价值。影响纯利率的基本因素是资金供应量和需求量,因而纯利率不是一成不变的,它随资金供求的变化而不断变化。影响纯利率的客观因素是经济中存在的投资机会,这种投资机会取决于经济的长期真实增长率。经济的快速增长使资本有更多和更好的投资机会,并使投资产生正的报酬率。通常,经济的真实增长率和纯利率之间存在着一种正向关系。然而,精准测定纯利率是非常困难的,在实际工作中,通常以无通货膨胀情况下的无风险证券的利率来代表纯利率。

(二)通货膨胀贴水

通货膨胀是伴随着纸币应用而产生的当今社会大多数国家经济发展过程中难以根治的"顽疾"。持续的通货膨胀会不断降低货币的实际购买力,对投资项目的投资报酬率也会产生影响。在投资中,如果投资者预期在其投资期内市场上的价格水平升高,他们就会要求报酬率中包含对预期通货膨胀的补偿。所以,无风险证券的利率除纯利率外,还应加上通货膨胀贴水,以补偿通货膨胀所带来的损失。假设投资者对一项无风险投资要求4%的真实报酬率(纯利率),但预计在投资期内市场上的价格水平会上升3%。在这种情况下,投资的必要报酬率应达到7%左右的水平。如果不增加必要报酬率,年末他只能获得1%的真实报酬率(纯利率)。实际上,政府发行的短期债券的利率就是由这两部分构成的。其表达式为

短期政府债券利率=纯利率+通货膨胀贴水

用符号表示为

$$R_F=K_0+\mathrm{IP}$$

(三)违约风险报酬

违约风险是指债务人无法按照合约规定支付利息或者偿还本金而给债权人带来的风险。违约风险反映了债务人按期支付本金和利息的信用程度。债务人若经常不能按期支付本息,则说明该债务人的违约风险较高。为了弥补债权人承担的违约风险,必须提高利率,否则,债务人就无法借到资金,债权人也就不会投资。国库券等证券由政府发行,可以视为没有违约风险,其利率一般较低。企业债券的违约风险则要根据企业的信用质量来确定,企业的信用质量可以分为若干等级。等级越高,信用越好,违约风险越小,利率水平也就越低;等级越低,信誉不好,违约风险大,利率水平自然就高。

(四)流动风险报酬

流动风险是指某项资产迅速转化为现金的可能性。衡量资产流动性的标准有两个,即

资产出售时可实现的价格和变现时所需要的时间长短。其判断基础是，在价格没有明显损失的条件下，在短期内大量出售的能力。资产的流动性越低，为吸引投资者所需要的报酬率就越高，也就是 LP 越高。

(五)期限风险报酬

期限风险是指因到期期间长短不同而形成的利率变化的风险。例如，在流动性和违约风险相同的情况下，五年期国库券利率比三年期国库券利率要高，差别在于到期时间不同。一般而言，证券期限越长，其市场价值波动的风险越高。因此，为鼓励对长期证券的投资，必须给予投资者必要的风险补偿，也就是需要 MP 的存在。

综上所述，影响某一特定借款或者投资的利率主要是以上五大因素，从债权人或者投资者的角度出发，只要能合理预测，便能比较合理地测定利率水平。

第四节　证券估价

投资者之所以对证券进行投资，是因为证券具有一定的投资价值。证券的投资价值受多方面因素的影响，并随着这些因素的变化而发生相应的变化。例如，债券的投资价值受市场利率水平的影响，并随着市场利率的变化而变化。影响股票投资价值的因素更为复杂，如有宏观经济、行业形势和公司经营管理等多方面因素。所以，投资者在决定投资某种证券前，首先应该合理评估该证券的投资价值。

一、证券价值的基本概念

美国投资专家沃伦·巴菲特总结了投资的三项原则：一是在股票的账面价值、内在价值和市场价值之间要着重考虑内在价值；二是按股票的内在价值进行投资；三是以所有者的身份进行投资。那么这些价值有什么区别？什么是证券的内在价值呢？

(一)票面价值

票面价值(face value)又称面值，即在证券票面上标明的金额，由发行者规定，其一般主要取决于发行的数量、融资的总规模、市场上的利率水平等。

股票的票面价值仅在初次发行时有一定意义，如果股票以面值发行则股票面值总和即为公司的资本金总和。随着时间的推移，公司的净资产会发生变化，股票的市场价格会逐渐背离面值，股票的票面价值也逐渐失去其原来的意义，不再被投资者关心。尽管如此，票面价值代表了每一股占总股份的比例，在确定股东权益时仍有一定的意义。

债券面值包括两个基本内容：一是币种；二是票面金额。债券面值的币种可用本国货币，也可用外币，这取决于发行者的需要和债券的种类。票面金额代表着发行人借入并承诺于未来某一特定日期(如债券到期日)偿付给债券持有人的金额。而通常所说的债券票面价值就是票面金额。

(二)发行价格

发行价格(issuing value)是证券公开发行的销售价格,是在一级市场(发行市场)上表现出来的股票或者债券的价格。发行价格的高低由市场上的供求关系决定。在票面价值确定后,发行价格将依据市场的利率、证券的利率水平、发行者的信誉和资金供应状况来确定。发行价格总是围绕票面价值上下波动。当发行价格低于票面价值时,为折价发行;发行价格高于票面价值时,为溢价发行;只有当发行价格等于票面价值时,才是平价发行。

(三)账面价值

证券的账面价值(book value)又称证券净值,是指某种证券的账面余额减去相关备抵项目后的净额。具体又可以将股票和债券两种最常见的金融证券分别进行理解。股票的账面价值又称股票净值或每股净资产,是每股股票所代表的实际资产的价值。每股账面价值是以公司净资产减去优先股账面价值后,除以发行在外的普通股票的股数求得的。债券的账面价值是指债券持有人的实际投资额,等于价格扣除应计息票收入,即债券的账面余额减去相关备抵项目后的净额,所以债券投资的账面价值是账面余额扣减减值准备后的金额。

一般而言,股票的账面价值会等于或者高于其票面价值,而债券则不一定。

(四)市场价值

市场价值(market value)又称证券的市价,是指证券在交易过程中交易双方达成的成交价,也就是在二级市场(交易市场)上表现出来的股票或者债券的价格。通常所指的股价就是指股票的市场价值。股票的市价直接反映着股票市场的行情,是股民购买股票的依据。由于受众多因素的影响,股票的市价处于经常性的变化之中。

债券的市场价格常常脱离它的面值,有时高于面值,有时低于面值。也就是说,债券的面值是固定的,但它的市场价格却是经常变化的。发行者计息还本,是以债券的面值为依据,而不是以其市场价格为依据的。

(五)内在价值

内在价值(intrinsic value)也叫理论价值,指在考虑了影响证券价值的所有因素(预期收益、要求的报酬率和时间等)后确定的证券的应有价值。证券在市场中的价格是由证券的内在价值所决定的。当市场步入调整的时候,市场资金偏紧,证券的价格一般会低于其内在价值;当市场处于上升期的时候,市场资金充裕,证券的价格一般高于其内在价值。总之,市场上证券的价格是围绕证券的内在价值上下波动的。这点股票表现得尤其明显。

二、证券估价的一般模型

从财务学的角度出发,根据资金时间价值的等值性原理我们可以知道,证券的价值等于该证券投资所产生的所有未来现金流入量的现值之和。影响证券内在价值的因素主要有两个方面:一方面是投资对象即资产本身的特征要素,具体有该项投资产生预期未来现金流量的多少、预期现金流量持续时间和预期现金流量的风险水平;另一方面是投资者的态度,具体表现在投资者对资产所产生的现金流量风险的评估以及投资者对承受风险的态度。这两个方面共同作用于计算现值的关键指标——折现率。

所以，在证券估价过程中折现率的确定是关键。一般可用投资者要求的必要报酬率来贴现资产预期未来能产生的现金流量。而假如投资者对报酬的要求不太高，很有可能会选择市场报酬率作为折现率。也就是说，证券估价模型中的折现率一般可以使用市场报酬率或者投资者要求的必要报酬率。因此，西方的证券估价一般模型如下：

$$V_0 = \frac{CF_1}{(1+k_1)^1} + \frac{CF_2}{(1+k_2)^2} + \cdots + \frac{CF_t}{(1+k_t)^t} + \cdots + \frac{CF_n}{(1+k_n)^n} = \sum_{t=1}^{n} \frac{CF_t}{(1+k_t)^t}$$

式中：V_0 表示证券的内在价值；CF_t 表示第 t 期的现金流量；k_t 表示第 t 期的贴现率；n 表示投资的总期限。在这个模型中折现率是变动的，计算非常烦琐。故可将该式进行简化，即将折现率统一。现行简化模型如下：

$$V_0 = \sum_{t=1}^{n} \frac{CF_t}{(1+k)^t}$$

接下来介绍的债券和股票的内在价值评估原理均以这个简化模型为基础。

三、债券价值评估

债券是由公司、金融机构或者政府发行的、表明发行人对其承担还本付息义务的一种债务性证券，是公司对外进行筹资的主要方式之一。作为一种有价证券，其发行者和购买者之间的权利和义务是通过债券契约固定下来的，该契约一般包含债券的票面价值、票面利率和到期日等内容。票面利率是债券持有人定期获取的利息与债券面值的比率。

（一）典型债券的价值评估

对于典型的公司债券而言，其票面利率是固定不变的，而且每期计算并支付一次利息。投资该类债券的所有未来现金流入量包括每期收到的债券利息以及到期收回的本金（即债券票面价值）。这种债券内在价值的计算模型如下：

$$\begin{aligned} V_0 &= \frac{F \times i}{(1+k)^1} + \frac{F \times i}{(1+k)^2} + \cdots + \frac{F \times i}{(1+k)^n} + \frac{F}{(1+k)^n} \\ &= \sum_{t=1}^{n} \frac{I}{(1+k)^t} + \frac{F}{(1+k)^n} \\ &= I \times PVIFA_{k,n} + F \times PVIF_{k,n} \end{aligned}$$

式中：V_0 表示债券的内在价值；F 表示债券的面值；i 表示债券的票面利率；I 表示债券每期支付的利息；t 表示债券的付息时间；k 表示市场利率或者投资者要求的报酬率；n 表示债券的付息总期数。

【例 2-23】 甲债券面值为 1000 元，票面利率为 10%，期限为 5 年，每年付息一次。A 企业要对这种债券进行投资，要求必须获得 12%的报酬率，问当债券的价格为多少时才能进行投资？

解 $V_0 = I \times PVIFA_{k,n} + F \times PVIF_{k,n}$

$=1000\times10\%\times PVIFA_{12\%,5}+1000\times PVIF_{12\%,5}$

$=100\times3.605+1000\times0.567$

$=927.5$(元)

即该债券的价格必须低于 927.5 元时，A 企业才能购买，否则就得不到 12%的报酬率。

若付息期不是一年，而是短于一年的时间，则需要将贴现率与贴现期进行换算。

【例 2-24】 乙债券面值为 100 元，票面利率为 6%，期限为 2 年，每半年付息一次。B 企业要对这种债券进行投资，要求必须获得 7%的报酬率，问当债券的价格为多少时才能进行投资？

$V_0=I\times PVIFA_{k,n}+F\times PVIF_{k,n}$

$=100\times6\%\div2\times PVIFA_{3.5\%,4}+100\times PVIF_{3.5\%,4}$

$=98.16$(元)

即该债券的价格必须低于 98.16 元时，投资者才能购买，否则就得不到 7%的报酬率。

(二)一次性还本付息债券的价值评估

一次性还本付息的债券是指每期计算利息但是并不支付，而是在到期日将所有的利息和本金一起支付给债券持有者。这种债券一般采用单利形式计算期内的利息。因此，该类债券投资的所有未来现金流入量包括一次收到的全部利息和本金。其内在价值的计算公式如下：

$$V_0=\frac{F+F\times i\times n}{(1+k)^n}$$

$$=(F+F\times i\times n)\times PVIF_{k,n}$$

式中符号含义同前。

【例 2-25】 甲企业拟购买乙企业发行的利随本清的债券，该债券面值为 1000 元，期限为 5 年，票面利率为 10%，不计复利，当前市场利率为 8%，该债券价格为多少时，甲企业才能够买？

解 $P=(F+F\times i\times n)\times PVIF_{k,n}=(1000+1000\times10\%\times5)\times PVIF_{8\%,5}$

$=1020$(元)

即该债券的价格必须低于 1020 元，甲企业才能购买。

(三)贴现发行债券的价值评估

贴现发行债券也称为零息债券，指没有利息支付，无票面利率，到期按面值偿还的债券。该类债券投资的所有未来现金流量只有到期收回的本金。因此其估价模型也很简单，为

$$V_0=\frac{F}{(1+k)^n}$$

$$=F\times PVIF_{k,n}$$

式中符号含义同前。

【例 2-26】 某债券面值为 1000 元，期限为 5 年，以贴现方式发行，期内不计利息，到期按面值偿还，当前市场利率为 8%，其价格为多少时，企业才能够买？

解 $V_0=F\times PVIF_{k,n}=1000\times PVIF_{8\%,5}=1000\times0.681=681$(元)

即该债券的价格只有低于 681 元时，企业才能购买。

四、股票价值评估

股票投资是公司进行证券投资的一个重要方面，随着我国股票市场的发展，股票投资已变得越来越重要了。股票投资过程中产生的主要现金流入量包括每期的预期股利和股票出售时的预期价格两部分。股利是股份有限公司以现金的形式从公司净利润中分配给股东的投资报酬，也称为“红利”或者“股息”。但也只有当公司有利润并且管理层愿意将利润分配给股东，而不是将其进行再投资的时候，股东才有可能获得股利。而股票出售的预期价格一方面取决于投资者的主观意愿，另一方面也受制于市场行情。

（一）短期持有、未来准备出售的股票的价值评估

从理论上而言，通过发行股票筹集的资金属于公司的永久性资金，也就是说是无期限的，然而并非所有的投资者都会持有股票到公司清算，因此，这里的短期并非是指一般而言的一年之内的短期，而是以股票的投资目的来区分的。一般而言购入股票是出于获得股票低买高卖差价的资本利得收入的目的，我们称之为短期持有；而如果投资股票是为了获得发行股票公司股权，则属于长期持有。

短期持有、未来准备出售的股票投资的未来所有现金流入量包括持有期间预计的股利收入和股票出售的预期价格，其计算公式如下：

$$V_0=\sum_{t=1}^{n}\frac{d_t}{(1+k)^t}+\frac{V_n}{(1+k)^n}$$

式中：V_0 表示股票的内在价值；d_t 表示预计的第 t 期的股利收入；V_n 表示未来股票出售的预期价格；k 表示市场利率或者投资者要求的必要报酬率；n 表示股利支付的总期数。

根据以上公式，股票价值可根据未来预期股利和投资者要求的必要报酬率求得。那么如何评价一种从未支付过股利的股票的价值呢？在实务中，许多盈利公司很少支付现金股利，而是将所有的收益都用于再投资。公司股东虽然未得到股利，但可通过出售股票（股价上涨时）获得资本利得。当有利的投资机会缩小，公司持有的资本超过投资需要时，公司就会开始支付股利（或回购其股份）。通常，公司通过扩大投资所获得的收益，至少和持股人接受股利所获得的收益相等。因此，再用该公式评估股票价值时，通常假设公司会在未来某一时候支付股利，或者说，当公司清算或被并购时会支付清算股利或回购股票而发生现金支付。

【例 2-27】 投资者购买了某股票，预计该股未来 3 年每年每股可获现金股利 3 元，3 年后该股票的预期售价为每股 20 元，要求的必要报酬率为 18%，则该股票的内在价值为

解 $$V_0=\sum_{t=1}^{n}\frac{d_t}{(1+k)^t}+\frac{V_n}{(1+k)^n}$$

$$=\frac{3}{(1+18\%)^1}+\frac{3}{(1+18\%)^2}+\frac{3}{(1+18\%)^3}+\frac{20}{(1+18\%)^3}$$

$$=18.7\ (\text{元})$$

即根据以上预期，只有在股价低于 18.7 元时，该投资者才能购买这种股票。

(二)长期持有的零增长股票的价值评估

若长期持有某公司股票，该公司每年均发放固定的股利给股东，即预期股利增长率为零，这种股票被称为零增长股。此时，这项投资的未来所有现金流入量就是各年相等的股利，也就是一固定常数(d)，其股票价值可按永续年金折现公式计算，即

$$V_0 = \frac{d}{k}$$

式中符号含义同前。

【例 2-28】 投资者购买了某股票，预计该股采取固定股利政策，每年每股发放现金股利 2 元，必要报酬率为 12.5%，则该股票的内在价值为

$$V_0 = \frac{d}{k} = \frac{2}{12.5\%} = 16\ (\text{元})$$

(三)长期持有的固定增长股票的价值评估

若长期持有某公司股票，该公司发放的股利在已经发放过的基期股利 d_0 的基础上，按照一个速度 g(常数)不断增长，那么该项投资的未来所有现金流入量就是每年稳定增长的股利，则其计算公式为

$$V_0 = \frac{d_0(1+g)^1}{(1+k)^1} + \frac{d_0(1+g)^2}{(1+k)^2} + \cdots + \frac{d_0(1+g)^n}{(1+k)^n} + \cdots$$

由此可以推导出

$$V_0 = \frac{d_0(1+g)}{k-g} = \frac{d_1}{k-g}$$

式中符号含义同前。

【例 2-29】 凯乐集团准备购买某实业公司的股票，去年该公司支付的每股股利是 2 元，投资者预期未来几年公司的年股利增长率是 10%。集团要求的报酬率是 15.25%，试计算该公司股票的价格为多少的时候才可以投资。

解　$V_0 = \frac{d_1}{k-g} = \frac{2\times(1+10\%)}{15.25\%-10\%} = 41.9$ 元

即只有该公司的股票价格在每股 41.9 元以下时，凯乐集团才能够投资。

(四)长期持有的非固定增长股票的价值评估

根据公司未来的增长情况，非固定增长股可分为两阶段模型或三阶段模型。现以两阶段模型加以说明。该模型将增长分为两个阶段，即股利高速增长阶段和随后的稳定增长阶段。在这种情况下，公司价值由两部分构成，即高速增长阶段股利现值和稳定增长阶段股票价值的现值。其计算公式为

$$V_0 = \sum_{t=1}^{n} \frac{d_t}{(1+k)^t} + \frac{V_n}{(1+k)^n}$$

其中：

$$V_n = \frac{d_{n+1}}{k-g}$$

式中：d_t 为第 t 期的股利收入；V_n 为第 n 期期末股票价值（即后面稳定增长阶段价值）；k 为投资者要求的必要报酬率；g 为第 n 期以后股利稳定增长率。

【例 2-30】 一个投资人持有 ABC 公司的股票，他的投资最低报酬率为 15%。预计 ABC 公司未来 3 年股利将高速增长，增长率为 20%。在此以后转为正常增长，增长率为 12%。公司最近支付的股利是 2 元。要求计算该公司股票的内在价值。

解

$$V_0 = d_1 \times PVIF_{15\%,1} + d_2 \times PVIF_{15\%,2} + d_3 \times PVIF_{15\%,3} + \frac{d_3 \times (1+g)}{15\% - g} \times PVIF_{15\%,3}$$

$$= 2 \times (1+20\%)^1 \times 0.870 + 2 \times (1+20\%)^2 \times 0.756 + 2 \times (1+20\%)^3 \times 0.658 + \frac{2 \times (1+20\%)^3 \times (1+12\%)}{15\% - 12\%} \times 0.658$$

$$= 91.44(\text{元})$$

即该公司股票的内在价值为 91.44 元。

课后思考

1. 请简述货币时间价值的含义、产生过程与来源。
2. 请说明单利和复利的区别。
3. 请介绍年金的特征。
4. 如何理解风险与报酬的关系？
5. 请说明必要报酬率的构成及意义。
6. 请举例说明可分散风险和不可分散风险的含义，并陈述二者的区别。
7. 证券组合的作用是什么？如何计算证券组合的期望报酬率？
8. β 系数的含义是什么？它用来衡量什么性质的风险？
9. 请说明证券估价的基本原理。
10. 请说明企业应如何根据风险和报酬选择投资项目。

案例讨论

货币时间价值在经济生活中的应用

货币时间价值问题存在于我们日常的经济生活之中。我们经常会遇到这类问题：我们是花 30 万元买一幢现房值呢？还是花 27 万元买一年以后才能住进去的期房值？我们若想买一辆汽车，是花 10 万元现金一次性购买值呢，还是每月支付 3000 元，共付 4 年更合算？所有这些都渗透在我们平时的生活和工作之中。这涉及了财务学的两大基本原理之一——货币是具有时间价值的，今天的一元钱比明天的一元钱值钱。例如，已探明一个有工业价值的油田，目前立即开发可获利 100 亿元，若 5 年后开发，由于价格上涨可获利 160 亿元。如果不考虑资金的时间价值，根据 160 亿元大于 100 亿元，可以认为 5 年后开发更有利。如果考虑资金的时间价值，现在获得 100 亿元，可用于其他投资机会，平均每年可获利 15%，则立即开发更有利些。

当然资金的时间价值体现在很多方面，下面是有关房地产对于资金的时间价值的体现的一则小故事。

一个退休的美国华侨老太太，回到中国看望她的妹妹。两人在上海锦江饭店见面后激动不已。谈到阔别40多年的经历和心愿，身居美国的姐姐说："我终于在退休之前还完了一套150平方米的住房贷款。"妹妹则说："我终于在退休之前攒够钱，刚买一套100平方米住房。"姐姐问："那你以前怎么住了？"妹妹说："这几十年要说生活也算步步提高，最早的时候住集体宿舍，后来结婚以后与同单位的另一个家庭合住一套单元公寓，再后来搬进了一个单独的亭子间。一直想买房子，可是钱一直攒不够。"姐姐不禁感叹道："我在美国有了工作就贷款买了房，一面工作一面还贷款。如今贷款还完了，房子也住了30多年。你虽然现在也有了自己的住房，可是这30多年并没有得到应有的享受啊？"这就是差距，虽然最后都有了属于自己的住房，可是一个尽情享受了30多年，一个却忍受了30多年。

目前贷款购房主要有以下几种。

(1)住房公积金贷款。对于已参加缴纳住房公积金的居民而言，贷款购房时，应该首选住房公积金低息贷款。住房公积金贷款具有政策补贴性质，贷款利率很低，不仅低于同期商业银行贷款利率，甚至可能低于同期商业银行存款利率，也就是说，在住房公积金抵押贷款利率和银行存款利率之间存在一个利差。同时，住房公积金贷款在办理抵押和保险等相关手续时收费也较低。

(2)个人住房商业性贷款。以上贷款方式限于缴纳了住房公积金的单位员工使用，限定条件多，所以，未缴存住房公积金的人无缘申贷，但可以申请商业银行个人住房担保贷款，也就是银行按揭贷款。只要在贷款银行存款余额占购买住房所需资金额的比例不低于某个百分比，例如30%，并以此作为购房首期付款，且有贷款银行认可的资产作为抵押或质押，或有足够代偿能力的单位或个人作为偿还贷款本息并承担连带责任的保证人，那么就可申请使用银行按揭贷款。

(3)个人住房组合贷款。住房公积金管理中心可以发放的公积金贷款，一般有最高限额，如果购房款超过这个限额，不足部分要向银行申请住房商业性贷款。这两种贷款合起来称为组合贷款。此项业务可由一个银行的房地产信贷部统一办理。组合贷款利率较为适中，贷款金额较大，因而较多被贷款者选用。

个人住房委托贷款(公积金贷款)最划算，个人住房贷款(商业性贷款)利息负担最重，但具体的还款差别有多大，我们不妨进行一下比较。

假设某购房者夫妇二人欲购买一总价50万元的住房，以自有资金支付首付款30%，即15万元，其余35万元申请15年贷款。夫妇二人月收入为6000元，月公积金缴存比例为20%(企业与个人各负担一半)，现公积金总额为4万元。商业性贷款的利息负担比政策性贷款高得多，达到了三分之一，月还款额多出10%，总额多出近5万元，可不是个小数目。如此看来，自然应该选择个人住房委托贷款。但是不行，这对夫妇不能完全依靠个人住房委托贷款，即便他们现有的公积金达4万元，就是按10倍的较低倍率计算他们也可申请40万元的公积金贷款，但因为政策性贷款最高限额只有30万元，因此35万元还是不可以的。因此，这对夫妇只有退而求其次，选择个人住房组合贷款。那么，他们每月的还款负担承受得了吗？说起来他们每月还款2781.45元，但其中一部分可以由他们还款期每月缴存的公积金抵付，金额最多可以达到总收入的20%，即1200元/月，那么他们需要自行支付的供楼款只有1581.45元/月(1581.45=2781.45－1200)，和他们6000元的月收入相比负担是很轻的了。不过,如果没有公积金的支持,完全依靠商业贷款,那么每月还款负担还是比较重的,但占总收入50%左右的供楼负担还是可以接受的。

资金的时间价值为人们的生活带来的精彩不容忽视,随着经济社会的发展,越来越多的人知道它的重要性,并在生活决策中自觉与不自觉地在应用着。

(资料来源:http://blog.sina.com.cn/s/blog_52e388230100do7u.html)

讨论问题

(1)探讨一下我们经济生活中常见的资金时间价值问题及其表现在哪些方面。

(2)在这些经济现象中是否需要考虑风险问题?该如何应用风险报酬的观念?

第三章　财务分析

学习目标

- 理解财务分析的基本含义。
- 了解企业财务分析的内容、目标、作用和程序。
- 理解财务分析的基本方法。
- 理解和掌握基本财务指标的含义及计算，并能运用这些指标进行企业偿债能力、营运能力、盈利能力和发展能力分析。
- 理解杜邦财务分析体系的基本原理。
- 了解综合评分法的基本原理。

引导案例

中海集运拟接手渤海银行部分股权

2016 年 1 月 27 日，中海集装箱运输股份有限公司（以下简称中海集运）发布一则资产评估报告，表示中国远洋运输（集团）总公司拟将所持有的渤海银行 13.67％股权转让给中海集运。报告显示，本次评估以市场法确定的评估价值 54.48 亿元作为中国远洋运输（集团）总公司拟转让渤海银行股东部分权益价值，比其账面价值 19.75 万元增值 34.73 万元，增长率为 175.85％。报告显示，本次股权转让完成后，中海集运将成为渤海银行第三大股东。

点评：银行股虽受不良贷款压力所累，但仍属于优质股权，在抛售者变现的同时，亦不乏抢食银行股权的公司出现。

（资料来源：中国网财经频道，2016 年 1 月 28 日）

思考：从财务分析的角度理解，为什么会出现抢食银行股权的现象呢？

第一节　财务分析概述

随着我国改革的不断推进，企业的外部环境发生了巨大变化，财务分析作为一门系统分析企业经营管理成果和财务状况的科学，已经得到整个社会尤其是企业界人士的认同，其分析理论和方法也得到了不断的发展与深化。财务分析是企业内部的一项基础工作，不但对企业内部计划和控制财务活动、评估企业当前财务状况、评价各种投资机会、提高投资效果和管理水平发挥着重要作用，而且对财政、税务、银行、审计及企业主管部门和广大投资者全面了解企业生产经营情况、正确评价企业绩效、从外部推动企业挖潜绩效和改善经营管理也起着不可替代的作用。

财务分析以企业财务报告反映的财务指标为主要依据，采用科学的分析方法，对企业的财务状况、营运能力和经营成果进行评价和剖析，以反映企业在运营过程中的利弊得失、财务状况及发展趋势，为改善企业的财务管理工作和优化经济决策提供重要依据。

一、财务分析的内容

尽管不同利益主体进行财务分析有着各自的侧重点，但就企业总体来看，财务分析包括偿债能力分析、营运能力分析、盈利能力分析、发展能力分析四个方面，它们相辅相成，共同构成了企业财务分析的基本内容。

1. 偿债能力分析

偿债能力是企业赖以生存和发展的前提。企业短期偿债能力主要取决于流动资产和流动负债的对比关系。资金结构是企业长期偿债能力的基本反映，企业长期负债、短期负债和股东权益等资金之间是否保持合理的比例关系影响着长期偿债能力。偿债能力直接关系到企业经营的持续性，对偿债能力的分析是判断企业财务状况的重要依据。

2. 营运能力分析

营运能力取决于企业的资产管理水平。企业的资产管理主要体现在资产的运用上，具体表现为资产的周转。合理的经营可以使企业在一定资产的基础上增加收入。因此，只有分析企业是否合理有效地运用了资产，才能判断企业是否具有获取较多收入的能力。

3. 盈利能力分析

盈利能力的大小是衡量企业经营好坏的重要标志。一般而言，经营良好、管理水平高的企业具有较强的盈利能力。因此，良好的盈利能力是企业具有活力和发展前途的重要保证。

4. 发展能力分析

无论是企业管理者，还是所有者、债权人，都十分关心企业的发展能力，这关系到他们的切身利益。通过对企业发展能力进行分析，可以判断企业的发展潜力，预测企业的经营前景，从而为企业的管理者和决策者进行经营决策和投资决策提供重要的依据。

二、财务分析的目标

财务分析的目标应与财务分析信息使用主体的目标相一致。随着财务分析信息使用主体的增加及信息使用主体目标的多重化，财务分析目标必然出现多样性和多重性。具体而言就是都需要满足投资者、债权人、经营管理者和其他利益相关者决策与控制的需要。因此，财务分析的目标主要包括以下四个方面。

1. 企业股权投资者角度的财务分析目标

企业的股权投资者包括企业的所有者和潜在投资者，他们进行财务分析的最根本目标是看企业的盈利能力状况,因为盈利能力是投资者投入资本保值和增值的关键。但是投资者仅关心盈利能力还是不够的,为了确保资本保值增值,他们还应研究企业的权益结构、支付能力及营运状况。只有确认企业有着良好的发展前景,企业的所有者才会保持或增加投资,潜在投资者才能把资金投向该企业;否则,企业所有者将会尽可能地抛售股权,潜在投资者将会转向其他企业投资。另外,对企业所有者而言,财务分析也能评价企业经营者的经营业绩,发现经营过程中存在的问题,从而通过行使股东权力,为企业未来发展指明方向。

2.企业债权人角度的财务分析目标

企业债权人包括企业借款的银行和一些金融机构以及购买企业债券的单位与个人等。债权人进行财务分析的目标与经营者和投资者都不同。银行等债权人一方面从各自经营或收益的目的出发,愿意将资金贷给企业;另一方面又要非常小心地观察和分析该企业有无违约或清算、破产的可能性。一般而言,银行、金融机构及其他债权人不但要求本金能及时收回,而且要得到相应的报酬或收益,而这个收益的大小又与其承担的风险程度相适应,通常偿还期越长、风险越大。因此,从债权人角度进行财务分析的主要目标有:一是看其对企业的借款或其他债券是否能及时、足额收回,即研究企业偿债能力的大小;二是看债务人的收益状况与风险程度是否相适应,为此,还应将偿债能力分析与盈利能力分析相结合。

3.企业经营者角度的财务分析目标

企业经营者主要指企业的经理以及各分厂、部门、车间等的管理人员。他们进行财务分析的目标是综合的和多方面的。从对企业所有者负责的角度,他们首先也关心盈利能力,这只是他们的总体目标。但是,在财务分析中,他们关心的不仅仅是盈利的结果,还包括盈利的原因及过程,如资产结构分析、营运状况与效率分析、经营风险与财务风险分析、支付能力与偿债能力分析等。分析的目标是及时发现生产经营中存在的问题与不足,并采取有效措施解决这些问题,不但使企业用现有资源盈利更多,而且使企业盈利能力保持持续增长。

4.其他利益相关者角度的财务分析目标

其他财务分析的主体或服务对象主要指与企业经营有关的企业单位、审计师和国家行政管理与监督部门。与企业经营有关的企业单位主要指材料供应者、产品购买者等。这些企业单位出于保护自身利益的需要,也非常关心往来企业的财务状况,从而要进行财务分析。他们进行财务分析的主要目标在于明确企业的信用状况,包括商业上的信用和财务上的信用。商业信用指按时、按质完成各种交易行为,财务信用则是指及时清算各种款项。其信用状况分析,首先可通过对企业支付能力和偿债能力的评价进行;其次可根据对企业利润表中反映的企业交易完成情况进行分析判断。

审计师对企业的财务报表进行审计,其目的是在某种程度上确保财务报表的编制符合公认的会计准则,没有重大错误和不规范的会计处理。财务分析程序是审计师获取审计证据时运用的一种具体审计程序,是指审计师通过分析不同财务数据之间以及财务数据与非财务数据之间的内在关系,对财务信息做出评价的过程。通过对企业进行财务分析可以尽快地发现会计核算中存在的薄弱环节,以便在审计时重点关注。因为错误和不规范的会计处理会对许多财务、经营和投资关系产生重大影响,所以对这些关系的分析有时能够揭示出其潜在内涵。

国家行政管理与监督部门主要指工商、物价、财政、税务以及审计等部门。它们进行财务分析的目标：一是监督、检查党和国家的各项经济政策、法规、制度在企业单位的执行情况；二是保证企业财务会计信息和财务分析报告的真实性、准确性，为宏观决策提供可靠信息。

三、财务分析的作用

在我国建立社会主义市场经济体制和现代企业制度的今天，财务分析的意义深远，作用重大。财务分析的作用从不同角度看是不同的。从财务分析的服务对象看，财务分析不但对企业内部的生产经营管理有着重要作用，而且对企业的外部投资决策、贷款决策、赊销决策等也有着重要作用。从财务分析的职能作用来看，它对于正确预测、决策、计划、控制、考核、评价都有着重要作用。这里主要从财务分析对评价企业过去、现在及未来的作用加以说明。

1. 财务分析可正确评价企业的过去

正确评价企业的过去是说明现在和揭示未来的基础。财务分析通过对实际会计报表等资料的分析，能够准确地说明企业过去的业绩状况，指出企业存在的问题及其产生的原因，判断其是主观原因还是客观原因等，这不但对正确评价企业过去的经营业绩是十分有益的，而且可对企业投资者和债权人的行为产生积极的影响。

2. 财务分析可全面反映企业的现状

财务会计报表及管理会计报表等资料是企业各项生产经营活动的综合反映。但会计报表的格式及提供的数据往往是根据会计的特点和管理的一般需要而设计的，它不可能全面提供不同目标报表使用者所需要的各方面数据资料。根据不同分析主体的分析目标，财务分析采用不同的分析手段和方法，可得出反映企业在某方面现状的指标，如反映企业资产结构的指标、企业权益结构的指标、企业支付能力和偿债能力的指标、企业营运状况的指标、企业盈利能力的指标等。这种分析对于全面反映和评价企业的现状有重要作用。

3. 财务分析可用于评估企业的未来

财务分析不仅可用于评价企业的过去和反映企业的现状，更重要的是它可通过对过去与现状的分析与评价，评估企业的未来发展状况与趋势。财务分析对企业未来的评估体现在三个方面：一是可为企业未来的财务预测、财务决策和财务预算指明方向；二是可准确评估企业的价值及价值创造，这对企业进行经营者绩效评价、资本运营和产权交易都是有较大作用的；三是可为企业进行财务危机预测提供必要的信息。

四、财务分析的程序

无论是企业的管理者，还是所有者、债权人，在做出财务评价和经济决策时，必须进行充分的财务分析。为了保证财务分析的有效进行，必须遵循科学的程序。财务分析的程序一般包括以下几个步骤。

1. 确定财务分析的范围，搜集有关的经济资料

财务分析的范围取决于财务分析的目的，它可以是企业经营活动的某一方面，也可以是企业经营活动的全过程。如债权人可能主要关心企业偿还债务的能力，不必对企业经营活动的全过程进行分析；企业的经营者则需进行全面的财务分析。财务分析的范围决定了所要搜集的经济资料的数量，若范围小，所需要的资料也就少些，而要进行全面的财务分析，则需要搜集企业各方面的经济资料。

2. 选择适当的分析方法，进行财务指标分析

财务分析的目的和范围不同，所选用的分析方法和指标也不同。常用的财务分析方法有比率分析法、比较分析法、趋势分析法、图解法等，这些方法各有特点，在进行财务分析时可以单独使用，也可以结合使用。局部的财务分析可以只选择其中的某一种方法，全面的财务分析则应该综合运用各种方法，以便进行对比，做出客观和全面的财务评价。选择了财务分析方法之后，就要确定分析的指标。分析指标是根据财务分析的目的而确定的，不同财务分析目的所使用的分析指标也不同，如分析盈利能力应当采用净资产收益率、总资产报酬率等指标。

3. 进行因素分析，抓住问题的主要矛盾

通过因素分析，可以找出影响企业经营和财务状况的各种因素。在诸多因素中，有的是有利因素，有的是不利因素；有的是外部因素，有的是内部因素；有的是主观因素，有的是客观因素。在进行因素分析时，必须抓住主要矛盾，找出存在的问题，即影响该企业生产经营活动和财务状况的主要因素，然后才能有的放矢，提出相应的措施，做出正确的决策。

4. 综合分析评价，提出经济决策建议

在应用各种财务分析方法进行分析的基础上，将定量分析结果、定性分析判断及实际调查情况结合起来，以得出财务分析结论。财务分析的最终目的是为经济决策提供依据。通过综合财务分析结论的得出，就可以提出各种方案，然后权衡各种方案的利弊与得失，从中选出最佳方案，做出经济决策。这个过程也就是一个信息反馈过程，决策者可以通过财务分析总结经验、吸取教训，以改进工作。

五、财务分析的基础

财务分析的起点是财务分析报告，分析使用的数据大部分来源于会计报表及其附注。因此，财务分析的前提是正确理解会计报表。财务分析的结果是对企业的财务能力做出评价，或找出经营管理中存在的问题。

企业的财务报告由会计报表及其附注和其他应当在财务会计报告中披露的相关信息与资料构成。会计报表主要包括资产负债表、利润表、现金流量表等。这些会计报表及其附注集中、概括地反映了企业的财务状况、经营成果和现金流量状况等财务信息，对其进行财务分析，可以更加系统地揭示出企业的偿债能力、营运能力、盈利能力和发展能力等财务状况。

1. 资产负债表

资产负债表是反映企业某一特定日期财务状况的会计报表。它以“资产＝负债＋所有

者权益”这一基本会计等式为依据，按照一定的分类标准和顺序反映企业在某一时点上的资产、负债及所有者权益的基本状况。在我国，资产负债表采用账户式格式，报表分为左右两方：左方列示资产项目，反映全部资产的形态和结构；右方列示负债和所有者权益各项目，反映全部负债和所有者权益的内容及构成情况。资产负债表的结构见表 3-1。

表 3-1 资产负债表

编制单位：SMZ 股份有限公司　　2015 年 12 月 31 日　　单位：万元

资产	年末数	年初数	负债及所有者权益	年末数	年初数
流动资产：			流动负债：		
货币资金	52693.98	43450.22	短期借款		
交易性金融资产	235.13	2205.35	交易性金融负债		
应收票据		7.25	应付票据	3809.00	4955.00
应收账款	3351.23	2497.87	应付账款	12013.02	10351.41
预付款项	2527.27	3900.05	预收款项	6808.80	5270.18
应收利息			应付职工薪酬	3481.51	2359.47
应收股利			应交税费	1734.48	833.09
其他应收款	363.05	637.47	应付利息		
存货	2080.00	1366.88	应付股利	298.59	115.13
一年内到期的非流动资产			其他应付款	2720.61	2275.52
其他流动资产			一年内到期的非流动负债		
流动资产合计	61250.66	54065.09	其他流动负债		
非流动资产：			流动负债合计	30866.01	26159.80
可供出售金融资产			非流动负债：		
持有至到期投资			长期借款		
长期股权投资	2140.39	2135.56	应付债券		
长期应收款			长期应付款		
投资性房地产			专项应付款	188.00	160.00
固定资产	33548.24	34547.17	预计负债		
在建工程	74.82	344.46	递延所得税负债		
工程物资			非流动负债合计	188.00	160.00
固定资产清理			负债合计	31054.01	26319.80
无形资产	3848.67	3915.93	股东权益：		
开发支出			实收资本（或股本）	26970.63	26970.63
商誉			资本公积	31747.34	31826.69
长期待摊费用	986.73	1317.70	减：库存股		
递延所得税资产			盈余公积	8866.66	8510.08
其他非流动资产	10.00	10.00	未分配利润	3220.87	2708.71
非流动资产合计	40608.85	42270.82	股东权益合计	70805.50	70016.11
资产总计	101859.51	96335.91	负债与所有者权益合计	101859.51	96335.91

从资产负债表的结构来看,资产负债表左边反映的是资产,为企业投资活动的结果,说明了企业资金的占用情况。资产负债表右边反映的是负债与所有者权益状况,为企业筹资活动的结果,说明了企业资金的来源情况,即有多少来源于债权人,有多少来源于企业所有者的投资。

资产负债表是进行财务分析的一份重要信息来源,它提供了企业的资产结构、资产流动性、资金来源、负债水平以及负债结构等财务信息。通过对资产负债表的分析,可以了解企业的偿债能力、资金营运能力等情况,为债权人、投资者以及企业管理者提供决策依据。

2. 利润表

利润表,也称损益表,是反映企业在一定会计期间的经营成果的会计报表。利润包括收入减去费用后的净额、直接计入当期利润的利得和损失等。常见的利润表结构主要有单步式和多步式两种。在我国,企业利润表采用的基本上是多步式结构,主要包括营业收入、营业利润、利润总额、净利润和每股收益五个方面的内容。在利润表中,费用按功能分为营业成本、销售费用、管理费用和财务费用等,分类列示。利润表的结构见表 3-2。

表 3-2 利润表

编制单位:SMZ 股份有限公司　　2015 年度　　单位:万元

项目	上年金额	本年金额
一、营业收入	133795.05	138108.82
减:营业成本	115096.12	116349.57
营业税金及附加	1083.49	1203.34
营业费用	5225.38	5735.21
管理费用	8381.31	9899.07
财务费用	101.40	−126.98
资产减值损失		
加:公允价值变动收益		
投资收益	660.82	1237.40
二、营业利润	4568.17	6286.01
加:营业外收入	45.59	66.48
减:营业外支出	383.86	620.85
三、利润总额	4229.90	5731.64
减:所得税费用	1374.57	2165.83
四、净利润	2855.34	3565.81
五、每股收益		
(1)基本每股收益(元)	0.11	0.13
(2)稀释每股收益(元)	0.11	0.13

通过利润表分析，可以从总体上了解企业的收入、成本、费用以及利润的实现及构成情况。利润表可以帮助报表使用者评估企业的经营业绩，分析企业的获利能力及利润增减变化的原因，预测企业利润的变化趋势，为投资者及企业经营者等各方面提供财务信息。

3.现金流量表

现金流量表是反映企业一定会计期间现金和现金等价物流入和流出的报表。现金流量可归类为经营活动产生的现金流量、投资活动产生的现金流量和筹资活动产生的现金流量三大类。现金流量表的基本格式见表3-3。

表3-3 利润现金流量表

编制单位：SMZ股份有限公司　　2015年度　　单位：万元

项目	上年金额	本年金额
一、经营活动产生的现金流量	略	154146.07
销售商品、提供劳务收到的现金		1221.10
收到的税费返还		3709.29
经营活动现金流入小计		159076.46
购买商品、接受劳务支付的现金		130639.87
支付给职工以及为职工支付的现金		5785.21
支付的各项税费		6757.03
支付的其他与经营活动有关的现金		7625.08
经营活动现金流出小计		150807.19
经营活动产生的现金流量净额		8269.27
二、投资活动产生的现金流量		
收回投资所收到的现金		4552.45
取得投资收益所收到的现金		1094.85
处置固定资产、无形资产和其他长期资产所收回的现金净额		7.35
收到的其他与投资活动有关的现金		815.84
投资活动现金流入小计		6470.49
购建固定资产、无形资产和其他长期资产所支付的现金		1126.46
投资所支付的现金		2444.50
支付的其他与投资活动有关的现金		
投资活动现金流出小计		3570.96
投资活动产生的现金流量净额		2899.53
三、筹资活动产生的现金流量		
吸收投资收到的现金		
取得借款收到的现金		

续表

项目	上年金额	本年金额
收到的其他与筹资活动有关的现金	略	
筹资活动现金流入小计		0.00
偿还债务所支付的现金		
分配股利、利润或偿付利息所支付的现金		2513.59
支付的其他与筹资活动有关的现金		79.35
筹资活动现金流出小计		2592.94
筹资活动产生的现金流量净额		−2592.94
四、汇率变动对现金的影响额		
五、现金及现金等价物净增加额		8575.86
加:期初现金及现金等价物余额		43450.22
六、期末现金及现金等价物余额		52026.08

现金流量表提供了企业一定会计期间内现金及现金等价物的流入和流出的信息,以便报表使用者了解和评价企业获取现金和现金等价物的能力,并据以预测企业未来的现金流量。由于现金流量不受会计政策、会计估计的影响,比较难以被企业操纵,使得这一信息能比较客观地说明企业的资金周转情况、资产流动性和支付能力,并从一个侧面反映了企业利润的质量。

第二节　财务分析方法

财务分析的基本功能是运用各种分析方法和技术,根据一定的程序和步骤,将财务报告所反映的信息转换成对决策有用的信息。财务分析的方法和技术种类繁多,在实务中广泛应用的方法有比较分析法、因素分析法、趋势分析法和图解分析法。

一、比较分析法

比较分析法是指将两个或两个以上的可比数据进行对比,从而揭示差异和矛盾的财务分析方法,是财务分析的最基本方法。比较方法又可以分为不同的类别。

(一)按比较内容分类

按比较内容分类,比较分析法可以分为三大类。

1. 比较会计报表项目法

比较会计报表项目法也可以称为水平分析法,是将反映企业报告期财务状况的信息(特别指会计报表信息资料)与反映企业前期或历史某一时期财务状况的信息进行对比,研究企业各项经营业绩或财务状况的发展变动情况的一种财务分析方法。水平分析法所进行的对比，一般而言，不是仅仅对单项指标进行对比，而是对反映某方面情况的报表的全面、综合的对比分析。其基本要点是将报表资料中不同时期的同一项目数据进行对比。对比的方式有以下几种。

(1)绝对值增减变动，其计算公式为

$$\text{指标绝对值变动数值}=\text{分析期某项指标实际数}-\text{基期同项指标实际数}$$

(2)增减变动率，其计算公式为

$$\text{变动率}(\%)=\frac{\text{指标绝对值变动数值}}{\text{基期指标实际数值}}\times 100\%$$

(3)变动比率值，其计算公式为

$$\text{变动比率值}=\frac{\text{分析期指标实际数值}}{\text{基期指标实际数值}}\times 100\%$$

上式中所说的基期，可指上年度，也可指以前某年度。

2.比较结构百分比法

比较结构百分比法即垂直分析法。该方法是通过计算报表中各项目占总体的比重或结构，反映报表中的项目与总体关系情况及其变动情况。会计报表经过垂直分析法处理后，通常称为同度量报表，或称为总体结构报表、共同比报表等。如共同比资产负债表、共同比利润表、共同比成本表等，都是应用垂直分析法得到的。垂直分析法的一般步骤如下。

(1) 确定报表中各项目占总额的比重或百分比，其计算公式为

$$\text{某项目的比重}=\frac{\text{该项目金额}}{\text{各项目总金额}}\times 100\%$$

(2)通过各项目的比重，分析各项目在企业经营中的重要性。一般项目比重越大，说明其重要程度越高，对总体的影响越大。

(3)将分析期各项目的比重与前期同项目比重进行对比，研究各项目的比重变动情况。也可将本企业报告期项目比重同同类企业的可比项目比重进行对比，研究本企业与同类企业的不同，以及成绩和存在的问题。

3.比较财务比率法

财务比率是某些彼此存在关联项目的比值。财务比率是相对数，采用这种方法，能够把某些条件下的不可比的指标变为可以比较的指标，以利于分析。按比率的分子和分母之间的关系，财务比率有构成比率、效率比率和相关比率之分。

(1)构成比率

构成比率又称结构比率，是某项经济指标的各个组成部分与总体的比率，反映部分与总体的关系。例如企业资产中流动资产、固定资产、无形资产占总资产的比例，企业负债中流动负债占负债总额的比例等。通过构成比率分析，可以考察总体中某个部分的形成和安排是否合理，以便协调各项财务活动。

(2)效率比率

效率比率是某项经济活动的所得与所费的比率，反映投入与产出的关系。利用效率比率指标，可以进行的是比较和考察经营成果，评价经济效益。如将利润项目与销售成本、销

售收入、资本金等项目加以对比,可计算出成本利润率、销售利润率以及资本利润率等指标,可以从不同的角度观察比较企业获利能力的高低及其增减变动情况。

(3)相关比率

相关比率是将某个项目同与其相关但又不同的项目加以对比所得的比率,反映有关经济活动的相互关系。利用相关比率指标,可以考察有联系的相关业务安排得是否合理,以保障企业运营活动能够顺畅进行。如将负债总额与资产总额对比,计算资产负债率,据以判断企业对债务的偿付保障程度。

(二)按比较对象分类

1. 与本企业历史比

该方法也称为纵向比较法,是将一个企业分析期的会计报表数据或者财务指标与企业的历史同期进行比较,确定其增减变动的方向、数额和幅度,用以说明企业财务状况、经营成果或现金流量的变动趋势的一种分析方法。采用这种方法,可以分析引起变化的主要原因、变动的性质,并预测企业未来的发展前景。

2. 与同类企业对比

该方法也称为横向比较法,是将企业会计报表中相同数据或财务指标与行业平均数、行业先进水平或竞争对手比较,从而言明企业在行业中的地位,或揭示与行业先进企业之间差异的一种分析方法。

3. 与计划预算比

该方法也称为差异分析法,是将企业会计报表中相同数据或财务指标与本期的预算或计划比较,从而言明企业实际执行结果与预算(计划)的差异,揭示存在问题的一种分析方法。

二、因素分析法

因素分析法是依据分析指标和影响因素的关系,从数量上确定各因素对指标的影响程度。

企业的活动是一个有机整体,每个指标的高低,都受到若干因素的影响。从数量上测定各因素的影响程度,可以帮助分析者抓住主要矛盾,或更有说服力地评价企业经营状况。

因素分析法具体又可以分为连环替代法和差额分析法。

1. 连环替代法

连环替代法又称因素替换法,是将分析指标分解为各个可以计量的因素,并根据各个因素之间的依存关系,顺次用各因素的比较值替代基准值,据以测定各因素对分析指标的影响。采用这种方法的出发点在于,当有若干因素对分析对象发生作用时,假定其他各个因素都无变化,顺次确定每一个因素单独变化所产生的影响。

【例 3-1】某企业生产丙产品,其产品单位成本简表如表 3-4 所示。

表 3-4　丙产品单位成本表

××××年度　　单位:元

成本项目	上年度实际		本年度实际	
直接材料	86		89	
直接人工	20		27	
制造费用	24		17	
产品单位成本	130		133	
补充明细项目	单位用量	金额	单位用量	金额
直接材料:A	12	36	11	44
B	10	50	10	45
直接人工工时	20		18	
产品销量	200		250	

要求用连环替代法分析单耗和单价变动对单位材料成本影响。

解　根据上面的数据可以首先对单位产品材料成本分析:

$$\text{单位材料成本}=\text{材料 A 的单耗}\times\text{材料 A 的单价}+\text{材料 B 的单耗}\times\text{材料 B 的单价}$$

基期指标体系:12×3+10×5=86(元)

实际指标体系:11×4+10×4.5=89(元)

分析对象:89−86=+3(元)

对基期指标体系进行连环替代。

替代第一因素:11×3+10×5=83(元)

替代第二因素:11×4+10×5=94(元)

替代第三因素:11×4+10×5=94(元)

替代第四因素:11×4+10×4.5=89(元)

因素分析:

材料 A 单耗变动影响=83−86=−3(元)

材料 A 单价变动影响=94−83=+11(元)

材料 B 单耗变动影响=94−94=0(元)

材料 B 单价变动影响=89−94=−5(元)

最后检验分析结果:−3+11+0−5=+3(元)

具体分析可知,丙产品单位材料成本上升主要是 A 材料价格上涨幅度较大造成的。同时 A 材料单耗和 B 材料单价的变动对材料成本降低都起了较大作用。

2.差额分析法

差额分析法是连环替代法的一种简化形式。它是利用各个因素比较值与基准值之间的差额,来计算各因素对分析指标的影响。

在运用差额分析法进行因素分析时,比较值和基准值正确选用的要点是:正在分析的因素要用比较值减基准值；已经分析过的因素要用比较值；尚未分析过的因素要用基准值。

【例 3-2】 用例 3-1 中的数据，要求用差额计算法分析单位工时和小时工资率变动对单位直接人工的影响。

解　单位产品直接人工成本分析如下：

单位直接人工＝单位产品工时×小时工资率

$$小时工资率=\frac{直接人工总额}{直接人工工时}$$

$$上年度小时工资率=\frac{20}{20}=1(元/小时)$$

$$本年度小时工资率=\frac{27}{18}=1.5(元/小时)$$

基期指标体系：20×1＝20(元)

实际指标体系：18×1.5＝27(元)

分析对象：27－20＝＋7(元)

差额分析：

效率差异影响＝(18－20)×1＝－2(元)

工资差异影响＝18×(1.5－1)＝＋9(元)

最后检验分析结果：－2＋9＝＋7(元)

可见，企业人工费用上升主要是由于小时工资率提高引起的，而企业生产效率并没下降。效率提高使单位产品人工成本降低了 2 元。

三、趋势分析法

趋势分析法是根据企业连续几年或几个时期的分析资料，运用指数或完成率的计算，确定分析期各有关项目的变动情况和趋势的一种财务分析方法。趋势分析法既可用于对会计报表的整体分析，及研究一定时期报表各项目的变动趋势，也可对某些主要指标的发展趋势进行分析。趋势分析法的一般步骤如下。

(1)计算趋势比率或指数。通常指数的计算有两种方法：一是定基指数；二是环比指数。定基指数就是指各个时期的指数都是以某一固定时期为基期来计算的；环比指数则是指各个时期的指数都是以前一期为基期来计算的。趋势分析法通常采用定基指数。

(2)根据指数计算结果，评价与判断企业各项指标的变动趋势及其合理性。

(3)预测未来的发展趋势。根据企业以前各期的变动情况，研究其变动趋势或规律，从而可预测出企业未来发展变动情况。

四、图解分析法

图解分析法是财务分析中经常应用的方法之一。严格地说，图解分析法并不是一种独立的财务分析方法，而是上述财务分析方法的直观表达形式。例如，对比分析法、结构分析法、趋势分析法、因素分析法和综合分析法等都可用图解分析法来表达。图解分析法的作用在于能形象、直观地反映财务活动过程和结果，将复杂的经济活动及其结果以通俗、易懂的形式表达出来。该方法应用十分广泛，人们经常可以在证券交易场所、报纸杂志等媒体看到财务分析图。这里主要介绍对比图解分析法、结构图解分析法、趋势图解分析法、综合分析雷达图解法等四种。

1. 对比图解分析法

对比图解分析法是指用图形的形式对某一指标的报告数值与基准数值进行对比，以揭示报告数值与基准数值之间的差异。该方法是实践中广泛应用的图解分析法之一，其形式多种多样。常见的对比分析图是柱形的，如图 3-1 所示。

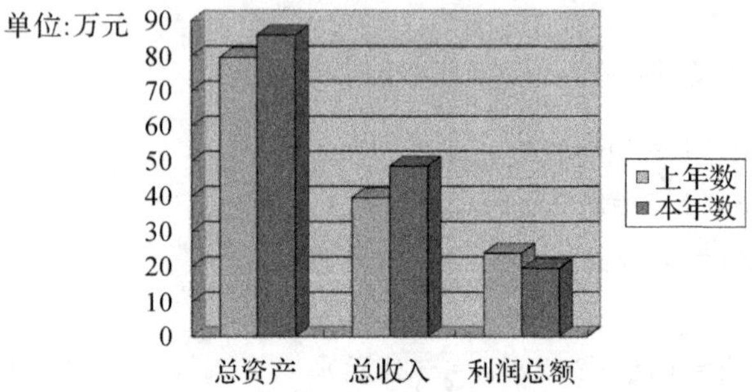

图 3-1　对比分析柱形图示例

图 3-1 可直观地反映本年度总资产、总收入、利润总额与上年对比的情况。可见，企业在本年总资产和总收入都比上年增长的情况下，利润总额却有所下降。说明企业规模虽有所增长，但效益或盈利能力却明显下降。

2. 结构图解分析法

结构图解分析法实质上是垂直分析法的图解形式，它以图形的方式表示在总体中各部分所占的比重。结构分析图的形式也有很多种，较常见的为饼状图，如图 3-2 所示。

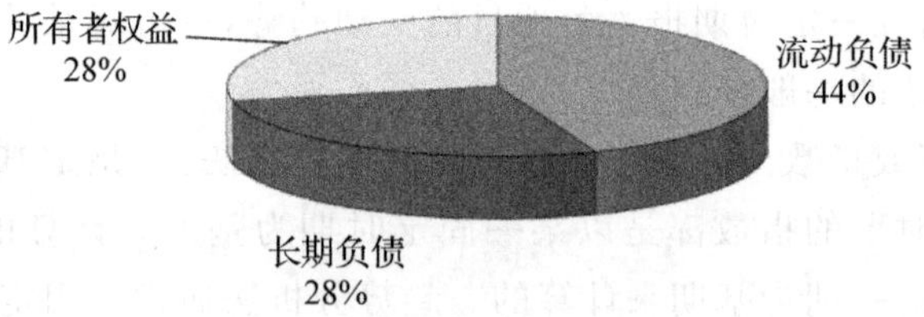

图 3-2　企业权益结构分析图

图 3-2 反映了企业总权益中有 72％是负债，而其中 44％是流动负债，所有者权益仅占 28％。通过图解分析可以更加清晰直观地了解企业的负债和所有者权益的构成。

3. 趋势图解分析法

趋势图解分析法通常是指用坐标图反映某一个或某几个指标在一段较长时期内的变动趋势。坐标图的横轴表示时期，纵轴表示指标数值，将不同时期的指标数值用线连接起来，就形成了反映指标变动趋势的曲线，也称为折线图，如图 3-3 所示。

图 3-3 反映了某企业 2012—2015 年每股收益、利润额和和每股股利的变动趋势。从图

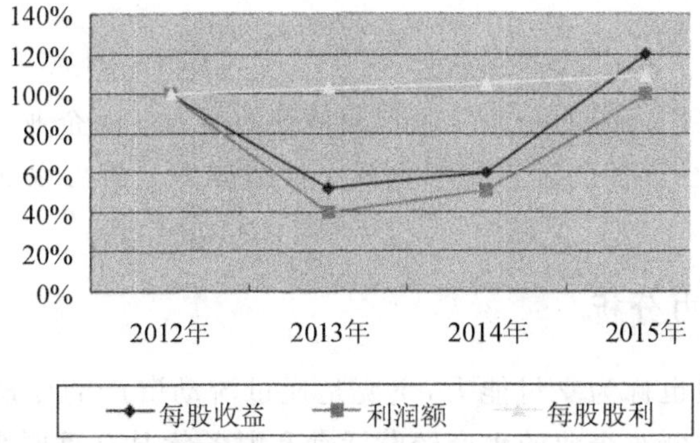

图 3-3　利润额、每股收益和每股股利变动趋势图

3-3 中可得出如下结论：第一，企业利润经历了从下降到较快上升的过程；第二，每股收益与利润额的变动趋势基本相同；第三，每股股利平稳或略有增长，说明企业采取的股利政策是固定股利政策。

4. 综合分析雷达图解法

综合分析雷达图解法是以直观的方式，从企业的收益性、生产性、流动性、成长性和安全性五个方面综合评价企业经营与财务状况的一种图解法，如图 3-4 所示。

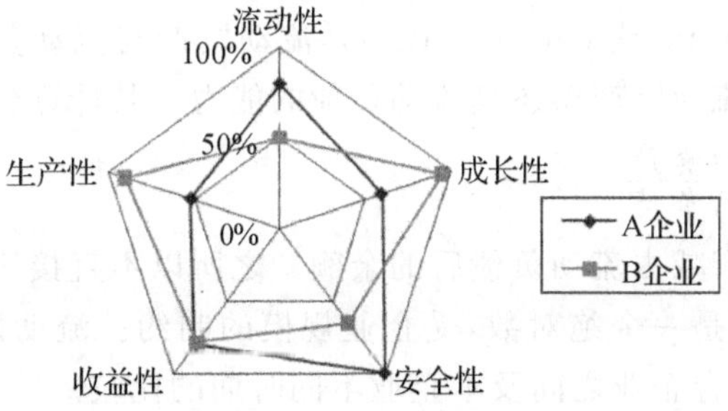

图 3-4　综合分析雷达图

图 3-4 反映了两个企业的综合状况。A 企业对安全绝对重视，同时在收益性和流动性方面也比较理想，但其生产性和成长性却较差；B 企业则十分重视成长性和生产性，但流动性较差，安全性和收益性则处于一般水平。

第三节　财务指标分析

财务会计报告中有大量数据，可以组成许多有意义的财务指标。这些财务指标涉及企业经营管理的各个方面，大体上可以分为偿债能力指标、营运能力指标、盈利能力指标和发展能力指标等四大类。

一、偿债能力分析

偿债能力分析主要用以说明企业偿还到期债务的能力。除企业债权人非常关注这一类指标外，所有者和企业经营者也对它非常重视。偿债能力分析可以分为短期偿债能力分析和长期偿债能力分析。

（一）短期偿债能力分析

短期偿债能力一般也称为支付能力，主要是通过流动资产的变现来偿还到期的短期债务。短期偿债能力的高低对企业的生产经营活动和财务状况有重要影响。若一个企业虽然拥有良好的营运能力和较强的盈利能力，但一旦短期偿债能力不强，就会因资金周转困难影响正常的生存经营，降低企业的盈利能力，严重时会出现财务危机，甚至导致企业因不能按期偿债而“黑字破产”。企业短期偿债能力不足对企业生产经营的影响还表现在：无法取得购货折扣，不能按期支付货款而使得材料供应不能保证；影响职工薪酬的正常发放或不能按期加薪从而使企业在人才市场上失去竞争力。短期偿债能力不足对企业的另一影响，就是造成企业信誉下降，这是一种无法估计的损失。因此，企业必须十分重视短期偿债能力的分析和维护。

1. 流动比率

流动比率(liquidity ratio 或 current ratio)是流动资产与流动负债的比率。它用以衡量企业可在短期内变现的流动资产偿还其流动负债的能力。其计算公式为

$$流动比率=\frac{流动资产}{流动负债}$$

营运资金是流动资产减去流动负债后的余额。之所以不直接用营运资金来反映企业短期偿债能力，原因在于它是一个绝对数，受企业规模的制约。流动比率是个相对数，它消除了规模不同的影响，更适合企业之间及本企业不同时期的比较。

一般情况下，流动比率越高反映企业短期能力越强，债权人的权益越有保证。但流动比率也不能过高，过高则表明企业流动资产占用较多，会影响资金的使用效率。按照西方的经验，该指标应在 2 左右比较合适，这是因为传统的生产型企业的流动资产中变现能力较差的存货金额约占流动资产总额的一半，剩下的流动性较好的流动资产至少要等于流动负债，才能保证企业最低的偿债能力。最近几十年，企业的经营方式和金融环境发生了很大的变化，流动比率有降低的趋势，许多成功企业的流动比率都低于 1，甚至更小。所以，在应用该经验标准判断时还应该以行业的平均水平作为参考。

在运用流动比率进行短期偿债能力分析时，应注意以下几个问题。

(1)在计算流动比率时是假设全部的流动资产都可以变现为现金并用于偿债，全部的流动负债都需要还清。实际上，经营性流动资产是企业持续经营所必需的，不能全部用于偿债，经营性应付项目可以滚动存续，无须运用现金全部结清。因此，流动比率是对短期偿债能力的粗略估计。

(2)流动比率低也并不意味着企业一定无法偿付到期的债务，只要企业存货销售顺畅、回款迅速，也是有可能偿付到期债务的。

(3)流动比率高并不等于说企业已有足够的现金或存款来偿还债务,流动比率高也可能是积压存货、逾期应收账款和待处理财产损失所导致。

【例 3-3】 根据表 3-1 的资料,SMZ 股份有限公司(以下简称 SMZ 公司)本年年末的流动比率为

$$流动比率=\frac{61250.66}{30866.01}=1.98$$

SMZ 公司本年年末的流动比率基本保持在 2 左右,单纯从数值上看似乎比较合适。但仔细分析就会发现该公司存货很少,只有 2080.00 万元,在这样的流动资产构成情况下,仍保持着 2 左右的流动比率显得过高了。由此可见,虽然该公司短期偿债能力很强,但由于在流动资产上占用资金过多,机会成本较高,从而影响其获利能力。

2.速动比率

从前面的分析可知,流动比率在评价企业短期偿债能力时,存在一定局限性。如果流动比率较高,但流动资产的流动性较差,则企业的短期偿债能力仍然不强。在流动资产中,交易性金融资产、应收票据、应收账款的变现能力均比较强,而存货需经过销售才能转变为现金,如果存货滞销,则其变现就成问题,所以存货是流动资产中流动性相对较差的资产。一般而言,流动资产扣除存货后的资产称为速动资产,主要包括货币资金、交易性金融资产、应收票据、应收账款等。速动资产与流动负债的比值称为速动比率(quick ratio),也称酸性测试比率(acid-test ratio)。其计算公式为

$$速动比率=\frac{速动资产}{流动负债}=\frac{流动资产-存货}{流动负债}$$

通过速动比率来判断企业短期偿债能力比用流动比率更进了一步,因为它撇开了变现能力较差的存货。速动比率越高,说明企业的短期偿债能力越强。根据西方经验,一般认为速动比率为 1 时比较合适。然而,由于企业所处的行业不同,速动比率会有很大差别。例如,采用大量现金销售的零售商业企业,几乎没有应收账款,速动比率远低于 1 也是很正常的。相反,一些应收账款较多的企业,速动比率可能要大于 1。

速动比率并非越高越好。速动比率高,尽管债务偿还的安全性强,但会因企业现金及应收账款资金占用过多而增加企业的机会成本,影响盈利能力的提升。

需指出的是,尽管速动比率较之流动比率更能反映流动负债偿还的安全性和稳定性,但并不能认为速动比率较低的企业流动负债到期一定不能偿还。实际上,如果企业存货流动性较好,即使速动比率低,只要流动比率高,仍有望偿还到期债务。速动比率高也并不意味着企业的流动负债到期一定能够偿还,如果应收账款的变现能力差,仍有可能还不了到期债务。

【例 3-4】 根据表 3-1 的资料,SMZ 公司本年年末的速动比率为

$$速动比率=\frac{61250.66-2080.00}{30866.01}=1.92$$

SMZ 公司本年年末速动比率高达 1.92,表明其每 1 元的流动负债有 1.92 元的速动资产作为偿付保障,显示其短期偿债能力很强。同时,也说明该公司速动资产持有过多,尤其是货币资金太多,远远超过日常经营所需,大大增加了企业的机会成本,不利于获利能力的提升。

3. 现金比率

现金比率(cash ratio)是企业的现金类资产与流动负债的比值。现金类资产包括库存现金以及随时可用于支付的存款和现金等价物,即现金流量表中所反映的现金及现金等价物。其计算公式为

$$现金比率=\frac{现金+现金等价物}{流动负债}$$

现金比率可以反映企业的直接偿付能力,因为现金是企业偿还债务的最终手段,如果企业现金缺乏,就可能发生支付困难,面临财务危机。因而,现金比率高,说明企业有较好的支付能力,对偿付债务是有保障的。但是,如果这个比率过高,可能意味着企业拥有过多盈利能力较低的现金类资产,企业的资产未能得到有效的运用。

【例 3-5】 根据表 3-1 的资料,SMZ 公司本年年末的现金比率为(假定该公司的交易性金融资产均为现金等价物)

$$现金比率=\frac{52693.98+235.13}{30866.01}=1.71$$

SMZ 公司本年年末的现金比率指标达到 1.71,属于比较高的,这仍然是因为货币资金过多。

4. 现金流量比率

现金流量比率是企业一定时期的经营活动现金流量净额与流动负债的比率,它可以从现金流量的角度反映企业偿付短期负债的能力。其计算公式为

$$现金流量比率=\frac{年经营活动现金流量净额}{年末流动负债}$$

现金流量比率从现金流量的动态角度对企业的实际偿债能力进行考察,反映了企业经营活动所产生的现金净流量可以在多大程度上保证当期流动负债的偿还。用该指标评价企业的偿债能力更加谨慎。该指标较大,表明企业经营活动产生的现金净流量较多,能够保障企业按时偿还到期债务,但也并不是越大越好,该指标越大则表明企业流动资金利用不充分,机会成本高,获利能力不强。

现金流量比率表明每 1 元流动负债的经营现金流量保障程度,该比率越高,偿债越有保障。该指标为多少才合适,没有统一的标准,视行业不同而呈现差异。

【例 3-6】 根据表 3-1 和表 3-3 的资料,SMZ 公司本年年末的现金流量比率为

$$现金流量比率=\frac{8269.27}{30866.01}=0.27$$

(二)长期偿债能力分析

长期偿债能力一般理解为企业偿还非流动负债的能力,或者说企业偿还非流动负债的保障程度。然而,长期偿债能力考查的不仅仅是长期债务,实质上是包含短期债务的全部债务的偿还能力。衡量长期偿债能力的指标主要有资产负债率、股东权益比率、产权比率、偿债保障比率、已获利息倍数等。

1. 资产负债率

资产负债率是企业负债总额与资产总额的比率。它表明在企业资产总额中,债权人提

供资产所占的比重以及企业资产对债权人权益的保障程度。其计算公式为

$$资产负债率=\frac{负债总额}{资产总额}\times 100\%$$

这一比率越小，表明企业的长期偿债能力越强，但也并不是说该指标越小越好。从债权人的立场看，该指标越小越好。从所有者的角度看，举债是一把“双刃剑”，既可以提高企业的盈利，也增加了企业的风险。在全部资本利润率高于借款利息率的情况下，增加债务就能获取财务杠杆利益，即以较少的自有资金获得较多的利润。但如果这一比率过大，则表明企业的债务负担重，企业资金实力不强，不但对债权人不利，而且企业有濒临倒闭的危险。企业在进行是否举债决策时，必须充分估计预期的利润和增加的风险，在二者之间权衡利害得失。

【例 3-7】根据表 3-1 的资料，SMZ 公司本年年末的资产负债率为

$$资产负债率=\frac{31054.01}{101859.51}\times 100\%=30.49\%$$

SMZ 公司的资产负债率相对偏低，说明企业债务负担较轻，长期偿债能力较强，这样有助于增强债权人对企业出借资金的信心。但对该企业而言，则意味着没有充分利用债务的财务杠杆效应，获利效果可能不太好。

2. 股东权益比率与权益乘数

(1)股东权益比率

股东权益比率是股东权益总额与资产总额的比率，该比率反映资产总额中有多大比例是所有者投入的。其计算公式为

$$股东权益率=\frac{股东权益总额}{资产总额}\times 100\%$$

由前面的公式可知，股东权益比率与资产负债比率之和等于 1。因此，这两个比率是从不同的角度来反映企业长期财务状况的，股东权益比率越大，资产负债率越小，企业的财务风险也越小，偿还长期债务的能力就越强。

【例 3-8】根据表 3-1 的有关数据，SMZ 公司本年年末的股东权益比率为

$$股东权益率=\frac{70805.5}{101859.51}\times 100\%=69.51\%$$

(2)权益乘数

权益乘数即股东权益比率的倒数，是指资产总额是股东权益总额的多少倍。权益乘数反映了企业财务杠杆的大小。权益乘数越大，说明股东投入的资本在资产中所占比重越小，财务杠杆作用越大。其计算公式为

$$权益乘数=\frac{资产总额}{股东权益总额}$$

【例 3-9】根据表 3-1 的有关数据，SMZ 公司本年年末的权益乘数为

$$权益乘数=\frac{101859.51}{70805.5}=1.44$$

也可以用资产平均总额除以股东权益平均总额计算平均权益乘数。本年 SMZ 公司的平均权益乘数为

$$平均权益乘数=\frac{(101859.51+96335.91)\div 2}{(70805.50+70016.11)\div 2}=1.41$$

3.产权比率

产权比率也称负债股权比率，是负债总额与股东权益总额的比值。其计算公式为

$$产权比率=\frac{负债总额}{股东权益总额}$$

该指标说明了由债权人提供的资本与所有者提供的资本的相对关系，反映了企业基本财务结构是否稳定。产权比率高，是高风险、高收益的财务结构；产权比率低，是低风险、低收益的财务结构。一般而言，所有者资本大于借入资本较好，但也不能一概而论。在通货膨胀加剧时期，企业多借债可以把损失和风险转嫁给债权人；在经济繁荣时期，多借债可以获得额外的利润；在经济衰退时期，少借债可以减少利息负担和财务风险。

产权比率同时也是衡量长期偿债能力的指标之一。它反映了债权人投入的资本受到所有者权益保障的程度，或者说是企业清算时对债权人利益的保障程度。

【例 3-10】 根据表 3-1 的资料，SMZ 公司本年年末的产权比率为

$$产权比率=\frac{31054.01}{70805.50}=0.44$$

SMZ 公司的产权比率较低，债权人提供的资本与所有者提供的资本的比例为 44∶100，虽然财务结构很稳健，债权人的利益因所有者提供的资本所占比重较高而有较强的保障，然而这样的财务结构会影响企业收益的提高。

资产负债率和产权比率具有共同的经济意义，但资产负债率侧重于分析债务偿付安全性的资产保障程度，产权比率侧重于揭示财务结构的稳健程度以及所有者对债权人利益的保障程度，两个指标可以相互补充。

4.偿债保障比率

偿债保障比率是负债总额与经营活动产生的现金流量净额的比值。其计算公式为

$$偿债保障比率=\frac{负债总额}{经营活动产生的现金流量净额}$$

从上式可以看出，偿债保障比率反映了用企业经营活动产生的现金流量净额偿还全部债务所需的时间，所以该比率也称为债务偿还期。一般认为，经营活动产生的现金流量是企业长期资金的最主要来源，而投资活动和筹资活动所获得的现金流量虽然在必要时也可用于偿还债务，但不能将其视为经常性的现金流量。因此，用偿债保障比率可以衡量企业通过经营活动所获得的现金偿还债务的能力。该比率越低，说明企业偿还债务的能力越强。

【例 3-11】 根据表 3-1 和表 3-3 的有关数据，SMZ 公司本年年末的偿债保障比率为

$$偿债保障比率=\frac{31054.01}{8269.27}=3.76$$

5.已获利息倍数

已获利息倍数是指企业息税前利润与利息支出的比率，它可以反映企业获利能力对债务利息偿付的保证程度。其计算公式为

$$已获利息倍数=\frac{息税前利润}{利息支出}$$

公式中的"息税前利润"是指利润表中未扣除利息费用和所得税之前的利润。它可以用"利润总额＋利息费用"来测算。由于在我国现行利润表中"利息费用"没有单列，企业外部的财务分析者只好用"利润总额＋财务费用"来估计。公式中分母的"利息支出"是指本期发生的全部利息，不仅包括财务费用中的利息费用，还包括计入固定资产成本的资本化利息。

已获利息倍数不但反映了企业获利能力，而且反映了获利能力对债务偿还的保证程度。企业若要维持正常的偿债能力，从长期看，已获利息倍数至少应当大于1，且比值越高，企业偿债能力就越强。如果已获利息倍数过小，企业将面临亏损、偿债的安全性与稳定性下降的风险。究竟企业已获利息倍数为多少才算偿债能力强，这要根据往年经验并结合行业特点来判断。同样，已获利息倍数也不是越大越好，该指标过大则表明企业未能充分利用负债抵税及财务杠杆的效应，影响获利能力。

【例 3-12】 根据表 3-2 的资料，SMZ 公司本年年末的已获利息倍数为（假定表中的财务费用全部为利息费用，且无资本化利息）

$$已获利息倍数=\frac{4229.90+101.40}{101.40}=42.71（倍）$$

根据表 3-1 的资料，SMZ 公司本年年末的有息负债为零，即无利息费用；本年度的已获利息倍数高达 42.71 倍，有较强的偿付负债利息的能力。但从提升企业盈利能力的角度看，该公司应考虑是否降低有息负债的比重，以获取财务杠杆利益。

（三）影响企业偿债能力的其他因素

以上财务比率是分析企业偿债能力的主要指标，分析者可以比较近几年的有关财务比率来判断企业偿债能力的变化趋势，也可以比较某一企业与同行业其他企业的财务比率，来判断该企业偿债能力的强弱。但是，在分析企业偿债能力时，除了使用上述指标以外，还应考虑以下因素对企业偿债能力的影响，这些因素既可影响企业的短期偿债能力，也可影响企业的长期偿债能力。

1. 或有负债

或有负债是企业过去的交易或者事项形成的潜在义务，其存在需通过未来不确定事项的发生或不发生予以证实。或有负债可能会转化为企业的债务，也可能不会转化为企业的债务，因此，其结果具有不确定性。例如，已贴现未到期的商业承兑汇票、销售的产品可能会发生的质量事故赔偿、诉讼案件和经济纠纷可能败诉导致需要赔偿的资金等。这些或有负债在资产负债表编制日还不能确定未来的结果如何，不能作为负债在资产负债表的负债类项目进行反映。但是，或有负债在将来一旦转化为企业现实的负债，就会对企业的财务状况产生影响，尤其是金额巨大的或有负债项目会增加企业的财务风险，可能降低企业的偿债能力。因此，在进行偿债能力分析时不能不考虑这一影响因素。

2. 担保责任

在日常经营往来中，企业可能会发生以本企业的资产为其他企业的债务提供法律担保的情况，如为其他企业的借款担保、为其他企业履行有关经济合同提供法律担保等。如果被担保人不履行合同，这种担保责任就有可能会成为企业的负债，增加企业的财务风险。但是，这种担保责任在财务报表中并未得到反映，因此，在进行财务分析时，必须考虑到企业是否有巨额的法律担保责任存在。

3. 租赁活动

企业在生产经营中，可以通过财产租赁的方式解决急需设备的使用。财产租赁通常有融资租赁和经营租赁两种形式。采用融资租赁方式，租入的固定资产应作为企业的资产入账，租赁费用作为企业的长期负债入账，这在计算前面的有关财务比率时都已经包含在内了。但是，当企业采用经营租赁时，其租赁费用并未包含在负债之中。如果经营租赁的业务量较大、期限较长或者具有经常性，则其租金虽然未包含在负债之中，但对企业的偿债能力也会产生较大的不利影响。在进行财务分析时，也应考虑这一因素。

4. 可用的银行授信额度

可用的银行授信额度是指银行授予企业的贷款指标。该项信用额度已经得到银行的批准，但企业尚未办理贷款手续。对于这种授信额度，企业可以随时使用，从而能够方便、快捷地取得银行借款，可以提高企业的偿付能力，缓解财务困难，也就是对企业的偿债能力产生有利的影响。

二、营运能力分析

营运能力是指企业营运资金的效率和效果，反映企业资产管理水平和资金周转状况。资产营运能力的强弱关键取决于周转速度。一般而言，周转速度越快，资产的使用效率越高，资产的营运能力越强；反之，营运能力就越差。

周转率是企业一定时期内资金的周转额与平均资产余额的比率，它反映企业资金在一定时期的周转次数。周转次数越多，周转速度越快，表明企业营运能力越强。这一类指标的对应指标是周转期，它是用计算期天数除以周转次数的结果，反映资金周转一次所需要的天数。周转率和周转期的计算公式为

$$\text{周转率(次)}=\frac{\text{周转额}}{\text{平均资产余额}}$$

$$\text{周转期(天)}=\frac{\text{计算期天数}}{\text{周转率}}$$

营运能力分析实际上是对企业总资产及其各个组成部分的营运能力进行分析，在实务中应用较广泛的主要包括应收账款周转率、存货周转率、流动资产周转率、固定资产周转率和总资产周转率等指标。

1. 应收账款周转率

应收账款周转率(receivables turnover ratio)是企业一定时期内赊销收入净额与应收账款平均余额的比率，是反映应收账款周转速度的指标。其计算公式为

$$\text{应收账款周转率}=\frac{\text{赊销收入净额}}{\text{应收账款平均余额}}=\frac{\text{赊销收入净额}}{\text{(期初应收账款+期末应收账款)/2}}$$

$$\text{应收账款平均收现期}=\frac{360}{\text{应收账款周转率}}=\frac{\text{应收账款平均余额}\times 360}{\text{赊销收入净额}}$$

公式中的“赊销收入净额”是指赊销收入扣除折扣与折让后的净额，但是企业的外部财务分析者是无法取得这个财务数据的，因此，一般用报表中的营业收入指标来近似替代。这存在一种假设，即企业所有的收入都是赊销产生的，实际上夸大了该指标的数值。“应收账款平均余额”是指应收账款余额期初和期末的平均数。应收账款包括会计核算中的“应收账款”和“应收票据”等全部赊销账款在内。

一般而言，应收账款周转率越高，企业的平均收现期越短，应收账款收账越迅速，同时也意味着资产流动性强，短期偿债能力强。通常应收账款周转率越高对企业越有利，但过高的应收账款周转率对企业也可能是不利的。因为，过高的应收账款周转率也可能是企业过紧信用政策所致。

需要指出的是，季节性经营、大量使用分期收款、大量使用现金结算等因素会对该指标的计算结果产生较大的影响，在分析时应引起重视。应收账款周转率的高低同样难以用一个具体数值作为标准来衡量。企业的外部财务分析者可以将计算出的指标与该企业前期指标、与行业平均水平或其他类似企业的指标相比较，判断该指标的高低。

【例 3-13】 根据表 3-1 和表 3-2 的资料，SMZ 公司本年年末的应收账款周转率为

$$\text{应收账款周转率}=\frac{138108.82}{(0+7.25+3351.23+2497.87)\div 2}=47.17\text{（次）}$$

$$\text{应收账款平均收现期}=\frac{360}{47.17}=7.63\text{（天）}$$

SMZ 公司应收账款周转率很高、周转期很短，这表明该公司应收账款收账迅速，资产的流动性较强。深入分析发现，这是因该公司大量使用现金结算销售，赊销比例很小所致。因此，运用营业收入除以应收账款平均余额计算出的应收账款周转率，并不能反映该公司应收账款真实的营运效率。

2. 存货周转率

存货周转率(inventory turnover ratio)是企业一定时期的营业成本与存货平均余额的比率，是反映流动资产流动性的一个重要指标，也是衡量生产经营环节中存货营运效率的一个综合性指标。其计算公式为

$$\text{存货周转率}=\frac{\text{营业成本}}{\text{存货平均余额}}=\frac{\text{营业成本}}{(\text{期初存货}+\text{期末存货})/2}$$

$$\text{存货周转期}=\frac{360}{\text{存货周转率}}=\frac{\text{存货平均余额}\times 360}{\text{营业成本}}$$

存货周转速度的快慢，不但反映企业购入存货、投入生产、销售收回等各环节管理状况的好坏，而且对企业的偿债能力及获利能力有着重大的影响。一般而言，存货周转速度越快，存货的占用水平越低，流动性越强，存货的变现能力越强。提高存货周转率可以提高企业的变现能力，而存货周转速度越慢则变现能力越差。

【例 3-14】 根据表 3-1 和表 3-2 的资料，SMZ 公司本年年末的存货周转率为

$$\text{存货周转率}=\frac{116349.57}{(2080.00+1366.88)\div 2}=67.51\text{（次）}$$

$$\text{存货周转期}=\frac{360}{67.51}=5.33\text{（天）}$$

计算结果表明，SMZ 公司本年的存货周转率很高，存货周转期很短，这主要是因为，相对于该公司的营业规模，存货占用的资金很少。深入分析即可发现，这是由该公司经营模式所致，其日常经营商品主要是由供应商提供，自身存货很少。

3. 流动资产周转率

流动资产周转率(liquid assets turnover ratio)是企业一定时期的营业收入与流动资产平均余额的比率。其计算公式为

$$流动资产周转率=\frac{营业收入}{流动资产平均余额}=\frac{营业收入}{(期初流动资产+期末流动资产)/2}$$

$$流动资产周转期=\frac{360}{流动资产周转率}=\frac{流动资产平均余额\times 360}{营业收入}$$

流动资产周转率是反映企业流动资产周转速度的指标。流动资产周转速度快，会相对节约流动资产，等于扩大资产投入，增强企业盈利能力；而延缓周转速度，则会降低企业盈利能力。生产经营任何一个环节上的工作改善，都会反映到流动资产周转速度上来。

【例 3-15】 根据表 3-1 和表 3-2 的资料，SMZ 公司本年年末的流动资产周转率为

$$流动资产周转率=\frac{138108.82}{(61250.66+54065.09)\div 2}=2.40\ (次)$$

$$流动资产周转期=\frac{360}{2.40}=150\ (天)$$

SMZ 公司的流动资产一年周转 2.4 次，每周转一次需要 150 天。该公司的应收账款周转速度和存货的周转速度都很快，然而流动资产周转速度却偏低，原因主要在于该公司闲置的货币资金存放太多。

4. 固定资产周转率

固定资产周转率(fixed assets turnover ratio)是指企业一定时期的营业收入与固定资产平均净值的比率。它是反映企业固定资产周转情况，衡量企业固定资产利用效率的一项指标。其计算公式为

$$固定资产周转率=\frac{营业收入}{固定资产平均净值}=\frac{营业收入}{(期初固定资产净值+期末固定资产净值)/2}$$

固定资产周转率高，表明固定资产利用充分，同时也表明固定资产投资得当，固定资产结构合理，能够充分发挥效率。运用固定资产周转率时，需要考虑固定资产应计提折旧的影响，其净值在不断地减少；以及因更新重置，其净值突然增加等的影响。同时，折旧方法的不同，可能影响其可比性。故在分析时要剔除这些不可比因素。

【例 3-16】 根据表 3-1 和表 3-2 的资料，SMZ 公司本年年末的固定资产周转率为

$$固定资产周转率=\frac{138108.82}{(33548.24+34547.17)\div 2}=4.06\ (次)$$

5. 总资产周转率

总资产周转率(total assets turnover ratio)是企业一定时期的营业收入与资产平均总额的比率，它可用来反映企业全部资产的利用效率。其计算公式为

$$总资产周转率=\frac{营业收入}{资产平均总额}=\frac{营业收入}{(期初资产总额+期末资产总额)/2}$$

该指标反映总资产的周转速度。总资产周转率越高，表明企业全部资产的使用效率高；如果这个比率较低，说明使用效率较差，最终会影响企业的盈利能力。企业可以通过薄利多销的方法，加速资产的周转，带来利润绝对额的增加。

【例 3-17】 根据表 3-1 和表 3-2 的资料，SMZ 公司本年年末的总资产周转率为

$$总资产周转率=\frac{138108.82}{(101859.51+96335.91)\div 2}=1.39\ (次)$$

三、盈利能力分析

盈利能力是指企业在一定时期内赚取利润的能力。盈利能力的大小是一个相对的概念，即利润是与一定的资源投入或一定的收入相比较而获得的一个相对的概念。利润率越高，盈利能力越强；利润率越低，盈利能力越差。企业经营业绩的好坏最终可通过企业的盈利能力来反映。无论是企业的经营者、债权人，还是股东(所有者)，都非常关心企业的盈利能力。反映盈利能力的指标很多，通常使用的主要是总资产报酬率、净资产收益率、销售毛利率、销售净利率等，上市公司还经常用到每股收益、每股净资产等。

(一)总资产报酬率

总资产报酬率是企业一定时期内获得的报酬总额与资产平均总额的比率。它是反映企业综合资产利用效益的指标，也是衡量企业利用债权人和所有者权益总额所取得盈利的重要指标。其计算公式为

$$总资产报酬率=\frac{息税前利润总额}{资产平均总额}\times 100\%$$

总资产报酬率全面反映了企业全部资产的获利水平，企业所有者和债权人对该指标都比较关注。一般情况下，该指标越高，表明企业的资产利用效率越好，整个企业的盈利能力越强，经营管理水平越高。企业还可将该指标与市场利率进行比较，如果前者大于后者，则说明企业可以充分利用财务杠杆，适当举债经营，以获得更多的收益。

【例 3-18】 根据表 3-1 和表 3-2 的资料，假定 SMZ 公司本年利息费用为零，则公司本年的总资产报酬率为

$$总资产报酬率=\frac{5731.64}{(101859.51+96335.91)\div 2}\times 100\%=5.78\%$$

由计算结果可知，SMZ 公司资产的综合利用效益不甚理想，有待进一步改进管理，提高效益。

(二)净资产收益率

净资产收益率，又称为股东权益报酬率或权益净利率，是指企业一定时期的净利润同平均净资产的比率。它反映了企业自有资金获取净收益的能力，是评价企业资本经营效益的核心指标。其计算公式为

$$净资产收益率=\frac{净利润}{平均净资产}\times 100\%$$

$$=\frac{净利润}{(期初股东权益总额+期末股东权益总额)/2}\times 100\%$$

净资产收益率是评价企业自有资金及其积累获取报酬水平的最具综合性与代表性的指标，反映企业资本运营的综合效益。该指标通用性强，适用范围广，不受行业局限。在我国上市公司业绩评价中，该指标居于首位。通过对该指标的综合对比分析，可以看出企业获利能力在同行业所处的地位以及与同类企业的差异水平。一般认为，企业净资产收益率越高，企业自有资金获取收益的能力越强，营运效率越好，对企业所有者、债权人的保证程度越高。

【例 3-19】 根据表 3-1 和表 3-2 的资料，SMZ 公司本年的净资产收益率为

$$净资产收益率=\frac{3565.81}{(70805.50+70016.11)\div 2}\times 100\%=5.06\%$$

由计算结果可知，SMZ 公司净资产收益率偏低，远低于当年上市公司净资产收益率平均值 10.54%，也低于该公司所在行业上市公司的平均值 8.47%。

(三)销售毛利率和销售净利率

销售毛利率，又称营业毛利率，是企业一定时期的毛利占营业收入的百分比，其中毛利是营业收入减去营业成本后的差额。其计算公式为

$$销售毛利率=\frac{营业收入-营业成本}{营业收入}\times 100\%$$

销售毛利率表示每百元营业收入扣除营业成本后，还有多少可用于支付各项期间费用和税金，形成利润。

【例 3-20】 根据表 3-2 的资料，SMZ 公司本年的销售毛利率为

$$销售毛利率=\frac{138108.82-116349.57}{138108.82}\times 100\%=15.76\%$$

从计算结果可知，SMZ 公司的销售毛利率只有 15.76%，低于 19.61%的行业平均水平。销售毛利率不高是该公司销售净利率偏低的重要原因之一。

销售净利率又称营业净利率，是企业一定时期的净利润与营业收入的百分比。其计算公式为

$$销售净利率=\frac{净利润}{营业收入}\times 100\%$$

销售净利率反映每百元营业收入能带来多少净利润，表示营业收入的收益水平。企业在增加营业收入的同时，必须相应地获得更多的净利润，才能使销售净利率保持稳定或持续增长。通过分析销售净利率的升降变动情况，可以促使企业在扩大销售的同时，注意改进经营管理，提高盈利水平。而销售毛利率是企业销售净利率的基础，没有足够大的销售毛利率便很难有盈利。

【例 3-21】 根据表 3-2 的资料，SMZ 公司本年的销售净利率为

$$销售净利率=\frac{3565.81}{138108.82}\times 100\%=2.58\%$$

计算结果表明，SMZ 公司的销售净利率偏低。如何提升营业收入，控制成本费用，以提升销售净利率，是该公司在生产经营中迫切需要解决的难题之一。

(四)成本费用利润率

成本费用利润率是指企业一定时期的利润总额与成本费用总额的比率。其计算公式为

$$成本费用利润率=\frac{利润总额}{成本费用总额}\times 100\%$$

其中：

$$成本费用总额=营业成本+营业税金及附加+营业费用+销售费用+管理费用+财务费用$$

成本费用利润率反映了企业为获得利润而付出的代价。该指标越高，表明企业的成本费用控制得越好，获利能力越强。

【例 3-22】 根据表 3-2 的资料，SMZ 公司本年的成本费用利润率为

$$\begin{aligned}成本费用利润率&=\frac{5731.64}{116349.57+1203.34+5735.21+9899.07-126.98}\times 100\%\\&=4.31\%\end{aligned}$$

计算结果表明，SMZ 公司的成本费用利润率只有 4.31%，相对偏低。该公司应深入分析各项成本费用的开支情况，寻找控制成本费用的有效途径。

(五)每股收益

1. 每股收益的计算与分析

每股收益又称每股利润或每股盈余，反映企业普通股股东持有每一股份所能享有的企业利润或承担的企业亏损，是衡量上市公司获利能力最常用的财务指标。

每股收益是净利润扣除优先股股利后的余额，除以当期发行在外的普通股的加权平均股数。其计算公式为

$$每股收益=\frac{净利润-优先股股利}{当期发行在外普通股的加权平均股数}$$

其中：

$$\begin{aligned}&当期发行在外普通股的加权平均股数\\&\quad=\frac{期初发行在外}{普通股股数}+\frac{当期新发行}{普通股股数}\times\frac{已发行时间}{报告期时间}-\frac{当期回购}{普通股股数}\times\frac{已回购时间}{报告期时间}\end{aligned}$$

已发行时间、报告期时间和已回购时间一般按照天数计算；在不影响计算结果合理性的前提下，也可以采用简化的计算方法。

【例 3-23】 根据表 3-2 的资料，假定 SMZ 公司本年既没有增发或送配股票，也没有进行股票回购，本年年末的普通股股数为 26970.63 万股，而且该公司没有优先股，也就不存在支付优先股股利，则该公司本年每股收益为

$$每股收益=\frac{3565.81-0}{26970.63}=0.13\ (元/股)$$

由计算结果可知，SMZ 公司每股收益不高，只有该年我国上市公司加权平均每股收益 0.24 元的一半左右，该公司的盈利能力有待进一步提升。

使用每股收益分析企业盈利能力时要注意以下几个问题：(1)每股收益不反映股票所含的风险；(2)股票是一种“份额”概念，不同股票的每一股在经济上是不等量的，它们所含的净

资产和市价不同，限制了每股收益在公司之间的比较；(3)每股收益多，不一定意味着多分红，分红多少还取决于公司的股利政策。

2.每股收益的延伸分析

为了克服每股收益指标的局限性，可以延伸分析市盈率、每股净资产、市净率等指标。

(1)市盈率

市盈率是上市公司普通股每股市价相当于每股收益的倍数，因此也被称为价格与收益比。其计算公式为

$$市盈率=\frac{普通股每股市价}{普通股每股收益}$$

市盈率是人们普遍关注的指标，有关证券分析几乎都有报道各类股票的市盈率。该比率反映投资人对每1元净利润所愿意支付的价格，可以用于估计股票的投资报酬和风险。在市价确定的情况下，每股收益越高，市盈率越低，投资风险越小；在每股收益确定的情况下，市价越高，市盈率越高，风险越大。从市盈率高低的横向比较看，高市盈率说明公司能够获得社会信赖，具有良好的前景。

【例3-24】根据前面计算的资料，已知本年12月31日SMZ公司股票的收盘价为10.3元，则该公司股票本年12月31日的市盈率为

$$市盈率=\frac{10.3}{0.13}=79.23（倍）$$

由于投资者一般的期望报酬率为5%～20%。因此，正常的股票市盈率为5～20倍。上述计算结果显示，SMZ公司股票的市盈率高达79.23倍，说明该股票的价格隐含着较多的泡沫。

使用市盈率指标时应注意以下问题：(1)该指标不能用于不同行业公司之间的比较。一般而言充满扩张机会的新兴行业的股票市盈率普遍较高，而成熟行业的股票市盈率普遍较低，这并不说明后者的股票没有投资价值。(2)在每股收益很小或亏损时，股票的市价不会降至零，而很高的市盈率往往不能说明任何问题。(3)市盈率高低受净利润的影响，而净利润受可选择的会计政策的影响，从而使得公司间市盈率的比较受到限制。(4)市盈率高低受市价的影响，影响市价变动的因素很多，包括投机炒作等，因此，观察市盈率的长期趋势很重要。

(2)每股净资产

每股净资产又称每股账面价值或每股权益，是上市公司年末净资产(即股东权益)与年末普通股股数的比值。其计算公式为

$$每股净资产=\frac{股东权益总额}{发行在外的普通股股数}$$

公式中的股东权益总额是指扣除优先股权益后的余额。每股净资产反映发行在外的普通股每股所代表的净资产成本即账面权益。在投资分析时，只能有限地使用这个指标，因其是用历史成本计量的，既不反映净资产的变现价值，也不反映净资产的产出能力。

【例3-25】根据表3-1和表3-2的资料，SMZ公司本年年末的每股净资产为(该公司无优先股)

$$每股净资产=\frac{70805.50}{26970.63}=2.63\ (元/股)$$

(3)市净率

把每股净资产和每股市价联系起来,可以说明市场对公司资产质量的评价。反映每股市价和每股净资产关系的比率称为市净率。其计算公式为

$$市净率=\frac{每股市价}{每股净资产}$$

每股净资产是股票的账面价值,它是用成本计量的;每股市价是这些资产的现在价值,它是证券市场上交易的结果。投资者认为,市价高于账面价值的企业资产的质量好,有发展潜力;反之则资产质量差,没有发展前景。优质股票的市价都超出每股净资产许多。一般而言,市净率达到3就可以树立较好的公司形象。

【例3-26】 根据前面计算的资料,SMZ公司本年12月31日股票的收盘价为10.3元,则该公司本年年末的市净率为

$$市净率=\frac{10.3}{2.63}=3.92\ (倍)$$

(六)每股股利与股利支付率

1.每股股利

每股股利是指上市公司的现金股利总额扣除优先股股利后的金额与期末普通股股数之比。其计算公式为

$$每股股利=\frac{现金股利总额-优先股股利}{期末普通股股份总数}$$

【例3-27】 根据资料,SMZ公司本年应付股利总额为2697.06万元,由于无优先股,也就无优先股股利,本年年末的普通股总股数为26970.63万股,则SMZ公司本年度的每股股利为

$$每股股利=\frac{2697.06-0}{26970.63}=0.10\ (元/股)$$

2.股利支付率

股利支付率(payout ratio)也称股利发放率,是普通股每股股利与每股利润的比率,它表明股份公司的净收益中有多少用于现金股利的分派。其计算公式为

$$股利支付率=\frac{每股股利}{每股利润}\times 100\%$$

与股利支付率相关的反映利润留存比例的指标是留存比率(plowback ratio),或称收益留存率。其计算公式为

$$留存比率=\frac{净利润-现金股利额}{净利润}\times 100\%=\frac{留存收益}{净利润}\times 100\%$$

留存比率反映了企业净利润留存的百分比,因此,它与股利支付率之和等于1,即

$$股利支付率+留存比率=1$$

【例3-28】 根据前面计算的资料,SMZ公司本年的股利支付率和留存比率分别为

$$股利支付率=\frac{0.10}{0.13}\times100\%=76.92\%$$

$$留存比率=1-76.92\%=23.08\%$$

由以上计算结果可知，SMZ 公司本年年末的股利支付率 76.92%是比较高的，这就意味着留存比率偏低，这是不利于公司后续投资和可持续性发展的，但是具体还要看公司所处的行业等因素。

四、发展能力分析

发展能力是企业在生存的基础上，扩大规模、壮大实力的潜在可能性。在运用会计报表数据分析企业发展能力时，主要的考察指标有销售增长率、资本积累率、总资产增长率和营业利润增长率。

1. 销售增长率

销售增长率又称营业增长率，是企业本年营业收入增长额同上年营业收入总额的比率。其计算公式为

$$销售增长率=\frac{本年营业收入增长额}{上年营业收入总额}\times100\%$$

销售增长率是评价企业成长状况和发展能力的重要指标。它是衡量企业经营状况和市场占有能力，预测企业经营业务拓展趋势的重要标志，也是企业扩张增量资本和存量资本的重要前提。不断增加的营业收入是企业生存的基础和发展的条件。该指标若大于 0，表示企业本年的营业收入有所增长，指标值越高，表明增长速度越快，企业市场前景越好。若该指标小于 0，则说明企业或是产品销售不对路，质次价高，或是在售后服务等方面存在问题，产品销售不出去，市场份额萎缩。

该指标在实际操作时，应结合企业历年的销售水平、企业市场占有情况、行业未来发展及其他影响企业发展的潜在因素进行预测，或者结合企业前三年的营业收入平均增长率做出趋势性分析。销售三年平均增长率的计算公式为

$$\begin{matrix}销售三年\\平均增长率\end{matrix}=\left(\sqrt[3]{\frac{本年营业收入总额}{三年前营业收入总额}}-1\right)\times100\%$$

【例 3-29】 SMZ 公司近三年的营业收入分别为 111758.11 万元、133795.05 万元、138108.82 万元，则该公司的销售增长率和销售三年平均增长率分别为

$$销售增长率=\frac{138108.82-133795.05}{133795.05}\times100\%=3.22\%$$

$$\begin{matrix}销售三年\\平均增长率\end{matrix}=\left(\sqrt[3]{\frac{138108.82}{111758.11}}-1\right)\times100\%=7.31\%$$

2. 资本积累率

资本积累率是指企业本年股东权益增长额与年初股东权益的比率，它表示企业当年资本的积累能力，是评价企业发展潜力的重要指标。其计算公式为

$$资本积累率=\frac{本年股东权益增长额}{年初股东权益总额}\times100\%$$

该指标反映了公司股东权益在当年的变动水平，体现了企业资本的积累情况。该指标越高，表明企业的资本积累越多，企业资本的保全性越强，应付风险、持续发展的能力越大。该指标如果为负值，则表明企业资本受到侵蚀，股东利益受到损害，应予以充分重视。

【例 3-30】 根据表 3-1 的资料，SMZ 公司本年的资本积累率为

$$资本积累率=\frac{70805.50-70016.11}{70016.11}\times 100\%=1.13\%$$

由计算结果可知，SMZ 公司资本虽能实现保值，但积累情况不是很理想，积累率很低。

3. 总资产增长率

总资产增长率是企业本年总资产增长额与年初资产总额的比率，它可以衡量企业本期资产规模的增长情况，评价企业经营规模总量上的扩张程度。其计算公式为

$$总资产增长率=\frac{本年总资产增长额}{年初资产总额}\times 100\%$$

该指标是从企业资产总量扩张方面衡量企业的发展能力，表明企业规模增长水平对企业发展后劲的影响。该指标越高，表明企业一个经营周期内资产经营规模扩张的速度越快。但实际操作时，应注意资产规模扩张的质与量的关系，以及企业的后续发展能力，避免资产盲目扩张。

【例 3-31】 根据表 3-1 的资料，SMZ 公司本年的总资产增长率为

$$总资产增长率=\frac{101859.51-96335.91}{96335.91}\times 100\%=5.73\%$$

在运用总资产增长率指标时，也可以用总资产三年平均增长率分析企业资产总规模持续积累的情况和发展趋势。

4. 营业利润增长率

营业利润增长率是企业本年营业利润增长额与上年营业利润总额的比率，反映企业营业利润的增减变动情况。其计算公式为

$$营业利润增长率=\frac{本年营业利润增长额}{上年营业利润总额}\times 100\%$$

【例 3-32】 根据表 3-2 的资料，SMZ 公司本年的营业利润增长率为

$$营业利润增长率=\frac{6286.01-4568.17}{4568.17}\times 100\%=37.60\%$$

在运用营业利润增长率指标时，也可以用营业利润三年平均增长率分析企业营业利润持续增长的情况和发展趋势。

第四节　财务综合分析

财务分析的最终目的在于全方位地了解企业经营理财的状况，并借以对企业经营效益和效率的优劣做出系统、合理的评价。单一财务指标的分析是很难全面评价企业的财务状况、经营成果和运营情况的。要想对企业有一个整体的评价，就必须进行综合分析与评价。

一、财务综合分析概述

财务综合分析是将营运能力、偿债能力、盈利能力和发展能力等诸方面纳入一个有机整体之中，全面分析企业的经营成果、财务状况和运营情况，从而寻找制约企业发展的瓶颈，并对企业的经营业绩做出综合评价与判断。

财务管理的目标是企业价值最大化，企业价值最大化与企业的可持续增长密切相关。而且可持续增长要以盈利能力为基础，盈利能力又受到营运能力和财务杠杆的影响，因此，将企业的增长能力、盈利能力、营运能力和偿债能力进行综合分析是十分必要的。财务综合分析的意义或作用主要在于：一是可以帮助企业经营者全面、系统地驾驭企业财务活动，寻找制约企业发展的主要矛盾，为企业管理和控制指明方向或途径；二是有助于企业的利益相关者全面了解与评价企业综合财务状况，为其决策提供有用信息；三是为企业绩效考核与奖励提供基础数据。

财务综合分析的特点体现在其财务指标体系的要求上，一个健全有效的财务综合分析体系至少应当具备以下三个基本条件。

1.指标要素齐全适当

财务综合分析所设置的评价指标体系，应该能够涵盖营运能力、偿债能力和盈利能力等方面总体考察或考核的要求。

2.主辅指标功能匹配

一方面，在确立营运能力、偿债能力、盈利能力和发展能力等方面评价指标的同时，要进一步明确各项指标在综合分析体系中的主辅地位；另一方面，不同范畴的主要指标所反映的企业经营状况、财务状况和经营成果的不同侧面和不同层次的信息要有机统一，应当能够全面、翔实地揭示企业经营理财的实绩。

3.满足多方信息需求

财务综合评价指标体系要能够提供多层次、多角度的信息资料，既能满足企业管理者实施决策的需要，又能为所有者、债权人、供应商、客户和政府等利益相关者提供决策有用的信息。

财务综合分析的方法很多，主要包括杜邦财务分析体系、综合指数法、综合评分法等，其中以杜邦财务分析体系和综合评分法应用最为广泛，本节主要介绍这两种方法。

二、杜邦财务分析体系

杜邦财务分析体系是根据主要财务指标之间的内在联系，建立财务指标分析体系，综合分析和评价企业经营理财及经济效益的方法。由于该指标体系是由美国杜邦公司最早采用的，故称为杜邦财务分析体系。该体系的特点是将若干反映企业盈利状况、财务状况和运营状况的比率按其内在联系有机地结合起来，形成一个完整的指标体系，并最终通过净资产收益率这一核心指标来综合反映。

（一）杜邦财务分析体系分解图

在杜邦财务分析体系中，包含了几种主要的指标关系。其可以分为三大层次。

第一层次为

净资产收益率＝总资产净利率×权益乘数

即

$$\frac{净利润}{净资产}\times 100\%=\left(\frac{净利润}{资产总额}\times 100\%\right)\times\frac{资产总额}{净资产}$$

第二层次为

总资产净利率＝销售净利率×总资产周转率

即

$$\frac{净利润}{资产总额}\times 100\%=\left(\frac{净利润}{营业收入}\times 100\%\right)\times\frac{营业收入}{资产总额}$$

以上两个层次关系表明，影响净资产收益率最重要的因素有销售净利率、总资产周转率、权益乘数，即

净资产收益率＝销售净利率×总资产周转率×权益乘数

第三层次包括销售净利率和总资产周转率两个指标的分解，即

$$销售净利率=\frac{净利润}{营业收入}\times 100\%=\frac{总收入-总成本费用}{营业收入}$$

$$总资产周转率=\frac{营业收入}{总资产}=\frac{营业收入}{流动资产+非流动资产}$$

以上关系可以用图 3-5 更清楚地反映出来。

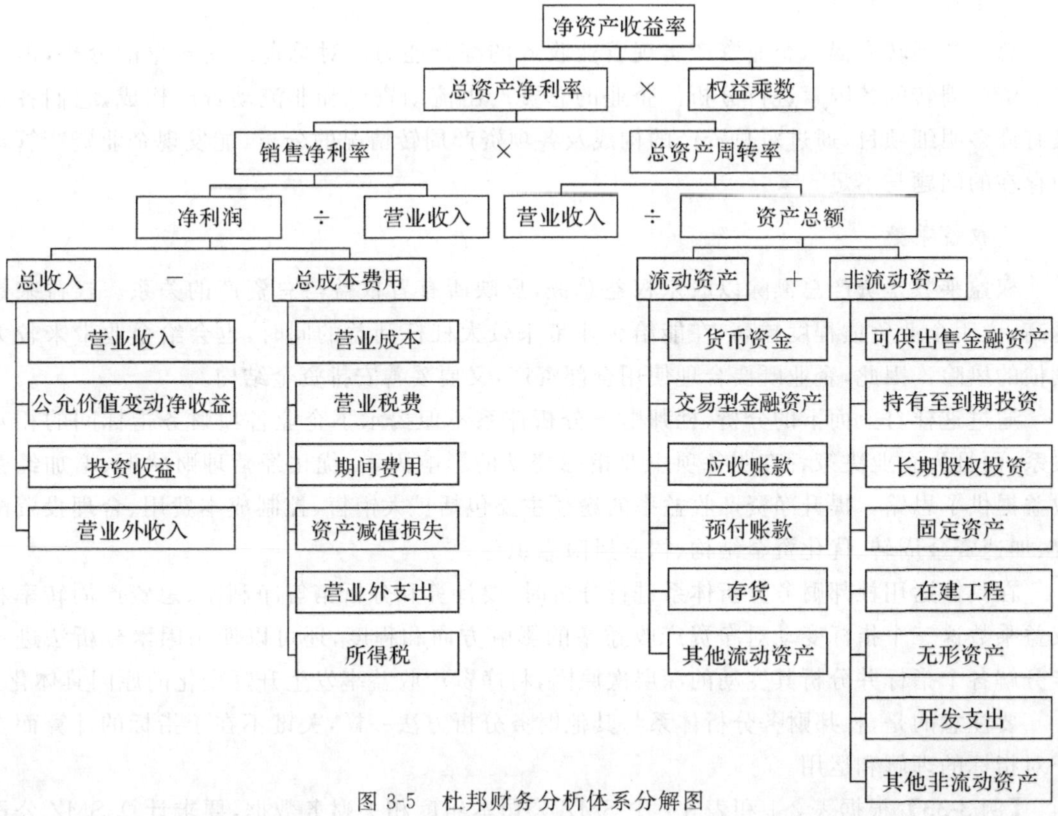

图 3-5　杜邦财务分析体系分解图

(二)杜邦财务分析体系的信息内容

从杜邦财务分析体系分解图可以看出,杜邦分析法实际上是从两个角度分析财务状况的,一是对内部管理因素进行分析,二是对资金结构和风险进行分析,而且提供了各主要财务指标相互之间关系的信息。

1.净资产收益率

净资产收益率是一个综合性很强的财务比率指标,是杜邦财务分析体系的核心。财务管理的目标是实现企业价值最大化。净资产收益率反映所有者投入资金的获利能力,反映企业筹资和投资等活动的效率。提高净资产收益率是实现财务管理目标的基本保证。净资产收益率的高低取决于销售净利率、总资产周转率、权益乘数。销售净利率反映企业获利能力;总资产周转率反映企业综合营运效率;权益乘数表示企业的负债程度。杜邦财务分析体系正是通过净资产收益率这一核心指标,把反映企业盈利能力、营运能力和偿债能力指标融为一体,比只用一项综合指标更能说明问题。

2.销售净利率

销售净利率反映了企业净利润与营业收入的关系。净利润是由营业收入扣除成本费用及所得税费用后的净额,而成本费用又由一些具体项目构成。通过对这些项目的分析,能了解企业净利润增减变动的原因。提高销售净利率的关键是扩大营业收入、控制成本费用。

3.总资产周转率

总资产周转率揭示企业资产实现营业收入的综合能力。对总资产周转率的分析,需对影响资产周转的各因素进行分析。企业的总资产由流动资产和非流动资产构成,它们各自又有许多明细项目,通过对总资产的构成及各项资产周转情况的分析,能发现企业资产管理中存在的问题与不足。

4.权益乘数

权益乘数是资产总额除以股东权益总额,反映所有者权益与总资产的关系。权益乘数越高,说明企业负债程度越高,在能给企业带来较大杠杆利益的同时,也会给企业带来较大偿债的风险。因此,企业既要合理使用全部资产,又要妥善安排资金结构。

通过这样自上而下的分析,杜邦财务分析体系不但揭示了企业各项财务指标间的相互关系,而且为企业决策者查明各项主要指标变动的影响因素、优化经营理财状况、增加经营效益提供了思路。提升净资产收益率的途径主要包括扩大销售、控制成本费用、合理投资配置、加速资金周转、优化资金结构、树立风险意识等。

在具体运用杜邦财务分析体系进行分析时,要计算和分析销售净利率、总资产周转率和权益乘数这三个指标变动对净资产收益率的影响方向和程度,还可以使用因素分析法进一步分解各个指标并分析其变动的深层次原因,将净资产收益率发生升降变化的原因具体化。

要注意的是,杜邦财务分析体系与其他财务分析方法一样,关键不在于指标的计算而在于对指标的理解和运用。

【例 3-33】 根据表 3-1 和表 3-2 中 SMZ 公司本年度相关财务数据,要求计算 SMZ 公司本年度的净资产收益率、总资产净利率、销售净利率、总资产周转率和权益乘数等指标，并绘制杜邦财务分析结构图。

解　根据相关数据有

$$净资产收益率=\frac{3565.81}{(70805.50+70016.11)\div 2}\times 100\%=5.06\%$$

$$总资产净利率=\frac{3565.81}{(101859.51+96335.91)\div 2}\times 100\%=3.60\%$$

$$销售净利率=\frac{3565.81}{138108.82}\times 100\%=2.58\%$$

$$总资产周转率=\frac{138108.82}{(101859.51+96335.91)\div 2}\times 100\%=1.39\ (次)$$

$$权益乘数=\frac{(101859.51+96335.91)\div 2}{(70805.50+70016.11)\div 2}=1.41$$

由以上计算结果，绘制 SMZ 公司的杜邦财务分析体系分解图，如图 3-6 所示。

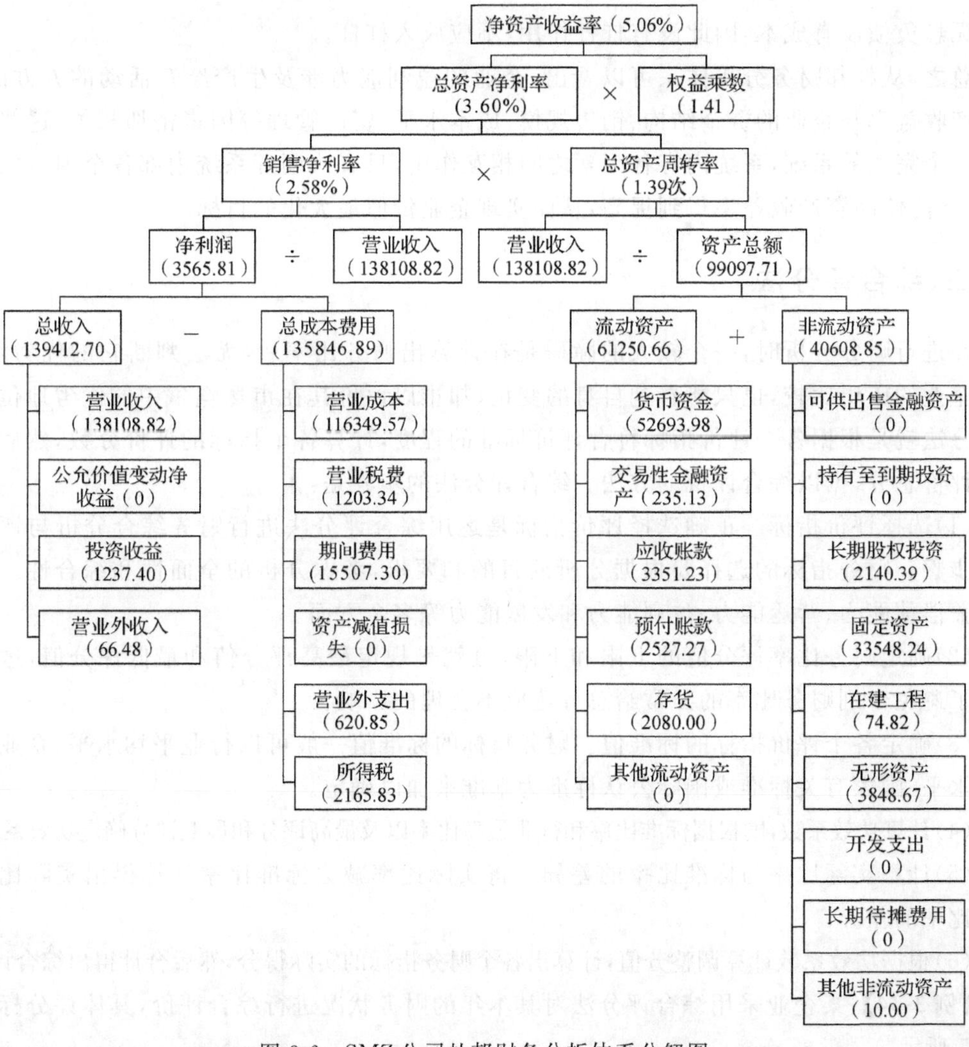

图 3-6　SMZ 公司杜邦财务分析体系分解图

(三)杜邦财务分析体系的局限性

杜邦财务分析体系通过层层分解财务指标,直观地反映了影响净资产收益率的因素及其内在联系,揭示了企业筹资、投资和生产运营等方面的效率,是一种行之有效的综合财务分析方法。但传统的杜邦财务分析体系也有明显的不足之处,主要表现在以下几个方面。

1.资产总额与净利润不匹配

资产总额是全部资产提供者现有的权利,净利润是属于股东的,因此不能反映实际回报率。可以计算要求分配收益的股东、有息负债的债权人投入的资本以及这些资本产生的收益。

2.没有区分经营活动收益和金融活动收益

企业的金融资产是投资活动的剩余,并没有糅入实际经营活动,应当从经营资产中扣除,同时也应该将金融费用扣除,这样才能使经营资产与收益相匹配。

3.没有区分有息负债和无息负债

无息负债没有成本,因此没有杠杆作用,不应放入杠杆。

总之,从杜邦财务分析体系可以看出,企业的盈利能力涉及生产经营活动的方方面面。净资产收益率与企业的资金结构、销售规模、成本水平、资产管理等因素密切相关,这些因素构成一个完整的系统,系统内容各因素之间相互作用,只有协调好系统内部各个因素之间的关系,才能使净资产收益率得到提高,从而实现企业价值最大化的目标。

三、综合评分法

在进行财务分析时,一个较大的障碍是在计算出财务比率后,无法判断它的优劣水平。与本企业的历史比较,也只能看到自身的变化,却难以评价其在市场竞争中的优劣地位。综合评分法就是根据各个评价指标符合评价标准的程度,计算各个指标的评价分数,然后综合计算评价总分,据以综合评价的方法。综合评分法的步骤是:

(1)选择评价指标。正确选择评价指标是运用综合评分法进行财务综合分析与评价的首要步骤。财务指标的选择要根据分析的目的和要求,考虑分析的全面性和综合性。一般应涵盖偿债能力、营运能力、盈利能力和发展能力等多个方面。

(2)确定财务比率评分值的上限和下限,也就是规定最高评分值和最低评分值,这主要是为了避免个别财务比率的异常给总分造成不合理的影响。

(3)确定各个评价指标的标准值。财务指标的标准值一般可以行业平均水平、企业历史先进水平、国家有关标准或国际公认标准为基准来加以确定。

(4)计算功效系数,即根据标准比率和行业最高比率以及最高评分和最低评分确定功效系数。

(5)计算实际比率与标准比率的差异。将实际比率减去标准比率计算得出实际比率与标准比率的差异。

(6)根据功效系数计算调整分值,计算出各个财务指标的实际得分,然后合计得出综合评分。

【例 3-34】某企业采用综合评分法对其本年的财务状况进行综合评价,具体评分标准如表 3-5 所示。

表 3-5 A公司财务评价标准表

指标	评分值 ①	标准比率（%） ②	行业最高比率（%） ③	最高评分 ④	最低评分 ⑤	功效系数（%） ⑥=(③－②)/(④－①)
盈利能力						
总资产净利率	20	10	20	30	10	1
销售净利率	20	4	20	30	10	1.6
净值报酬率	10	16	20	15	5	0.8
偿债能力						
股东权益比率	8	40	100	12	4	15
流动比率	8	150	450	12	4	75
营运能力						
应收账款周转率	8	600	1200	12	4	150
存货周转率	8	800	1200	12	4	100
发展能力						
销售增长率	6	15	30	9	3	5
净利增长率	6	10	20	9	3	3.3
年均净利增长率	6	10	20	9	3	3.3
合计	100			150	50	

根据企业的实际情况，计算企业各指标的实际得分，并汇总得出企业综合得分，具体见表3-6。

表 3-6 A公司某年财务评价综合得分表

指标	实际比率（%） ①	标准比率（%） ②	差异（%） ③=②－①	功效系数（%） ④	调整分 ⑤=③÷④	标准评分值 ⑥	得分 ⑦=⑤+⑥
盈利能力							
总资产净利率	7.4	10	－2.6	1	－2.6	20	17.40
销售净利率	4.5	4	0.5	1.6	0.31	20	20.31
净值报酬率	14.9	16	－1.1	0.8	－1.38	10	8.62
偿债能力							
股东权益比率	49	40	9	15	0.6	8	8.60
流动比率	233	150	83	75	1.11	8	9.11
营运能力							
应收账款周转率	1000	600	400	150	2.67	8	10.67
存货周转率	1200	800	400	100	4.00	8	12.00
发展能力							
销售增长率	5	15	－10	5	－2.00	6	4.00
净利增长率	－15	10	－25	3.3	－7.57	6	－1.57
年均净利增长率	－18	10	－28	3.3	－8.48	6	－2.48
合计						100	86.66

由表 3-5 可见，该企业综合得分为 86.66 分，略低于标准值(目标数或行业平均水平等)，说明其综合业绩不够理想。其中，偿债能力指标和营运能力指标均超过评价标准值，盈利能力指标和发展能力指标有的大大低于评价标准值，因而，需要改进或者完善。

课后思考

1. 请介绍评价股份有限公司盈利能力的主要指标。

2. 作为企业的债权人，在给企业提供贷款的时候，应当考虑哪些因素？

3. 请从所有者和债权人角度分别说明资产负债率应该如何进行评价。

4. 若企业的应收账款周转率偏低可能是由什么原因造成的？会给企业带来什么影响？

5. 请说明净资产收益率作为杜邦财务分析体系核心指标的原因。

6. 请简要介绍财务分析的基本方法。

7. 在应用杜邦财务分析体系进行企业财务状况的综合分析时，应当如何分析各项因素对企业净资产收益率的影响程度？

8. 简介财务分析的基本程序。

9. 请说明应收账款周转率指标中用营业收入和赊销收入的区别。

10. 企业的营运能力指的是什么？衡量营运能力的指标主要有哪些？

案例讨论

"佛山照明"公司财务绩效评价

佛山照明 1993 年 11 月在 A 股上市，1995 年发行 B 股。上市 20 多年来，该公司一直专注于主业，从事电光源产品研发、生产和销售。最近 6 年公司营业收入年增长率在 11%～20%，净利润年增长率保持在 5%以上，连续 10 年每股收益在 0.5 元以上，有 3 年超过 0.9 元，最高达到 1.26 元，是中国股市上少有的业绩稳定增长的公司，已成为国内最大的电光源生产公司，其灯泡产量居全国第二，有"中国灯王"之称。公司一直维持高派现股利政策，是沪深两市唯一一家现金分红超过股票融资的公司，有"现金奶牛"之称。人们对佛山照明长期高派现股利政策的评价大不相同，佛山照明股价一直相对稳定，即使在股市泡沫较强的 2009—2013 年，公司股价也相对稳定，换手率较低。

讨论问题

(1)收集佛山照明公司近三年的财务资料，进行偿债能力分析、营运能力分析、盈利能力分析和发展能力分析。

(2)运用杜邦财务分析体系说明佛山照明公司净资产收益率变动的原因。

(3)结合家用照明行业的特征，对佛山照明公司的财务状况进行整体分析。

第四章　财务战略与预算

学习目标

- 理解财务战略的特征和类型。
- 掌握SWOT分析法的原理及应用。
- 理解财务战略的选择依据和方式。
- 掌握全面预算体系的构成、作用和内容。
- 掌握销售百分比法，预测资金需要量。
- 理解利润预算的编制。
- 理解财务状态预算的编制。

引导案例

中国海油的财务战略调整

中国海洋石油总公司(以下称“中国海油”)对下属的中海石油设计公司、中海石油平台公司和中海石油海工三家公司进行重组，实施战略调整，于2000年4月成立股份有限公司，也就是国内目前唯一集海洋石油平台设计、建造、安装、调试、维修为一体的工程总承包公司。

由于所处的海洋石油工程行业具有高投入、高技术、高风险的特征，公司成立初期在资产规模、生产能力和资金等方面与国际竞争对手相比具有较大差距，因此，在发展战略的选择上采取积极的市场策略。与公司发展阶段以及发展方式相适应，公司采取了稳健而谨慎的财务战略。一方面，公司在建立初期规模小、抗风险能力弱，投资稍有不慎，将给公司的发展带来极大的负面效应。另一方面，公司各种资源配置不尽合理，生产能力不足，虽然大量负债可能会迅速提升公司的资产规模和某一方面的生产力，但过高的财务费用也将摊薄公司的利润，进而影响公司发展的动力。因此，公司在此阶段采用的是保持适度负债的财务战略，将资金投放在效益最好的投资项目上。

2005年，世界经济仍处于扩张阶段，全球原油供需关系在近期仍将保持不平衡状态，国际市场油价将继续上升。国内GDP是182321亿元，GDP的增长率是9.9%。随着宏观经济环境进一步改善，经济持续高速增长，中国石油消费量仍将继续快速增长。海洋石油业正面临着良好的机遇，这给中国海油带来飞速发展的大好机会的同时，也给了公司一个千载难逢的成长机遇——根据中国海油的发展规划，将在五年内再造一个

“海油”的构想,依据发展中下游产业,发展可替代、可再生新能源的方针和增强科技实力、提高整体竞争实力的战略,公司在详尽分析国内外行业发展趋势和特点的基础上,提出今后几年的战略构想:科学管理,求实创新,提升技术、项目管理和综合管理水平,增强抗风险能力,快速提高竞争力,建设专业化、国际化的能源工程综合服务公司。按照公司的发展战略规划,结合目前公司财务战略管理的特点,公司财务战略的选择应在以下方面进行体现:调整财务投资战略,加大技术、装备设施的投资力度;筹资策略的选择考虑到投资产生的资金压力,筹资战略作为财务战略子战略的地位格外突出;加大财务制度创新力度;建立财务内部控制体系,强化预算管理;加强企业风险意识,强化风险管理;强化资金管理,建立健全资金管理体系。根据公司未来几年的战略发展目标,公司现阶段应采取稳健偏扩张的财务战略,同时为配合发展战略的实施,还将进一步完善内部管理和风险机制,以保证公司的持续发展。

公司的战略和财务战略不是一成不变的,要根据宏观经济环境、企业的环境适时进行调整,以实现公司的持续发展。前阶段中国海油通过稳健偏保守的财务战略,实现了公司的健康发展。今天的市场环境要求中国海油采取稳健偏扩张的财务战略,以实现公司的快速发展。在经历快速发展之后,公司的财务战略总体又将回归到稳健偏保守型或保守型。

(资料来源:首席财务官网站 http://www.topcfo.net/index.php/News/index/id/26627.html)

思考:请结合中国海油的财务战略,说明财务战略对企业的意义和作用。

第一节 财务战略

从一般意义上讲,战略是指一种全局性、长期性和导向性的运筹谋划。就一个企业而言,战略是指使其所拥有的技能和资源能与不断变化着的外部环境及其给企业带来的机遇与挑战保持高度协调、统一而进行的谋划。在大中型企业中,企业战略可以分为公司战略、经营战略和职能战略。公司战略是确认公司参与竞争的业务、市场或产业的组合以及资源在它们之间分配的战略。经营战略是事业部或子公司等经营单位在业务经营中所使用的战略。职能战略是为支持经营战略而应用于各职能领域的战略。职能战略的总体目标是支持经营战略,通过协调各职能部门的活动,保证经营战略的实现。典型的职能领域包括研究与开发、生产、营销、财务等。本节就是针对财务领域的战略分析。

一、财务战略的含义和特征

(一)财务战略的含义

财务战略(financial strategy)是指为谋求企业资金均衡有效的流动和实现企业整体战略,为增强企业财务竞争优势,在分析企业内外环境因素对资金流动影响的基础上,对企业资金流动进行全局性、长期性与创造性的谋划，并确保其执行的过程。财务战略是企业职能战略的组成部分，企业整体战略需要财务战略的支撑。

财务战略作为企业整体战略的一个子系统，具有重要意义。通过对企业内外环境分析并结合企业整体战略的要求，财务战略提高了企业财务能力，即提高了企业财务系统对环境的适应性。财务战略注重系统性分析，提高了企业整体协调性，从而提高了企业的协同效应。财务战略着眼于长远利益与整体绩效，有助于创造并维持企业的财务优势，进而创造并保持企业的竞争优势。

(二)财务战略的特征

财务战略具有企业战略的共性和财务职能的特性，其特征主要有以下几点。

1. 全局性

财务战略要体现企业整体战略的要求，为其筹集到适度的资金并有效合理投放，只有这样，企业整体战略方可实现。若不接受企业战略的指导或简单地迎合企业战略要求，将导致企业战略失败，而最终使企业受损。

2. 动态性

运用系统的观点进行企业管理，需要考虑企业作为一个系统必然要与外界进行长期的、广泛的资源及信息等的交换，从而使系统与外界保持一致。财务战略作为企业战略的一个子系统，必然与企业其他战略之间也存在着长期的、全面的资源与信息交换。为此，要始终保持财务战略与企业其他战略之间的动态的联系，并试图使财务战略也能支持其他子战略。

3. 指导性

财务战略是对企业资金运筹的总体谋划，它规定着资金运筹的总方向、总方针、总目标等重大财务问题。正因为如此，财务战略一经制定便具有相对稳定性，成为财务活动的行动指南。

4. 复杂性

财务战略的制定与实施相较于企业整体战略下的其他子战略而言，复杂程度更高。最主要的原因在于"资金固定化"特性，即资金一经投入使用后，其使用方向与规模在较短时期内很难予以调整。因此，财务战略对资金配置稍有不慎，就将直接导致企业资金周转不灵或陷入财务危机而很快破产。此外，企业筹资与投资都直接借助于金融市场，而金融市场复杂至极、变幻无常，这也增加了财务战略制定与实施的复杂性。

二、财务战略的分类

企业财务战略的类型可以从战略的综合影响和职能内容两个角度进行分类。

(一)从综合影响角度分类的财务战略

企业的财务战略往往涉及企业财务资源的总体配置和长期筹划。在企业实际工作中，根据财务战略对企业的综合影响，其可以分为以下四种。

1.扩张型财务战略

扩张型财务战略是一种在较长时期内企业投资规模迅速扩大，全部或大部分留存企业的利润，大量筹措外部资本的战略类型。

2.稳健型财务战略

稳健型财务战略是一种在较长时期内企业投资规模稳定增长，留存部分企业的利润，内部留利与外部筹资相结合的战略类型。

3.防御型财务战略

防御型财务战略是一种保持现有企业投资规模和投资收益水平，保持或适当调整现有资产负债率和资金结构水平，维持现行分配政策的战略类型。

4.收缩型财务战略

收缩型财务战略是一种维持或缩小企业现有投资规模，发放大量利润分红，减少对外筹资，甚至通过偿债和股份回购归还投资的战略类型。

(二)从职能内容角度分类的财务战略

企业的财务战略涉及企业财务管理的职能，因此，财务战略按照财务管理的职能内容可以分为筹资战略、投资战略、营运战略和分配战略。

1.筹资战略

筹资战略(financing strategy)是涉及企业重大筹资方向的战略性筹划。企业重大的筹资决策，如首次发行股票、增资发行股票、股票上市、发行大笔债券、与银行建立长期合作关系等战略性筹划，属于筹资战略的内容。

2.投资战略

投资战略(investment strategy)是涉及企业长期、重大投资方向的战略性筹划。企业重大的投资决策，如投资的行业领域、投资的企业对象、投资的项目等筹划，属于投资战略的内容。

3.营运战略

营运战略(operating strategy)是涉及企业营运资本的战略性筹划。企业重大的营运决策，如营运资本策略、与重要供应商和客户建立长期商业信用关系等战略性筹划，属于营运战略问题。

4.分配战略

分配战略(dividend strategy)也称股利战略，是涉及企业长期、重大分配方向的战略性筹划。企业重大的留存收益方案、股利政策的长期安排等战略性筹划，属于分配战略问题。

三、基于SWOT的财务战略分析

财务战略分析是根据对外部环境分析、企业内部条件分析和竞争对手的分析，主要围绕全面评价与财务资源相关的企业外部的机会与威胁、企业内部的优势与劣势展开企业财务战略决策的过程。财务战略分析的方法主要是 SWOT 分析法。该分析法是在对企业的外部财务环境和内部财务条件进行调查的基础上，对有关因素进行归纳分析，评价企业外部的财务机会与威胁、企业内部的财务优势与劣势，目的是为财务战略的选择提供参考依据。该方法分析企业的四个方面，具体包括优势（strengths）、劣势（weaknesses）、机会（opportunities）和威胁（threats）。

（一）基于 SWOT 的财务因素分析

从财务战略的角度而言，SWOT 分析法是通过对企业内外部财务因素的分析判断，找出主要的财务因素，并将其区分为内部财务优势、内部财务劣势、外部财务机会和外部财务威胁四个方面。

1. 企业外部财务环境的影响因素分析

前面章节已经介绍了企业财务管理的环境，这里仅针对对财务战略具有重要影响的主要财务因素进行简要归纳分析。

（1）产业政策。比如，产业发展的规划、产业结构的调整政策、鼓励或限制发展产业的政策等。这些产业政策及其调整，往往会直接影响企业投资的方向、机会和程度，从而影响企业财务战略的选择。

（2）财税政策。比如，积极或保守的财政政策、财政信用政策、财政贴息政策、税收的总体负担水平、行业和地区的税收优惠政策。这些财税政策及其调整，往往会最终影响企业的财务战略。

（3）金融政策。比如，货币政策、汇率政策、利率政策、资本市场政策，以及比较紧缩或宽松的金融政策。这些金融政策及其调整，往往会最终影响企业的财务战略。

（4）宏观周期。比如，宏观的经济周期、产业周期和金融周期所处的阶段。这需要企业加以科学的分析和判断，以选择和调整与宏观经济周期相匹配的财务战略。

2. 企业内部财务条件的影响因素分析

企业内部对财务战略具有重要影响的主要财务因素包括：

（1）企业生命周期和产品生命周期所处的阶段；

（2）企业的盈利水平；

（3）企业的投资项目及其收益状况；

（4）企业的资产负债规模；

（5）企业的资金结构及财务杠杆利用条件；

（6）企业的流动性状况；

（7）企业的现金流量状况；

（8）企业的筹资能力和潜力等。

3. SWOT 的因素定性分析

运用 SWOT 分析法，需要经过定性判断，对 SWOT 体系中的各因素进行定性分析，将企业内部财务条件因素和企业外部财务环境因素，分别归为内部财务优势与劣势和外部财务机会与威胁。

(1)内部财务优势。比如,企业的盈利水平较高,资金结构比较合理,现金流量比较充足。这些因素属于企业内部的财务优势因素,为财务战略选择提供有利的条件。

(2)内部财务劣势。比如,企业的资产负债率过高,流动比率大幅下降,债务筹资能力低下。这些因素属于企业内部的财务劣势,将限制企业财务战略选择的余地。

(3)外部财务机会。比如宽松的货币政策,良好的并购机会等,这些因素属于企业外部的财务机会或机遇,能为企业财务战略的选择提供更大的空间。

(4)外部财务威胁。比如,企业发行债券筹资受到严格控制,竞争对手正在准备扩大筹资规模等。这些因素属于企业外部的财务威胁或挑战,将制约企业财务战略的选择。

(二)SWOT 分析法的应用

应用 SWOT 分析法,可以采用分析表和分析图来进行,从而为企业财务战略的选择提供依据。这里选择 SWOT 分析表进行因素归纳和定性分析,为企业财务战略的选择提供依据。A 公司 20××年的 SWOT 分析表如表 4-1 所示。

表 4-1　A 公司 20××年的 SWOT 分析表

SWOT 分析	主要财务因素	对财务战略的影响分析
内部财务优势(S)	1. 资金结构稳健: 长期资金结构稳定合理 2. 现金流量充足: 经营现金流量持续增长	1. 资金结构方面: 适当提升财务杠杆比例 2. 投资方面: 适当追加投资
内部财务劣势(W)	1. 资产负债率较高: 短期借款较多 流动比率较低 2. 股东要求提高回报: 全球经济不景气影响	1. 营运资本方面: 考虑降低短期筹资 改善营运资金政策 2. 股东关系方面: 考虑适当增发股利
外部财务机会(O)	1. 投资机会良好: 行业投资回报率回升 2. 筹资环境趋于宽松: 积极的政府财政政策 适当宽松的货币政策	1. 投资方面: 考虑是否增加投资规模 2. 筹资方面: 决策是否增加筹资规模
外部财务威胁(T)	1. 筹资控制严格: 发行债券筹资控制严格 2. 筹资竞争激烈: 大量企业准备扩大筹资规模	1. 筹资方式方面: 分析采取股权筹资方式 2. 筹资竞争方面: 分析设计有效的筹资方案

此外还可以用 SWOT 分析图对四种性质的因素进行组合分析,这里就不再赘述。

四、财务战略的选择

在财务战略分析的基础上,选择财务战略还需要明确一些基本依据,采取一定的方式。企业的财务战略要适应内外环境的变化,具有防患于未然的意识,着眼于企业未来长期稳定的发展。企业财务战略必须考虑经济周期波动情况、企业发展阶段和企业经济增长方式，并及时进行调整，以保持其旺盛的生命力。

(一)基于经济周期的财务战略选择

从财务的观点看，经济的周期性波动要求企业顺应经济周期的过程和阶段，通过制定和选择富有弹性的财务战略，来抵御大起大落的经济震荡，以减少它对财务活动的影响，抑制财务活动的负效应。财务战略的选择必须与经济周期相适应。经济周期通常要经历经济复苏期、经济繁荣期、经济衰退期和经济萧条期，处于不同经济周期的企业应选择不同的财务战略。

在经济复苏阶段应采取扩张型财务战略，增加厂房设备，采用融资租赁，建立存货，开发新产品，增加劳动力。

在经济繁荣阶段应采取快速扩张型和稳健型相结合的财务战略。繁荣初期继续扩充厂房设备，采用融资租赁，继续建立存货，提高产品价格，开展营销筹划，增加劳动力。繁荣后期采取稳健型财务战略。

在经济衰退阶段应采取防御收缩型财务战略，停止扩张，出售多余的厂房设备，停产不利产品，停止长期采购，削减存货，减少雇员。

在经济萧条阶段，特别是在经济处于低谷时期，应建立投资标准，保持市场份额，压缩管理费用，放弃次要的财务利益，削减存货，减少临时性雇员。

总之，企业财务管理人员要跟踪时局的变化，对经济的发展阶段做出恰当的反应。要关注经济形势和经济政策，深刻领会国家的经济政策，特别是产业政策、投资政策等对企业财务活动可能造成的影响。

(二)基于企业发展阶段的财务战略选择

财务战略选择必须与企业发展阶段相适应。典型的企业一般要经过初创期、成长期、成熟期和衰退期四个阶段，不同的发展阶段应该选择不同的财务战略与之相适应。

在企业发展的不同阶段，企业外部环境中的风险因素和企业内部拥有各项资源的情况不同。因此，企业需要根据自身的目标采取不同的财务战略。即便处于同一周期阶段，内外部条件不同的企业根据自身的目标也会采用不同类型的财务战略。根据企业发展周期的阶段特点，企业确定财务战略一般有如下几种方式。

1. 初创期财务战略的选择

这个阶段企业面临着极大的风险。一方面是投资风险，即投资活动中的大量资本支出所带来的大量现金流出使得企业的现金流量净额为绝对负数；另一方面是经营风险，即新产品开发的成败与未来现金流量的大小有较大的不确定性，使得企业的生产经营活动存在较大的未知数。因此，财务战略的关键是吸纳股权资本，筹资战略是筹集股权资金，股利战略是不分红，投资战略是不断增加对产品开发推广的投资。

2. 成长期财务战略的选择

这个阶段企业产品成功推向市场，销售规模快速扩大，利润大幅增长，超额利润明显，产品市场快速增长并吸引了更多的竞争者，企业的经营风险略有降低。此阶段企业以促进销售增长、快速提高市场占有率为战略重点，与之相匹配的是积极扩张型财务战略，其关键是实现企业的高增长与资金的匹配，保持企业可持续发展。筹资战略是尽量利用资本市场大量增加股权资本，适度引入债务资金。股利战略仍旧是不分红或少量分红，投资战略是对核心业务大力追加投资。有些企业在股权资金不足以支撑高速发展的时候，更多地利用债务资金，这种筹资方式只能作为短期的财务政策，不能成为该阶段的财务战略，否则很可能引发企业的财务危机。

3.成熟期财务战略的选择

这个阶段企业销售稳定增长，利润多且较为稳定，由于竞争的加剧，超额利润逐渐减少甚至消失，追加投资的需求减少，企业战略重心转为对盈利能力的关注。与之相匹配的是稳健发展型财务战略，其关键是处理好日益增多的现金流量。筹资战略可以调整为以更多低成本的债务资金替代高成本的股权资本。股利战略调整为实施较多的股利分配，将超过投资需求的现金返还给股东。投资战略上，企业可以利用充裕的现金流，围绕核心业务拓展新的产品或市场，进行有关产品或业务的并购，但需要防止盲目多元化造成的企业竞争力下降。

4.衰退期财务战略的选择

这个阶段企业产品市场需求逐渐衰退，销售开始下滑，企业利润下滑甚至出现亏损，如果此时企业未进入新的产品市场或者实现转型，则不再需要更多的投资。此阶段企业的战略重心是收回投资，或通过并购扩大市场占有率，延缓衰退期的到来。企业财务战略是收缩型财务战略，其关键是收回现有投资并将退出的投资现金流返还给投资者。财务管理战略上采用的是不再进行筹资和投资，全额甚至超额发放股利，将股权资本退出企业，最终实现企业的正常终止。

处于不同生命周期阶段的企业所面临的风险类型和风险水平不同，同时具有不同的财务特征和价值驱动因素，因此需要有所侧重，采取不同类型的财务战略与公司在不同阶段的不同环境特征相适应，从而尽可能地为公司价值创造活动给予最合适的支持。

(三)基于企业经济增长方式的财务战略选择

长期以来，低水平重复建设与单纯数量扩张的经济增长方式是我国经济增长的主要方式。这种增长方式在短期内容易见效，表现出短期高速增长的特征。但是，由于缺乏相应的技术水平和资源配置能力的配合，企业生产能力和真正的长期增长实际上受到了制约。因此，企业经济增长的方式客观上要求有从粗放型增长向集约型增长的根本转变。为适应这种转变。财务战略需要从两个方面进行调整。

一方面，调整企业财务投资战略，加大基础项目的投资力度。企业经济要真正地长期增长就要求提高资源配置能力和效率，而这种提高又取决于基础项目的发展。虽然基础项目在短期内难以带来较大的财务利益，但它为长期的经济发展提供了重要的基础。所以，企业在财务投资的规模和方向上，要实现基础项目相对于经济增长的超前发展。

另一方面，加大财务制度创新力度。通过建立与现代企业制度相适应的现代企业财务制度，既可以对追求短期数量增长的冲动形成约束，又可以强化集约经营与技术创新的行为取向；通过明晰产权，从企业内部抑制掠夺性经营的动机；通过以效益最大化和本金扩大化为目标的财务资源配置，限制高投入、低产出对资源的耗用，使企业经营集约化和高效率得以实现。

第二节 全面预算体系

预算是计划工作的成果，它既是决策的具体化，又是控制生产经营活动的依据。全面预算是由若干相互关联的预算组成的有机整体。财务目标一旦确定，企业就要根据各个预算之间的约束关系，按照一定的程序编制预算。

一、全面预算的含义与内容

(一)全面预算的含义

全面预算(overall budget)是企业根据战略管理要求，将各种长、短期计划中的目标通过科学的方法确定为具体的、正式的数量化目标，并拟定实现目标的行动措施，编制出各种具体的预算，然后将各种预算有机地组织起来，形成一个完整的体系，据以进行控制、监督、考核和激励。

全面预算为企业各部门指明了具体的奋斗目标，将经营管理者的责、权、利有机结合起来；还能够提供一个确切的预期，作为评判今后经营业绩的最好框架，为分析差异原因和评判经营业绩提供客观依据；并且有助于企业内部的沟通和协调，帮助管理者协调行动，使得企业的整体目标和各分目标保持一致。

(二)全面预算的内容

现代企业的全面预算体系是将相互联系、相互依存的各项子预算有机结合起来形成的预算系统。企业的全面预算一般包括资本预算、经营预算和财务预算三大内容。其中经营预算和财务预算主要为预算期在1年以内的短期预算，如年度预算、季度预算和月度预算；资本预算主要为预算期在1年以上的长期预算。

1. 资本预算

资本预算是企业在预算期内进行资本性投资活动的预算，主要包括固定资产投资预算、权益性资本投资预算和债权投资预算。它解决的主要问题是有关长期投资的决策，是对长期投资项目的未来现金流量进行估算，确定企业的资金成本，运用各种资本预算指标对投资项目进行评价，以确定最优投资方案。

2. 经营预算

经营预算反映预算期内企业可能形成现金收付的生产经营活动的预算，一般包括销售或营业预算、生产预算、制造预算、制造费用预算、产品成本预算、营业成本预算、采购预算和期间费用预算等。

3. 财务预算

财务预算是在财务预测和决策的基础上，围绕企业的财务战略目标，对一定时期内企业资金的取得和投放、各项收入和支出、企业经营成果及其分配等资金运动做出的具体安排。它描述了企业总体的财务状况，比如资产、负债和所有者权益的状况，现金的流入、流出状况，以及收入与成本费用的匹配，其最终成果是预计资产负债表、预计利润表和预计现金流量表。

二、全面预算体系的寿命周期模式

预算将市场与企业紧密联系在一起。在不同的市场环境下，在企业的不同寿命周期阶段，预算体系的管理模式也不相同。

1. 企业初创期——以资本预算为起点的全面预算体系

在初创期企业的产品处于研发投入阶段，没有形成收入和利润能力，产品市场尚未形成，企业面临的经营风险较大。投资的高风险性要求在进行新产品开发及其相关的资本投入时慎重决策，这时的预算管理以资本预算为起点，以资本预算为重点。

2. 企业成长期——以销售预算为起点的全面预算体系

步入成长期的企业产品已经为市场所接受，产品的生产技术水平也逐渐成熟，但企业仍然面临较大风险。具体而言，风险主要来自三个方面：第一是企业的产品功能能否完全为市场所接受，市场能够接受的价格又是多少，也就是市场经营风险；第二是同类产品的竞争风险，主要是来自其他同类企业对自己产品的模仿、假冒并争夺其市场的风险；第三是来自现金流量的负值及其引起的财务风险，即由于大量的市场营销费用投入，各种有利于吸引顾客的信用条件和信用政策的实施，以及需要补充大量的营运资金而导致现金流量处于入不敷出的状态。

这些特征是由于企业整体战略定位而固有的，成长期的战略重点不在财务而在营销，目的是扩大市场占有率，所以在该阶段采用以销售预算为起点的全面预算体系。

3. 企业成熟期——以成本预算为起点的全面预算体系

企业在成熟期的市场环境和应变能力都有所改善，然而虽然在此期间企业的经营风险较小，但是潜在的压力却非常大。压力主要是两个因素造成的：一方面是成熟期的长短变化所导致的持续经营的压力和风险；另一方面是成本下降的压力与风险。因此，成本控制成为这一阶段财务管理的核心，该阶段也需要应用以成本预算为起点的全面预算体系。以成本预算为起点的预算体系，强调成本管理是企业管理和财务管理的核心和主线，它以企业收益为依据，以市场价格为已知变量来规划企业的总预算成本；然后又以总预算成本为基础，分解到涉及成本发生的所有部门或者单位，形成约束各预算单位管理行为的分预算成本。这些总预算成本和分预算成本都是与市场对接的，从而能够在制度上保证，只要实现预算成本就能够实现目标利润和企业目标。

4. 企业衰退期——以现金流量预算为起点的全面预算体系

企业衰退期的预算体系只能是过渡式的，因为企业所有者和经营者并不希望企业就此退出市场。尽管是过渡的，但针对衰退期企业经营和财务的特征，采用以现金流量预算为起点的预算管理模式可能是最适合的。这是因为在经营上，该期间的销售出现负增长；在财务上，大量应收款在本期收回，而潜在的投资项目尚未确定。所以，自由现金流量大量闲置，并可能被经营者滥用。这一阶段财务管理的重点应当是监控现金的有效收回并保证其安全性和有效性。这样，以现金流量为起点，以现金流入流出为核心，也就成为必然。以现金流量预算为起点的预算管理模式必须借助现金预算，但并不完全等同于现金预算，它要求企业管理及财务管理必须以现金的收回和合理支出为核心，以防止自由现金流量被滥用为目的，同时也为下一轮新产品和新的经济增长点积蓄资金。

三、全面预算的组织

为有效编制和实施全面预算，企业需要设立预算管理委员会和财务管理部门，赋予其相应的职责。

1. 预算管理委员会

企业应当成立预算管理委员会，负责企业全面预算的管理事宜。一般而言，财务总监是预算管理委员会的主要负责人，并在该委员会的领导下，全面负责预算管理工作，指导和协调总体的预算编制过程，并监督预算的执行。预算管理委员会的工作任务主要是确定预算的目标，提供政策指导，制定预算管理的具体措施和办法，审议、平衡预算方案，并决定是否上报公司董事会批准；组织下达预算，协调解决预算编制和执行中的问题，组织审计、考核预算的执行情况，督促公司完成全面预算目标。

2. 财务管理部门

企业的财务管理部门在预算管理委员会和财务总监的领导下，具体负责企业预算的编制、审查、汇总、上报、下达、报告等具体工作，跟踪监督预算的执行情况，分析预算与实际执行结果的差异和原因，提出改进管理的措施和建议。

3. 企业内部各职能部门和单位

企业内部生产、投资、物资、人力资源、市场营销等职能部门具体负责本部门业务，涉及预算的编制、执行、分析、控制等工作，并配合财务部门做好企业总预算的综合平衡、协调、分析、控制、考核工作。各部门的负责人要参与企业预算的编制工作，并对本部门的预算执行结果承担责任。

4. 企业内部各基层单位

企业所属的各基层单位是预算的主要执行单位，应在企业财务管理部门的统一指导下，负责本单位现金流量、经营成果和各项成本费用预算的编制、控制、分析工作。其主要负责人对本单位预算执行结果承担责任。

第三节　筹资数量的预测

企业资金需要量是筹集资金的数量依据，因此，必须在合理预测资金需要量的基础上才能考虑如何筹集资金。企业资金按使用期限的长短分为长期资金和短期资金两类。长期资金主要是用于购建固定资产、取得无形资产或对外长期投资所需要的资金，其资金需要量通过编制资本预算确定。短期资金是企业在生产经营中周转使用的流动资金，其占用形态是各项流动资产。一定数量的流动资金是保证生产经营顺利进行的必要的物质条件，其需要量可以通过编制现金预算确定。

短期资金需要量的预测方法主要有资金周转速度预测法、销售百分比法和线性回归分析法。

一、资金周转速度预测法

资金周转速度预测法，是根据流动资金周转速度预测流动资金需要量的一种方法。企业流动资金需要量的多少取决于两个因素：其一，经营规模的大小。流动资金需要量与经营规模大小成正比。企业经营规模的大小一般可以用一定时期完成的产销额表示。其二，流动资金管理水平高低。流动资金需要量与流动资产管理水平成反比，即流动资金管理水平越高，流动资金周转速度越快，占用的流动资金越少；反之，流动资金管理水平越低，流动资金周转速度越慢，占用的流动资金越多。在销售额一定的条件下，流动资金需要量与流动资金周转速度之间的关系可以用下列公式表示：

$$\text{流动资金预测值}=\frac{\text{预计销售额}}{\text{计算期日数}}\times\text{基期流动资金周转期}$$

式中："计算期日数"全年按 360 天算。

按照资金周转速度预测法预测流动资金需要量时，关键在于合理确定基期流动资金周转期。基期流动资金周转期一般可以根据基期财务报表的有关资料计算确定。但是，为了保持测算的先进性，不仅需要提出基期流动资金中不合理的占用量，而且还应提出预测期加快流动资金周转速度的要求。因此，应在基期流动资金周转期的基础上予以压缩，使流动资金需要量的预测值更符合实际。

【例 4-1】 某企业上年完成销售额 720 万元，流动资金周转期为 75 天，预计销售额比上年增长 15%，流动资金周转速度比上年加快 5%。

解 流动资金需要量的预测值计算如下：

$$\text{上年流动资金占用额}=\frac{720}{360}\times 75=150\ (\text{万元})$$

$$\text{流动资金预测值}=\frac{720\times(1+15\%)}{360}\times 75\times(1-5\%)=163.88\ (\text{万元})$$

如果按照上述流动资金周转期 75 天计算，要完成计划销售任务 828 万元，则需要流动资金 172.5 万元$\left(\frac{828}{360}\times 75\right)$。可见，由于加快流动资金周转速度，完成同样的销售任务可以相对节约流动资金 8.62 万元(172.5－163.88)，实现了增产、增销、少增资的效果。

二、销售百分比法

销售百分比法是根据资产负债表和利润表中有关资金项目与销售额之间的依存关系来预测短期资金需要量的一种方法。

(一)销售百分比法的假设

销售百分比法的应用非常广泛,这一方面是因为它简单,既不需要复杂的统计模型又不需要考虑太多的条件,决策需要的数据从企业财务报表上都可以获得,另一方面是因为销售增加是每个管理者都期望的结果。但是,由于销售百分比法是一个相对简单的财务规划模型,因此它的应用有很多假设限制,如果没有这些假设而在不适当的条件下误用了销售百分比法,就可能得出错误的结论,做出错误的决策。销售百分比法的假设主要有如下三个方面的内容。

1.相对于当期的销售水平,企业的资产水平最优

这意味着企业无法通过改进管理或引进新技术来增加业务量。这时企业增加业务量唯一的办法就是投资购买新的资产以扩大生产能力。

2.资产负债表上同销售增长有关的资产项目将和销售同比增长

只有在这种情况下,销售百分比法的简单比例估计模型才能得到有意义的结果。如果企业某项资产同销售增长不成比例关系,那么销售百分比法的模型将无法应用。

3.企业的边际销售利润保持不变

这是企业经营成功的基本要求。当然,如果随企业销售额增加,企业的边际销售利润也能不断增加就比较理想。但是,为了使模型具有更普遍的意义,一般选择边际销售利润保持不变的保守估计。

(二)销售百分比法的基本步骤

销售百分比预测法在应用过程中一般按照如下四个步骤完成。

1.预测销售额

销售预测是财务预测的起点。销售预测本身不是财务管理的职能,但它是财务预测的基础,销售预测完成后才能开始财务预测。销售预测对财务预测具有重大影响。若销售预测过高,企业筹集大量资金购买设备并储存存货,则会造成设备闲置和存货积压,使资产周转率下降,导致权益报酬率降低;反之,则无法满足顾客需要,这不但会失去盈利机会,而且会丧失原有的市场份额。

2.估计资金总需要量

资金总需要量也就是预测年度的资产总规模,而资产通常是销售的函数。根据历史数据可以分析出该函数关系。根据预计销售量、资产销售函数以及投资预测,可以预测所需资产的总量。某些流动负债也是销售的函数,亦应预测负债的自然增长,这种增长可以减少企业外部融资的数额。

3.估计收入、费用和留存收益

收入和费用是销售的函数。求出了收入和费用,就可以求出净收益。根据净收益和确定的股利支付率便可求出留存收益所提供的资金数额。

4.估计外部筹资需要量

预计资金总需要量减去已有的资金来源、负债的自然增加和内部资金来源,即可求出外部筹资需要量。

(三)销售百分比法的具体方法

销售百分比法具体有两种计算方法:一是根据销售总额确定筹资需求的方法;二是根据销售增加额预计资产、负债和所有者权益的增加额,然后确定筹资需求。

1.根据销售总额确定筹资需求的方法

该方法是先根据销售总额预计资产、负债和所有者权益的总额,然后确定筹资需求的一个过程。

(1)预计利润表,计算留存收益额

基本步骤包括:

第一步,根据基年实际利润表资料,计算确定利润表各项目与销售额的百分比。

第二步,取得预测年度的销售收入预计数,用此销售额乘以基年的利润表各项目与实际销售额的比率,计算预测年度预计利润表各项目的预计数,并编制预计年度利润表。

第三步,利用预测年度税后利润预计数和预定的股利支付率,测算留存收益增加额,公式为

留存收益增加额=预计销售额×销售净利率×(1-股利支付率)

(2)预计资产负债表

这是运用销售百分比法原理预测外部筹资需要量的一种报表。

编制预计的资产负债表首先要区分敏感项目和非敏感项目。所谓敏感项目是与营业收入保持基本不变比例关系,即与营业收入呈正比例变化的资产项目或者负债项目;否则就称为非敏感项目。其中,敏感资产项目一般包括现金、应收账款、存货等项目;敏感负债项目一般包括应付账款、应缴税费等项目。应收票据、固定资产、长期股权投资、递延所得税资产、短期借款、应付票据、非流动负债和股本(实收资本)通常不属于短期敏感项目,留存收益也不宜列为敏感项目,因其受到企业所得税税率和股利政策的影响。

具体预计步骤包括:

第一步,用基年资产负债表资料,计算敏感项目与销售收入的百分比。

第二步,根据计算的百分比预测年度的销售收入预算和投资,并计算预测年度各项资产、负债及所有者权益预计数。

第三步,预计年度的资金总需要量(资产总额)和负债及所有者权益总额之间的差额即为追加外部筹资额,计算公式为

追加外部筹资额=预计资金总需要量-预计负债总额-预计所有者权益总额

【例 4-2】星海公司 2××0 年实际利润表及有关项目与销售的百分比见表 4-2,该年 12 月 31 日的简要资产负债表如表 4-3 所示。已知星海公司 2××0 年的营业收入为 1 亿元,下一年预计为 1.2 亿元,董事会讨论的股利发放率为 40%。另外,销售增加后,由于原生产能力不够用,预计追加固定资产投资 300 万元;为保证原料供应,与原料供应商搞合资,拟投资 200 万元;固定资产折旧额预计为 100 万元,即将到期的长期负债是 50 万元。星海公司综合所得税税率为 20%,那么需要从企业外部融通多少资金?

表 4-2　星海公司 2××0 年实际利润表

项目	金额(万元)	占销售收入的百分比(%)
营业收入	10000	100.00
减:营业成本	7600	76.00
销售费用	135	1.35
管理费用	1620	16.20
财务费用	20	0.20
利润总额	625	6.25
减:所得税	125	
净利润	500	

表 4-3　星海公司简要资产负债表

2××0 年 12 月 31 日　　金额单位:万元

资产	本年实际数	负债及所有者权益	本年实际数
货币资金	20	应付票据	100
应收账款	180	应付账款	100
应收票据	10	应付费用	100
存货	400	长期负债	200
长期投资	150	负债合计	500
固定资产净值	600	实收资本	300
无形资产	40	留存收益	600
		所有权益合计	900
资产总额	1400	负债及所有者权益总额	1400

解　(1)预计的预测年度的利润表见表 4-4。

表 4-4　星海公司 2××1 年预计利润表　　金额单位:万元

项目	2××0 年实际数	占销售收入的百分比(%)	2××1 年预计数
营业收入	10000	100.00	12000
减:营业成本	7600	76.00	9120
销售费用	135	1.35	162
管理费用	1620	16.20	1944
财务费用	20	0.20	24
利润总额	625	6.25	750
减:所得税	125		150
净利润	500		600

由表 4-4 数据可知：

留存收益增加额＝600×(1－40%)＝360(万元)

(2)预计的资产负债表见表 4-5。

表 4-5 星海公司 2××1 年预计资产负债表

2××1 年 12 月 31 日　　金额单位：万元

项目	2××0 年实际数	2××0 年销售百分比法(%)	2××1 年预计数	计算说明
资产：				
货币资金	20	0.2	24	①0.2＝20÷10000
应收账款	180	1.8	216	②216＝12000×1.8%
应收票据	10		10	
存货	400	4	480	
长期投资	150		350	③350＝150＋200
固定资产净值	600		800	④800＝600＋300－100
无形资产	40		40	
资产总额	1400	6	1920	
负债及所有者权益：				
应付票据	100		100	
应付账款	100	1	120	⑤120＝12000×1.0%
应付费用	100	1	120	
长期负债	200		150	
负债小计	500	2	490	
实收资本	300		300	
留存收益	600		960	⑥960＝600＋360
所有权益合计	900		1260	
追加外部筹资额			170	⑦170＝1920－1260－490
负债及所有者权益总额	1400		1920	

从计算可知，2××1 年星海公司要实现 1.2 亿元的销售任务，需要从外部筹集资金 170 万元。

2. 根据销售增加额确定筹资需求的方法

这种方法可以直接用以下公式确定追加外部筹资额：

$$追加外部筹资额 = \left(\sum_{i=1}^{n}\frac{A_i}{S_0}-\sum_{t=1}^{N}\frac{L_t}{S_0}\right)\times(S_1-S_0)-D-R_1(1-d)+M$$

式中：A_i 为第 i 个基期敏感资产项目；L_t 为第 t 个基期敏感负债项目；n 表示共 n 个敏感资产

项目；N 表示共 N 个敏感负债项目；S_0 为基期销售收入；S_1 为预测期销售收入；D 为预测期预计计提的折旧额；R_1 为预测期预计的留存收益；d 为预测期预计的股利发放率；M 为预测期其他资金需要量。

【例 4-3】 根据前面例 4-2 的数据，运用公式计算星海公司 2××1 年的追加外部筹资额。

解　追加外部筹资额 $=\left(\sum_{i=1}^{n}\frac{A_i}{S_0}-\sum_{t=1}^{N}\frac{L_t}{S_0}\right)\times(S_1-S_0)-D-R_1(1-d)+M$

$=\left(\frac{600}{10000}-\frac{200}{10000}\right)\times(12000-10000)-100-600\times(1-40\%)+(300+200+50)$

$=170$（万元）

三、线性回归分析法

线性回归分析法是假定资金需要量与营业收入或销售量之间存在线性关系，然后根据历史有关资料，用下面的回归直线方程确定参数预测资金需要量的方法。

$y=a+bx$

建立直线回归方程关键是根据历史资料确定 a、b 参数，按数理统计中最小平方的原理，计算 a、b 的公式为

$$a=\frac{\sum y}{n}-b\frac{\sum x}{n}=\bar{y}-b\bar{x}$$

$$b=\frac{n\sum xy-\sum x\sum y}{n\sum x^2-(\sum x)^2}$$

【例 4-4】 某企业 1—6 月销售收入与营运资金之间的关系见表 4-6。

表 4-6　某企业销售资料　　单位：万元

月份	销售收入	营运资金
1	136	60
2	130	58
3	140	63
4	164	78
5	156	73
6	180	85
合计	906	417

根据上述资料以销售收入为自变量，假设 7 月份的销售收入为 200 万元，预测 7 月份的资金需要量。

解　该企业 7 月份所需营运资金计算表见表 4-7。

表 4-7 某企业营运资金计算表 单位:万元

月份	销售收入 x	营运资金 y	xy	x^2
1	136	60	8160	18796
2	130	58	7540	16900
3	140	63	8820	19600
4	164	78	12792	26896
5	156	73	11388	24336
6	180	85	32400	32400
合计	906	417	64000	138628

$$b=\frac{n\sum xy-\sum x\sum y}{n\sum x^2-(\sum x)^2}=\frac{6\times 64000-906\times 417}{6\times 138628-906^2}=0.567$$

$$a=\frac{\sum y}{n}-b\frac{\sum x}{n}=\frac{417}{6}-0.567\times\frac{906}{6}=-16.117$$

因此,该企业的资金需要量预测模型如下:

$$y=-16.117+0.567x$$

该企业 7 月份预计的资金需要量为

$$y=-16.117+0.567\times 200=97.29\ (\text{万元})$$

根据以上计算该企业 7 月份的预计资金需要量为 97.29 万元。

第四节 财务预算的编制

财务预算一般包括现金流量预算、利润预算和资产负债表预算。现金流量预算(或现金预算)将在短期资产管理的有关章节中介绍。本节主要介绍利润预算和资产负债表预算。

一、利润预算

利润预算是企业预算期营业利润、利润总额和净利润的综合预算。

(一)利润预算的内容

利润是企业一定时期经营成果的综合反映,构成内容比较复杂,利润预算的内容如下。

1. 营业利润预算

企业一定时期的营业利润包括营业收入、营业成本、管理费用、销售费用、财务费用和投资收益等项目。因此,营业利润预算包括营业收入、营业成本和期间费用等项目的预算。

2. 利润总额预算

在营业利润预算的基础上,利润总额预算还包括营业外收入和营业外支出的预算。

3. 净利润预算

在利润总额预算的基础上，净利润预算还包括所得税费用的预算。

4. 每股收益预算

在净利润预算的基础上，每股收益预算包括基本每股收益和稀释每股收益的预算。

(二)预计利润表的编制

利润预算是企业的一种综合性预算，是在营业收入预算、产品成本预算、销售费用预算、管理费用预算、财务费用预算、资本预算等基础上汇总编制的。利润预算通常按年度编制，可以分季度反映，也可以根据业务、产品分别编制部分利润预算，再汇总编制企业总体的利润预算。

【例 4-5】某企业编制的 2××1 年的预计利润表如表 4-8 所示，其中，“上年实际”栏中的数据来自 2××0 年的利润表。“本年预算”栏中的数据，通过前期的相关预算取得。经预计，投资净收益为 100 万元，营业外收入为 40 万元，营业外支出为 80 万元，企业所得税税率为 25%；2××1 年年初公司流通在外的普通股股份总数为 1500 万股，预算年度没有增发新股计划，也不存在发行可转换债券和股票期权的计划。

表 4-8　企业预计利润表

2××1 年度　　　　单位：万元

项目	行次	上年实际	本年预算
一、营业收入		8000	9000
减：营业成本		5500	6000
营业税金及附加		500	600
营业费用		450	500
管理费用		650	800
财务费用		200	240
资产减值损失		0	0
加：公允价值变动收益		0	0
投资收益		180	100
二、营业利润		880	960
加：营业外收入		20	40
减：营业外支出		60	80
三、利润总额		840	920
减：所得税费用		210	230
四、净利润		630	690
五、每股收益			
(一)基本每股收益(元)		0.35	0.46
(二)稀释每股收益(元)		0.35	0.46

二、资产负债表预算

资产负债表预算是企业预算期末资产、负债和所有者权益及其分布的预算。与上述其他预算相比,资产负债表预算是综合性最强的预算。通过该预算,企业全面规划预算期末资产、负债和所有者权益的规模及分布的预算安排。此外,资产负债表预算还在一定程度上反映企业预算期多种财务结构的预算安排。

(一)资产负债表预算的内容

资产负债表预算是最为综合的预算,其构成内容更全面而复杂,主要包括短期资产预算、长期资产预算、短期债务资金预算、长期债务资金预算和股权资本预算。

1.短期资产预算

根据企业一定时点的短期资产内容,短期资产预算主要包括货币资金、应收票据、应收账款、存货等项目的预算。

2.长期资产预算

企业长期资产的预算主要包括持有至到期投资、长期股权投资、固定资产和无形资产等项目的预算。

3.短期债务资金预算

短期债务资金预算主要包括短期借款、应付票据、应付账款等项目的预算。

4.长期债务资金预算

长期债务资金预算主要包括长期借款、应付债券等项目的预算。

5.股权资本预算

股权资本预算包括股本(实收资本)、资本公积、盈余公积和未分配利润等项目的预算。

(二)预计资产负债表的编制

预计资产负债表是按照资产负债表的内容和格式编制的、综合反映预算执行单位期末财务状况的预算报表。它一般根据预算期期初实际的资产负债表、销售预算、生产预算、采购预算、资本预算、筹资预算等有关资料分析编制。

【例 4-6】 表 4-9 是 M 公司 2××1 年年末的预计资产负债表。为了更清楚地反映存货项目年末数的形成,这里将其分为材料存货和产成品存货进行列示。

表 4-9 M 公司 2××1 年预计资产负债表 单位:元

资产	年初数	年末数	负债及所有者权益	年初数	年末数
货币资金	12600	3399	应付账款	31200	42654
交易性金融资产		4000	应付债券		40000
应收账款	24000	25740	应缴税费		−17290

续表

资产	年初数	年末数	负债及所有者权益	年初数	年末数
材料存货	16800	19140	股东权益	199980	248911
产成品存货	17100	48996			
厂房设备	177000	237000			
减:累计折旧	16320	24000			
资产总计	231180	314275	负债与所有者权益合计	231180	314275

预计资产负债表还在一定程度上反映企业预算期多种财务结构的预算安排。与财务状况有关的企业财务结构主要有资产期限结构(流动资产与非流动资产的结构)、债务资金期限结构(流动负债与非流动负债的结构)、全部资本属性结构(负债与股东权益的结构)、长期资本属性结构(非流动负债与股东权益的结构)和股权资金结构(永久性股东权益与非永久性股东权益的结构。其中,永久性股东权益包括股本、资本公积和盈余公积,非永久性股东权益即未分配利润)。

课后思考

1. 请介绍企业财务战略的含义及其对企业财务管理的意义。
2. 试分析说明企业财务战略的特征和类型。
3. 简要说明 SWOT 分析法的原理及其在财务战略管理中的应用。
4. 企业进行财务战略选择的依据有哪些?又应该如何进行选择?
5. 请介绍企业全面预算体系的内容。
6. 请说明筹资数量预测的影响因素有哪些。
7. 试说明筹资数量预测的销售收入百分比法原理。
8. 请介绍全面预算体系的寿命周期模式有哪些。
9. 简单介绍财务预算编制的内容。
10. 试归纳说明利润预算的内容。

案例讨论

诺基亚在中国的财务战略实施案例

诺基亚中国战略的目标是追求这个巨大的市场中的高份额和生产加工环境下的低成本。它的财务战略核心是建立一套与其全球一致的财务管理体系。它的成功之处在于它的整个实施策略和步骤。第一,是其中国区财务战略目标的确立;第二,是其财务管理的体系结构与系统战略;第三,是其财务管理体系建立的实施战略。

第二个战略部署决定了诺基亚中国将采取与诺基亚全球相同的财务管理概念和系统,第三个战略的实施完美实现了这个想法,而这些将帮助它最终达到中国财务战略目标。那么,它的中国财务战略有什么值得借鉴之处呢?

集团财务战略延伸到中国区的过程与实施步骤

诺基亚对中国区财务管理体系的建立，应用了管理技术转让的手法。传授一种先进的财务管理技术远比总部进行统一的财务管理控制要好听、顺耳得多，这在一定程度上减少了实施过程中的抵触障碍。

1995年诺基亚在中国的业务开始发展，成立了三家合资公司，生产手机和网络设备。公司的发展很迅猛，10年时间销售额从10亿元增长到500亿元，人员由100人增长到5000人。发展如此之快的企业，管理方面依然井井有条，那么它是如何在短期内建立起良好的财务管理体系并以此支撑业务的发展呢？

这经历了一个渐进的过程。在一开始，诺基亚中国企业的财务管理并不是世界级的，或者说，完全是本地水平的会计核算而已，唯一不同的是招聘的都是高水平、高素质的会计人员，这为以后的发展和转型奠定了基础，但是会计报告由诺基亚总部派到合资公司的人来做。

在会计核算体系健全稳定之后，诺基亚亚太区负责会计体系的主管就经常来中国，为会计人员讲解诺基亚会计核算的理念、对账的流程、母子公司协调一致的方法、作为诺基亚公司的子公司需要遵守的会计准则，并反复与会计人员确定本地的特殊会计政策，需要遵守的中国会计制度、税法的细节，中国的统计报告时间、规定，以及是否具有可以协商的灵活性等等。

在培训、指导的同时搜集和确认了本地的相关信息。会计人员多数是初次接触世界级大公司的现代会计理念以及国外的会计准则，因此，培训非常成功和有效。没用多久，诺基亚开始在中国使用与诺基亚全球相同的财务软件。软件系统全球联网，设置相同的会计科目，使用相同的供应商和客户数据库，使用全球一致的会计准则，并针对中国的外汇汇率不同以及折旧年限的限制等进行单独调整，以便在此基础上提供能够满足本地法律要求的财务报表。还有更难的工作。比如：诺基亚的会计体系主管人员与本地的会计人员一起同税务机关和统计机关商谈，最后政府主管部门同意合资公司使用与诺基亚全球相同的结账时间，这改变了中国本地以月度为时间单位的结账方式，改成与诺基亚全球一致的按周结账的方式。无论在系统、技术、人员还是政策层面，都扫除了障碍，建立了与诺基亚全球一致的会计信息系统。

这个系统的建立，为诺基亚管理和监控中国区的业务提供了便利的条件，在形式上也完成了集团公司财务统一管理的架构雏形。这个步骤进行得非常顺利，没有产生任何负面影响，前后经历了约3年的时间。会计核算体系统一之后，诺基亚总部派来的财务人员就离开了中国区。这些人员的工资都是由诺基亚总部支付的，避免了子公司的抵触，节省了子公司的费用，而诺基亚总部则获得了掌控子公司的权利和机会，并促使了本地与全球的顺利接轨，应该是双赢的局面。这个过程对于诺基亚的财务战略的形成至关重要，因此，费用就显得不重要了，这也是具体工作环节中的技巧之一。每一个点的布置都是为了使最后的目标尽快实现。它所带来的收益远远大于付出的成本。

在会计体系建立的后期，诺基亚向中国派来一些财务控制人员，称为财务总监（business controller）。这些财务总监被派到财务部、制造部、销售部等业务部门，人事关系隶属于财务部，工资费用依然由诺基亚总部负担。他们负责控制业务部门的经营并辅助业务部门经理进行管理、商业交易和预算，并同时向业务部门经理和财务部经理汇报工作。

在这些财务总监来到合资公司之前，合资公司的财务部根本没有设置这些职位和职责，也没有人做这些事情，财务部的主要职责就是记账和做报表。这些财务总监与本地财务人员共同探讨问题、解决问题，并指导本地财务人员做管理报告和预算，参与绩效考核与费用控制，并与本地高级财务人员一起参与诺基亚的财务总监会议，在这些合作与会议中，本地财务人员学习如何代表公司和总部的利益，学习如何与业务人员交涉和解决问题，学习如何参与到经营决策中，学习如何为企业经营管理设计财务方案，等等。

经过两年多时间的磨合，这些诺基亚派来的财务总监逐步被本地人取代了，在中国区逐步形成了以预算和业绩评价为主的财务管理的经营控制体系。这个体系的成功建立归功于两个方面：一个是人力资源的培养；一个是诺基亚管理控制方法与风格的落地。成功的地方在于，最终并不仅仅是建成了一个财务管理控制体系，而是建成了一个"诺基亚式"的管理控制体系。这一点是最关键的，这个风格与管理理念的形成，奠定了日后的诺基亚全球管理指示被接受和有效落实的基础，因为所有财务总监都已接受这种管理风格、管理思想与管理方式，认为只有这样的做法才是正确与有价值的，这使得管理很到位，执行力非常强。

接下来引入中国的是资金管理模式。其实，诺基亚的集团资金统一管理做法早就是明确的，只是在中国区很难行得通。这一方面是因为中国的外汇管制瓶颈问题，另一方面也是因为诺基亚自己单方面的充分准备过程，因此也就没有子公司在意资金管理这件事情，反正公司业绩好，有很多钱，资金管理相对而言轻松多了。

但是，诺基亚要贯彻的资金管理是充分发挥其资金效率的一条路，因此，诺基亚总部在很早的时候就委派人员到中国区，负责建立资金管理体系的工作。这个工作遇到的第一个难题就是子公司没有人积极响应，甚至是极力躲闪和抵触。每一个子公司都有自己的利益，尤其体现在资金方面，没有人愿意别人占自己的便宜，更不希望总部的人员来指手画脚。但是，诺基亚并没有被这个困难拦住，事实上，它根本就没有碰到这个困难，为什么呢？

因为它根本就没有在中国区实行资金集中管理的政策，而是利用了两年时间在做协助各个子公司管理资金的助手。总部人员利用自己的专业知识和诺基亚的信用，与合作的大银行谈优惠条件的贷款。他们与各个子公司谈互抵的结账方式并起草相关文件，同时提供结账信用担保。他们根据诺基亚国际市场资金情况和企业的采购周期与银行谈外汇风险的屏蔽，并协助起草相关文件，所有这些工作都非常专业和有价值。

比如：每个子公司单独都不能拿到它们谈的优惠贷款。这样，子公司就直接使用了它们提供的资金管理方面的服务，最后，子公司完全依赖诺基亚方面提供的资金和金融方面的技术支持与观念；并且，每一个子公司发现自己实际上都参与到了诺基亚的资金管理统一集中的游戏规则中，这个游戏给每一个子公司都带来了益处，更给诺基亚集团带来了最大效益，提高了整个集团的资金使用效率和竞争能力。

上面介绍了几个财务管理的关键技术在中国区的落地过程。风险管理的体系建立也是使用了同样的技术转让的手法来实现，这些财务管理体系的建立过程实际上就是诺基亚中国财务战略的第一个部分，我们可以称之为财务管理体系建立战略。

四条线的完善财务管理体系架构

第一条线是会计信息系统。这个信息系统由 ERP 软件系统担当，可以使全球信息实时集中，便于决策信息的搜集和整理，便于掌握各项业务和产品的状况，便于监控各个公司的运营情况。这是个提供信息的服务平台。系统与数据库是非常重要的，稳定的会计政策和执行的准则是基础，标准化的编码可以使其自动化程度更高，因此，为企业降低成本带来途径。在这种安排下的会计处理人员将不需要复杂的判断和知识，只要按照指导手册和业务人员的信息就可以做一个好的账，在此情况下，会计人员完全可以共享和外包服务。

实际上，财务管理的最基础工作和赖以发挥的前提是有一个好的信息系统支撑，包括软件系统与网络、人力配置（会计人员和ERP维护人员等）、会计规范、会计要素编码与流程。这看似是非常基础的一个事情，但真正能做好的企业很少。信息不及时、准确而带来的决策失误、管理不善、竞争力下降的例子比比皆是，这也是为什么诺基亚财务健康的根本理由，也体现在了其财务管理延伸和搭建的第一个环节，而不是侧重于先管控预算与业务的惯用手法。这个做法实际上是表明了企业的一种长期态势和长远利益为上的管理思维。

第二条线是财务控制系统。这个系统主要是由人构成的，由大大小小的很多层次的财务总监构成。诺基亚公司的财务总监数量比例恐怕也是全球大企业中财务总监数量比例最高的了，这体现了诺基亚的资源投向哲学，在公司管理最重要的地方投入大量的人力，诺基亚财务管理的健康也有赖于其对财务管理的重视，仅仅财务总监数量这一条就是最好的体现，诺基亚从上到下的整个管理指令的贯彻和企业经营的掌控都是靠这个庞大的财务总监网络来实现的。在诺基亚，财务总监体系的关键作用不是监控与创造企业价值，而是确保整个集团所有公司与总部的战略一致。一个庞大的公司应对竞争却如此灵活，就是因为其整体感，所有公司的目标和策略是与总部完全一致和统一的。同时，诺基亚也赋予了财务总监在同样业务级别上的最高监管权利，也就是业务经理的行动方案必须征得财务总监的同意方可实施，同时，财务总监也全力辅助业务经理做出最好的决策。

对财务总监的培养和不断培训是确保财务总监体系有效发挥作用的基础工作，因此，财务总监的选拔和指导、在不同业务岗位的轮岗以使其体验不同的业务特点和理解问题所在、在各个国家的轮岗以接受不同文化和培养交流与合作能力，都是其财务战略实施过程中非常重要的措施。

第三条线是资金管理系统。这个系统是由一系列资金管理政策构成的。诺基亚有非常明确的资金管理思路和具体执行的标准与方法，其包括外汇交易风险控制、融资与资金流动性管理、结算管理、银行关系管理、客户信用管理、应收账款贴现等。

这个控制系统被用来作为各个公司财务工作的指南，并遵守相关的流程和标准，定期汇报执行情况，这使得诺基亚的资金流转非常高效，风险低，完全体现了以股东价值为目标的思想。

第四条线是风险控制体系。这个体系主要是针对商务、法律、财务和财产风险而制定的，也是财务监控的范围。由于诺基亚公司控制企业经营的风险出发点非常明确——为股东创造最大价值，因此，根据股东价值模型：股东价值＝公司利润/公司风险，即利润越高股东价值越大，风险越大股东价值越小。如果企业管理者进行了很好的风险管理和控制，风险可以转化为成本，那么，在这种情况下，股东价值＝公司利润。

基于此，诺基亚的风险管理目标就是：通过减少纯粹风险的成本而使股东的商业价值最大化；通过风险管理，确保企业在任何情况下都能将经营继续下去。为了实现这个目标，诺基亚确立了清晰的风险管理理念："公司有责任采取有效的风险管理措施（作为核心管理能力之一）支持公司完成其价值目标。"积极地预见和管理风险，在机会中获取直接的利益并管理潜在的危险。

明确的中国地区财务管理战略目标

诺基亚的中国地区财务管理目标应该由下面一些要点组成：能够完全领悟诺基亚全球财务管理政策，并将总部的指示贯彻到底，配合总部财务管理，协调一致发展，发挥集团财务资源的最大效率，充分发挥财务管理职能，保证本地业务的健康发展，妥善安排本地经营目标策略，合理避税，避免风险，制定合理的转让价格。

这些目标的制定，关注于两个方面：一个是集团利益，长远利益；一个是本地利益，分配利益。因此，诺基亚可以耐心而细致地进行整体布局，深入扩展或者叫克隆成熟的财务管理模式到中国，形成全球一体化的财务管理模式和统一的战略。

从上面介绍的目标的设定、体系架构的搭建和实施的步骤上看，它所采用的财务战略全球扩张方式完全是仿照技术转让的模式来进行的；一个成熟的大型跨国公司在制定中国地区财务战略时煞费苦心，也是值得借鉴的。

（资料来源：会计网 http://www.kuaiji.com/shiwu/1072893）

讨论问题

（1）通过诺基亚公司的案例，理解财务战略管理的作用。

（2）请说明诺基亚的财务战略实施对我国企业的借鉴意义。

第二篇

财务管理的内容

第五章　长期筹资方式

学习目标

- 掌握长期筹资的动机、原则、渠道和类型。
- 掌握股票的分类、普通股和优先股筹资的优缺点，理解股票的发行和股票上市决策。
- 理解筹集投入资本和留存收益筹资方式。
- 掌握长期借款的种类、银行借款的信用条件及其筹资的优缺点。
- 掌握债券的种类、债券发行定价的方法及其筹资的优缺点，理解债券的发行和信用评级。
- 掌握租赁的种类、融资租赁租金的测算方法及其筹资的优缺点，理解融资租赁的程序。
- 理解可转换债券的特点、筹资优缺点。
- 理解认股权证的含义和作用。

引导案例

海航实业连获三家银行授信

2016 年年初，海航实业相继与中国银行海南省分行、交通银行海南省分行、平安银行海口分行签署合作协议，获得三家银行的大额授信。

1 月 13 日，中国银行海南省分行与海航实业集团有限公司在海口海航大厦举行《战略合作框架协议》签字仪式。根据协议，海南中行将向海航实业提供总额不超过 100 亿元的意向融资，支持海航实业多领域业务发展。

1 月 14 日，平安银行海口分行与海航实业集团有限公司在海口海航大厦举行《银企战略合作协议》签字仪式。根据协议，平安银行海口分行将向海航实业提供 80 亿元意向融资，支持海航实业发展。

1 月 15 日，交通银行海南省分行与海航实业集团有限公司在海口海航大厦举行《战略合作框架协议》签字仪式。根据协议，交通银行海南省分行将向海航实业提供 100 亿元意向融资。交通银行与海航集团双方表示，将以前期战略合作为基础，围绕国家"走出去"战略指引，在产业基金、融资租赁、国内外并购业务和项目融资等方面深化合作，开创互利共赢新局面。

资料：海航实业是海航集团旗下六大产业集团之一，致力于打造以海航基础、供销大集为核心业态，以海航金融为投融资平台的产业金融投资控股集团。2015 年实业收入近 450 亿元，截至 2015 年 12 月，海航实业总资产近 2060 亿元，旗下运营 6 家上市公司(海航基础 600515，航基股份 HK00357，西安民生 000564，海航投资 000616，海航国际投资 HK00521，一卡通 834858)。

(资料来源：中国经济网，2015 年 3 月 23 日)

思考：海航实业获得的银行授信对投融资有何意义？

第一节　长期筹资概述

筹集资金是企业资金运动的起点，是决定企业资金运动的规模和生产经营发展程度的重要环节。所以，财务管理部门必须根据企业具体经营目标的要求，通过编制企业长短期的资金预算和相应计划，制定和实施企业的筹资决策方案。

同时，在进行筹资决策时，必须对各种可能的筹资方式、筹资规模和时间、筹资成本和筹资后企业资金结构的变化等多种因素，做综合的比较和分析，选择合理的筹资方案。

一、企业筹资的意义

筹措资金是指企业根据自身生产经营、对外投资、调整资金结构的需要，通过资金市场和筹资渠道，运用一定的筹资方式，经济有效地筹措资金的过程。企业筹资活动是企业的一项基本财务活动，企业筹资管理是企业财务管理的重要内容，对企业的生存和发展有着重要的意义。

1. 筹资是保证企业生产经营活动顺利进行的需要

资金不但是企业从事经营活动的保证，而且是企业创建和维持简单再生产的基本条件。任何企业在创建之时都必须按照国家法律规定的程序和要求到工商行政管理部门办理注册登记手续，才能开展正常的经营活动。

在激烈的市场竞争条件下，企业只有不断追加资金投入，才能在实现内涵扩大再生产的同时，增加人力、物力，采用先进技术，合理调整产品结构，优化资产配置，以使企业得以生存，并不断发展壮大。

2. 筹资是企业对外投资的需要

企业为了稳定一定的供求关系，扩大产品的市场份额并获得一定的投资收益，对外开展投资活动，往往也需要筹集资本。例如，有的企业为了保证其产品生产所必需的原材料供应，向供应商投资并获得控制权。

3. 筹资是企业调整资金结构的需要

企业全部资金中负债资金与权益资金的不同组合，就形成了不同的资金结构。一般而言，企业的资金结构具有相对稳定性。但是，不同的资金结构给企业带来的收益和风险是不同的，财务管理人员可以根据客观条件和企业的实际情况主动地运用调整资金结构的财务决策，来达到降低企业风险或提高收益水平的目的。例如，通过筹资增加权益资金相应减少负债资金，以降低财务风险；或增加负债资金相应减少权益资金，以增加每股收益，从而使企业资金结构趋于合理。

二、企业筹资的动机

企业筹资的基本目的，是自身的维持和发展。但每次采取的具体筹资活动，则往往是受特定动机驱使的。

1. 设立性筹资动机

设立性筹资动机是在企业新建时为满足正常生产经营活动所需的铺底资金而产生的筹资动机。企业新建时，要按照经营方针所确定的生产经营规模确定长期资金需要量和流动资金需要量，同时筹措相应数额的资本金——所有者权益，资本金不足部分还需要借入短期或长期的资金，如银行借款。

2. 扩张性筹资动机

扩张性筹资动机是企业因扩大生产经营规模或追加对外投资而产生的筹资动机。具有良好发展前景，处于成长期的企业，通常会产生扩张性筹资动机。比如，企业生产经营的产品供不应求，需要购置设备增加产品的市场供应；需要引进技术，开发生产适销对路的新产品；扩大有利的对外投资规模；开拓有发展前途的新的产业项目；等等。扩张性筹资动机产生的直接结果，是企业资产总额和权益总额增加。

3. 调整性筹资动机

调整性筹资动机是企业出于调整现有资金结构的需要而产生的筹资动机。资金结构大致可以理解为各种资金的构成及其比例关系，企业的资金结构是企业采取的各种筹资方式组合而形成的。一个企业在不同时期由于筹资方式的不同组合会形成不一样的资金结构，随着市场环境和企业内部条件的变化，现有的资金结构可能不再适应企业的发展需要，应予以调整，使之趋于合理。

4. 混合性筹资动机

企业既需要扩大经营的长期资金，又需要偿还债务的现金或者增加股权资本资金来源而形成的筹资动机，即混合性筹资动机。这种筹资包含了扩张性筹资和调整性筹资两种目的，其结果既会增加企业资产总额，又可以调整企业资金结构。

三、企业筹资的原则

筹资的宗旨是满足企业对资金的需求，最终保证企业价值最大化目标的实现。因此，企业在筹资的过程中应遵循以下基本原则。

1. 筹措合法性原则

企业的长期筹资活动会影响社会资本及资源的流向和流量，涉及相关主体的经济权益，为此，必须遵循国家的有关法律法规，依法履行约定的责任，维护相关各方的合法权益，避免非法筹资行为给企业自身及相关经济利益主体造成损失，并最终可能给国家、社会的整个经济秩序造成破坏，该原则是企业筹资活动的基础。

2.规模适量性原则

规模适量性原则也就是要合理地确定企业的资金需要量，筹集资金的数量适当，这是企业筹资活动的前提。资金不足会影响企业的正常生产经营和发展，但资金过剩也会影响资金的使用效益。企业筹资无论是从哪些主体那里获得资金、运用什么样的形式获取资金，在进行资金筹措时，都要根据资金的用途确定各种不同资金的数量，做到以"投"定筹、以"用"定筹。

3.来源经济性原则

在资金的所有权与使用权相分离的现代企业制度背景下，企业无论从何种渠道、以何种形式筹集和使用资金，都必须付出代价，这就是资金成本。采用不同的方式筹集资金，其资金成本是不相同的。在其他条件基本相同的前提下，资金成本的高低是选择筹资方式和各种筹资组合方案的主要标准，企业必须综合考察影响资金成本的各种因素，以尽可能低的成本筹集生产经营所需要的资金，做到资金来源上的经济性。

4.结构合理性原则

企业的筹资必须合理确定资金结构，不同的筹资组合会带来不同的财务风险，企业应根据外部环境条件、企业所处行业以及企业本身的经营状况，选择适合自身的筹资组合，既提高资金使用效益，又将财务风险控制在合理范围内。合理确定企业资金结构就是要合理确定股权资本与债务资金的比例关系，债务资金的规模应当与股权资本的规模和偿债能力的要求相适应，既要避免债务资金过多，导致财务风险过高，偿债负担过重，又要有效地利用债务资金经营，获取尽可能多的财务杠杆利益，以提高股权资金的收益。

5.筹措及时性原则

筹措取得的资金要按照资金投放时间来合理安排，使筹资与用资在时间上尽量相衔接。资金筹取过早会造成资金的闲置，降低资金使用效益；资金获得的时间过迟将影响生产经营或错失投资的良好时机。资金及时供应取决于外部环境和自身条件。因此，企业在筹资时，要能够审时度势，善于根据企业内、外环境的不同状况及对资金的要求，通过各种资金来源和筹资方式的比较，选择可以在需要时能及时得到的资金来源，使资金在数量上和时间上得到保证。

四、企业筹资的渠道与方式

企业的筹资需要通过一定的资金来源和资本市场。不同的资金来源各有特点和适用性，需要加以分析研究，以促进企业充分开拓和利用资金的来源，实现各种资金来源的合理组合，有效地筹集长短期资金。

(一)筹资渠道

企业的筹资渠道是指企业筹集资金来源的方向与通道，是资金来源和流量的具体体现。

筹资渠道主要取决于社会资金提供者的数量及分布，当下，我国社会资金提供者的数量众多，分布广泛，主要有以下七种来源。

1. 政府财政资金

政府财政资金是我国国有企业资金的主要来源。现有国有企业的资金大部分是由国家财政以直接拨款方式形成的，除此以外，还有些是国家对企业"税前还贷"或减免各种税款而形成的。不管是何种形式形成的，从产权关系上看，它们都属于国家投入的资金，产权归国家所有。但随着我国经济体制改革的深入，除了国家重点扶持的一些大中型国有企业和重点项目投资外，国家财政资金在企业自有资金中的比例逐步减少。

2. 银行信贷资金

银行信贷资金目前是我国企业负债资金的主要来源，由于其贷款方式灵活多样，限制相对较少，是企业生产经营和发展所需长、短期资金的主要筹资渠道。

3. 非银行金融机构资金

非银行金融机构主要指信托公司、保险公司、租赁公司、证券公司、财务公司等。它们所提供的各种金融服务，既包括信贷资金投放，也包括物资的融通，还包括为企业承销证券等金融服务。

4. 其他法人单位资金

其他法人单位主要是本企业之外的法人单位，也就是其他企业。企业在生产经营过程中，往往形成部分暂时闲置的资金，并为一定的目的而进行相互投资；另外，企业间的购销业务可以通过商业信用方式来完成，从而形成企业间的债权债务关系，形成债务人对债权人的短期信用资金占用。企业间的相互投资和商业信用的存在，使其他法人单位资金成为企业资金的重要来源。

5. 居民个人资金

居民个人资金是指企业职工和城乡居民的节余货币未转化为银行储蓄的社会"游离"资金，这部分资金也可以用于对企业的投资而成为企业筹资的渠道。

6. 外商及港澳台资金

外商及港澳台资金是指外国投资者以及我国港澳台地区投资者投入的资金。我国改革开放后，通过贷款，发行股票、债券，租赁，合资、合作经营，出口信贷等方式的综合利用，企业可从国外及港澳台地区的金融机构、企业及社会公众等处获得大量资金，筹资渠道日益扩大。

7. 企业内部积累资金

企业内部积累资金是指企业通过提取盈余公积金和留存未分配利润而形成的资金，这是企业能维护持续增长能力的一种良好的资金来源。一些发达国家的企业使用内部积累资金的比例相当高，形成了良好的资金周转循环。内部积累资金的大小取决于企业盈利能力和企业利润分配政策。

（二）筹资方式

筹资方式是指企业筹集资金所采取的具体形式。它旨在说明企业财务管理人员运用什么样的具体形式从各种渠道筹措所需的资金。不同的筹资方式各具特点,企业应根据自身条件选择适当的筹资方式以及各种不同筹资方式的有效组合,以达到提高筹资效益和降低筹资风险的目的。

目前,我国企业的筹资方式主要有:(1)吸收直接投资;(2)发行股票;(3)留存收益;(4)银行借款;(5)发行企业债券;(6)融资租赁;(7)商业信用;(8)短期融资券。其中前三种属于企业权益资金的筹资方式,其余几种筹资方式属于企业债务资金的筹集方式。这些方式的具体形式、种类、筹资特点等内容将在本章后面介绍。

(三)筹资渠道和筹资方式的配合

筹资渠道和筹资方式有着密切的关系,筹资渠道说明企业的资金来自何处,而筹资方式则说明企业运用何种形式筹集资金。一方面,一定的筹资方式既可以适用于某一特定的筹资渠道,也可以适用于不同的筹资渠道;另一方面,同一渠道的资金往往可以采用不同的方式筹集。企业进行筹资,必须实现两者的合理配合。筹资方式与筹资渠道的配合情况如表5-1所示。

表 5-1　筹资渠道与筹资方式配合表

筹资渠道	筹资方式							
	吸收直接投资	发行股票	留存收益	银行借款	发行企业债券	融资租赁	商业信用	短期融资券
政府财政资金	√	√						
银行信贷资金	√	√		√	√			√
非银行金融机构资金	√	√		√	√	√		√
其他法人单位资金	√	√			√		√	√
居民个人资金	√	√			√			√
外商资金	√	√		√	√	√	√	√
企业内部积累资金	√	√	√					

五、企业筹资的类型

企业可以从不同的渠道,利用不同的形式来筹集资金,根据不同的标志可以将所筹资金划分为不同类型,各种类型资金的结合就构成了企业具体的筹资组合。为了保证企业筹资组合的有效性,必须正确认识各种不同的筹资类型。

(一)按筹集资金使用期限分

企业筹集的资金,按资金的使用期限可以分为短期资金与长期资金两类。

1. 短期资金

短期资金是指使用期限在一年以内的资金,一般是为满足企业周转性资金的需要。短期资金主要通过短期借款、商业信用、发行短期融资券等方式筹集。短期资金由于期限较短、风险较小，其资金成本也相对较低。但是这种较短的偿还期会造成企业较大的偿本付息压力，还在一定程度上增大了企业的财务风险。短期资金的筹集，即短期筹资将在第十章介绍。

2. 长期资金

长期资金是相对于短期资金的一个概念，指企业使用期限在一年以上的资金，一般为企业的长期经营发展提供可靠保证。长期资金主要用于新产品的开发和推广、生产规模的扩大、厂房和设备的更新，一般需要几年甚至十几年才能收回。企业的长期资金主要通过吸收直接投资、发行股票、留存收益、发行企业债券、长期借款、融资租赁等方式筹集。长期资金由于期限较长，风险较大，其资金成本也相对较高，但相较于短期资金而言，其到期还本付息压力较小，在一定程度上降低了企业的财务风险，并且还可以长期稳定地使用，这是短期资金所无法具备的优点。

（二）按资金的性质分

企业筹集的资金，按资金性质的不同可分为权益资金与债务资金两类。合理安排权益资金与债务资金的比例关系，是筹资管理的一个核心问题。

1. 权益资金

权益资金也称为自有资金，是企业依法筹集、长期拥有、自主支配的资金，是由投资者的原始投资和投资积累形成的，主要包括实收资本、资本公积金、盈余公积金和未分配利润等。权益资金的多少，反映了企业资金实力的大小，在相当程度上可以反映企业财务状况的稳定程度以及企业适应生产经营客观环境变化的能力。权益资金具备期限上的永久性和使用上的自主支配性，是企业生产经营的基本保证。企业权益资金的筹集可以采用吸收直接投资、发行股票和留存收益等方式筹措。

2. 债务资金

债务资金也称借入资金，是企业通过债务方式取得，依约使用、按期偿还的资金。这部分资金在一定期限内归企业使用，但到期必须偿还，因而其债务压力大。债务资金包括应付账款、应付票据、银行借款、应付债券及其他各种应付的款项。债务资金可采用银行借款、发行债券、融资租赁、商业信用和短期融资券等方式筹措。

（三）按是否借助银行等金融机构分

企业筹资活动，按是否通过金融机构可以划分为直接筹资与间接筹资两类。这两种筹资活动的区别，主要取决于宏观筹资机制和政策。

1. 直接筹资

直接筹资是指企业不通过金融机构，而是直接面对资金供应者进行的筹资活动。一般通过吸收直接投资、发行股票、发行债券等方式进行筹集。随着金融法规的逐步健全和证券市场的不断完善，我国居民、企业参与直接融资的机会大大增加，参与方式也日趋多样化。

所以,直接筹资的范围会越来越广。

2. 间接筹资

间接筹资是企业通过金融媒介进行的筹资活动。金融媒介一般是指银行或其他金融机构。间接筹资具体可以采用银行借款、其他金融机构借款和融资租赁等方式。这种筹资具有筹资手续简单、效率高、费用低等优点,但筹资范围相对较窄,筹资渠道与方式相对较少。长期以来,间接筹资在我国企业筹资活动中占主导地位。但是,随着金融市场的不断完善,间接筹资的地位比以前有所削弱,尤其是伴随着现代企业制度建设——股份制改造的深化,越来越多的企业转变筹资方式,面向资本市场进行直接融资。

六、注册资本制度

(一)注册资本的含义

一般而言,注册资本是企业法人资格存在的物质要件,是股东对企业承担有限责任的界限,也是股东行使股权的依据和标准。具体而言,注册资本是指企业在工商行政管理部门登记注册的资本总额。

根据《公司法》的规定,股份有限公司可以采取发起设立或者募集设立的方式。发起设立是指由发起人认购公司应发行的全部股份而设立公司。募集设立是指由发起人认购公司应发行股份的一部分,其余股份向社会公开募集或者向特定对象募集而设立公司。股份有限公司采取发起设立方式设立的,注册资本是在公司登记机关登记的全体发起人认购的股本总额;采取募集方式设立的,注册资本是在公司登记机关登记的实收资本总额。有限责任公司的注册资本是在公司登记机关登记的全体股东认缴的出资额。

(二)注册资本制度的模式

从世界各国的情况看,公司注册资本制度的模式主要有三种。

1. 法定资本制

法定资本制又称实收资本制。这种注册资本制度规定公司的实收资本必须等于注册资本,否则公司不得设立。该制度由法国和德国首创,为多数大陆法系国家所采用,如欧洲大陆各国。法定资本制模式一般规定公司注册资本的最低限额,并规定公司全体发起人或全体股东首次出资额的最低比例,其余部分限期缴足,有的还规定货币资本出资的最低比例。另外,还规定由依法设定的验资机构出具验资证明。由此可见,法定资本制对于注册资本的规定比较严格,其目的在于保护债权人的利益,维护公司经营的安全。

我国《公司法》修订前规定,股份有限公司注册资本的最低限额为人民币500万元,公司全体发起人的首次出资额不得低于注册资本的20%,其余部分由发起人自公司成立之日起2年内缴足;其中,投资公司可以在5年内缴足。在缴足前,不得向他人募集股份。股份有限公司采取募集方式设立的,注册资本为在公司登记机关登记的实收资本总额。发行股份的股款缴足后,由依法设立的验资机构出具验资证明。

2. 授权资本制

授权资本制是指公司在设立时，于公司章程中确定资本总额，但不要求股东一次全部缴足，只要缴付首次出资额，公司即可设立，其余部分可授权董事会根据需要随时发行。这种制度允许实收资本和注册资本不一致，公司增减资本比较灵活。授权资本制为英国和美国所创立，主要被英美法系的国家和地区采用。我国 2014 年调整《公司法》后，也不再应用原来的实收资本制。

对于有限责任公司，我国《公司法》规定，有限责任公司的注册资本为在公司登记机关登记的全体股东认缴的出资额。法律、行政法规以及国务院决定对有限责任公司注册资本实缴、注册资本最低限额另有规定的，从其规定。根据 2013 年修订的《公司法》，除了另有规定的情况之外，取消了关于公司股东应当在公司成立之后 2 年内缴足出资、投资公司可以在 5 年内缴足出资的规定，取消了一人有限公司的股东应当一次足额缴纳出资的规定，公司股东可以自主约定认缴出资额、出资方式、出资期限等，并记载于公司的章程。

3. 折中资本制

折中资本制是介于法定资本制和授权资本制之间的一种注册资本制度。这种注册资本制度一般规定公司在设立时应明确资本总额，并规定首次出资额或出资比例以及缴足资本总额的最长期限。由此可见，该制度吸收了法定资本制和授权资本制的优点，一方面允许公司根据实际需要发行资本，以适应公司的经营需要；另一方面规定了缴足资本的期限，有利于降低公司的经营风险。

第二节　权益性筹资方式

权益性筹资是指筹资权益资金的具体方式。权益性资金是指投资者投入企业以及企业在生产经营过程中所形成的积累性资金。它反映企业所有者的权益，可以为企业长期占有和支配，是企业一项最基本的资金来源。权益性资金的筹集方式主要包括吸收直接投资、发行股票和留存收益三种。

一、吸收直接投资

吸收直接投资是指企业按照“共同投资、共同经营、共担风险、共享利润”的原则吸收国家、法人、个人以及外商投入资金的一种筹资方式。吸收直接投资是非股份制企业筹集权益资金的基本方式。

(一)吸收直接投资的种类

1. 国家资本

国家资本指吸收国家政府投资而形成的国家资本金。

2. 法人资本

法人资本指吸收企业、事业等法人单位投资而形成的法人资本金。

3. 个人资本

个人资本指吸收城乡居民和企业内部职工投资而形成的个人资本金。

4. 外商及港澳台资本

外商及港澳台资本指吸收外国和我国港澳台地区投资而形成的资本金。

(二)吸收直接投资的形式

1. 现金

吸收现金投资是企业吸收直接投资的重要形式。企业有了现金,可以购买各种生产资料,支付各种费用,有很大的灵活性,因此,企业要争取投资者尽可能采用现金方式出资。许多国家的企业法规制度对现金的出资数额有明确的规定。我国有关法规尚无现金出资数额的规定,一般由企业和投资者双方协商确定。

2. 实物资产

企业筹集实物资产资金主要是指投资者以房屋、建筑物、设备等固定资产和材料、燃料、产品等流动资产作价投资。然而这些实物资产应该是没有设置担保权和租赁权的资产,也就是投资者没有将这些资产做自身债务的担保或者出租给其他企业和个人使用。

3. 无形资产

企业筹集无形资产资金是指投资者以专利权、商标权、非专利技术以及土地使用权等无形资产作价出资。修订后的《公司法》取消了原来对无形资产出资比例不得高于注册资本20%的限制,但明确规定注册资本中货币出资比例不得低于30%。

(三)吸收直接投资的条件和要求

企业采用吸收直接投资方式筹措股权资本,必须符合一定的条件和要求,主要有以下几个方面。

1. 主体条件

采用吸收直接投资筹资方式筹措权益资金的企业应当是非股份制企业。一般而言,吸收直接投资的主体是进行吸收直接投资的企业。从法律上讲,现代企业主要有三种组织形式,也可以说是三种企业制度,即独资制、合伙制和公司制。在我国,公司制企业又分为股份制企业(包括股份有限公司和有限责任公司)和国有独资公司。采用投入资本筹资的主体只能是非股份制企业,包括个人独资企业、个人合伙企业和国有独资公司。

2. 需要要求

企业吸收直接投资的出资者以现金、实物资产和无形资产出资的,必须符合企业生产经营和新产品研发试制的需要。

3. 消化要求

企业筹集的吸收直接投资,如果是实物和无形资产,必须在技术上能够消化,企业经过努力,在生产工艺、员工操作等方面能够应用。

(四)吸收直接投资的程序

企业吸收直接投资,一般应依照如下程序进行。

1. 确定吸收投资所需要的资金数量

企业新建或扩大经营时采取吸收直接投资方式,应运用资金周转速度预测法、销售百分比法、线性回归分析法等确定资金的需要量。

2. 联系投资单位,商定投资数额和出资方式

企业能向哪些单位吸收投资,这要由企业和有关投资者进行双向选择。投资单位确定以后,企业与投资方便可进行具体协商,确定出资数额和出资方式。从使用的灵活性来考虑,企业应该尽可能吸收现金投资,如果投资方确有先进且适合需要的固定资产和无形资产,也可以吸收非现金投资。

3. 签署筹资决定或协议

企业在吸收直接投资时,不论是为了新建还是为了增资,都应当由有关方面签署决定或协议等书面文件。对于国有企业,应由国家授权投资的机构等签署创建或增资拨款决定;对于合资企业,应由合资各方共同签订合资或增资协议。

4. 取得所筹集的资金

签署拨款决定或出资协议后,应按规定或计划取得资金。

(五)吸收直接投资方式的筹资优缺点

1. 吸收直接投资筹资的优点

吸收直接投资是我国企业普遍采用的一种权益资金筹集方式,其主要优点有:

(1)能增强企业的资信和举债能力。吸收直接投资所筹集的资金属于企业的权益资金,吸收的直接投资资本金越多,企业的所有者权益规模和总资产规模越大,对债务的保障程度也就越强,也就越有利于增强企业的资信和举债能力。

(2)能较快形成企业的生产经营能力。吸收直接投资不但可以筹集到现金,增强企业的支付能力,而且能够获取企业所需的先进设备和技术,与仅能筹集现金的有关筹资方式相比,能较快地形成生产经营能力,也就能更早地获取营业收入,赚取利润。

(3)财务风险较低。吸收直接投资作为权益性资金筹集方式,不但不存在还本问题,而且向投资者支付报酬也具有一定的灵活性,因而筹集直接投资在增强债务保障额的同时,也就降低了企业的财务风险。

2. 吸收直接投资筹资的缺点

吸收直接投资也存在一些缺点,主要表现为:

(1)资金成本较高。吸收直接投资一般要根据企业盈利的多少和出资数额来确定向投资者支付报酬,而且我国《税法》规定,这种利润分配的资金只能在缴纳所得税之后支付,相较于债务支付利息可以在缴纳所得税之前扣除,没有节税的作用,因此也就存在较

高的资金成本。

(2)产权交易不便。吸收直接投资由于没有证券为媒介,产权关系有时不够明晰,不便于产权的控制和交易。

二、发行股票

发行股票筹资是股份有限公司筹集股权资本的基本方式。股票是股份有限公司为筹集权益资金而发行的有价证券,是股东按其持有股份享有权益和承担义务的可转让的书面凭证。购买股票的投资者即成为公司的股东,股票实质上代表了股份有限公司的所有权。

(一)股票的种类

根据不同标准,可以对股票进行不同的分类,常见的类型有以下几种。

1.按股东权利和义务的不同,可分为普通股和优先股

普通股是一种最常见、最基本的标准型股票。普通股股票是股份制企业发行的代表股东享有平等的权利和义务,不加特别限制,股利不固定的股票。通常情况下,股份制企业只发行普通股。

优先股,也称特别股,是股份制企业发行的优先于普通股股东分配经营收益和破产时剩余财产的股票。对优先股股东而言,其收益相对稳定而风险较小。

股票根据权利和义务标准分类是最基本的分类方法,后面将针对这两类股票分别进行详细介绍。

2.按票面有无记名,可分为记名股票和无记名股票

记名股票,是指股票票面署有股东姓名或名称的股票。股东姓名或名称应记入公司股东名册。

无记名股票,是股票票面上不署股东姓名的股票,股东姓名也不记入公司股东名册,只记载股票数量、编号和发行日期。无记名股票的转让,由股东将该股票交付给受让人即可生效。

我国《公司法》规定,公司向发起人、国家授权投资的机构、法人发行的股票,应当为记名股票;对社会公众发行的股票,可以为记名股票,也可以为无记名股票。记名股票的转让要通过背书或者法律规定的其他方式进行,并办理过户手续。

3.按股票是否标明票面金额,可分为有面额股票和无面额股票

有面额股票是公司发行的票面记载有金额的股票。持有这种股票的股东,对公司享有权利和义务的大小,以其所拥有的全部股票的票面金额之和占公司发行在外股票总面额的比例大小来决定。我国《公司法》规定,股票应当标明票面金额。

无面额股票不标明票面金额,只在股票票面上载明所占公司股本总额的比例或股份数。该类股票的票面价值实际上是随公司财产的增减而变动的。发行无面额股票有利于促进投资者购买股票时更加注意股票的实际价值,然而如果公司资产变动过于频繁,则与稳健性原则存在一定距离。

4. 按股票的持股主体划分，可分为国家股、法人股、个人股和外商股

国家股一般是指国家投资或国有资产经过评估并经国有资产管理部门确认的国有资产折成的股份。国家股的股权所有者是国家，国家股的股权由国有资产管理机构或其授权单位、主管部门行使国有资产的所有权职能。

法人股指企业法人或具有法人资格的事业单位和社会团体以其依法可经营的资产向公司股权部分投资所形成的股份。目前，在我国上市公司的股权结构中，法人股平均占 20% 左右。

个人股是指我国境内个人和机构，以其合法财产向公司可上市流通股权部分投资所形成的股份。我国投资者通过 1 亿多股东账户在股票市场买卖的股票都是个人股。我国《公司法》规定，单个自然人持股数不得超过该公司股份的 5%。

外商股是指在国外的经济组织或者个人向公司投资，形成股东权益的股份。

5. 按发行范围可分为 A 股、B 股、H 股、S 股和 N 股

这一区分主要是依据股票的上市地点和所面对的投资者而定的。股票根据上市地区可以分为：

A 股，正式名称是人民币普通股票。它是由我国境内的公司发行，供境内机构、组织或个人（不含台、港、澳地区投资者）以人民币认购和交易的普通股票。1990 年年底创建的 A 股市场，无论是上市公司的数量，还是市场的总市值，都是中国股票市场当之无愧的代表。

B 股，也称为人民币特种股票，是指那些在中国境内注册、在中国境内上市的外资股票。它以人民币标明面值，只能以外币认购和交易。B 股公司的注册地和上市地都在境内。只不过投资者可能在境外。

H 股，也称为国企股，是指国有企业在香港（Hong Kong）上市的股票。自 1993 年在港发行青岛啤酒 H 股以来，我国先后挑选了 4 批共 77 家境外上市预选企业，这些企业都处于各行业领先地位，在一定程度上体现了中国经济的整体发展水平和增长潜力。

S 股，是指那些主要生产或者经营的核心业务在中国大陆，而企业的注册地在新加坡（Singapore）或者其他国家和地区，但是在新加坡交易所上市挂牌的企业股票。

N 股，是指那些在中国大陆注册、在纽约上市的外资股。如我们所熟悉的新东方、阿里巴巴、京东商城等均在该地上市发行有股票。

6. 按股票交易是否有限制，可分为流通股和非流通股

在上市公司的股票中，流通股和非流通股在二级市场的交易限制是有差别的。

流通股股票是指在上海证券交易所、深圳证券交易所及北京两个法人股系统 STAQ、NET 上流通的股票。

非流通股股票主要是指暂时不能上市流通的国家股和法人股，其中国家股是在股份有限公司改制时由国有资产折成的股份；而法人股一部分是成立股份有限公司之初由公司的发起人出资认购的股份，另一部分是在股份有限公司向社会公开募集股份时专门向其他法人机构募集而成的。这一部分股票未上市流通的原因一是国家股的代表人尚未确定，其上市转让难以操作；其二是在发行股票时，部分法人股的募集和社会公众股的募集条件有所不同；其三是国家股和法人股在上市公司的总股本中所占比例高达三分之二，其上市流通会对

现在的二级市场形成较大的冲击。随着我国股份制改革的深入和股市的成熟与发展，这一部分股票必然将会全部进入沪深股市的二级流通市场。

（二）股票的发行

1.股票发行的规定与条件

按照我国有关法规的规定，股份有限公司发行股票，应当遵循公开、公平、公正的原则，必须同股同权、同股同利。同一次发行的股票，每股的发行条件和价格应当相同。任何单位或个人所认购的股份每股应支付相同的价款。同时，发行股票还应接受国务院证券委员会和中国证券监督管理委员会的管理和监督。

特别是，对于股份有限公司公开增资发行新股，我国相关法规要求必须具备以下条件：具备健全且运行良好的组织机构；具有持续盈利能力，财务状况良好；最近三年财务会计文件无虚假记载，无其他重大违法行为；经国务院批准的国务院证券监督管理机构规定的其他条件。

2.股票发行的程序

股份有限公司在设立时发行股票与增资发行新股的程序是不一样的。

(1)设立发行股票的基本程序

第一，发起人认缴股款。股份有限公司的设立，可以采取发起设立或者募集设立两种方式。无论采取哪种设立方式，发起人均须认足其应认购的股份。在募集设立方式下，发起人认足其应认购的股份缴付出资后，其余股份可向社会公开募集。

第二，提出发行股票的申请。发起人向社会公开募集股份时，必须向国务院证券管理部门递交募股申请，并报送批准设立公司的文件。国务院证券监督管理部门审查募股申请后，认为符合《公司法》规定文件的，予以批准；否则，不予批准。

第三，公告招股说明书，制作认股书。募股申请获得批准后，发起人应在规定的期限内向社会公告招股说明书，并制作认股书。招股说明书应附有发起人制作的公司章程，并载明发起人认购的股份数、每股的票面金额和发行价格、无记名股票的发行总数、认股人的权利义务、本次募股的起止期限、逾期未募足时认股人可撤回所认股份的说明事项。认股书应当载明招股说明书所列的事项，由认股人填写所认股数、金额、认股人住所，并签名、盖章。

第四，签订承销协议和代收股款协议。发起人向社会公开发行股票，应当由依法设立的证券承销机构承销，并签订承销协议，还应当同银行签订代收股款协议。

第五，收缴股款，创立公司，办理登记，交割股票。

(2)增资发行新股的基本程序

第一，做出发行新股的决议。根据我国《公司法》，公司发行新股必须由股东大会做出决议，包括新股种类及数额、新股发行价格、新股发行的起止日期、向原有股东发行新股的种类及数额等事项。公司发行新股的种类、数额及发行价格，需根据公司股票在市场上的发行前景、公司筹措资本的需要、公司连续盈利情况和财产增值情况并考虑发行成本来确定。

第二，提出发行新股申请。公司做出发行新股的决议以后，董事会必须向国务院授权的部门或者省级人民政府申请批准。属于向社会公开募集的新股，须经国务院证券管理部门批准。

第三，公告新股招股说明书、财务报告，并制作认股书。公司经批准向社会公开发行新股时，必须公告新股招股说明书和财务会计报表及附注，并制作认股书。

第四，签订承销协议。与证券经营机构签订承销协议。

第五，招认股份，缴纳股款，交割股票。

第六，改选董事、监事，办理变更登记。公司发行新股募足股款后，应立即召开股东大会，改选董事、监事。这种改选是由于公司股份增加、股份比例结构变化所引起的增额性改选。然后，公司必须向登记机关办理变更登记，并向社会公告。变更登记事项主要包括本次实际发行的新股数及金额、发行新股后变更的股东名册、经改选的公司董事和监事名单等。公司发行新股募足股款后，必须向公司登记机关办理登记，并公告。

3. 股票发行价格

股份有限公司发行股票，应当选择适当的股票发行方式和销售方式，并制定恰当的发行价格，以便及时足额地筹集股本。

股票发行的价格通常有等价、时价和中间价三种。

(1)等价，是指股票面额为发行价，即股票的发行价格与其面额等价，也称平价发行或面值发行。

(2)时价，是以公司原发行同种股票的现行市场价格为基准来选择增发新股实际发行价格，也称市价发行。

(3)中间价，是取股票市场价格与面额的中间值作为股票发行价格。以时价和中间价发行都既可能是溢价发行，也可能是折价发行。值得注意的是，我国《公司法》规定公司发行股票不准折价发行，即不能以低于股票面额的价格发行。

根据我国《证券法》的规定，股票的发行价格由发行人与承销的证券公司协商确定，并报中国证监会核准。实际工作中股票的定价方式主要包括协商定价方式、一般的询价方式、累计投标询价方式、上网竞价方式等几种。

(三)股票上市

股票上市指股份有限公司公开发行的股票经批准在证券交易所进行挂牌交易。经批准在交易所上市交易的股票称为上市股票。股票获准上市交易的股份有限公司简称为上市公司。我国《公司法》规定，股东转让其股份，即股票流通必须在依法设立的证券交易所进行。

1. 股票上市条件

公司公开发行的股票进入证券交易所交易必须受严格的条件限制。根据《证券法》规定，股份有限公司申请股票上市必须符合下列条件：

(1)股票经过国务院证券监督管理机构核准已公开发行；

(2)公司股本总额不少于人民币 3000 万元；

(3)公开发行的股份达到公司股份总数的 25%以上；公司股本总额超过人民币 4 亿元的，公开发行股份的比例为 10%以上；

(4)公司最近三年无重大违法行为，财务会计报告无虚假记载。

证券交易所可以规定高于上述规定的上市条件，并报国务院证券监督管理机构批准。

具备上述条件的股份有限公司经申请,由国务院证券监督管理机构部门批准,其股票方可上市。股票上市公司必须公告其上市报告,并将其申请文件存放在指定的地点供公众查阅。股票上市公司还必须定期公布其财务状况和经营情况,每年定期公布财务会计报告。

2.股票上市的利弊分析

股票上市作为一种有效的筹资方式,对公司成长起着重要的作用。然而,股票上市也会给公司带来一些负面影响,因此,在做出股票上市的决定前,公司管理者应非常慎重地考虑。

(1)股票上市对公司的有利影响

第一,股票上市能提高企业的声誉。因为只有达到一定的条件,才能取得上市资格,即能够上市的公司必须有较强的经济实力,因此,通过股票上市,可以显示企业的经济实力,使之在市场竞争中处于有利的地位。

第二,股票上市有利于股票的流动,便于社会公众投资,增强了公司的资本吸引力。

第三,股票上市能显示企业的市场价值。一方面有利于确定发行新股的价格,另一方面使公司通过提升股价,更好地实现财务管理目标。

第四,上市公司的信息披露,有利于社会和股东对公司经营管理实行监督。

(2)股票上市可能对公司的不利影响

第一,上市公司的信息披露,不利于公司保守商业秘密。

第二,经济因素引起股票价格的波动,导致公司做出盈余管理的举措,会扭曲公司的实际经营状况,不利于对企业经营业绩的评价,也不利于保护投资者的收益。

第三,股票上市会发生上市成本,包括争取上市的费用和上市交易缴纳的费用,从而增加公司的费用开支。

第四,公司在上市后,往往会在发起人的基础上,引入更多的机构投资者和个人投资者,这样就会分散公司核心发起人的控制权。

(四)普通股筹资

持有普通股的股东都享有同等的权利,他们都能参加公司的经营决策,其所分取的股息红利会随着股份有限公司经营利润的多寡而变化。而其他类型的股票,其股东的权益或多或少都要受到一定条件的限制。

1.普通股的主要特点

(1)普通股股票是股票中最普通、最重要的股票种类。股份有限公司最初发行的股票一般都是普通股股票,且由于它在权利及义务方面没有特别的限制,其发行范围最广、发行量最大,故股份有限公司的绝大部分资金一般都是通过发行普通股股票筹集而来的。

(2)普通股股票是股份有限公司发行的标准股票,其有效期限是与股份有限公司的寿命相一致的,此类股票的持有者是股份有限公司的基本股东。

(3)普通股股票是风险最大的股票。持有此类股票的股东获取的经济利益是不稳定的,要随公司的经营水平而波动,且其收益顺序比较靠后,即股份有限公司必须在偿付完公司的债务、所发行的债券利息以及优先股股东的股息以后才能给普通股股东分红。所以持有普通股股票的股东其收益最不稳定,其投资风险最大。

2. 普通股股东的权利

对股份有限公司而言，持普通股股票的股东所处的地位是绝对平等的，在股份有限公司存续期间，他们都毫无例外地享有下述权利，法律和公司章程对此没有任何特别的限制。

(1)通过参加股东大会来参与股份有限公司的重大经营决策

一般而言，股份有限公司每一年度都至少要召开一次股东大会，在遇到重大事件时还要召开临时股东大会。在股东大会上，股东除了听取公司董事会的业务和财务报告外，还可对公司的经营管理发表意见，参加公司董事会和监事会的选举。如果认为公司的账目不清时，股东还有权查阅公司的有关账册。如果发现董事违法失职或违反公司章程而损害公司利益时，普通股股东有权将之诉诸法庭。

(2)具有分配公司盈余和剩余资产的权利

在经董事会决定之后，普通股股东有权按顺序从公司经营的净利润中分取股息和红利。在股份有限公司解散清算时，有权按顺序和比例分配公司的剩余资产。

(3)优先认股权

当股份有限公司为增加公司资本而决定增资扩股时，普通股股东都有权按持股比例优先认购新股，以保证普通股股东在股份有限公司中的控股比例不变。如我国的上市公司在配股时，都是按比例先配给现有的普通股股东。当普通股股东不愿或无力参加配股时，可放弃配股或按相应的规定将配股权转让给他人。

3. 普通股的细分

(1)额定股份

额定股份也称为法定股本，是公司章程中规定的公司最大股份数额，为公司的法定股份发行总量。额定股本数量的改动需经全体股东批准。

(2)已发行股份

已发行股份指发售后可上市流通的额定股份。公司各次发行的股份总数累计不得超过额定股份。通常公司已发行股份数量小于额定股份，并在财务报告中公布。公司管理层可以在额定股份的范围内通过增发新股来募集额外资金或使用这些股份实施购并。

已发行股份包括发行在外的股份和库藏股。

(3)库藏股

库藏股，也称为库存股，指的是公司将其已经发行的股票重新买回，存放于公司，而尚未注销或重新售出。这样做可以减少市场上所有已发行股票的总数。在公司的资产负债表上，库存股不能列为公司资产，而是以负数形式列为一项股东权益(shareholder's equity)。

公司持有库藏股可能出于以下原因：1)买下某一要退出企业的股东的全部股票；2)经营需要；3)公司持有库藏股可因减少在外发行的股数而使每股净收益上升，以维护公司声誉，防止公司股价下跌，从而实现吸引投资者的目的；4)预防企业被其他企业吞并或被收归国有；5)利用库藏股重新取得和再发行，向市场抛售，作为公司理财和调动资金的一种方法；6)公司股东或外界人士向企业捐赠的本公司股票。

至于公司是否可以持有库藏股，各国法律有不同的规定。意大利、比利时规定，除非为了减少公司资本(即必须注销)，否则禁止公司回收已发行的股票；英国、法国在原则上也禁止公司持有库藏股，但优先股不受此限；美国法律则允许公司回收股票，但为保护股东权利，规定库藏股没有表决权，且不得领取红利。我国对上市公司回购本公司的股票规定也比较严格。

4. 普通股筹资的优缺点

(1)普通股筹资的优点

第一，没有固定的到期日，不用偿还。利用普通股筹集的是永久性的资金，除非公司清算才需要偿还。这就保证了企业最低的资金需求。

第二，财务负担较轻。普通股筹资不存在固定的股利支付义务，如果公司有盈利，在适合分配股利的条件下才分派股利；如果公司盈利较少，或者虽有盈利但现金短缺或有更好的投资机会，也可以少付或者不支付股利。而对于债券或借款，无论企业的利润多少，哪怕是亏损，都必须按时支付固定的利息。

第三，财务风险较低。由于普通股没有固定的到期日，不用支付固定的利息，普通股筹资实际上不存在不能偿付的风险，因此，财务风险较低。

第四，能增强公司的信誉。普通股筹集的股本和资本公积是公司筹措债务的基本保障，有了较多的权益资金就可以为债权人提供较高的安全性，因而普通股筹资可以提高公司的信用价值，为公司使用更多的债务资金提供了强有力的支持。

(2)普通股筹资的缺点

第一，资金成本较高。一般而言，普通股筹资的成本要大于债务资金的成本。这不但是因为股票投资的风险大，股东要求的报酬率高，而且也是因为股利要从税后利润中支付，与债务资金的利息在税前扣除相比，不能起到节税的作用；另外，普通股的发行费用也比较高。

第二，容易分散公司的控制权。利用普通股筹资，发行新的股票，引进了新的股东，就会稀释原有股东的权益。

第三，会引起股价的波动。股票发行过量会直接导致每股净收益额的降低，从而给公司股价带来负面影响。

(五)优先股筹资

优先股股票的发行一般是股份有限公司出于某种特定的目的和需要，且在票面上要注明“优先股”字样。

1. 优先股的优先权与限制

优先股股东的特别权利就是可优先于普通股股东以固定的股息分取公司收益，并在公司破产清算时优先分取剩余资产，但一般不能参与公司的经营活动，其具体的优先条件必须由公司章程加以明确。

(1)优先分配利润，且以约定的比率进行分配，即优先股的股利一般是固定不变的。

(2)优先分配剩余资产。当股份有限公司因解散、破产等进行清算时，优先股股东可先于普通股股东分取公司的剩余资产。

(3)优先股股东一般不享有公司经营管理权，即优先股股票不包含表决权，优先股股东无权过问公司的经营管理，但在涉及优先股股票所保障的股东权益时，优先股股东可发表意见并享有相应的表决权。

(4)优先股股票可由公司赎回。由于股份有限公司需向优先股股东支付固定的股息，优先股股票实际上是股份有限公司的一种举债集资的形式，但优先股股票又不同于公司债券和银行贷款，这是因为优先股股东分取收益和公司财产的权利只能在公司满足了债权人的要求之后才能行使。优先股股东不能要求退股，却可以依照优先股股票上所附的赎回条款，由股份有限公司予以赎回。大多数优先股股票都附有赎回条款。

2.优先股股票的细分

(1)累积优先股股票和非累积优先股股票

累积优先股股票是指在上一营业年度内未支付的股息可以累积起来，由以后财会年度的盈利一起付清。非累积优先股股票是指只能按当年盈利分取股息的优先股股票，如果当年公司经营不善而不能分取股息，未分取的股息不能予以累积，以后也不能补付。

(2)参加分配优先股股票和非参加分配优先股股票

参加分配优先股股票是指其股票持有人不仅可按规定分取当年的定额股息，还有权与普通股股东一同参加利润分配的优先股股票。不参加分配优先股股票，就是只能按规定分取定额股息而不再参加其他形式分红的优先股股票。

(3)可转换优先股股票和不可转换优先股股票

可转换优先股股票是指股票持有人可以在特定条件下按公司条款把优先股股票转换成普通股股票或公司债券的股票，而不可转换优先股股票是指不具有转换为其他金融工具功能的优先股股票。

(4)可赎回优先股股票和不可赎回优先股股票

可赎回优先股股票是指股份有限公司可以一定价格收回的优先股股票，又称可收回优先股股票，而不附加赎回条件的优先股股票就是不可赎回优先股股票。

(5)股息可调整优先股股票

它是指股息率可以调整变化的优先股股票，其特点是优先股股票的股息率可随相应的条件进行变更而不再事先予以固定。

3.优先股筹资的优缺点

(1)优先股筹资的优点

第一，优先股没有固定的到期日，不用偿还本金，公司可自主支配使用。

第二，能保持普通股股东的控制权。发行优先股为公司筹集资金，就可以降低普通股发行的数量，甚至不发行普通股，而优先股股东一般不具有参与经营管理权，如果公司既想筹集权益资金，又要维护原有股东的控制权，采用优先股筹资是最恰当的。

第三，优先股股利虽然固定，但盈余不足时，可以暂不支付，具有一定的灵活性。

第四，优先股也能增强公司的资信能力。一般而言，公司必须在发行有普通股的前提下，在满足一定的条件时才能发行优先股，因此拥有优先股的公司对投资者也具备较大的吸引力。

(2)优先股筹资的缺点

第一，资金成本较高。优先股所支付的股利要从税后盈余中支付，不同于债务利息可在税前扣除,因此,资金成本也比较高。

第二,筹资限制较多。发行优先股,通常有许多限制条款。如对普通股股利支付的限制、对公司举债的限制等。

第三,财务负担较重。优先股需要支付固定股利,但又不能在税前扣除,所以,当盈余下降时,优先股的股利会成为一项较重的财务负担,有时不得不延期支付,但这样又可能会影响公司的信誉。

三、留存收益

留存收益(retained earnings)是税后利润中留归公司支配使用的部分。留存收益一般有以下两个来源渠道:一是盈余公积,指特定用途的留存利润,它是公司按照《公司法》规定从净利润中提取的积累资金,包括法定盈余公积金和任意盈余公积金;二是未分配利润,指未限定用途的留存净利润。

留存收益是由公司税后利润形成的,属于权益资金。一般企业都不会把全部收益以股利形式分配给股东,留存收益是企业资金的一项重要来源,相当于股东对企业进行追加投资,股东对这部分投资与以前交给企业的股本一样,要求获得同普通股同等的报酬,所以,留存收益也存在机会成本,但不用考虑筹资费用。

留存收益筹资的优点包括:第一,从是否动用现金的角度来看,留存收益的现金成本几乎为零;第二,有利于保持普通股股东的控制权;第三,也能增强公司的资信和借款能力。

留存收益筹资的缺点主要是:第一,筹资数额有限制,受限于公司的盈利水平;第二,资金使用受制约。

第三节　债务性筹资方式

债务资金筹集是企业主要的筹资来源。从筹资的具体形式看,企业的债务资金筹集包括银行借款、发行债券、融资租赁、商业信用和短期融资券等方式。本节仅针对长期债务筹资方式进行介绍。

一、长期借款

长期借款(long-term loans)是指企业向银行或其他金融机构借入的期限在一年以上(不含一年)或超过一年的一个营业周期以上的各项借款。我国企业的长期借款主要是向金融机构借入的各项长期性借款,如从各专业银行、商业银行取得的贷款;除此之外,还包括向财务公司、投资公司等金融企业借入的款项。

(一)长期借款的种类

长期借款的种类很多,各企业可以根据自身的情况和各种借款条件选用。我国目前各金融机构为企业提供的长期借款主要有以下几种分类。

(1)按用途分类,可以分为基本建设贷款、更新改造借款、科技开发和新产品试制借款等。

(2)按有无抵押品作担保,可以分为信用贷款和抵押贷款。信用贷款是指仅凭企业的信用而发放的贷款。抵押贷款,是指要求企业以一定的财产作抵押或以一定的保证人作担保为条件所取得的借款。企业长期借款的抵押品主要有房屋、建筑物、机器设备、股票和债券等。

(3)按借款的机构分类,可以分为政策性银行借款、商业银行借款和其他金融机构借款。政策性银行借款主要指企业从国家开发银行、中国进出口银行、中国农业发展银行等三家政策性银行借入的款项。商业银行借款主要是指从中国银行、农业银行、工商银行、建设银行、招商银行等商业银行借入的款项。其他金融机构借款主要是指从投资银行、财务公司或小额贷款公司等机构借入的款项。

(二)长期借款的程序

企业向银行借款,通常要经过以下步骤:

(1)向银行提出申请

向银行提出申请时要填写包括借款金额、借款用途、偿还能力以及还款方式等主要内容的借款申请书。提供资料主要包括借款人及保证人的基本情况、财政部门或会计师事务所核准的上年度财务报告、抵押物清单和同意抵押的证明、保证人拟同意保证的有关证明文件、项目建议书和可行性报告、贷款银行认为需要提交的其他资料。

(2)银行审查借款申请。

(3)与银行签订借款合同

为了维护借贷双方的合法权益,保证资金的合理使用,企业向银行借入资金时,双方必须签订借款合同。借款合同主要包括基本条款和限制性条款等内容。

基本条款包括的内容主要有:借款数额、借款方式、借款的用途、还款期限、还款方式、利息支付方式、利息率水平等基本内容;借款有关的物资保证、抵押财产、担保人及其责任;借贷双方若有违约行为时的处理方式。

限制性条款是由于长期借款的期限长、风险大,按照国际惯例,银行为了降低贷款风险,在借款合同中通常会提出的一些有助于保证贷款按时偿还的条款。限制性条款一般有以下三类:

1)一般条款

一般条款是对借款企业的资产流动性及偿债能力方面所做的要求。具体包括:要求借款企业需持有一定量的现金和其他流动性比较强的资产,保持资产的合理流动性及偿债能力;限制资本性支出的规模,以免长期资产比例过高而影响资产流动性;限制现金股利的支出;限制长期负债的增加。

2)例行条款

例行条款是指在大多数借款合同中都包含的常规性条款。这是借款合同的基本内容,主要规定双方的权利和义务。具体主要包括:定期向银行报送财务报表;及时偿还应缴税费及其他到期债务,以防止被罚款或信誉受损;限制有关承诺、担保、抵押及应收款项转让等事项,以避免或有负债的产生或资产的流失;限制固定资产的出售,以保证正常的生产经营能力和盈利能力等。

3)特殊条款

特殊条款是针对某些特殊情况而制订的条款，如要求借款专款专用；限制员工的薪酬总额；要求主要领导人购买合同期内的相关保险等。

(4)企业取得借款。

(5)企业还本付息

企业应按借款合同的规定及时、足额地归还本息。一般而言，长期借款到期一个月之前，银行会向借款的企业发送还本付息的通知单。企业在接到还本付息通知单后，要及时筹备资金，按期还本付息。

(三)长期借款的信用条件

按照国际惯例，银行借款往往附加一些信用条件，主要有授信额度、周转授信协议、补偿性余额等。此时的银行借款属于信用借款。

1. 授信额度

授信额度是借款企业与银行间以正式或非正式的协议规定的企业可向银行借款的最高限额。通常在授信额度内企业可随时按需要向银行申请借款。例如，在正式的授信协议下，约定某企业的授信额度为1000万元；该企业首次向银行借款600万元后，还未归还该笔借款，根据协议银行将保证该企业还可以申请400万元的借款。但要注意的是，在非正式协议下，银行并不承担按最高借款限额保证贷款的法律义务，即银行可以出于某些原因，拒绝企业对剩余额度提出的借款请求。

2. 周转授信协议

周转授信协议规定了大公司与银行之间的正式授信额度。与一般授信额度不同，银行对周转信用额度负有法律义务，并因此向企业收取一定的承诺费用，一般按一定比率(2‰左右)对企业未使用完授信额度的部分进行计算。

3. 补偿性余额

补偿性余额是银行要求借款企业保持按贷款限额或实际借款额的10%～20%的平均存款余额留存银行。出于降低银行贷款风险、提高贷款的有效利率和补偿银行资金额度的目的，银行通常都会对借款企业提出补偿性余额的要求。例如，若某企业向银行借款100万元，贷款银行提出15%的补偿性余额的条件，那么该企业实际能借入并使用的资金只有85万元，然而，支付的利息则是按100万元的本金计算的。

(四)长期借款筹资的优缺点

1. 长期借款筹资的优点

(1)筹资速度快。发行各种证券筹集长期资金所需时间一般较长。做好证券发行的准备，如印刷证券、申请批准等，以及证券的发售都需要一定的时间。而向银行借款与发行证券相比，一般所需时间较短，可以迅速获得所需资金。

(2)资金成本较低。就目前我国相关法律规定，利用银行借款所支付的利息比发行债券所支付的利息低，也无须支付大量的发行费用；而且借款的利息支出在缴纳所得税之前支付，能享受到节税的优惠，因此其资金成本较低。

(3)筹资弹性较好。企业与银行可以直接接触，可通过直接磋商来确定借款的时间、数量和利息。在借款期间，如果企业情况发生了变化，也可与银行进行协商，修改借款的数量和条件。借款到期后，如有正当理由，还可以申请延期归还。

(4)具有财务杠杆作用。企业利用长期借款筹集资金后，由于支付的利息是固定的，若该笔资金投资项目取得的收益高于固定的利息，这高出部分留归企业，最终会提高所有者投入的权益资金的报酬率，这部分增加的收益就是借款发挥财务杠杆作用获得的。

2. 长期借款筹资的缺点

(1)财务风险较大。企业借入长期借款，必须定期还本付息，在经营不利的情况下，可能会产生不能偿付的风险，甚至会使企业破产。

(2)限制条款较多。企业与银行签订的借款合同中，一般都有一些限制条款，如定期报送有关报表、不准改变借款用途等，这些条款可能会限制企业的经营活动。

(3)筹资数额有限。这主要是因为一方面银行一般不愿贷放巨额的长期借款，另一方面贷款的额度会受限于企业的总资产规模的大小、注册资本的多少和所有者权益资金水平的高低，因此，利用银行借款筹资都有一定的上限。

二、发行债券

企业发行的债券称为企业债券或者公司债券。公司债券是公司为筹集资金而发行的到期还本付息的有价证券，也是债权人(持券人)按规定取得固定利息和到期收回本金的债权证书。

(一)公司债券的种类

1. 公司债券按有无记名分类，可分为记名债券与无记名债券

记名债券是指在券面上记载持券人的姓名或名称的债券。对于这种债券，公司只对记名人偿付本金，持券人凭印鉴支取利息。记名债券的转让由债券持有人以背书等方式进行，并由发行公司将受让人的姓名或名称载于公司的债券名册存根簿。

无记名债券是指在券面上不记载持券人的姓名或名称，还本付息以债券为凭证，一般实行剪票付息的债券。债券持有人将债券交付给受让人后即发挥转让效力。

2. 公司债券按有无抵押担保分类，可分为抵押债券和信用债券

抵押债券又称有担保债券，是指发行公司有特定财产作为担保品的债券。根据担保品的不同，又可细分为不动产抵押债券、动产抵押债券、信托抵押债券。信托抵押债券是指公司以其持有的有价证券为担保而发行的债券。

信用债券又称无担保债券，是指发行公司没有抵押品作为担保，完全凭信用发行的债券。这种债券通常是由信誉良好的公司发行，利率一般略高于抵押债券。

3. 公司债券按利率是否变动分类，可分为固定利率债券和浮动利率债券

固定利率债券的利率在发行债券时即已确定并载于债券票面。

浮动利率债券的利率在发行债券之初不固定，而是挂靠有关利率，如中国人民银行规定的基准利率等加以确定。

4. 公司债券按是否参与利润分配，可分为参加债券与非参加债券

参加债券的持有人除可获得预先规定的利息外，还享有一定程度参加发行公司收益分配的权利，其参与利润分配的方式和比例必须事先规定。实践中这种债券少有发行。

非参加债券的持有人则没有参加利润分配的权利。公司债券大多为非参加债券。

5. 公司债券按持有人的特定权益，可分为收益债券、可转换债券和附认股权证债券

收益债券是指只有当发行公司有税后利润可供分配时才支付利息的一种公司债券。发行公司对这种债券不必承担固定的利息负担。对持券人而言，风险较大，收益也可能会较高。

可转换债券是指根据债券募集办法的规定，债券持有人可按照一定条件将其转换为发行公司股票的债券。发行可转换债券的公司，应规定转换办法，并应按转换办法向债券持有人换发股票。债券持有人有权选择是否将其所持债券转换为股票。发行这种债券，既可为债券持有人增加灵活的投资选择机会，又可为发行公司调整资金结构或缓解财务压力提供便利。该债券具体内容将在本章第四节中介绍。

附认股权证债券是指所发行的债券附带允许债券持有人按特定价格认购股票的一种长期选择权。该认股权证通常随债券发放，具有与可转换债券相类似的属性。附认股权证债券的票面利率与可转换债券一样，通常低于一般的公司债券。

6. 公司债券按是否上市交易，可分为上市债券和非上市债券

按照国际惯例，公司债券与股票一样，也有上市与非上市之分。上市债券是经有关机构审批，可以在证券交易所买卖流通的债券。

债券上市对发行公司和债券持有人都有一定的好处：(1)上市债券因其符合一定的标准，信用度较高，一般售价较高；(2)债券上市有利于提高发行公司的知名度；(3)上市债券成交速度快，变现能力强，更易吸引投资者；(4)上市债券交易便利，成交价格比较合理，有利于公平筹资和投资。

(二)公司债券的发行

公司要使其发行的债券上市，需要具备规定的条件，并提出申请，遵循一定的程序。

1. 发行资格

我国《公司法》规定，股份有限公司、国有独资公司和两个以上的国有企业或者两个以上的其他国有投资主体设立的有限责任公司，有资格发行公司债券。

2. 发行条件

《公司法》规定，有资格发行债券的公司，必须具备以下条件：股份有限公司的净资产不低于人民币3000万元，有限责任公司的净资产不低于人民币6000万元；累计债券总额不超过公司净资产的40%；最近3年平均可分配利润足以支付公司债券1年的利息；筹集资金投向需符合国家产业政策；债券的利率不得超过国务院限定的利率水平；国务院规定的其他条

件。另外,发行公司债券筹集的资金,必须用于审批机关批准的用途,不得用于弥补亏损和非生产性支出,否则会损害债权人的利益。

发行可转换公司债,除了具备以上条件外,还应符合股票发行的条件,并报请国务院证券管理部门批准。

3.发行定价

债券融资所面临的财务问题之一是如何对拟发行的债券进行定价,即确定债券发行价格。所谓债券发行价格,是指发行公司(或其承销机构)发行债券时所使用的价格,即投资者向发行公司认购债券时实际支付的价格。公司在发行债券之前,必须进行发行价格决策。具体的可以借助于第二章介绍过的证券估价中的典型债券估价模型来测算,具体公式如下:

$$V_0 = \sum_{t=1}^{n} \frac{I}{(1+k)^t} + \frac{F}{(1+k)^n}$$

式中:V_0 表示债券的内在价值;F 表示债券的面值;t 表示债券的付息时间;I 表示债券每期支付的利息;k 表示市场利率;n 表示债券的付息总期数。

根据该模型可以知道,影响发行价格的因素有债券面值、票面利率、市场利率和债券期限等四个。需要着重指出的是,其中关键的因素是市场利率。模型中的折现率 k 必须使用市场利率。由于票面利率与市场利率有差异,从而债券的发行价格可能出现三种情况,即溢价、平价和折价。具体为:当票面利率＞市场利率时,债券发行价格＞债券面值,即溢价发行;当票面利率＝市场利率时,债券发行价格＝债券面值,即平价发行;当票面利率＜市场利率时,债券发行价格＜债券面值,即折价发行。

4.发行程序

债券的发行程序基本上与股票的发行程序类似,也需要经过提出申请、选择承销公司发行债券等步骤,具体程序如下。

(1)提出申请

公司发行债券首先应由董事会制定债券发行方案,由股东大会做出决议,然后向国务院证券管理部门提出发行债券的申请。公司申请应提交公司登记证明、公司章程、公司债券募集办法和验资报告。

(2)公告债券募集办法

公司发行债券的申请批准后,在公开向社会正式发行债券前,应当向社会公告债券的募集办法。根据我国《公司法》规定,募集办法中应载明本次发行债券的总金额、债券利率、还本付息的期限和方式、债券发行的起止日期等事项。

(3)委托承销团出售

公司债券的发行方式一般有私募发行和公募发行两种。私募发行是指由发行公司将债券直接发售给投资者。这种发行方式因受限制,极少采用。公募发行是指发行公司通过承销团向社会发售债券。在这种方式下,发行公司要与承销团签订承销协议。承销团由数家证券公司或投资银行组成。

(4)交付债券,收缴债券款,登记债券存根簿

公司公开发行公司债券由证券承销机构发售时,投资者直接向承销机构付款购买,承销

机构代理收取债券款。然后，发行公司向承销机构收缴债券款并结算预付的债券款。

5.债券的信用评级

公司公开发行债券通常需要债券评信机构评定等级。债券的信用等级对于发行公司和购买人都有重要影响。

国际上流行的债券等级是3等9级。AAA级为最高级，AA级为高级，A级为上中级，BBB级为中级，BB级为中下级，B级为投机级，CCC级为完全投机级，CC为最大投机级，C级为最低投机级。我国的债券评级工作正在开展，但尚无统一的债券等级标准和系统的评级制定。根据中国人民银行的有关规定，凡是向社会公开发行公司债券，需要有中国人民银行及其授权的分行指定资信评级机构或公证机构进行评信。这些机构对于发行债券的公司素质、财务质量、项目状况、项目前景和偿债能力进行评分，一次评定信用级别。

(三)公司债券的偿还

债券可以像长期借款那样到期一次偿还或分期偿还，或根据情况提前收回。为了减轻到期一次支付的现金流量压力，公司可以建立偿债基金，定期向代理机构支付一笔款项，通过代理机构的有效运营，到期连本加利用于还本付息。

(四)发行债券筹资的优缺点

发行债券筹集资金，对发行的公司有利也有弊，应加以识别权衡，以便更好地做出筹资决策。

1.发行债券筹资的优点

(1)资金成本较低。与股票的股利相比较，债券的利息按税法规定可以在缴纳所得税之前扣除，发行公司可享受节税的利益，因此，公司实际承担的债券资金成本一般低于发行股票的成本。

(2)可发挥财务杠杆作用。无论发行公司盈利水平高低，债券持有人一般都只收取固定利息，而更多的收益可用于分配给股东或留存到公司用于经营，从而增加公司的价值，即产生了财务杠杆效应。

(3)保障股东的控制权。债券与股票同样是有价证券，然而债券持有人无权参与发行公司的管理决策，因此，公司发行债券不会像增发新股那样可能会分散原有股东对公司的控制权。

(4)便于调整资金结构。一方面，在公司发行可转换债券以及可提前赎回债券的情况下，通过转换与赎回，可以主动并合理地调整公司的资金结构。另一方面，相较于权益筹资而言，发行债券和收回债券均可改变公司的负债比例，以使公司的资金结构更趋合理。

2.发行债券筹资的缺点

利用债券筹集资金，虽然有前述优点，但也有明显的不足。

(1)财务风险较高。由于债券有固定的到期日，并需定期支付利息，发行公司必须承担按期还本付息的义务，在公司经营不利时，也需要向债券持有人支付利息、偿还本金，这会给公司带来更大的财务困难，有时甚至会导致公司破产，这就产生了较高的财务风险。

（2）筹资限制条件较多。发行债券的募集办法中往往有较多的限制条件，可能会使公司正常的经营受到约束，同时还会影响公司以后的筹资能力。

（3）筹资数额有限。利用债券筹资相对于公司净资产有一定的比例要求，当公司的负债比率超过了一定程度后，债券筹资的成本将迅速攀升，有时甚至会发行不出去。

三、融资租赁

租赁是出租人以收取租金为条件，在契约或合同规定的期限内，将资产租借给承租人使用的一种经济行为。按照会计实质重于形式的原则，这种方式也是企业解决资金来源的一种重要形式。租赁涉及的要素包括出租人、承租人、租金和租赁资产等四项内容。

（一）租赁的类型

本节要介绍的融资租赁是租赁中的一种，为了更好地理解它，这里将对租赁按不同的标准进行分类。

1. 按租赁的目的分，租赁可以分为经营租赁和融资租赁

（1）经营租赁，是出租人向承租人提供租赁设备，并提供设备维修和人员培训等服务的租赁形式。从租赁期限看，它大多属于短期租赁；从承租人的目的看，承租人不在于通过租赁获取资金来源，而在于取得租赁设备短期内的使用权和享受出租人提供的专门技术服务。因此，它又称为营业租赁或服务租赁，不属于借贷关系的范畴。

（2）融资租赁，是由租赁公司（一般指金融租赁公司或信托公司）按照承租企业的要求融资购买设备，并在契约或合同规定的较长期限内提供给承租企业使用的信用性业务。融资租赁的租金大致相当于以租赁物的购置金额为基数，按市场利率计算的本息合计值。从实质上讲，融资租赁相当于分期付款购买。

融资租赁和经营租赁的区别见表5-2。

表5-2　融资租赁和经营租赁比较表

区别项目	融资租赁	经营租赁
租赁目的	既融资又融物	短期融物
租赁物的选择	承租人向生产厂家选定	在出租人现货中选择
承租人的数量	特定的一个承租人	不特定的多数承租人
租赁期限	时间较长，一般3～5年	短期
租赁合同的约束	租赁双方一般都不可提前解约	可以随时解约
租赁资产维修、保养	由承租人负责	由出租人负责
租赁资产的折旧提取	承租人计提折旧	出租人计提折旧
租赁资产期满的归属	三种方式：（1）承租企业留购；（2）由出租人收回；（3）续租	一般归还给出租人

2. 按租赁资产的资金来源和付款对象分，租赁可以分为直接租赁、转租和售后租回

(1)直接租赁，指购置租赁资产所需的资金全部由出租人支付。

(2)转租，是由一家租赁公司从另一家租赁公司或设备制造厂租进设备，然后再租给最终承租人使用的租赁形式。

(3)售后租回，是指承租人根据协议将某项归其所有的资产卖给出租人，再将该资产租回使用并按期向出租人支付租金的形式。在这种租赁形式下，承租人可得到相当于售价的一笔资金，同时仍然可以获得资产的使用权。当然，在此期间，该承租人要支付租金并失去了租赁资产的所有权。

以上三种租赁形式中，直接租赁和转租都既可以是融资租赁，也可以是经营租赁，然而售后租回只可能是融资租赁。

3. 按出租人对设备的出资比例分，租赁可以分为单一投资租赁和杠杆租赁

(1)单一投资租赁，是指在一次租赁交易中，最初的设备购置成本，由出租人独自承担的租赁形式。这种租赁形式既可以是融资租赁，也可以是经营租赁。

(2)杠杆租赁，是指出租人一般出资相当于租赁资产价款的20%～40%资金，其余的60%～80%的资金由其将欲购置的租赁物作抵押，并以转让收取部分租金的权利作附加担保，从银行等贷款者处取得贷款，然后购入资产出租给承租人的形式。此时的出租人既收取租金又要偿付债务。如果出租人不能按期偿还借款，那么资产的所有权就要转归贷款人。由于租赁收益大于借款成本，出租人从中获得财务杠杆利益，因此，这种租赁形式被称为杠杆租赁，一般适用于金额较大的设备项目，是融资租赁所独有的形式。

(二)融资租赁的申请条件

在我国，企业要申请融资租赁，应具备以下条件：

(1)企业具有独立的法人资格，并在银行开立结算账户。

(2)国有(控股、独资)企业的租赁项目需列入国家或当地技术改造或固定资产投资计划中，并持有批准文件。

(3)办理国际租赁时，企业要向租赁公司提交进口设备的文件。

(4)设备先进、工艺成熟、技术过关、产品质量合格、预期投产后产品适销对路，有发展前景。

(5)生产所需原材料、燃料、动力、运输条件有保证，设备的生产、安装设计及环保措施落实到位。

(三)融资租赁的程序

企业融资租赁资产需要按如下步骤进行。

1. 选择租赁公司

企业决定采用租赁方式取得某项设备时，首先需要了解各家租赁公司的经营范围、业务能力、资信情况，以及与其他金融机构如银行的关系，取得租赁公司的融资条件和租赁费率等资料，加以分析比较，从中择优选取。

2. 办理租赁委托

企业选定租赁公司后，便可向其提出申请，办理委托。这时，承租企业需要填写“租赁申请书”，说明所需要设备的具体要求，同时还要向租赁公司提出财务状况文件，包括资产负债表、利润表和现金流量表等资料。

3. 签订购货协议

由承租企业与租赁公司的一方或双方组织选定设备供应厂商，并与其进行技术和商务谈判，在此基础上签订购货协议。

4. 签订租赁合同

租赁合同是由承租企业与租赁公司签订的。它是租赁业务的重要文件，具有法律效力。融资租赁合同的内容可分为一般条款和特殊条款两部分。

5. 办理验货和投保手续

承租企业按购货协议收到租赁设备时，要进行验收，验收合格后签发交货及验收证书，并提交租赁公司，租赁公司据以向供应厂商支付设备价款。同时，承租企业向保险公司办理投保事宜。

6. 支付租金

承租企业在租期内按合同规定的租金数额、支付方式等，向租赁公司支付租金。

7. 处理租赁期满的设备

融资租赁合同期满时，承租企业根据合同约定，对设备退租、续租或留购。

(四)融资租赁租金的确定方法

在租赁筹资方式下，承租企业需按合同规定向租赁公司支付租金。租金的数额和支付方式对承租企业的未来财务状况具有直接的影响，也是租赁筹资决策的重要依据。

1. 影响租金的因素

从出租人角度看，购置设备需要付出一定的代价，并以此来取得收益。这些代价或收益都需要通过租金收入来补偿或取得。因此，租金主要由以下内容构成。

(1)租赁设备的购置成本，包括设备的买价、运杂费、途中保险费和安装调试费等。

(2)预计设备的残值，即设备租赁期满时预计的可变现净值。

(3)利息，指租赁公司为承租企业购置设备融资而应计的利息。

(4)租赁手续费，包括租赁公司承办租赁设备的营业费用以及一定的盈利。

(5)租赁期限，是指租赁合同中确定的承租人使用的时间期限。一般而言，租赁期限的长短既影响租金总额，也影响每期租金的数额。

(6)租金支付的方式，租金的支付方式也影响每期租金的高低，支付租金的方式有很多种，具体包括：按支付间隔期，分为年付、半年付、季付和月付；按在期初还是在期末支付，分为先付和后付；按每次是否等额支付，分为等额支付和不等额支付。

2.融资租赁租金的计算方法

在实务中，承租企业与租赁公司商定的等额租金支付方式大多为平均分摊法和等额年金法。而不等额租金具有较多的不确定性，这里不做讨论。

(1)平均分摊法

平均分摊法也称直线法，是指按事先确定的利息率和手续费率计算租赁期间的利息和手续费总额，然后连同设备成本按支付次数进行平均。这种方法不考虑货币时间价值因素，计算较为简单。其计算公式为

$$\text{每期租金}=\frac{\text{设备成本}-\text{预计残值}+\text{租期内利息}+\text{租赁手续费}}{\text{租期}}$$

【例 5-1】假定某企业 2016 年 1 月向租赁公司租入设备一套，价值为 100 万元，租期为 6 年，预计残值为 10 万元(归出租方所有)，租期内年利率为 10%，租赁手续费率为设备价值的 3%。租金为每年支付一次。要求计算该设备每年支付的租金。

解 租赁期内利息$=100\times(1+10\%)^6-100=77.2$(万元)

租赁期内手续费$=100\times3\%=3$(万元)

$$\text{每期租金}=\frac{100-10+77.2+3}{6}=28.4\text{(万元)}$$

(2)等额年金法

等额年金法是将利息率与手续费率综合成贴现率，运用年金现值计算模型确定每年应付租金的方法。用这种方法计算出来的每期租金包含租赁手续费在内。这种租金按照支付的时间可以分为在每年年末支付的后付租金和在每年年初支付的先付租金，其计算公式为

$$\text{后付租金 } A=\frac{PV}{PVIFA_{i,n}}$$

$$\text{先付租金 } A=\frac{PV}{PVIFA_{i,n-1}+1}$$

式中：A 表示每年支付的租金；PV 表示等额租金的现值，一般是设备购置成本；$PVIFA_{i,n}$ 表示年金现值系数；n 表示支付租金期数；i 表示贴息率。

【例 5-2】某企业 2016 年 1 月 1 日融资租入某设备 5 年，设备价款是 30000 元，租赁期间贴息率为 16%。租金每年等额支付，要求计算确定其租金。

解 若每年年末支付，则每年的租金为

$$A=\frac{30000}{PVIFA_{16\%,5}}=\frac{30000}{3.274}=9162\text{(元)}$$

若每年年初支付，则每年的租金为

$$A'=\frac{30000}{PVIFA_{16\%,5-1}+1}=\frac{30000}{2.798+1}=7898\text{(元)}$$

为了便于有计划地安排租金的支付，承租企业可编制租金摊销计划表。现根据例 5-2 中的有关资料编制租金摊销计划表，如表 5-3 和表 5-4 所示。

表 5-3 后付租金摊销计划表

单位:元

日期	支付租金 ①	应计利息 ②=④×16%	本金减少 ③=①-②	应还本金 ④
2016-01-01				30000
2016-12-31	9162	4800	4362	25638
2017-12-31	9162	4102	5060	20578
2018-12-31	9162	3292	5870	14708
2019-12-31	9162	2353	6809	7899
2020-12-31	9162	1263	7899	0
合计	45810	15810	30000	

在摊销计划表的编制中,要注意最后一年的“应计利息”项目需要考虑前面几年的计算误差,即应计利息项目的合计额与本金减少数的合计额之和应该等于支付租金的合计额。

表 5-4 先付租金摊销计划表

单位:元

日期	支付租金 ①	应计利息 ②=④×16%	本金减少 ③=①-②	应还本金 ④
2015-01-01				30000
2016-01-01	7898	0	7898	22102
2017-12-31	7898	3536	4362	17740
2018-12-31	7898	2838	5060	12680
2019-12-31	7898	2029	5869	6811
2020-12-31	7898	1087	6811	0
合计	39490	9490	30000	

在编制先付租金摊销计划表时,要注意第一年的应计利息。

(五)融资租赁筹资的优缺点

1. 融资租赁筹资的优点

与其他筹资方式相比,融资租赁筹资具有以下优点:

(1)筹资速度快,能够迅速获得所需资产。融资租赁集“融资”与“融物”为一体,往往比借款购置设备更迅速,可使企业尽快形成生产经营能力。

(2)筹资限制条件较少。企业运用股票、债券、长期借款等融资方式都受到相当多的资格条件限制,相比之下,租赁融资的限制条件少得多。

(3)可以降低设备陈旧过时的风险。随着科学技术的不断进步,固定资产更新周期日趋缩短,企业设备陈旧过时的风险也随之增加,相对于企业拥有设备的所有权而言,利用租赁融资可以降低这种风险。因为融资租赁的期限一般为资产使用年限的 75%左右,不需要像自己购买设备那样在整个寿命期间都承担风险,并且许多租赁合同都规定由出租人承担设备陈旧过时的风险。因此,该风险也称为所有权风险。

(4)租金分期支付,降低不能偿付的危险。租金在整个租期内分期支付,不用到期归还大量本金。而许多借款都在到期日一次偿还本金,这会给财务基础较弱的企业造成相当大的困难,有时会造成不能偿付的风险,但融资租赁则把这种风险在整个租赁期内进行了分摊,可适当降低风险。

(5)税收负担较轻。由于租金可以在税前扣除,因此,融资租赁具有抵免所得税的作用。

2. 融资租赁筹资的缺点

(1)筹资成本较高。一般而言,租金总额通常要高于设备价值的30%左右,且融资租赁的租息率要高于借款融资和债券融资的利息率。同时,在企业处于财务困境时,固定租金的支付也将成为企业的一项沉重负担。

(2)若承租人不享有设备残值,则也是一种损失。

第四节 其他筹资方式

除了前面提到的筹资方式外,近年来,还有一些特殊的筹资工具也日益得到企业的重视,其中最主要的有发行可转换债券和认股权证筹资。

一、可转换债券

可转换债券是指发行人依照法定程序发行,在一定期间依据约定的条件可以转换成股票的公司债券。可转换债券兼有债券和股票的筹资功能,在转换权行使之前属于公司的债务资金,转换权行使之后属于公司的权益资金,采取记名式无纸化发行方式。

(一)可转换债券的特点

(1)可转换债券是一种混合融资方式,转换前它具有债券的特征,转换后又具有普通股的特征。

(2)债券和股票之间的转换,不涉及现金流入,公司不会因此增加资本,但增加普通股数量,改变资金结构。

(3)债券转换前为持有者提供固定利息,一旦股价上升,持有者又可获得转换普通股的权利。这样就有把报酬和权利结合在一起的特点,这是其他单一性质的证券所不具有的。

(二)可转换债券的基本要素

1. 转换价格

转换价格是指债券换得一股普通股所需要的价格。通常公司在发行债券时,对转换价格都有明确的规定,它等于可转换债券的面值除以转换比率。

转换价格的确定主要有两种方式:(1)按面额转换,即按股票面额与公司债券面额的比率将公司债券转换为股票。(2)高于市价转换，即转换价格高于可转换债券发行时该公司股票市价。我国《可转换公司债券暂行办法》规定，上市公司发行可转换债券的，以发行可转换债券前一个月股票的平均价格为基础，上浮一定幅度为转换价格。该确定方式则属于第二种。

2. 转换比率

转换比率是指每一份债券能转换得到的普通股股数，用公式表示为

$$转换比率=\frac{可转换债券面值}{转换价格}$$

3. 转换期

转换期是指可转换债券发行后允许转换的有效期限。通常情况下，转换期等于债券的期限。由于转化价格一般高于公司当前股价，投资者一般不会在购买可转换债券后立即行使转换权。超过转换期后的可转换债券，将丧失转换权，自动成为不可转换债券。

4. 转换权保护

可转换债券转换为普通股之前，若公司可以低于市价发行新股，会引起股价降低，从而损害转换权，为此，应根据发行新股后股本变动情况对转换价格进行调整，以保护债权人的利益。

(三)可转换债券发行的条件

上市公司发行可转换债券应符合以下条件：

(1)最近3年连续盈利，且最近3年净资产利润率平均在10%以上。属于能源、基础设施类的公司可以略低，但是不得低于7%。

(2)募集资金要符合国家产业政策投向。

(3)可转换债券的利率不得超过银行同期存款的利率水平。

(4)可转换债券发行后，资产负债率不高于70%。

(5)累计债券余额不超过公司净资产的40%。

(6)可转换债券的发行额不少于人民币1亿元。

(7)国务院证券委员会规定的其他条件。

(四)可转换债券筹资的优缺点

1. 可转换债券筹资的优点

(1)可转换债券的利率比普通债券的利率低，转换后，又可以节约发行费用，因而可降低转换股票的筹资成本。

(2)可转换债券转换后，企业的债权变股权，降低企业负债比率，减轻利息负担，具有改善资金结构的作用。

(3)可转换债券在企业破产时，其清偿顺序在银行贷款和其他高级债券之后。此外，持券人是潜在股东，与公司利益冲突较少，因而具有融资上的灵活性。

2.可转换债券筹资的缺点

(1)债券转换后,股东增加,会分散公司的控制权。

(2)债券转换后,减少负债,削弱财务杠杆作用,从而降低每股的获利能力。

(3)如果转换债券长期实现不了转换,会演化为“悬吊证券”,损害公司形象,难以再利用债券的发行来筹集资金。

二、认股权证

(一)认股权证的性质与特点

认股权证(warrant)是发行公司允许其持有者在一定时期内以规定的价格购买同一公司一定数量普通股的权利证书。认股权证的发行通常不是独立进行的,而是投资者在购买债券时同时获得认股权证。

认股权证与普通股本来拥有的优先认购权有所区别,主要表现在以下几个方面:(1)认股权证有效期较长,而优先认购权有限期较短;(2)认股权证不是对特定对象发行的,而优先认购权的对象仅限于原有股东;(3)认股权证的认股价总是在当时的普通股市价以上,而优先认购权的认股价常常在该股票的市价以下。

认股权证具有如下特征:(1)认股权证只是一种普通股的选择权,并不享有普通股的权利;(2)认股权证不独立发行,而是附属于债券一起发行;(3)只有普通股市价超过规定的价格,才能行使认购权。

(二)认股权证筹资的优缺点

1.认股权证筹资的优点

附有认股权证发行的债券,对投资者有一定吸引力,使公司得以在利率较低的情况下发行债券;持有者行使认购权时,有现金流入,公司可用新流入现金增加生产、偿还债务或达到其他增加企业收益的目的,该目的与可转换债券的目的明显不同;认股权行使后,原债券并不会收回,资金结构中仍保持原有的债务额度,可以继续发挥杠杆作用。

2.认股权证筹资的缺点

(1)原有资金结构中如果存在大量债务,再发行附有认股权证的债券,会增加固有的财务风险。

(2)如果认股权长期得不到行使,会损害公司形象,使投资者对公司产生不信任感。此外,企业不能以任何方式强制持有者行使认股权,也就不能控制运用股票资金的时间,因此,企业不能对认股权证筹资抱过高的期望。

课后思考

1.请说明筹集投入资本筹资方式的主体、条件、要求以及筹资的优缺点。

2.请介绍股票的种类,并对普通股和优先股进行比较。

3.简要介绍股票的发行和上市程序。

4. 试说明普通股的股份种类及其筹资优缺点。

5. 请介绍优先股的优先权有哪些，又有哪些限制，及由此产生的筹资优缺点。

6. 请说明长期借款的类别、信用条件和筹资的优缺点。

7. 请介绍债券的种类和筹资的优缺点。

8. 请分析债券发行价格的影响因素。

9. 简要介绍租赁的类别，并对营业租赁和融资租赁进行比较。

10. 请分析融资租赁租金的决定因素，并说明等额租金的计算方法。

11. 请介绍可转换债券的特点和筹资优缺点。

12. 请分析认购权证的特点和作用。

案例讨论

“定增潮”后又迎“配股潮” 上市券商再融资思路转向

截至2016年5月，23家上市券商中已经有超过五分之一的公司发布配股公告或完成配股。

2015年上半年，赚得盆满钵满的上市券商纷纷发布再融资计划，其中定向增发最受券商青睐。然而，由于2015年6月中旬开始的股市非理性下跌导致的定增发行价远高于二级市场股价，多家上市券商的定增计划不得不暂时搁浅。另一方面，选择配股融资券商的再融资计划进展得相对顺利得多，2016年以来已经有三家上市券商完成了配股，另有两家公司的配股计划也在进行中。上市券商的再融资方式已经由2015年的“定增潮”转向2016年的“配股潮”。

西部证券拟募资50亿元　已有三家券商完成配股

近日，西部证券在披露2015年年报和2016年一季报的同时，还披露了配股公开发行证券预案。根据公告，西部证券拟按照每10股配售不超过3股的比例向全体股东配售，预计募集资金总额不超过50亿元。事实上，在从2015年年初就开始的上市券商再融资大潮中，西部证券已经是第五家发布配股方案的公司，在此之前已经有三家上市券商完成了配股。

2015年最先公布配股方案的是太平洋证券，其于2015年1月9日公告称，拟采用每10股配3股的比例向全体股东配售，配股数量将不超过10.6亿股，募集资金总额不超过120亿元。此后经过对方案的修改，太平洋证券的配售价最终定在了4.24元/股，计划募资不超过45亿元。2016年1月21日，太平洋证券最终完成配股，募集资金总额约为42.98亿元。

兴业证券的配股方案虽然比太平洋证券的发布时间晚了4个月，但效率显然更高。2016年1月6日公告显示，兴业证券配股的网上认购缴款工作于1月5日结束，原股东按照每股8.19元的价格，以每10股配售3股的比例参与配售，有效认购数量占本次可配股份总数的95.94%，兴业证券此次配股共募资122.58亿元。

另一家在2016年完成配股融资的上市券商是东北证券。2016年4月14日晚间，东北证券公告称，已经完成按照每10股配售2股的比例配售公司股票，发行价格为9.08元/股，配售数量合计约38328.7万股，募集资金总额约为34.8亿元，扣除发行费用后将全部用于补充资本金和营运资金。

券商融资需求强烈　2015 年以来融资 910 亿元

除了上述 4 家券商外，国信证券在 2015 年 4 月份也曾宣布将配股募集资金 180 亿元。截至 2016 年 5 月，23 家上市券商中已经有超过五分之一的公司发布配股公告或完成配股，三家已经完成配股的上市券商总融资额约为 200.36 亿元。

另据《证券日报》记者统计，2015 年以来西部证券、国金证券、国海证券、光大证券和山西证券五家上市券商完成定向增发，募资规模从 30 亿元到 80 亿元不等，募集资金总额约 263.76 亿元。而 2015 年上市的国泰君安、东方证券、东兴证券三家券商的募资总额则达到了 446.78 亿元。仅配股融资、定向增发和首发上市三项，去年以来券商在资本市场的融资总额就超过了 910 亿元。

此外，发行可转债也是券商补充营运资金的重要手段。国泰君安 2016 年 4 月 24 日晚间发布公告称，拟公开发行总额不超过人民币 80 亿元的 A 股可转换公司债券，所募集资金在扣除发行费用后全部用于补充营运资金。

对于近来为何上市券商融资意愿如此强烈，上海某上市券商的一位研究员对记者表示，根据正在征求意见的《证券公司风险控制指标计算标准的规定》，券商资管业务风险准备率或将从 0.2%～0.4%提升至 1%，A 类券商按 0.8%执行，这将给券商资管业务带来一定的资本压力。另外，券商的融资融券等业务都有较大的资金需求，这也是决定其市场地位的关键因素。因此，定向增发、配股、可转债等都成为券商补充资本金的重要渠道。

（资料来源：《证券日报》2016 年 5 月 4 日）

讨论问题

（1）比较“定增”与“配股”两种不同的融资方式。

（2）探讨 2015 年多家上市公司“定增”搁浅的原因。

（3）分析上市券商融资意愿强烈的原因。

第六章　长期筹资决策

学习目标

- 理解资金成本的含义和作用。
- 掌握个别资金成本和综合资金成本的测算方法，理解边际资金成本规划的基本方法。
- 理解营业杠杆的作用原理，掌握营业杠杆系数的测算方法及其应用。
- 理解财务杠杆的作用原理，掌握财务杠杆系数的测算方法及其应用。
- 理解复合杠杆的作用原理，掌握复合杠杆系数的测算方法及其应用。
- 理解资金结构的概念、种类和意义。
- 了解有关资金结构理论的主要观点。
- 理解资金结构决策的影响因素。
- 掌握资金结构决策的具体方法，包括资金成本比较法、每股收益分析法和公司价值比较法的原理及其应用。

引导案例

借力公司债　融信中国降压

成功登陆港交所、打通融资通道的融信中国依旧对高负债耿耿于怀，改善债务结构成为其上市后的第一要务。继 2016 年 1 月 15 日发行第二批 5 亿元人民币公司债后，1 月 25 日融信中国又宣布了新的融资计划。该公司全资附属公司融信(福建)投资集团有限公司(以下简称融信投资)建议向合格投资者发行首批总额不低于 35 亿元人民币(下同)的私人公司债券。

2015 年 7 月底甫一挂出招股书，融信中国就曾因其过高的负债成为众人讨论的焦点。该公司当时公布的报表显示，2012 年其净资产负债比率为 171%，2013 年突然猛增至 504%，2014 年的这一指标大幅飙升至 1541%。截至上市前公布的新数据显示，其净资产负债率依旧维持在 1591%的高位。

截至 2012 年年末、2013 年年末、2014 年年末和 2015 年 9 月 30 日，融信中国合并负债总额分别为人民币 71.12 亿元、174.50 亿元、282.29 亿元和 291.81 亿元，其中大部分皆为流动负债。2012 年年末、2013 年年末、2014 年年末和 2015 年 9 月 30 日债券发行人合并报表口径流动负债分别占到总负债的 83.55%、68.79%、52.80%

和 62.80%。

“但值得注意的是，目前公司债成本的中位数在 5%，融信中国发债的成本还是相对较高。此举意味着投资人虽然认同融信中国的土地储备结构，但对于其目前的资金和债务结构依旧有所担忧。”相关分析师称，“债务结构和负债率水平的改善、财务状况的改善，对未来融资渠道拓宽以及形成良好的融资循环大有裨益。”

与此同时，东亚证券也发布研究报告指出，融信中国的债务高企，日后亦可能产生额外债务。因此，集团或可能无法产生足够现金以履行现有和日后债务责任以及为资本开支提供资金。

（资料来源：《中国经营报》2016 年 2 月 1 日）

思考：融信中国为何采用令人咂舌的“高负债、高利息”融资模式？

第一节　资金成本的测算

选择切实可行的筹资方案时还必须考虑资金成本。只有资金成本最低的筹资方式才有可能保证财务管理目标的顺利实现。

一、资金成本概述

（一）资金成本的定义

一般说来，站在资金使用方的角度，也就是对筹资的企业而言，资金成本是指企业为筹集和使用资本而付出的代价，一般包括筹资费用和用资费用两个部分。筹资费用是指资本筹集过程中支付的各项费用，如发行股票和债券支付的印刷费、发行手续费、咨询费、资信评估费、公证费、担保费和广告费等。用资费用是指企业因为占用资本而支付给资金提供方（即投资者）的费用，如股票的股利、银行借款和债券的利息等。筹资费用通常是在筹措资金时一次性发生的，因此，在计算资金成本时可作为筹资本金中可使用部分的一项扣除。筹资获得的全部资金，也就是筹资总额，扣除筹资费用后剩余的部分称为筹资净额。

从资金提供方（即投资者）的角度来理解，资金成本可以从两个层次来理解：第一，资金成本是投资者的期望报酬率，投资者之所以愿意选择将资金投入筹资企业，是因为该企业能够提供投资者期望获得的报酬率。第二，资金成本也是一种机会成本，股权筹资中的留存收益筹资方式是税后利润中留归公司使用支配的部分，而留存多少利润则是所有者做出的决策，也就是资金的提供方做出的决策，之所以所有者愿意将税后利润的一部分甚至是大部分留给公司继续使用，而不是分给自己，原因在于该部分资金留在公司周转使用后，能在以后给他们提供比市场投资报酬率更高的收益，而这种较高的收益水平取决于这些所有者原来投入在该公司周转的资金的成本的水平（即普通股的成本），所以，留存收益是存在机会成本的。

要注意的是，上面提到的从资本的使用方和提供方两个角度的理解是为了更透彻地了解资金成本的内涵，而如果要给资金成本给出合适的定义，仍然应该从筹集资金的角度，即资金的使用方来解释。

企业的资金成本测算一般需要计量三个层次的内容：一是个别资金成本，主要是指各种筹资方式在筹集资金时付出的代价，具体包括长期借款成本、债券成本、优先股成本、普通股成本和留存收益成本。前两个可归为债务资金成本，后三者归为权益资金成本。二是综合资金成本，是指企业某一轮筹资时，筹集的全部资金中所有个别筹资方式的加权平均资金成本。三是边际资金成本，是指企业追加资金的成本率。企业在最佳筹资方案的选择中，需要以边际资金成本作为决策依据。

(二)资金成本的作用

资金成本是企业财务管理中的重要概念，它的作用主要表现在以下几个方面。

1.资金成本是企业筹资决策的主要依据

资金成本是企业选择资金来源、拟定筹资方案的依据。不同的指标来源具有不同的成本。为了以较少的支出取得企业所需要的资本，就必须测算各种资金成本的高低水平，并加以合理配置。资金成本对企业筹资决策的影响主要有以下几点。

(1)资金成本是企业选择资金来源的基本依据。企业的资金可以从许多渠道来筹集。就长期借款而言，可以向商业银行借款，也可向投资公司或其他金融机构借款，还可向政府申请借款。企业究竟选用那种资金来源，要考虑的关键因素是资金成本的高低。

(2)资金成本是影响企业筹资总额的重要因素。随着筹资数额的增加，资金成本不断变化。当企业筹资数额很大，资金成本超过企业承受能力时，企业就不能再增加筹资数额。因此，资金成本是限制企业筹资数额的一个重要因素。

(3)资金成本是企业选用筹资方式的主要标准。企业可以利用的筹资方式是多种多样的，在选用筹资方式时，需要考虑的因素很多，但必须考虑资金成本这一经济标准。

(4)资金成本是确定最佳资金结构的主要依据。不同的资金结构，给企业带来不同的风险和成本，从而引起企业价值的变动。

2.资金成本是投资决策的重要依据

资金成本在企业分析投资项目的可行性、选择投资方案时也有重要作用。一般而言，只有当投资项目的投资收益高于资金成本时，投资项目才可行；反之，当投资项目的投资收益低于资金成本时，投资项目不可行。这就表明，资金成本是企业投资项目的“最低报酬率”，或者是判断投资项目是否可行的取舍依据。

3.资金成本是衡量企业经营成果的尺度

当企业经营利润率大于资金成本时，说明经营业绩好，否则经营业绩欠佳。

二、资金成本的测算

资金成本既可用绝对数表示，也可用相对数表示。在财务管理中，一般是用相对数表示，即表示为用资费用除以筹资净额的比率。此外在计算资金成本的时候还需要考虑负债筹资的节税作用，也就是由于对于企业负债筹资支付的利息，我国税法规定可以在缴纳所得税之前扣除，相比较于分配给权益资金提供者的股利或分红而言的税后支付，利息支付具备节约企业所得税的作用。资金成本计算的一般公式表示如下：

$$资本成本=\frac{年实际用资费用}{筹资总额-筹资费用}=\frac{年实际用资费用}{筹资总额\times(1-筹资费用率)}$$

这里根据前面说明的资金成本三个层次的内容介绍资金成本的测算。

（一）个别资金成本

个别资金成本主要包括银行借款、债券、优先股、普通股和留存收益等五种筹资方式的成本，而在第五章中介绍的其他筹资方式，出于种种原因，这里没有进行分析，如吸收直接投资属于非股份制企业的筹资方式，而该类企业的投入资本及留存收益不能在证券市场上交易，无法形成公平的交易价格，因而也就难以预计其投资的必要报酬率；融资租赁方式一般专款专用，无须统筹配置，而且其租金可能在每项租赁业务中都不完全相同。

1.长期借款成本

长期借款的成本包括借款利息及筹资费用两部分。在不考虑货币时间价值的情况下，到期一次还本、每年分次付息偿还方式的长期借款的成本可按下式计算：

$$K_L=\frac{I_L(1-T)}{L(1-F_L)}=\frac{R_L(1-T)}{1-F_L}$$

式中：K_L 表示长期借款资金成本；I_L 表示长期借款年利息额；T 表示企业的所得税税率；L 表示长期借款的本金；F_L 表示长期借款的手续费费率；R_L 表示长期借款的年利息率。

在日常工作中，由于长期借款的手续费费率较低，几乎可以忽略不计，因此，上式可以简化如下：

$$K_L=R_L(1-T)$$

【例 6-1】某企业向银行借款 1000 万元，年利率为 10%，3 年到期，每年年末支付利息一次，到期一次还本，借款的手续费费率为 0.5%，企业所得税税率为 25%。要求根据以上资料计算企业借款的资金成本。

解 $K_L=\frac{1000\times10\%\times(1-25\%)}{1000\times(1-0.5\%)}=7.89\%$

或 $K_L=\frac{10\%\times(1-25\%)}{1-0.5\%}=7.89\%$

此外，若不考虑借款的手续费费率，则计算如下：

$$K_L=10\%\times(1-25\%)=7.5\%$$

从以上计算可知，长期借款的手续费对资金成本的影响较小，可以忽略不计。

2.债券成本

债券成本主要是债券利息和筹资费用。由于债券利息在税前支付，具有节税作用，其债券利息的处理与银行借款相同。债券的筹资费用一般比较高，这类费用主要包括申请发行债券的手续费、债券注册费、印刷费、上市费以及推销费用等。其计算公式为

$$K_b=\frac{I_b(1-T)}{B(1-F_b)}$$

式中：K_b 表示债券资金成本；I_b 表示债券年利息额；T 表示企业的所得税税率；B 表示债券的发行价格；F_b 表示债券的手续费费率。

在以上计算公式的应用过程中，要注意的是债券的年利息额是债券面值与债券的票面利率之积。

【例 6-2】 企业发行五年期的债券，其面值总额为 100 万元，年利率为 12%，每年付息一次，到期一次还本，筹集费用率为 0.5%，企业所得税税率 25%。要求：如果按面值发行和分别按 110 万元、95 万元的价格发行，请计算债券的资金成本。

解　债券按面值发行时的资金成本为

$$K_{b1}=\frac{I_b(1-T)}{B(1-F_b)}=\frac{100\times12\%\times(1-25\%)}{100\times(1-0.5\%)}=9.47\%$$

债券发行价格为 110 万元时的资金成本为

$$K_{b2}=\frac{I_b(1-T)}{B(1-F_b)}=\frac{100\times12\%\times(1-25\%)}{110\times(1-0.5\%)}=8.61\%$$

债券发行价格为 95 万元时的资金成本为

$$K_{b3}=\frac{I_b(1-T)}{B(1-F_b)}=\frac{100\times12\%\times(1-25\%)}{95\times(1-0.5\%)}=9.97\%$$

3. 优先股成本

优先股成本包括支付给优先股股东的股利及发行费用。优先股没有到期日，股利通常是固定的，所以优先股股利可以视为一项永续年金。由于优先股股利是从税后利润中支付的，不能抵减所得税，其年股利额就是年实际用资费用。优先股的资金成本计算公式为

$$K_P=\frac{D_P}{P_P(1-F_P)}$$

式中：K_P 表示优先股资金成本；D_P 表示优先股年股利额；P_P 表示优先股的发行价格；F_P 表示优先股的筹资费用率。

在以上计算公式的应用过程中，要注意的是优先股的年股利额是优先股面值与优先股规定的年利率之积。

【例 6-3】 某公司发行优先股总面额为 100 万元，总价为 125 万元，筹资费率为 6%，规定年利率为 14%，则优先股资金成本为

$$K_P=\frac{100\times14\%}{125\times(1-6\%)}=11.91\%$$

4. 普通股成本

发行普通股筹资的成本包括每年支付的股利和发生的筹资费用。由于企业的发展前景存在不确定性，因此股东对普通股股票的风险报酬的要求也难以准确测定。普通股资金成本的计算一般采用股利增长模型法。在假定股票收益以固定的年增长率递增的情况下，普通股成本的计算公式为

$$K_C=\frac{D_C}{P_C(1-F_C)}+G$$

式中：K_C 表示普通股资金成本；D_C 表示普通股第一年股利额；P_C 表示普通股的发行价格；F_C 表示普通股的筹资费用率；G 表示普通股股利的年增长率。

【例 6-4】 某公司发行普通股总价格为 500 万元，筹资费率为 4%，第一年股利为 60 万元，以后每年增长 5%，则该普通股资金成本为

$$K_C=\frac{60}{500\times(1-4\%)}+5\%=16.25\%$$

此外，也有学者对普通股资金成本用固定股利等形式确定，但因在实践中应用较少，这里就不再赘述了。

5. 留存收益成本

企业可以将一部分税后利润以盈余公积或未分配利润等形式留存在企业作为生产经营资金使用，这部分资金称为留存收益。留存收益相当于股东把原本可以分得的股利继续投资给了企业。如果留存收益的报酬率高于股东将这笔资金投资于其他项目的报酬率，企业就应该保留该部分利润，否则，就不应该保留留存收益。因此，尽管前面介绍了留存收益从是否动用现金的角度而言，资金成本几乎为零，然而从机会成本的角度来理解，留存收益是存在资金成本的，该成本应与无筹资费用的普通股资金成本相等。具体计算公式为

$$K_r=\frac{D_C}{P_C}+G$$

式中：K_r 表示留存收益资金成本；D_C 表示普通股第一年股利额；P_C 表示普通股的发行价格；G 表示普通股股利的年增长率。

【例 6-5】 某公司年末留存的利润为 100 万元，公司普通股每股市价为 20 元。本年分配的普通股股利为 1 元，预计股利的年增长率为 8%。要求根据以上资料计算该公司留存收益的资金成本。

解 $D_C=1\times(1+8\%)=1.08$ (元)

$$K_r=\frac{1.08}{20}+8\%=13.4\%$$

(二)综合资金成本

企业往往从多种渠道、采用多种方式来筹集资金，其筹资成本各不相同，而企业的资本往往不可能是单一形式的，需要将各种筹资方式进行组合。为了正确进行筹资和投资决策，就必须计算企业的综合资金成本。

1. 综合资金成本的确定要素

综合资金成本是分别以各种个别资金成本为基础，以不同方式筹集资金占全部资金的比重为权数计算出来的加权平均资金成本。因此，综合资金成本是由个别资金成本和各种长期资本比重这两个要素决定的。

前面已经介绍了个别资金成本率的测算方法。各种长期资本比重是指一个企业各种长期资本分别占企业全部长期资本的比重，即狭义的资金结构。如某公司的全部长期资本总额为 1000 万元，其中长期借款 280 万元，占总资本比重 28%；发行债券 320 万元，占总资本比重 32%；股东权益 400 万元，占总资本比重 40%。当资金结构不变时，个别资金成本越高，则综合资金成本越高；反之，个别资金成本越低，则综合资金成本越低。因此，在资金结构一定的条件下，综合资金成本的高低是由别资金成本决定的。当个别资金成本不变时，资

金结构中成本较高的筹资方式的比重上升，则综合资金成本提高；反之，成本较低的筹资方式的比重下降，则综合资金成本降低。因此，在个别资金成本一定的条件下，综合资金成本的高低是由个各种长期资本比例(即资金结构)决定的。

2. 综合资金成本的测算方法

根据综合资金成本的确定要素，在已测算了个别资金成本的条件下，取得各种长期资本比例后，有如下计算公式：

$$K_W = \sum_{j=1}^{n} K_j W_j$$

式中：K_W 表示综合资金成本；K_j 表示第 j 种资金的个别资金成本；W_j 表示第 j 种资金占全部资金的比重；n 表示筹资方案中的个别筹资方式数量。

【例 6-6】HZ 公司共有长期资本(账面价值)1000 万元，其中长期借款 150 万元、债券 200 万元、优先股 100 万元、普通股 300 万元、留用利润 250 万元，其资金成本分别为 5.64%、6.25%、10.25%、15.70%、15.00%。要求计算其综合资金成本。

解　计算结果见表 6-1。

表 6-1　HZ 公司综合资金成本计算表

资本种类	资本账面价值(万元)	比重(%)	个别资金成本(%)	综合资金成本(%)
长期借款	150	15	5.64	0.85
债券	200	20	6.25	1.25
优先股	100	10	10.25	1.05
普通股	300	30	15.70	4.71
留用利润	250	25	15.00	3.75
合计	1000	100		11.61

所以，由以上计算可，HZ 公司中的综合资金成本为 11.61%。

3. 综合资金成本测算中的资金价值基础的选择

在测算企业综合资金成本时，资金结构或各种资本在全部资本中所占的比重起着决定作用。企业各种资本的比例则取决于各种资本的价值基础。

(1)按账面价值确定资金比重

例 6-6 中的个别资本占全部资本的比重是按账面价值确定的，其资料容易取得。但当资本的账面价值与市场价值差别较大时，如股票、债券的市场价格发生较大变动时，计算结果会与实际有较大的差距，从而贻误筹资时机。为了克服这一缺陷，个别资本占全部资本比重的确定还可以按市场价值或目标价值确定。

(2)按市场价值确定资金比重

市场价值权数是指债券、股票以市场价格确定的权数。这样计算的加权平均资金成本能反映企业目前的实际情况。同时，为弥补证券市场价格变动频繁的不便，也可选用平均价格。

【例 6-7】 HZ公司若按市场价值确定资本比重，进而测算综合资金成本，结果如表 6-2 所示。

表 6-2　HZ公司基于市场价值的综合资金成本计算表

资本种类	资本市场价值(万元)	比重(%)	个别资金成本(%)	综合资金成本(%)
长期借款	150	10	5.64	0.85
债券	180	12	6.25	0.75
优先股	75	5	10.50	0.05
普通股	1095	73	15.70	11.46
合计	1500	100		13.11

(3)按目标价值确定资金比重

目标价值权数是指债券、股票以未来预计的目标市场价值确定的权数。这种权数能体现期望的资金结构，而不是像账面价值权数和市场价值权数那样只反映过去和现在的资金结构，所以目标价值权数计算的加权平均资金成本更适用于企业筹措新资本时的决策。然而，企业很难客观、合理地确定证券的目标价值，这又使该计算方法不易推广。

【例 6-8】 HZ公司若按目标价值确定资本比重，进而测算综合资金成本，结果如表 6-3 所示。

表 6-3　HZ公司基于目标价值的综合资金成本计算表

资本种类	资本目标价值(万元)	个别资金成本(%)	综合资金成本(%)
长期借款	20	5.64	1.13
债券	25	6.25	1.56
优先股	15	10.50	1.58
普通股	30	15.70	4.71
留用利润	10	15.00	1.50
合计	100		10.48

(三)边际资金成本

企业无法以某一固定的资金成本来筹措无限的资本，当其筹集的资本超过一定限度时，原来的资金成本就会增加。在企业追加筹资时，需要知道筹资额在何种界限会引起资金成本的变化。这就要用到边际资金成本的概念。

边际资金成本是指资金每增加一个单位而增加的成本。边际资金成本也是按加权平均法计算的，其权数应为市场价值权数，不应使用账面价值权数。

企业在追加筹资时，为了便于比较、选择不同规模范围的筹资组合，可以预先测算边际资金成本，进行边际资金成本规划。具体可用以下四个步骤。

(1)确定目标资金结构。

(2)确定个别筹资成本。

(3)确定筹资总额分界点，计算公式为

$$\mathrm{BP}_j = \frac{\mathrm{TF}_j}{W_j}$$

式中：BP_j 表示筹资总额分界点；TF_j 表示第 j 种资金的成本分界点；W_j 表示目标资金结构中第 j 种资金的比重。

(4)计算边际资金成本。

【例 6-9】 某公司目前拥有长期资本 400 万元，其中长期借款 60 万元、债券 100 万元、普通股(含留存收益)240 万元。由于扩大经营规模的需要，公司拟筹措新资金。经过分析，认为筹集新资金后仍应保持现在的资金结构，试确定筹措新资金的资金成本。

解　第一步，确定目标资金结构。

经分析确定保持原有目标资金结构，即长期借款占 15%，债券占 25%，普通股占 60%。

第二步，确定各种资金的成本。

经财务人员了解情况，各资金的成本均随筹资规模的增大而发生变动，具体如表 6-4 所示。

表 6-4　个别资金成本预测表

资本种类	新筹资的数量范围	资金成本
长期借款	4.5 万元以内(不含) 4.5 万～9 万元 9 万元以上(不含)	3% 5% 6%
债券	20 万元以内(不含) 20 万～40 万元 40 万元以上(不含)	10% 11% 12%
普通股	30 万元以内(不含) 30 万～60 万元 60 万元以上(不含)	13% 14% 15%

第三步，计算筹资总额分界点。

计算结果见表 6-5。

表 6-5　筹资总额范围测算表

资本种类	资金成本	各资金的筹资范围	筹资总额分界点	筹资总额的范围
长期借款	3% 5% 6%	4.5 万元以内(不含) 4.5 万～9 万元 9 万元以上(不含)	4.5/15%＝30 万元 9/15%＝60 万元	30 万元以内(不含) 30 万～60 万元 60 万元以上(不含)
债券	10% 11% 12%	20 万元以内(不含) 20 万～40 万元 40 万元以上(不含)	20/25%＝80 万元 40/25%＝160 万元	80 万元以内(不含) 80 万～160 万元 160 万元以上(不含)
普通股	13% 14% 15%	30 万元以内(不含) 30 万～60 万元 60 万元以上(不含)	30/60%＝50 万元 60/60%＝100 万元	50 万元内(不含) 50 万～100 万元 100 万元以上(不含)

第四步，计算边际资金成本

根据以上步骤测算出筹资分界点，可以得出以下七个新的筹资总额范围：(1)＜30 万元；(2)≥30 万元，＜50 万元；(3)≥50 万元，＜60 万元；(4)≥60 万元，＜80 万元；(5)≥80 万元，＜100 万元；(6)≥100 万元，＜160 万元；⑦≥160 万元。对这七组筹资范围分别计算加权平均资金成本，即可得到各种筹资范围的边际资金成本，具体见表 6-6。

表 6-6　边际资金成本规划表

序号	筹资总额范围	资本种类	目标资金结构	个别资金成本	边际资金成本
1	＜30 万元	长期借款	15%	3%	0.45%
		债券	25%	10%	2.50%
		普通股	60%	13%	7.80%
第一个筹资总额范围的边际资金成本＝10.75%					
2	30 万元≤·＜50 万元	长期借款	15%	5%	0.75%
		债券	25%	10%	2.50%
		普通股	60%	13%	7.80%
第二个筹资总额范围的边际资金成本＝11.05%					
3	50 万元≤·＜60 万元	长期借款	15%	5%	0.75%
		债券	25%	10%	2.50%
		普通股	60%	14%	8.40%
第三个筹资总额范围的边际资金成本＝11.65%					
4	60 万元≤·＜80 万元	长期借款	15%	7%	1.05%
		债券	25%	10%	2.50%
		普通股	60%	14%	8.40%
第四个筹资总额范围的边际资金成本＝11.95%					
5	80 万元≤·＜100 万元	长期借款	15%	7%	1.05%
		债券	25%	10%	2.75%
		普通股	60%	14%	8.40%
第五个筹资总额范围的边际资金成本＝12.20%					
6	100 万元≤·＜160 万元	长期借款	15%	7%	1.05%
		债券	25%	11%	2.75%
		普通股	60%	15%	9.00%
第六个筹资总额范围的边际资金成本＝12.80%					
7	≥160 万元	长期借款	15%	7%	1.05%
		债券	25%	12%	3.00%
		普通股	60%	15%	9.00%
第七个筹资总额范围的边际资金成本＝13.05%					

从例 6-9 可以看出，随着筹集资金数量的增加，企业经营规模扩大，经营风险增加，若企业的债务在原有规模上不断增加，新债权人考虑到风险，必定会提高贷款或债券的利率，使债务成本增加。同样，股东也会考虑到风险，要求提高投资报酬率，以此来抵御增加的风险，从而使得股本成本也会上升。

由于企业筹集新资金都按一定的数量进行，企业在追加筹资时，需要知道达到何种数量便会引起资金成本的变化。因此，企业在追加筹资的决策中，必须预先计算边际资金成本随追加筹资总额及其资金结构的变化情况。这样，在确定追加筹资总额及其资金结构时，就能充分利用边际资金成本突破点前的充裕量，尽量避免边际资金成本刚刚越过突破点的成本增加负担。

第二节　杠杆效应分析

财务管理中的杠杆原理是指由于固定费用（包括生产经营方面的固定费用和财务方面的固定费用）的存在，当业务量发生较小的变化时，利润会发生较大的变化。财务管理中所研究的杠杆主要有营业杠杆、财务杠杆和复合杠杆。

一、杠杆原理所涉及的相关概念

要了解财务管理中的杠杆原理，首先需要了解成本按习性分类和杠杆原理设计的基本概念。

（一）成本按习性分类

成本习性，又称为成本性态，是指成本总额的变动与业务量之间的内在关系。成本按习性可以分为三类。

1. 固定成本

固定成本是指在一定时期和一定业务量范围内成本总额不受业务量增减变动影响的成本，如按直线折旧法计算的固定资产折旧、实行计时工资制的管理人员工资、房屋租赁费等。只要业务量在一定范围内，这些成本的数额就保持固定不变。虽然固定成本总额保持不变，然而将固定成本摊到每一单位业务量时，即单位固定成本，是与业务量之间呈反比例变动关系的，也就是当业务量上升时，单位固定成本下降；当业务量下降时，单位固定成本上升。

2. 变动成本

变动成本是指在特定的业务量范围内其总额会随业务量的增减变动而呈正比例变动的那部分成本。如直接材料、直接人工都属于变动成本。变动成本总额会随着产量的增减呈正比例地增减。但一般情况下，单位变动成本却不受产量变动的影响，而是保持不变的。

3. 混合成本

在企业生产经营中，有些成本虽然也是随业务量的变动而变动的，但不呈同比例变动，不能简单地归入变动成本或固定成本，这类成本称为混合成本。混合成本按其与业务量的关系又可分为半变动成本、半固定成本和延期变动成本。

这里要着重指出的是，由于混合成本的特征不明显，为了更好地分析业务量与成本之间的关系，往往会用专门的方法将混合成本分解成为两部分——符合固定成本特征的部分和满足变动成本特征的部分，也就是企业的所有成本将最终分解为固定成本和变动成本两大类。因此，后面的分析中只涉及固定成本和变动成本。

(二)息税前利润

息税前利润 EBIT(earnings before interest and tax)是指支付利息和缴纳所得税之前的利润。成本按习性分类后,息税前利润计算公式为

息税前利润=销售收入总额-成本总额

=销售收入总额-固定成本总额-变动成本总额

或　　息税前利润=利润总额+利息费用

二、营业杠杆与经营风险

(一)营业杠杆及其作用

企业在生产经营过程中利用的在一定业务量范围内保持不变的固定成本,就是营业杠杆,也称之为经营杠杆。

在企业生产经营的相关业务量范围内,固定成本总额始终保持不变,业务量增加会降低产品的单位固定成本,从而提高单位产品利润,最终会大幅度提高息税前利润,给企业带来更多的收益,这就是营业杠杆利益,具体可见表 6-7。

表 6-7　营业杠杆利益分析表　　单位:万元

销售		变动成本	固定成本	息税前利润	
金额	增长率			金额	增长率
240		144	80	16	
260	8%	156	80	24	50%
300	15%	180	80	40	67%

反之,业务量减少会提高产品的单位固定成本,降低单位产品利润,进而大幅度降低息税前利润,这会给企业带来经营风险,具体可见表 6-8。业务量、固定成本和利润之间的这一客观变化规律,使息税前利润的变动率大于业务量的变动率,这就是营业杠杆原理。可见,营业杠杆是一把“双刃剑”,企业要想获取营业杠杆利益,就需要承担由此带来的经营风险,必须权衡营业杠杆利益和经营风险,以便做出正确的经营决策。

表 6-8　营业风险分析表　　单位:万元

销售		变动成本	固定成本	息税前利润	
金额	降低率			金额	降低率
300		180	80	40	
260	13%	156	80	24	40%
240	8%	144	80	16	33%

(二)营业杠杆系数

只要企业存在固定成本，就存在营业杠杆的作用。但不同的企业，由于固定成本的大小不同，营业杠杆作用的程度也不一致，为此，需要对营业杠杆的作用程度进行计量。该计量最常用的指标是营业杠杆系数 DOL(degree of operating leverage)。营业杠杆系数就是息税前利润变动率相当于销售变动率的倍数。其计算公式为

$$\mathrm{DOL}=\frac{\Delta \mathrm{EBIT}/\mathrm{EBIT}}{\Delta S/S} \quad 或\ \mathrm{DOL}=\frac{\Delta \mathrm{EBIT}/\mathrm{EBIT}}{\Delta Q/Q}$$

式中：DOL 表示营业杠杆系数；EBIT 表示息税前利润额；ΔEBIT 表示息税前利润的变动额；S 表示营业收入；ΔS 表示营业收入的变动额；Q 表示销售数量；ΔQ 表示销售数量的变动额。

以上公式是营业杠杆系数的经济意义的表达，但要利用该公式，必须以已知变动前后的相关资料为前提，比较麻烦，而且无法预测未来的营业杠杆系数。所以，一般计算营业杠杆系数用简化公式。计算营业杠杆系数的简化公式为

$$\mathrm{DOL}=\frac{Q(P-V)}{Q(P-V)-F} \quad 或\ \mathrm{DOL}=\frac{S-\mathrm{VC}}{S-\mathrm{VC}-F}$$

式中：DOL 表示营业杠杆系数；Q 表示销售数量；P 表示销售单价；V 表示单位变动成本；F 表示固定成本总额；VC 表示变动成本总额，可根据变动成本率乘以营业收入总额来确定。

营业杠杆系数计算结果的经济意义是，当销售变动时息税前利润变动的倍数。在应用营业杠杆系数衡量判断时，一般而言，营业杠杆系数越大，对营业杠杆利益的影响越强，营业风险也就越高；反之，营业风险就越小。

【例 6-10】某企业生产甲产品，固定成本为 60 万元，变动成本率为 40%，当企业的销售收入分别为 400 万元、200 万元、100 万元时，计算营业杠杆系数。

解　营业杠杆系数分别为

$$(1)\mathrm{DOL}_1=\frac{400-400\times 40\%}{400-400\times 40\%-60}=1.33$$

$$(2)\mathrm{DOL}_2=\frac{200-200\times 40\%}{200-200\times 40\%-60}=2$$

$$(3)\mathrm{DOL}_3=\frac{100-100\times 40\%}{100-100\times 40\%-60}\to\infty$$

(1)式计算的结果表明了当销售额增减 100%，息税前利润将增减 133%；(2)式结果表明当销售额增减 100%，息税前利润将增减 200%，即随销售额下降，经营风险增加；(3)式结果表明当销售额在盈亏平衡点时，经营风险无穷大。

(三)影响营业杠杆作用的因素

前面的分析是基于假定相关因素不变的前提，然而当市场条件发生变化时，这些因素将影响营业风险的高低水平。

(1)产品的市场需求。在其他条件不变的情况下，市场对企业产品的需求越稳定，其经营风险越小；反之，经营风险越大。

(2)产品的销售价格。产品价格变动同经营风险成反比,即价格上升,经营风险减小;反之,价格下降,经营风险增大。

(3)产品单位变动成本。产品单位变动成本与经营风险成正比,即单位变动成本降低,息税前利润上升,经营风险较小;反之,经营风险较大。

(4)企业固定成本总额。一般而言,在其他因素不变的情况下,经营成本中的固定成本比重越大,经营风险越大;反之,经营风险越小。

三、财务杠杆与财务风险

(一)财务杠杆及其作用

财务杠杆是指企业在筹资过程中对资金成本固定型的债务筹资方式的利用,具体包括长期借款、发行债券、发行优先股等筹资方式。

财务杠杆作用是指债务利息费用和优先股股息的存在,使权益资金收益(用每股收益表示)的变动率大于息税前利润变动率的现象。

在资金结构(即负债比率)一定的条件下,企业利用财务杠杆作用,可以获得更多的利润,从而提高权益资金净利率。因为,在投资报酬率大于负债利息率的前提下,无论企业息税前利润是多少,债务利息是固定的。当息税前利润增加时,每一元息税前利润负担的债务利息就会相对下降,其创造的税后利润相应增加,从而给投资者带来额外收益,即财务杠杆利益,具体可见表 6-9。

表 6-9　财务杠杆利益分析表　　单位:万元

息税前利润		债务利息	所得税(25%)	税后利润	
金额	增长率			金额	增长率
16		15	0.25	0.75	
24	50%	15	2.25	6.75	800%
40	67%	15	6.25	18.75	178%

反之,当息税前利润下降时,每一元息税前利润负担的债务利息就会相对提高,其创造的税后利润相应减少,从而给投资者带来额外损失,即财务风险,具体可见表 6-10。

表 6-10　财务风险分析表　　单位:万元

息税前利润		债务利息	所得税(25%)	税后利润	
金额	增长率			金额	增长率
40		15	6.25	18.75	
24	15%	15	2.25	6.75	64%
16	33%	15	0.25	0.75	89%

固定财务费用的存在是财务杠杆作用的前提。在企业筹资中,只要筹资方式中有固定

财务费用支出的债务和优先股，就存在财务杠杆的作用。若没有借入资本和发行优先股，就不存在固定的财务费用支出，也就没有财务杠杆作用，这时普通股每股收益变动率就同息税前利润变动率完全一致。

（二）财务杠杆系数

只要企业存在固定财务费用，就存在财务杠杆的作用。但不同的企业，由于负债（或发行优先股）筹资量不同，固定的财务费用支出就不相同，财务杠杆作用的程度也不完全一致，为此，需要对财务杠杆进行计量。财务管理中对财务杠杆进行计量，采用计算财务杠杆系数 DFL(degree of financial leverage)指标进行。财务杠杆系数是指税后利润的变动率相当于息税前利润变动率的倍数。对股份有限公司而言，可以用普通股每股收益变动率来代替税后利润的变动率。其计算公式为

$$DFL=\frac{\Delta EAT/EAT}{\Delta EBIT/EBIT} \quad 或\ DFL=\frac{\Delta EPS/EPS}{\Delta EBIT/EBIT}$$

式中：DFL 表示财务杠杆系数；EBIT 表示息税前利润额；ΔEBIT 表示息税前利润的变动额；EAT 表示税后利润额；ΔEAT 表示税后利润的变动额；EPS 表示普通股每股收益额；ΔEPS 表示普通股每股收益的变动额。

上述公式是财务杠杆系数的经济意义的表达，但利用该公式，必须以已知变动前后的相关资料为前提，比较麻烦，一般计算财务杠杆系数可以用简化公式。财务杠杆系数的简化公式为

$$若未发行优先股\qquad DFL=\frac{EBIT}{EBIT-I}$$

$$若发行有优先股\qquad DFL=\frac{EBIT}{EBIT-I-D_P/(1-T)}$$

式中：DFL 表示财务杠杆系数；EBIT 表示息税前利润额；I 表示债务的年利息额；D_P 表示优先股的年股利额；T 表示公司所得税税率。

财务杠杆系数计算结果的经济意义是，当息税前利润变动时，每股收益变动的倍数。在应用营业杠杆系数衡量判断时，一般而言，财务杠杆系数越大，对财务杠杆利益的影响就越强，财务风险也就越高；反之就越小。

【例 6-11】有 A、B、C 三家企业，其全部长期资本皆为 1000 万元。A 企业无负债，无优先股，全部为普通股股本；B 企业的借入资本为 300 万元，利率为 10%，普通股股本为 700 万元，无优先股；C 企业的借入资本为 500 万元，利率为 10%，优先股股本 100 万元，股息率为 12%，普通股股本为 400 万元。假定三个公司预期息税前利润均为 200 万元，所得税税率为 25%，每股面值均为 1 元，分别计算三个公司的财务杠杆系数。

解

$$DFL_A=\frac{EBIT}{EBIT-I}=\frac{200}{200-0}=1$$

$$DFL_B=\frac{EBIT}{EBIT-I}=\frac{200}{200-300\times 10\%}=1.18$$

$$DFL_C=\frac{EBIT}{EBIT-I-D_P/(1-T)}=\frac{200}{200-500\times 10\%-100\times 12\%/(1-25\%)}=1.5$$

以上计算结果表明，长期资金中债务资金占比重越大，财务杠杆系数越大，普通股股本

利润率也越大。其根本原因在于：由于三个公司的投资报酬率20%大于利息率10%，大于股息率12%，从而导致随着固定性财务费用的增加，财务杠杆利益越大。

（三）影响财务杠杆作用的因素

前面财务杠杆作用的分析也是基于相关因素不变的前提，当企业所处的环境发生改变时，将影响财务杠杆发挥作用。导致企业财务风险的因素主要有以下几个。

1. 企业资金结构

一般而言，债务资金供求关系变化而引起资金结构的变化是导致财务风险的根本性原因。

2. 债务利率水平

在其他因素不变的情况下，债务利率变动与财务风险呈同方向变动，债务的利率水平较高时，则企业的财务风险也相应地处于较高水平。

3. 企业资本总规模

在其他因素不变的情况下，如果资金规模发生了变动，财务杠杆作用也将随之变动。例如，企业资金结构不变，资本总规模扩张，则企业的负债数量也将随之增长，从而导致企业的资金成本增加，最终会增加企业的财务风险。

4. 企业获利能力

企业获利能力影响的是息税前利润指标，该指标与财务风险呈反方向变动，即获利能力增强，息税前利润增加，财务风险下降；反之，获利能力下降，财务风险加大。

在资金总额、息税前利润相同的情况下，负债比率越高，财务杠杆系数就越大，财务风险越高，但预期的每股盈余也越高。在债务利息不变的情况下，息税前利润越大，财务杠杆系数越小，财务风险也越小。因此，企业可以通过合理安排负债比率和增加息税前利润，使财务杠杆利益大于财务风险的不利影响，从而使普通股每股收益稳步增长。

四、复合杠杆

（一）复合杠杆的作用

复合杠杆，也称联合杠杆或总杠杆，是用来反映企业综合利用营业杠杆和财务杠杆对普通股收益产生的影响。由以上分析可知，由于存在固定成本，产生营业杠杆效应，使息税前利润的变动率大于业务量的变动率；同样，由于存在固定财务费用，产生财务杠杆效应，使企业每股收益的变动率大于息税前利润的变动率。如果两种杠杆共同起作用，那么销售额稍有变动就会使每股收益产生更大幅度的变动。这种由于固定成本和固定财务费用的共同存在而导致的每股收益的变动率大于销售变动率的杠杆效应，称为复合杠杆。企业在筹资和经营决策中，可以通过合理使用营业杠杆和财务杠杆的作用，达到提高普通股每股收益的目标。

(二)复合杠杆系数

并存于企业的固定生产经营成本和固定财务费用支出,使复合杠杆的存在成为必然。但不同的企业,由于固定的生存经营成本和固定财务费用支出的多少不同,复合杠杆的作用也不完全一致。对此,需要对复合杠杆的作用程度进行计量。

财务管理中对复合杠杆的计量采用计算复合杠杆系数DTL(degree of total leverage)指标来进行。复合杠杆系数是指每股收益变动率相当于销售变动率的倍数。其计算公式为

$$DTL = DOL \times DFL = \frac{\Delta EPS/EPS}{\Delta Q/Q}$$

或

$$DTL = \frac{\Delta EPS/EPS}{\Delta S/S}$$

【例6-12】某公司的营业杠杆系数为2,同时财务杠杆系数为1.5,则该公司的复合杠杆系数为

$$DTL = DOL \times DFL = 2 \times 1.5 = 3$$

以上计算结果表明,当业务量增长1倍时,普通股每股收益则以3倍的幅度增长;反之,当业务量下降1倍时,普通股每股收益将下降3倍。业务量增长时表现为复合杠杆利益,业务量下降时表现为复合风险。

第三节　资金结构决策

各种筹资方式不同的组合类型决定着企业的资金结构及其变化。资金结构是企业筹资决策的核心问题,企业应该综合考虑有关影响因素,运用适当的方法确定最佳资金结构,以实现企业价值最大化目标。

一、资金结构原理

(一)资金结构的含义

资金结构是指企业各种资金的价值构成及其比例关系。资金结构有广义和狭义之分。狭义的资金结构是指企业长期资本各项目(包括普通股、优先股、留存收益、长期借款和债券等)的价值构成和比例关系。广义的资金结构是指企业全部资金(包括长期资本和短期资金)的价值构成和比例关系。

(二)资金结构的作用

企业资金结构是由企业采用的各种筹资方式筹集资金而形成的,各种筹资方式不同的组合类型决定着企业资金结构的变化。企业通过筹资形成的企业资金类型主要包括债务资金和权益资金。资金结构问题总的而言是债务资金的比例问题,即合理安排负债在全部资金中所占的比重。因此,必须了解债务资金的作用。

1.合理利用债务资金有利于降低企业资金成本

由于债务资金必须按期还本付息，对债权人而言，其风险明显小于权益资金投资者的风险，因此，负债利息率一般低于总资产报酬率。同时，负债利息可以在税前支付，债务资金成本必然低于权益资金成本。在一定的限度内增加负债筹资，就可以降低加权平均资金成本，从而提高企业价值。

2.合理利用债务资金有利于提高权益资金的收益水平

根据财务杠杆原理，在资产报酬率大于负债利息率的前提下，适当提高负债比率，就可以使得权益资金获得较大的财务杠杆利益，在一定程度上提高股票的每股收益，从而使股票价格上升。

3.合理安排债务资金比例可以增加企业的价值

一般而言，企业的价值等于其债务资金的市场价值与权益资金的市场价值之和。企业的总价值与资金结构是紧密联系的，合理安排债务资金在一定程度上有利于增加企业的市场价值。

4.合理安排资金结构可以降低企业财务风险

债务资金对于企业存在双向作用。虽然债务资金的利息率一般低于总资产报酬率，合理利用负债可以给企业带来降低加权平均资金成本、提高每股收益的好处，但过度负债也加大了企业的财务风险。这种风险是由未来息税前利润的不确定性造成的，当息税前利润降低时，过高的固定利息费用支出不仅给企业造成严重的负担，从而使每股收益大幅度下降，而且，过高的债务负担增加了还本的压力，加大了企业破产的风险。因此，企业应该合理安排资金结构，合理安排债务资金比例。

(三)影响资金结构决策的因素

企业资金结构决策的影响因素很多，主要有企业发展阶段、企业财务状况、所有者动机、债权人态度、经营者行为、市场利率水平、税收政策、行业差别等。

1.企业发展阶段

企业在一定的发展周期阶段，表现出相应的资金结构特点。一般而言，企业的发展往往经过不同阶段，如初创期、成长期、成熟期和衰退期等。企业的资金结构，在初创期，通常表现为债务资金比例较低；在成长期，债务资金比例开始上升；在成熟期，资金结构保持相对稳定；在衰退期，债务资金比例会有所下降。

2.企业财务状况

企业获利能力越强、财务状况越好、变现能力越强，就越有能力承担财务上的风险。因而，随着企业变现能力、财务状况和盈利能力的增强，举债筹资就越有吸引力。当然，有些企业因为财务状况不好，无法顺利发行股票，只好以高利率发行债券来筹集资金。衡量企业财务状况的指标主要有流动比率、利息保障倍数、投资报酬率等。

3.所有者动机

企业所有者的动机对资金结构也有重要影响，因为企业资金结构的决策最终是由他们做出的。一个企业的股票如果被众多所有者所持有，谁也没有绝对的控制权，这个企业可能会更多地采用发行股票的方式来筹集资金，因为企业所有者并不担心控制权旁落的问题。反之，有的企业被少数股东所控制，股东们很重视控制权问题，企业为了保证少数股东的绝对控制权，一般尽量避免采用普通股筹资，而是采用优先股或负债方式筹集资金。

4. 债权人态度

通常情况下，企业在决定资金结构并付诸实施之前，都要向贷款银行和信用评估机构咨询，并对它们提出的意见给予充分的重视。如果企业过高地安排债务筹资，贷款银行未必会接受大额贷款的要求，或者只有在担保抵押或较高利率的前提下才会同意增加贷款。

5. 经营者行为

经营管理人员对待风险的态度，也是影响资金结构的重要因素。喜欢冒险的财务管理人员，可能会安排比较高的负债比例；反之，一些持稳健态度的经营者则只会使用较低的债务比例。

6. 市场利率水平

市场利率水平的高低和变动趋势也会影响到企业的资金结构。如果企业财务管理人员认为利率暂时较低，但不久的将来有可能会上升的话，便会大量发行债券，从而在若干年内把利率固定在较低的水平上。

7. 行业差别

在资金结构决策中，应掌握本企业所处行业的特点以及该行业资金结构的一般水准，作为确定本企业资金结构的参照，分析本企业与同行业其他企业相比的特点和差别，以便更有效地决定本企业的资金结构。

8. 国家财税政策

国家相关的财政税收政策对企业资金结构决策也有着较大的影响。如果国家政府采用扩张型财政政策，给予相关的国有企业财政补贴，这些企业可能就较少需要在市场上进行股权筹资。按照税法的规定，企业债务的利息可以抵税，而股票的股利不能抵税。因此，企业所得税税率越高，举债的节税作用就越大。

(四)资金结构的种类

企业的资金结构可以分为不同的种类，主要划分依据有资金权属和资金期限，相应区分为资金的权属结构和资金的期限结构。

1. 资金的权属结构

一个企业的全部资金就其权属而言，通常分为两大类，一类是股权资金，另一类是债务资金。企业的全部资金按权属区分，则构成资金的权属结构。资金的权属结构是指企业不同权属资金的价值构成及其比例关系。这两类资金构成的资金结构就是企业的资金权属结构。例如CAD公司的资金总额为1亿元，其中股东权益属于股权资金，金额为6000万元，比例为60%；银行借款和应付债券等属于债务资金，金额合计为4000万元，比例为40%。

股权资金和债务资金各为6000万元和4000万元，或比例各为60%和40%，即股权资金与债务资金之比为3∶2。这是对该公司资金权属结构的不同表述。企业同时拥有债务资金和股权资金而构成的资金权属结构，其搭配比例或杠杆比例通常可用债务资金的比例来表示。资金的权属结构涉及企业及其股东和债权人的利益和风险。

2. 资金的期限结构

一个企业的全部资金就其期限而言，一般可以分为两大类，一类是长期资金，另一类是短期资金。这两类资金构成该企业资金的期限结构。资金的期限结构是指不同期限资金的价值构成及其比例关系。在上例中，CAD公司的银行借款3000万元中有2000万元是短期借款，1000万元是长期借款，应付债券和股权资金都是长期资金，由此，该公司的短期资金为2000万元，长期资金为8000万元，或长期资金占80%，短期资金占20%，即长期资金与短期资金之比为4∶1。这是对CAD公司资金期限结构的不同表述。资金的期限结构涉及企业一定时期的利益和风险，并可能影响企业股东和债权人的利益和风险。

二、资金结构理论

资金结构理论是揭示资金结构与企业价值之间关系的理论。对资金结构理论的研究始于西方。最早提出资金结构理论的是美国经济学家戴维·杜兰德(David Duland)。杜兰德认为，早期企业的资金结构是按照净收益法、净营业收益法和传统折中法建立的。1958年莫迪格利尼和米勒又提出来著名的MM理论。在此基础上，后人又进一步提出了平衡理论、代理理论和等级筹资理论等。

从资金结构理论形成和发展过程来看，其可分为早期资金结构理论、MM资金结构理论和新的资金结构理论。

(一)早期资金结构理论

早期资金结构理论主要有三种观点。

1. 净收益理论

净收益理论，也称净利说。该理论认为，在企业的资金结构中，债务资金的比例越大，企业获取的财务杠杆利益就越大，企业的净收益或税后净利润就越多，从而企业的价值就越高。对于企业而言，只要权益资金成本高于债务资金成本，利用债务资金就可以降低企业的加权平均资金成本。这是因为，债务资金在企业全部资金中所占的比重越大，加权平均资金成本越接近债务资金成本，又由于债务资金成本一般较低，所以，负债程度越高，加权平均资金成本就越低，企业价值越大。当负债比率达到100%时，加权平均资金成本就等于债务利息，此时企业价值将达到最大。

这是一种极端的资金结构理论，这一理论虽然考虑到财务杠杆利益，但忽略了财务风险。很明显，如果企业的债务资金过多，债务资金比例过高，企业的财务风险就会很高，企业的加权平均资金成本就会上升，企业的价值反而下降。

2. 净营业收益理论

净营业收益理论，也称营业净利说，该理论认为，企业的价值与资金结构无关，决定企业价值高低的关键要素是企业的净营业收益。这是因为，如果企业增加成本较低的债务资金，即使债务资金成本不发生改变，但由于加大了企业的财务风险，也会导致企业的权益资金成本的提高。这一升一降，相互抵消，企业的加权平均资金成本不变，企业的价值也就不受资金结构的影响。这意味着对于企业而言就不存在一个最佳资金结构，因此，也就不存在资金结构决策问题了。

这是另外一种极端的资金结构理论。这一理论虽然认识到债务资金比例的变动会给企业带来财务风险，也可能影响企业的权益资金的成本，但是实际上企业的加权平均资金成本不可能是一个常数。

3. 传统折中理论

传统折中理论是介于净收益理论和净营业收益理论之间的一种折中理论。该理论认为，企业在一定的负债范围内增加债务资金尽管会导致权益资金成本上升，但是权益资金成本上升的幅度并不会完全抵销债务资金使加权平均资金成本下降的幅度，因此，在这个限度内增加债务资金可以降低加权平均资金成本，从而增加企业价值。然而一旦债务资金超过这一限度，权益资金成本的上升就不再能为债务资金的低成本所抵消，加权平均资金成本会上升，企业价值开始下降。此后，当债务资金继续增加时，加权平均资金成本上升得更快，企业价值也随着加权平均资金成本的上升而大幅度下降。因此，传统折中理论认为，每个企业都存在一个最佳资金结构，并可以通过适当调整负债比例来实现。

（二）MM 资金结构理论

早期资金结构理论是建立在对企业所有者行为的一种推论和经验判断的基础之上的，既没有充分的经验基础，也没有经过科学的数学推导和统计分析，故难以令人信服。由莫迪格利尼和米勒提出的 MM 理论则是一种较为严格的科学理论。MM 理论的出现，使资金结构理论研究进入了一个崭新的领域。1958 年 6 月，他们在《美国经济评论》上发表了题为《资金成本、企业理财和投资理论》一文。该文深入探讨了企业资金结构与企业价值之间的关系，创立了 MM 资金结构理论，并开创了资金结构理论的研究，这两位作者也因此荣获诺贝尔经济学奖。

MM 资金结构理论在其研究过程中形成了一系列极其严格的基本假设：

（1）存在高度完善和均衡的资金市场，没有交易成本和佣金，投资者可以像企业一样以相同的利率借款；

（2）投资者对于未来收益和风险的估计是完全相同的；

（3）企业经营风险的高低由息税前利润标准差来衡量，企业经营风险决定其风险等级；

（4）企业为零增长企业，财务杠杆利益全部分配给股东；

（5）企业和个人的负债均无风险，即负债利率属于无风险利率；

（6）企业无破产成本。

在以上各假设条件的基础上，MM 理论应用严格的数学推导，得出了无企业所得税和有企业所得税条件下的两个重要的命题。

1. 无企业所得税的 MM 模型

MM 理论认为，在没有企业所得税的情况下，不但负债无风险，而且负债利息无节税作用，因此，企业的价值独立于负债比例，其等于企业的息税前利润除以适用于其风险等级的报酬率。这一命题认为，权益资金成本会随着负债程度的提高而增加，这样，增加负债所带来的利益完全被上涨的权益资金成本所抵消。因此，风险相同的企业，其价值不受有无负债及负债程度的影响。也就是说，在无企业所得税的条件下，不存在最佳资金结构问题。

2.有企业所得税的MM模型

在有企业所得税的条件下，由于负债利息在税前列支，具有节税作用。企业价值会随负债程度的提高而增加，股东也可获得更多好处，负债越多，企业价值越大。负债企业的价值等于同等风险等级的无负债企业的价值加上负债利息的节税收益。即负债节税收益的增加额全部增加企业价值，却不存在风险增加而使企业价值下降的情况。

从有企业所得税的MM模型来看，最佳资金结构应该是负债比率为100%。但实际上没有一家企业会完全接受MM理论所设想的资金结构模型。MM不实用的原因在于，它使用了一些不符合实际的假设，如忽视资金市场的交易成本和佣金，只考虑个人和企业的举债所带来的节税利益，而不考虑债务风险，等等。但正因为如此，才使得MM理论能够成功地利用数学模型来揭示资金结构中负债的重要作用以及资金结构与企业价值之间的关系，使人们对资金结构理论的研究向前跨出了关键性的一步。以后的不少学者都是在MM理论的基础上逐步放宽了MM理论的某些假设，并进行了大量的实证研究，使MM理论更加接近实际。在MM理论的基础上，逐渐形成了平衡理论、代理理论和等级筹资理论等比较有影响的新资金结构理论，使资金结构理论得到空前的发展，这就是MM资金结构理论的历史性贡献。

（三）新的资金结构理论

1.平衡理论

20世纪70年代，人们发现制约企业无限追求免税优惠或负债最大化的关键因素在于债务上升所带来的财务风险和费用。企业债务的增加使企业陷入财务危机甚至破产的可能性增加。随着企业债务增加而提高的风险和各种费用会增加企业的额外成本，从而使其市场价值下降。因此，企业最佳资金结构应当是在负债价值最大化和债务上升带来的财务危机成本之间的平衡，因此，被称为平衡理论。这一理论可以说是对MM理论的再修正。该理论认为，当负债程度较低时，负债节税利益开始为财务危机成本所抵消。当边际负债节税利益等于边际财务危机成本时，企业价值最大，资金结构最优；若企业急需追加负债，企业价值会因财务危机成本大于负债节税利益而下降，负债越多，企业价值下降越快。

2.代理理论

代理理论的创始人詹森和麦克林认为，企业资金结构会影响经营者的工作水平和其他行为选择，从而影响企业未来现金收入和企业市场价值。例如，当经营者不作为内部股东而作为代理人时，其努力的成本由自己负担，而努力的收益却归于他人（股东）；其在职消费的好处由自己享有，而消费成本却由他人负责。这时，他可能偷懒或采取有利于满足自身效用而损害委托人利益的行动。该理论认为，债务筹资有更强的激励作用，并将债务视为一种担保机制。这种机制能够促使经理多努力工作，少一些个人享受，并且做出更好的投资决策，从而降低由于两权分离而产生的代理成本。但是,负债筹资可能导致另一种代理成本,即企业接受债权人监督而产生的成本。这种债权的代理成本也得由经营者来承担,从而举债比例上升导致举债成本上升。均衡的企业资金结构是由股权代理成本和债权代理成本之间的平衡关系来决定的。

3. 等级筹资理论

由于传统的筹资优序理论与现实的差异,梅耶斯等学者提出了一种新的优序筹资理论。梅耶斯 1984 年通过建立一个投资项目信息不对称的简单模型提出了等级筹资假设。首先,外部筹资的成本不但包括管理和证券承销成本,以及新发行证券被低估的成本,而且包括不对称信息所产生的“投资不足效应”而引起的成本。在信息不对称条件下,企业可能会选择不发行证券,即使存在净现值大于零的投资机会,也有可能被放弃。为消除“投资不足效应”而引起的成本,企业可以选择用内部积累的资金去保证净现值为正的投资机会。所以,通过比较外部筹资和内部筹资的成本,当企业面临投资决策时,理论上首先考虑运用内部资金。其次,梅耶斯认为债务筹资优于股权筹资。他认为总的原则是先发行安全的证券,然后才是风险性证券,这样就很好地从理论上解释清楚优序筹资理论的两个核心要点:其一是偏好内部筹资;其二是如果需要外部筹资,则偏好债务筹资。

由于企业所得税的节税利益,负债筹资可以增加企业的价值,即负债越多,企业价值增加越多,这是负债的第一种效应;但是,财务危机成本期望值的现值和代理成本的现值会导致企业价值的下降,即负债越多,企业价值的减少额越大,这是负债的第二种效应。负债比例较小时,第一种效应大;负债比例较大时,第二种效应大。上述两种效应相抵消,企业应适度负债,所以公司的资金结构中应有一定数量的负债。由于非对称信息的存在,企业要保留一定的负债额度以便在有利可图的投资机会来临时可发行债券,避免以太高的成本发行新股。

从成熟的证券市场来看企业的筹资优序模式,首先是内部筹资,其次是借款、发行债券、发行可转换债券,最后是发行新股筹资。但是对于新兴证券市场而言却未必如此。20 世纪 80 年代新兴证券市场上企业股票筹资增长迅速,虽然信息不对称的情形与成熟市场相比严重得多,但是企业对股票筹资十分热情,具有明显的股票筹资偏好,企业筹资顺序的选择几乎与等级筹资模型是背道而驰的。例如,在我国,资本市场不发达,市场法律环境不完善,存在严重的信息不对称,股东的监控较薄弱,大多数企业的筹资偏好顺序是:内部筹资(留存收益)优于发行股票,而前两种筹资方式(即留存收益和股票筹资)又都优于举债筹资;如果可能(股票发行与上市条件宽松),肯定是将发行股票放在最优的位置上。目前,我国在创业板市场排队等待发行股票并上市的数千家企业就是证明。即使是上市公司,也通过配股或增发等手段拼命“圈钱”。

企业偏好股票筹资的主要原因有以下三点:第一,在不健全的资金市场机制前提下,市场和股东对代理人(企业董事会和经理)的监督效率很低,经理们有较多的私人信息和可自由支配的现金流量;第二,代理人认为企业股权筹资的成本是以股利来衡量的,而股利的发放似乎是按代理人的计划分配的,从而使他们认为股票筹资的成本是廉价的;第三,经理利用股权筹资可使他们承担较小的破产风险。在我国现阶段的证券市场,企业的股利支付率很低,使代理人错误地认为股权筹资的成本很低。另外,在我国企业的财务实务中,有相当多的代理人还没有把筹资优序理论应用到企业筹资中去,多半是以简单的直观判断和表面的资金成本来选择筹资方式,这无疑会走进股票筹资偏好的误区。实际上,在我国证券市场进行股票筹资的成本是较高的,远远高于银行目前的贷款利率,对于处于稳定成长期或成熟期的企业来讲,股票筹资并不经济。

由此可得出如下启示,股票筹资的成本并不低,也不是上市公司或拟上市公司筹资的唯一途径。特别是对于已经进入稳定成长期或成熟期的企业而言,其筹资的最优策略选择应该是发行债券及可转换债券,或通过银行等金融机构进行商业借贷更为合理。无理性地进行大规模的股票筹资,不但会提高资金成本,而且其经营业绩压力也是不可忽视的。这也是西方国家企业在进入成熟期后,举债回购股票的主要原因。因此,股票筹资并不是企业筹资方式的唯一选择。

三、资金结构优化决策

资金结构决策是企业筹资管理的落脚点和核心问题,确定最佳资金结构是企业筹资管理的目标。负债对企业财务的影响主要表现在:一定程度的负债有利于降低企业的资金成本;负债筹资具有财务杠杆作用;债务资金会加大企业的财务风险。企业确定最佳资金结构,必须权衡资金成本、财务风险等各方面的情况。最佳资金结构是指企业在一定时期最适宜的有关条件下,使其加权平均资金成本最低,同时使企业价值最大的资金结构。由于企业内部和外部环境经常发生变化,实际工作中要找到最佳资金结构是比较困难的,所以在一定程度上确定权益资金和负债资金的比例,即做出融资决策还要依靠有关人员的经验和主观判断以及科学合理的方法。确定最佳资金结构的主要方法有比较资金成本法、每股收益分析法和比较公司价值法等。

(一)比较资金成本法

比较资金成本法,是指通过计算不同资金组合的加权平均资金成本,以筹资方案中资金成本最低的方案为最优选择的一种方法。它以资金成本的高低作为确定最佳资金结构的唯一标准。决策程序为:第一步,确定不同筹资方案的资金结构;第二步,计算不同方案的资金成本;第三步,选择资金成本最低的筹资方案。

企业筹资可以分为初始筹资和追加筹资两种情况,与此相对应,企业的资金结构决策也可以分为初始筹资的资金结构决策和追加筹资的资金结构决策。

1. 初始筹资的资金结构决策

初始筹资的资金结构决策是指在企业创立之时,对各种筹资方案分别计算其综合资金成本,选择综合资金成本最低的方案作为最佳筹资方案。

【例 6-13】 CAD公司初创时有三个筹资方案可供选择,有关资料经测算汇入表 6-11。

表 6-11　CAD公司初始筹资方案资料表　　单位:万元

筹资方式	筹资方案Ⅰ		筹资方案Ⅱ		筹资方案Ⅲ	
	筹资额	资金成本	筹资额	资金成本	筹资额	资金成本
长期借款	600	7.00%	500	8.00%	1000	7.50%
债券	1000	9.00%	800	8.00%	1000	8.25%
优先股	400	12.00%	1200	12.00%	500	12.00%
普通股	3000	14.00%	2500	14.00%	2500	14.00%
合计	5000		5000		5000	

解　假定CAD公司的三个筹资方案的财务风险相当,都是可以承受的。下面分三步来做出该公司的筹资决策。

第一步,计算各方案中不同筹资方式的筹资额占筹资总额的比重。

筹资方案Ⅰ:长期借款的资金结构比重=600÷5000=12%

债券的资金结构比重=1000÷5000=20%

优先股的资金结构比重=400÷5000=8%

普通股的资金结构比重=3000÷5000=60%

筹资方案Ⅱ:长期借款的资金结构比重=500÷5000=10%

债券的资金结构比重=800÷5000=16%

优先股的资金结构比重=1200÷5000=24%

普通股的资金结构比重=2500÷5000=50%

筹资方案Ⅲ:长期借款的资金结构比重=1000÷5000=20%

债券的资金结构比重=1000÷5000=20%

优先股的资金结构比重=500÷5000=10%

普通股的资金结构比重=2500÷5000=50%

第二步,计算各筹资方案的综合资金成本。

筹资方案Ⅰ:$K_1=12\%\times7\%+20\%\times9\%+8\%\times12\%+60\%\times14\%=12\%$

筹资方案Ⅱ:$K_2=10\%\times8\%+16\%\times8\%+24\%\times12\%+50\%\times14\%=11.96\%$

筹资方案Ⅲ:$K_3=20\%\times7.5\%+20\%\times8.25\%+10\%\times12\%+50\%\times14\%=11.35\%$

第三步,比较各方案的综合资金成本并做出选择。

由上面的计算结果可知,$K_3<K_2<K_1$,即方案Ⅲ的综合资金成本最低,在适度的财务风险下,方案Ⅲ为最佳筹资方案,由此形成的资金结构为最佳资金结构。

因此,应选择方案Ⅲ进行筹资。

2.追加筹资的资金结构决策

追加筹资是指企业在持续的生产经营过程中,由于经营业务或对外投资的需要而追加筹措新资。在追加筹资的情况下,不但各种筹资方式的资金额有不同的组合,而且个别筹资方式的资金成本也会发生变化,从而引起资金结构的变动,使原有的最佳资金结构不复存在,因此,需要重新计算追加筹资方案的加权平均资金成本,从中选择最佳的决策方案。

按照最佳资金结构的要求，在适度财务风险的前提下，企业选择最佳筹资组合方案可用两种方法：一是直接测算各备选追加筹资方案的边际资金成本，从中比较，选择成本最低的最佳筹资组合方案；二是分别将各备选追加筹资方案与原有的资金结构汇总，测算比较各个追加筹资方案下汇总资金结构的综合资金成本，再从中比较，选择最佳筹资方案。

【例 6-14】 CAD 公司拟追加筹资 4000 万元，现有两个追加筹资方案可供选择，有关资料经测算汇入表 6-12。

表 6-12　CAD 公司追加筹资方案资料表　　单位：万元

筹资方式	筹资方案 A		筹资方案 B	
	筹资额	资金成本	筹资额	资金成本
长期借款	1000	7.00%	800	8.00%
优先股	1000	13.00%	700	13.00%
普通股	2000	15.00%	2500	15.00%
合计	4000		4000	

要求做出该公司的追加筹资决策。

解　(1)追加筹资方案的边际资金成本比较法

第一步，计算各方案中不同筹资方式的筹资额占筹资总额的比重。

筹资方案 A：长期借款的资金结构比重＝1000÷4000＝25%

优先股的资金结构比重＝100÷4000＝25%

普通股的资金结构比重＝2000÷4000＝50%

筹资方案 B：长期借款的资金结构比重＝800÷4000＝20%

优先股的资金结构比重＝700÷4000＝17.5%

普通股的资金结构比重＝2500÷4000＝62.5%

第二步，计算各筹资方案的边际资金成本。

追加筹资方案 A：$K_A=25\%\times7\%+25\%\times13\%+50\%\times15\%=12.5\%$

追加筹资方案 B：$K_B=20\%\times8\%+17.5\%\times13\%+62.5\%\times15\%=13.25\%$

第三步，比较各方案的边际资金成本并做出选择。

由上面的计算结果可知，$K_A<K_B$，方案 A 的边际资金成本较低，在适度的财务风险下，方案 A 为最佳的追加筹资方案，由此形成的资金结构为最佳资金结构。

因此，应选择方案 A 进行筹资。

(2)追加筹资方案与原资金结构汇总后的综合资金成本比较法

第一步，汇总追加筹资方案和原资金结构，形成备选追加筹资后的资金结构，如表 6-13 所示。

表 6-13　CAD 公司追加筹资方案和原资金结构资料汇总表　　单位:万元

筹资方式	原资金结构		追加方案 A		追加方案 B		综合资金结构	
	筹资金额	资金成本	筹资额	资金成本	筹资额	资金成本	方案 A	方案 B
长期借款	1000	7.50%	1000	7.00%	800	8.00%	2000	1800
债券	1000	8.25%					1000	1000
优先股	500	12.00%	1000	13.00%	700	13.00%	1500	1200
普通股	2500	14.00%	2000	15.00%	2500	15.00%	4500	5000
合计	5000		4000		4000		9000	9000

第二步,测算汇总资金结构下的综合资金成本。

追加筹资方案 A:

$$K_{A2}=\frac{1000}{9000}\times7.5\%+\frac{1000}{9000}\times7\%+\frac{1000}{9000}\times8.25\%+\frac{500}{9000}\times12\%+\frac{1000}{9000}\times13\%$$
$$+\frac{4500}{9000}\times15\%$$
$$=12.14\%$$

追加筹资方案 B:

$$K_{B2}=\frac{1000}{9000}\times7.5\%+\frac{800}{9000}\times8\%+\frac{1000}{9000}\times8.25\%+\frac{500}{9000}\times12\%+\frac{700}{9000}\times13\%$$
$$+\frac{5000}{9000}\times15\%$$
$$=12.47\%$$

在上述计算中,根据股票的同股同利原则,原有普通股应按新发行股票的资金成本计算,即全部股票按新发行股票的资金成本计算其总的资金成本,而负债和优先股则需要将原有的筹资和新增追加筹资分开来进行计算。

第三步,比较两个追加筹资方案与原资金结构汇总后的综合资金成本。

由上面的计算结果可知,$K_{A2}<K_{B2}$,方案 A 的综合资金成本较低,在适度的财务风险下,方案 A 为最佳的追加筹资方案,由此形成的资金结构为最佳资金结构。

因此,应选择方案 A 进行筹资。

由此可见,CAD 公司追加筹资后,虽然改变了资金结构,但经过分析测算,做出正确的筹资决策,公司仍可保持其资金结构的最优化。

然而要注意的是,比较资金成本法仅以资金成本最低作为决策的标准,没有具体测算财务风险因素,其决策目标实质上是利润最大化而不是公司价值最大化,一般用于资本规模较小、资金结构较为简单的非股份制企业。

(二)每股收益分析法

提高每股收益是股东所追求的目标,所以在考虑企业的负债比例时,可以将是否提高每股收益作为判断企业资金结构是否合理的一个标准。也就是说,存在一个企业息税前利润的水平,在这一水平下,高负债资金结构和低负债资金结构的每股收益相同。这一息税前利润的水平就称为每股收益无差别点。

根据财务杠杆的原理，随着息税前利润的增加，高负债资金结构下每股收益的增长速度会超过低负债资金结构下每股收益的增长速度。所以，在某一个息税前利润的水平达到之前，低负债资金结构下的每股收益会超过高负债资金结构下的每股收益；而超过这一息税前利润的水平之后，高负债资金结构下的每股收益则会超过低负债资金结构下的每股收益。

每股收益的计算公式为

$$\mathrm{EPS}=\frac{(\mathrm{EBIT}-I)(1-T)-D_P}{N}$$

式中：I 表示企业年利息费用；T 表示企业所得税税率；D_P 表示优先股年股利额；N 表示年末流通在外的普通股股数。

如果用 EPS_1 和 EPS_2 分别表示两个不同融资方案的每股收益，那么在每股收益无差别点上，有 $\mathrm{EPS}_1=\mathrm{EPS}_2$，即

$$\frac{(\overline{\mathrm{EBIT}}-I_1)(1-T)-D_{P1}}{N_1}=\frac{(\overline{\mathrm{EBIT}}-I_2)(1-T)-D_{P2}}{N_2}$$

【例 6-15】 某公司目前拥有资本 850 万元，其结构为：债务资金 100 万元，普通股权益资金 750 万元。现准备追加筹资 150 万元。有三种筹资选择：A 方案为增发新普通股，B 方案为增加债务，C 方案为发行优先股，具体如表 6-14 所示。该公司所得税税率为 25%，要求决策公司应如何筹资。

表 6-14　CAD 公司目前和追加筹资的资金结构资料表　　单位：万元

资金种类	现行资金结构		增资后的资金结构					
			增发普通股		增加债务		发行优先股	
	金额	比例	金额	比例	金额	比例	金额	比例
债务	100	0.12	100	0.10	250	0.25	100	0.10
优先股	0		0		0		150	0.15
普通股	750	0.88	900	0.90	750	0.75	750	0.75
总资金	850	1.00	1000	1.00	1000	1.00	1000	1.00
其他：								
年利息	9		9		27		9	
优先股年股利	0		0		0		15	
N(万股)	10		13		10		10	

解　计算息税前利润无差别点。

(1) A 方案增发普通股与 B 方案增加债务两种增资方式下的无差别点计算如下：

$$\frac{(\overline{\mathrm{EBIT}}-9)\times(1-25\%)}{13}=\frac{(\overline{\mathrm{EBIT}}-27)\times(1-25\%)}{10}$$

$$\overline{\mathrm{EBIT}}=87(\text{万元})$$

此时　$\mathrm{EPS}=3.6$(元)

(2)A 方案增发普通股与 C 方案发行优先股两种增资方式下的无差别点计算如下：

$$\frac{(\overline{EBIT}-9)\times(1-25\%)}{13}=\frac{(\overline{EBIT}-9)\times(1-25\%)-15}{10}$$

$\overline{EBIT}=95.67$(万元)

此时　EPS＝5(元)

例 6-15 中无差别点的意义在于，当息税前利润大于 87 万元时，增加债务筹资比增发普通股较为有利，反之应增发普通股；当息税前利润大于 95.67 万元时，发行优先股比增发普通股更为有利，反之应增发普通股。

为了验证上述无差别的意义，下面分别通过假定 CAD 公司息税前利润为 160 万元、50 万元和 90 万元三种情况，分别计算该公司的每股收益。

【例 6-16】若例 6-15 中息税前利润预计为 160 万元，则分别计算三个筹资方案增加资金后的每股收益如下，具体见表 6-15。

表 6-15　CAD 公司预计增资后的每股收益计算表一　　单位：万元

项目	A 方案增发新普通股	B 方案增加债务	C 方案发行优先股
息税前利润	160.00	160.00	160.00
减：利息	9.00	27.00	9.00
税前利润	151.00	133.00	151.00
减：所得税	37.75	33.25	37.75
税后利润	113.25	99.75	113.25
减：优先股股利	0.00	0.00	15.00
普通股可分配利润	113.25	99.75	98.25
普通股股份数(万股)	13.00	10.00	10.00
每股收益(元)	8.71	9.98	9.83

当 CAD 公司的息税前利润为 160 万元时，大于例 6-15 中计算出来的两个无差别点，根据无差别点经济意义的应用，可知公司最佳的筹资选择是 B 方案，增加债务。同样地，据表 6-15的资料可知，此时增加债务筹资方案的每股收益为 9.98 元，大于增加发行普通股筹资方案的 8.71 元和发行优先股筹资方案的 9.83 元，所以公司应该选择 B 方案筹资追加筹资。可见两种方法得出的结论是一致的。

【例 6-17】若例 6-15 中息税前利润预计为 50 万元，则分别计算三个筹资方案增加资金后的每股收益，具体见表 6-16。

表 6-16　CAD 公司预计增资后的每股收益计算表二　　单位：万元

项目	A 方案增发新普通股	B 方案增加债务	C 方案发行优先股
息税前利润	50.00	50.00	50.00
减：利息	9.00	27.00	9.00
税前利润	41.00	23.00	41.00

续表

项目	A方案增发新普通股	B方案增加债务	C方案发行优先股
减:所得税	10.25	5.75	10.25
税后利润	30.75	17.25	30.75
减:优先股股利	0.00	0.00	15.00
普通股可分配利润	30.75	17.25	15.75
普通股股份数(万股)	13.00	10.00	10.00
每股收益(元)	2.37	1.73	1.58

当CAD公司的息税前利润为50万元时,小于例6-15中计算出来的两个无差别点,根据无差别点经济意义的应用,可知公司最佳的筹资选择是A方案,增加发行普通股;同时,据表6-16的资料可知,此时增加发行普通股筹资方案的每股收益为2.37元,大于增加债务筹资方案的1.73元和发行优先股筹资方案的1.58元,所以公司应该选择A方案筹资追加筹资。可见两种方法得出的结论是一致的。

【例6-18】若例6-15中息税前利润预计为90万元,且只有增发普通股与发行优先股可供选择,则分别计算两个筹资方案增加资金后的每股收益,见表6-17。

表6-17　CAD公司预计增资后的每股收益计算表三　　单位:万元

项目	A方案增发新普通股	C方案发行优先股
息税前利润	90.00	90.00
减:利息	9.00	9.00
税前利润	81.00	81.00
减:所得税	20.25	20.25
税后利润	60.75	60.75
减:优先股股利	0.00	15.00
普通股可分配利润	60.75	45.75
普通股股份数(万股)	13.00	13.00
每股收益(元)	4.67	3.52

当CAD公司的息税前利润为90万元时,小于例6-15中计算出来的第二个无差别点95.67万元,根据无差别点经济意义的应用,可知公司最佳的筹资选择是A方案,增加发行普通股;同时,据表6-17的资料可知,此时增加发行普通股筹资方案的每股收益为4.67元,大于发行优先股筹资方案的3.52元,所以公司应该选择A方案筹资追加筹资。可见两种方法得出的结论是一致的。

每股收益分析法的测算原理比较容易理解,测算过程较为简单。它以普通股每股收益最高为决策标准,也没有具体测算财务风险因素,其决策目标实际上是股东财富最大化或股票价值最大化,而不是公司价值最大化,可用于资本规模不大、资金结构不太复杂的股份有限公司。

(三)比较公司价值法

比较公司价值法是在充分反映公司财务风险的前提下,以公司价值的大小为标准,经过测算确定公司最佳资金结构的方法。很明显,这一方法考虑了财务风险和资金成本因素,以公司价值最大为标准,更加符合公司价值最大化的财务管理目标。但测算原理和测算过程较为复杂,通常用于资本规模较大的上市公司。

企业的市场总价值 V 应该等于其股票的总价值 S 加上债券的价值 B,即

$$V=S+B$$

为了简化起见,设债券的市场价值等于它的面值。股票的市场价值可通过下式计算:

$$S=\frac{(\mathrm{EBIT}-I)(1-T)}{K_S}$$

式中:K_S 表示权益资金成本。

根据资本资产定价模型计算有

$$K_S=R_S=R_F+\beta(R_M-R_F)$$

而企业的资金成本,应该采用加权平均资金成本 K_W,即

$$K_W=K_B\cdot\frac{B}{V}(1-T)+K_S\cdot\frac{S}{V}$$

【例 6-19】 某公司现有长期资金均为普通股 2000 万元,无长期债务资金。公司管理层认为,这一资金结构不合理,没有发挥财务杠杆作用,准备举债改变这一资金结构。若公司息税前利润为 500 万元,所得税税率为 25%。经测算,长期债务年利率与普通股资金成本,见表 6-18。

表 6-18　不同债务水平对企业债务资金成本和权益成本的影响

债券市场价值 B(万元)	税前债务资金成本 K_B	股票 β 值	无风险报酬率 R_F	平均风险股票必要报酬率 R_M	权益资金成本 K_S
0		1.20	10%	14%	14.8%
200	10%	1.25	10%	14%	15.0%
400	10%	1.30	10%	14%	15.2%
600	12%	1.40	10%	14%	15.6%
800	14%	1.55	10%	14%	16.2%
1000	16%	2.10	10%	14%	18.4%

要求:根据以上资料,确定公司的最佳资金结构。

解据上述条件,计算股票总价值、公司价值及加权资金成本,见表 6-19。

表 6-19 公司价值与资金成本计算表

债券市场价值 B(万元)	股票市场价值 S(万元)	公司价值 V(万元)	税前债务资金成本 K_B	权益资金成本 K_S	加权平均资金成本 K_W
0	2534	2534		14.8%	14.80%
200	2400	2600	10%	15.0%	14.42%
400	2270	2670	10%	15.2%	14.05%
600	2058	2658	12%	15.6%	14.11%
800	1796	2596	14%	16.2%	14.44%
1000	1386	2386	16%	18.4%	15.72%

从表 6-19 可以看出，当公司在没有债务的情况下，公司价值就是其原有股票的价值，即 $V=S$；当公司用债务资金部分地替换股票资金时，公司的价值开始上升，加权平均资金成本开始下降；当债务资金达到 400 万元时，公司的价值最大，为 2670 万元，加权平均资金成本最低为 14.05%；当债务超过 400 万元后，公司的加权平均资金成本又开始上升，因此，可以判断该公司债务资金为 400 万元时的资金结构为最佳资金结构。

课后思考

1. 试说明资金成本含义从企业和投资者角度的不同理解，及其在企业财务管理中的作用。
2. 试用例子分析资金成本中用资费用和筹资费用的不同特性。
3. 简要分析资金成本对企业财务管理的作用。
4. 请简要说明个别资金成本、综合资金成本和边际资金成本的测算方法。
5. 简述测算综合资金成本中运用的三种权数的不同影响。
6. 请说明营业杠杆、财务杠杆和复合杠杆的基本原理和对应评价系数的测算方法。
7. 请说明营业杠杆作用和财务杠杆作用之间的关联性。
8. 请介绍资金结构的含义，并区分广义和狭义两个角度的不同理解。
9. 请说明资金结构决策的影响因素。
10. 请阐明资金成本比较法的基本原理和决策准则。
11. 请阐明每股收益分析法的基本原理和决策准则。
12. 请阐明公司价值比较法的基本原理和决策准则。

案例讨论

大宇资金结构的神话

韩国第二大企业集团大宇集团 1999 年 11 月 1 日向新闻界正式宣布，该集团董事长金宇中以及 14 名下属公司的总经理决定辞职，以表示“对大宇的债务危机负责，并为推行结构调整创造条件”。韩国媒体认为，这意味着“大宇集团解体过程已经完成”，“大宇集团已经消失”。

大宇集团于1967年开始奠基建厂，其创办人金宇中当时是一名纺织品推销员。经过30年的发展，通过政府的政策支持、银行的信贷支持和在海内外的大力购并，大宇成为直逼韩国最大企业——现代集团的庞大商业帝国；1998年年底，其总资产高达640亿美元，营业额占韩国GDP的5%；业务涉及贸易、汽车、电子、通用设备、重型机械、化纤、造船等众多行业，国内所属企业曾多达41家，海外公司数量创下过600家的纪录，鼎盛时期，海外雇员多达几十万人，大宇已成为国际知名品牌。大宇是“章鱼足式”扩张模式的积极推行者，认为企业规模越大，就越能立于不败之地，即所谓的“大马不死”。据报道，1993年金宇中提出“世界化经营”战略时，大宇在海外的企业只有15家，而到1998年年底已增至600多家，“等于每3天增加一个企业”。还有更让韩国人为大宇着迷的是：在韩国陷入金融危机的1997年，大宇不仅没有被危机困倒，反而在国内的集团排名中从第4位上升到第2位，金宇中本人也被美国《幸福》杂志评为亚洲风云人物。

1997年年底韩国发生金融危机后，其他企业集团都开始收缩，但大宇仍然我行我素，结果债务越背越重。尤其是1998年年初，韩国政府提出“五大企业集团进行自律调整”方针后，其他集团把结构调整的重点放在改善财务结构方面，努力减去债务负担。大宇却认为，只要提高开工率，增加销售额和出口，就能躲过这场危机。因此，它继续大量发行债券，进行“借贷式经营”。1998年大宇发行的公司债券达7万亿韩元（约58.33亿美元）。1998年四季度，大宇的债务危机已初露端倪，在各方援助下才避过债务灾难。此后，在严峻的债务压力下，大梦方醒的大宇虽然做出了种种努力，但为时已晚。1999年7月中旬，大宇向韩国政府发出求救信号；7月27日，大宇因“延迟重组”，被韩国4家债权银行接管；8月11日，大宇在压力下屈服，割价出售两家财务出现问题的公司；8月16日，大宇与债权人达成协议，在1999年年底前将出售盈利最佳的大宇证券公司，以及大宇电器、大宇造船、大宇建筑公司等，大宇的汽车项目资产免遭处理。“8月16日协议”的达成，表明大宇已处于破产清算前夕，遭遇“存”或“亡”的险境。由于在此后的几个月中，经营依然不善，资产负债率仍然居高，大宇最终不得不走向本文开头所述的那一幕。

大宇集团为什么会倒下？在其轰然坍塌的背后，存在的问题固然是多方面的，但不可否认有财务杠杆的消极作用在作怪。大宇集团在政府政策和银行信贷的支持下，走上了一条“举债经营”之路，试图通过大规模举债，达到大规模扩张的目的，最后实现“市场占有率至上”的目标。正是由于经营上的不善，加上资金周转上的困难，韩国政府于1999年7月26日下令债权银行接手，对大宇集团进行结构调整，以加快这个负债累累的集团的解散速度。由此可见，大宇集团的举债经营所产生的财务杠杆作用应是消极的，不仅难以提高企业的盈利能力，反而因巨大的偿付压力使企业陷于难以自拔的财务困境。

（资料来源：天津财经大学商学院会计学系财务管理精品课程网站）

讨论问题

（1）结合案例分析财务杠杆的作用，评述财务杠杆利益和财务风险。

（2）请说明最佳资金结构的内涵，并明确其衡量的标准。

（3）从“大宇神话”的案例中，我国资本市场上存在的大批亏损和高负债上市公司应吸取什么样的教训？

第七章　项目投资原理

学习目标

- 了解投资对企业的意义。
- 了解投资的分类、项目投资的决策程序和管理原则。
- 掌握项目投资现金流量的构成与计算。
- 掌握各种投资决策指标的计算方法和决策规则。
- 掌握各种投资决策指标的相互比较与具体应用。

引导案例

英特尔公司的投资决策

英特尔公司是专业生产芯片的厂商，该公司在纳斯达克市场上市，交易代码为INTC。假设该公司的β系数为1.5，美国股市的市场组合报酬率为8%，当前美国国债利率为3%。若英特尔公司正在考虑在华投资一座新的芯片厂，该工厂的总投资为25亿美元，预期在建成后的3年里，每年可以获得净现金流量10亿美元。

思考：英特尔公司是否应在华投资呢？

第一节　项目投资概述

投资决策是财务决策中最重要的内容。筹资的目的是投资，投资需求决定了筹资的规模和时间。在一定意义上，投资决策决定着企业的前景，以至于提出投资方案和评价方案的工作已经不是财务人员能单独完成的，需要所有管理人员的共同努力。

一、企业投资的意义

企业投资是指企业投入财力，以期在未来获取收益的一种行为。在市场经济条件下，企业能否把筹集到的资金投放到收益高、回收快、风险小的项目上，对企业的生存和发展至关重要。

1. 企业投资是实现财务管理目标的基本前提

企业财务管理的目标是不断提高企业价值。为此，就要采取各种措施增加利润、降低风险。企业要想获得利润，就必须进行投资。通过投资，形成企业的生产经营能力，才能开展具体的经营活动，获取经营利润。若对内投资有余力，可以购买股票、债券形式的投资，可以取得股利或债券利息来获得投资收益。总之，投资决策的正确与否，不仅影响企业的经济效益，而且直接关系到企业的兴衰成败。

2. 企业投资是发展生产的必要手段

在科学技术、社会经济迅速发展的今天，企业无论是维持简单再生产还是实现扩大再生产，都必须进行一定的投资。要维持简单再生产的顺利进行，就必须对所使用的机器设备进行更新，对产品和生产工艺进行改革，不断提高职工的技术水平等；要实现扩大再生产，就必须新建、扩建厂房，增添机器设备，增加职工人数，提高人员素质等。企业只有通过一系列的投资活动，才能增强实力，广开财源。

3. 企业投资是降低风险的重要方法

把资金投向生产经营的关键环节或者薄弱环节，可以使企业各种生产经营能力配套、平衡，形成更大的综合产能。企业如果把资金投向多个行业，实行多角化经营，则能增加企业销售和盈余的稳定性。这些都是降低企业经营风险的重要方法。

二、企业投资的分类

将企业投资进行科学的分类，有利于分清投资的性质，辨别不同投资的特点和要求，进行科学的投资决策，实现强化投资管理的目标。

1. 短期投资与长期投资

按投资回收时间的长短可分为短期投资和长期投资。

短期投资（即流动资产投资），一般是指一年以内可以收回的投资，包括现金、应收账款、存货、交易性金融资产等。其特点是时间短、变现能力强等。

长期投资，一般是指一年以上才能收回的投资，如固定资产、无形资产、持有至到期的债券投资等。

由于许多企业的长期投资主要是固定资产投资，有着耗资巨大、收回期长、难以变现和风险大等特点，所以，长期投资有时特指固定资产投资，也称项目投资。

2. 直接投资和间接投资

按投资活动与企业本身生产经营活动的关系，企业投资可以分为直接投资和间接投资。

直接投资，是指将资金投放于形成生产经营能力的实体性资产，直接谋取经营利润的企业投资。通过直接投资，购买和配置劳动力、劳动资料和劳动对象等具体生产要素，直接兴建企业、开展生产经营活动。在非金融性企业中，直接投资所占比重较大。

间接投资，是指将资金投放于股票、债券等金融资产的企业投资，以获取利息、股利或资本利得收入为目的的投资。这些投资主要发生在二级交易市场中，不直接进入生产经营过程，所以被称为间接投资。随着我国金融市场的完善和多渠道筹资的形成，企业的间接投资将越来越广泛。

3. 内部投资和外部投资

按投资的方向可分为内部投资和外部投资。

内部投资，又称对内投资，是指在本企业范围内的资金投放，用于购买和配置各种生产经营所需的经营性资产，包括维持性投资和扩张性投资。

外部投资，又称对外投资，是指向本企业范围以外的其他主体的资金投放。外部投资以货币资金、有形资产、无形资产等资产形式，通过联营投资、合作经营、换取股权、购买金融资产等投资方式，向企业外部其他主体投放资金。

内部投资都以直接投资为主，外部投资主要是间接投资，也可能是直接投资，特别是企业间的横向经济联合中的联营投资。

4. 采纳与否投资和互斥选择投资

按投资项目之间的相互关系可分为采纳与否投资和互斥选择投资。

采纳与否投资，是相容性投资，备选的各投资项目之间互不关联、互不影响，可以同时并存。采纳与否投资项目决策考虑的是方案本身是否满足某种决策标准。只要无资金限制，各个项目自身经济上可行，便可采纳进行投资。

互斥选择投资，是非相容性投资，备选的各个投资项目之间相互关联、相互替代，必须有取有舍，不能同时并存。因此，互斥选择投资项目决策考虑的是各方案之间的排斥性，也许每个方案都是可行方案，但互斥选择决策需要从中选择最优方案。

5. 初创投资和后续投资

根据投资在生产过程中的作用，企业投资可分为初创投资和后续投资。

初创投资，是在建立新企业时所进行的各种投资。它的特点是投入的资金通过建设形成企业的原始资产，为企业的生存、经营创造必要的条件。

后续投资，是指为巩固和发展企业再生产所进行的各种投资，主要包括为维持企业简单再生产所进行的更新性投资，为实现扩大再生产所进行的追加性投资，为调整生产经营方向所进行的转移性投资等。

从以上分类可见，企业投资具有多种含义，但本章中的投资主要指企业对内的长期直接投资，即项目投资。

三、项目投资的管理程序

项目投资是一项复杂的系统工程。项目投资一旦决策失误，会对企业的未来产生重大影响，甚至会导致企业破产。因此，企业在进行项目决策时必须对项目进行科学、严密的可行性论证。

通常，企业的项目投资决策一般有如下五个步骤。

1. 投资项目的提出

投资项目是企业根据自身所处的经济环境和企业的发展计划，在把握投资机会的情况下提出的。投资项目的提出是项目投资程序的第一步，对项目的选择至关重要。

2.投资项目的可行性分析

对提出的项目进行适当分类，计算项目的建设周期，预算项目投产后的收入、费用和经济效益，预测项目的现金流入和流出，运用各种分析指标，对项目的可行性进行分析，撰写可行性分析报告。

3.投资项目的决策

投资项目经过分析论证后，应由项目所属部门做出决策。重大项目决策一般由董事会或股东大会决定。决策结论一般有三种：接受项目，进行投资；拒绝项目；重新论证。

4.投资项目的实施与控制

在决定对项目进行投资后，要为决定执行的项目筹集资金，保证项目能够顺利实施。在项目实施过程中要对项目的实施进度、项目质量、项目实施成本、项目预算等进行监督、控制和审核，确保项目完成的质量。

5.实施事后审计

项目实施完后，应对项目的实施结果进行全方位的评估和项目责任审计，以对公司战略的可行性、项目和资本支出预算管理的有效性进行审核，并为未来的项目管理提供借鉴。

四、项目投资管理的原则

企业投资的根本目的是谋求利润，增加企业价值。企业能否实现这一目标，关键在于能否在风云变幻的市场环境下，抓住有利的时机，做出合理的投资决策。为此，企业在投资时必须坚持以下原则。

1.市场适时性原则

项目投资决策需要认真进行市场调查，适时捕捉投资机会。捕捉投资机会是企业投资活动的起点，也是企业投资决策的关键。在市场经济条件下，投资机会不是固定不变的，而是不断变化的，它受到诸多因素的影响，其中最主要的是市场需求的变化。企业在投资之前，必须认真进行市场调查和市场分析，寻找最有利的投资机会。市场是不断变化发展的，对于市场和投资机会的关系，也应从动态的角度加以把握。

正是由于市场的不断变化和发展，才有可能产生一个又一个新的投资机会。随着经济不断发展，人民收入水平不断提高，人们对消费的需求也发生了很大的变化，无数的投资机会正是在这些变化中产生的，只有适时地把握机遇，投资合适的项目，才能增加收益，实现企业的价值最大化。

2.科学可行性原则

要建立科学的投资决策程序，认真进行投资项目的可行性分析。在市场经济条件下，企业的投资决策都会面临一定的风险。为了保证投资决策的正确、有效，必须按科学的投资决策程序，认真进行投资项目的可行性分析。项目可行性分析是从市场上、技术上及经济上论证建设项目可行性的综合分析，是预测项目的经济效益及生命力、筹措资金、开展设计、进行谈判、签订各种合同和进行施工准备的重要依据。财务部门是对企业的资金进行规划和控制的部门，财务人员必须参与投资项目的可行性分析。

3. 配置合理性原则

实现企业资产有效合理配置是企业管理的重要内容。但是，在企业生产经营过程中，难免会出现资产的闲置现象，如由于产品品种结构调整造成部分固定资产的闲置，现金大量节余且无短期财务安排，等等。如何有效地使用这部分闲置资产，关系着企业总资产报酬率的水平。对此，正确的财务策略是积极地为该部分闲置资产寻求投资机会。例如，用闲置现金来购买有价证券，以博取较好的收益；用闲置的固定资产进行联营投资单位的实物资本投资；参与投资项目的利润分配。可见，选择有效的对外投资工具，有利于提高企业整体资产的利用效果。

4. 风险平衡性原则

在项目投资决策过程中，企业需要认真分析风险和报酬的关系，适当控制企业的投资风险。报酬和风险是共存的。一般而言，报酬越高，风险也就越大，报酬的增加是以风险的增大为代价的，而风险的增加会引起企业价值的下降，不利于财务目标的实现。企业在进行投资时，必须在考虑报酬的同时认真考虑风险情况，只有在报酬和风险达到均衡时，才有可能不断增加企业价值，实现财务管理的目标。

第二节 项目投资的现金流量

从企业投资者立场出发评价投资项目的财务可行性，是项目投资管理的关键。项目投资财务可行性评价需要现金流量和贴现率两个相关参数。因此，测算投资项目现金流量和确定适当的折现率成为财务管理中项目投资决策的基础工作。

一、项目计算期的构成

项目投资从投资建设开始到最终清理或出售整个过程所用的全部时间，称为项目计算期。其中从投资建设开始到完工投产时间为投资期，也称之为建设期；从完工投产至项目终结点的时间为生产经营期。

生产经营期包括试产期和达产期两个阶段。试产期是指项目投入生产，但生产能力尚未完全达到设计能力的过渡阶段。达产期是指生产经营达到设计生产能力水平后的时间。生产经营期一般应根据投资项目主要资产的经济使用寿命确定。项目计算期、建设期和生产经营期存在以下关系：

项目计算期＝投资期＋生产经营期

二、项目现金流量的概念和内容

项目现金流量是指一个投资项目所引起的企业现金流出量和现金流入量增加的数量，即投资项目周期内由生产经营活动和资金借贷活动等形成的项目现金的流入、流出增量。

这里的现金，是广义的现金，它不仅包括库存现金、银行存款等货币资金，还包括即将到期的短期证券投资等。现金流量是评价投资方案是否具有财务可行性的一个基础数据。现金流量包括现金流入量、现金流出量和现金净流量三个具体内容。

1. 现金流入量

现金流入量(cash in)，是指由投资项目引起的企业现金收入的增加额，简称现金流入。对于新建项目而言，现金流入量的内容主要包括营业收入、出售原有长期资产的收入、垫付的营运资金收回等。

2. 现金流出量

现金流出量(cash out)，是指由投资项目引起的企业现金支出的增加额。对于新建项目而言，现金流出量的内容主要包括长期资产投资、其他投资、营运资金垫支、付现成本和所得税等。

3. 现金净流量

现金净流量 NCF(net cash flow)，又称净现金流量，是指在项目计算期内由每年现金流入量与同年现金流出量之间的差额所形成的指标。无论是在经营期内，还是在建设期内，都存在净现金流量。

当现金流入量大于流出量时，净现金流量为正值；反之，净现金流量为负值。

由于项目计算期不同阶段上现金流入与现金流出发生的可能性不同，使各阶段上的净现金流量在数值上表现出不同的特点。一般而言，建设期内的净现金流量的数值为负值或等于零；经营期内的净现金流量多为正值。

计算净现金流量是基于以下假设的：

(1)投资主体假设。该假设是指项目现金流量的估算是基于项目投资企业的这个主体的。

(2)现金流量的测算一般以年为时间单位。投资期的净现金流量置于每期期初，经营期的净现金流量置于每期期末，经营期不再追加投资。

(3)折旧期、摊销期一般与项目寿命期完全对等。

(4)项目残值将在项目终结时回收，营运资金于投资期垫支，项目终结时回收。

(5)不考虑增值税，考虑所得税。理论上增值税应该是由最终消费者承担，因此这里将不考虑增值税。此外，按是否将所得税视为现金流出，现金流量有所得税前现金流量和所得税后现金流量两种形式。从企业或法人投资主体的角度看，所得税是一项现金流出。因此，除非特别注明，本章所述的现金流量均为所得税后现金流量。

三、项目现金流量的内容

为了便于估算，通常把投资项目的现金流量按时段特征分为初始现金流量、营业现金流量和终结现金流量。

(一)初始现金流量

初始现金流量是指从投资建设开始到完工投产这段时间，即建设期发生的现金流量。

在这段时间中，一般主要发生现金流出。因此，初始现金流量一般包括如下四个部分。

1. 长期资产投资

长期资产投资是指企业为使投资项目完全达到设计生产能力、开展正常经营而投入在固定资产和无形资产上的投资。固定资产上的投资包括设备购置费用、设备安装费用和建设工程费用等。设备购置费用是指购买投资项目所需各项设备而花费的费用。企业财务人员要根据所需设备的数量、规格、型号、性能、价格、运输费和保险费等预测设备购置费的数量。设备安装费用是指为安装各种设备所需的费用。这部分费用主要根据安装设备的多少、安装的难度、安装的工作量、当地安装的收费标准等因素进行预测。建设工程费是指进行土建工程所花费的费用。该部分费用要根据建筑类型、建筑面积的大小、建筑质量的要求、当地的建筑造价标准进行预测。而无形资产上的投资主要是指为了与企业未来投资项目顺利地开展生产营运，而必须配套的在专利权、商标权、特许使用权等无形资产上发生的开支。

2. 其他投资

其他投资主要包括投资前的准备费用、投资建设过程中其他开支和不可预见费用。投资前准备费用是指在正式投资之前为做好各项准备工作而花费的现金，主要包括勘察设计费、技术资料费、咨询费等。投资建设过程中其他开支主要包括工程项目监理费、环保等资质审批费、员工的技术培训费等。不可预见费是指在投资项目正式建设之前不能完全估计到的，但很有可能发生的一系列费用，如设备价格的上涨、自然灾害损失等。这些因素也要考虑，以便为现金流量预测留有余地。其他投资的总额要在综合考虑以上费用的基础上，合理加以预测。

3. 营运资金的垫支

投资项目建成后，必须垫支一定的营运资金才能投入营运。这部分垫支的营运资金一般要到项目寿命终结时才能收回。所以，这种投资应看作长期投资，而不属于短期投资。

4. 原有长期资产的变价收入

原有长期资产变价收入是指在固定资产更新时，将原来尚可使用的长期资产出售所获得的收入。该现金流量在测算过程中需要注意两个方面的问题：其一，该现金流量一般是现金流入量，要与初始现金流量的其他内容均是流出量相区分。其二，该现金流量需要考虑所得税的问题，即应该是原有固定资产的变价收入扣除相关税金后的净收益。这里的税金扣除主要指所得税的扣除。

(二)营业现金流量

营业现金流量，又称经营现金流量，是指投资项目投入生产经营后，在生命周期内生产经营所带来的现金流入和流出的数量。但要将其与项目最后终结过程，也就是清理或处置阶段的现金流量区分开来。营业现金流量一般包括营业现金流入量、营业现金流出量两项内容。

1. 营业现金流入量

项目投资的营业现金流入量就是营业期的营业收入。营业收入是指投资项目投产后每年实现的销售收入。

从会计视角看，按权责发生制计量的营业收入并不是当期的经营现金流入。经营现金流入是当期现销收入和回收前期应收款项的合计数。为了简化后面的计算，通常假设正常经营年度内每期发生的赊销额与回收前期的应收款项大体相等。在这种情况下，某期的经营现金流入量等于该期的营业收入。

2. 营业现金流出量

项目投资的营业现金流出量主要包括付现成本和所得税两项内容。

付现成本是指营业期内为满足生产经营而运用现金支付的成本费用，又称营业成本。它是生产经营期最主要的现金流出项目。营业成本中不需要支付现金的部分称为非付现成本。一般而言，企业的非付现成本主要是指长期资产的折旧和摊销。折旧和摊销是对固定资产磨损和无形资产损耗的一种补偿，固定资产和无形资产等的投资价值已计为初始现金流量(现金流出)，因此，若将折旧计为营业现金流出量则是一种重复计算。折旧和摊销是人为计入成本、鼓励投资的一种经济范畴，它并不是真正意义上的现金流出；相反，它是企业可以支配使用的一笔资金来源。因此，在营业现金流出量中只考虑了需要支付现金的付现成本，而未考虑非付现成本。

所得税是项目投资企业应该向国家税务机关缴纳的企业所得税。该项税金一般采用按月预交、按年结算的方法，属于企业在营业过程中的一项现金流出。一般所得税不计入营业成本，需单独计量、单独预测。

根据以上营业现金流量的内容可以测算年营业净现金流量(NCF)。可用下列公式计算：

每年营业现金净流量(NCF)＝年营业收入－年付现成本－所得税

＝净利润＋折旧和摊销

(三)终结现金流量

终结现金流量是指投资项目结束时发生的现金流量。它主要包括以下三个项目。

1. 长期资产的残值或变价收入

当项目投资清理或者终结时，会对项目初始投资期投入的长期资产进行处置，主要是出售或者报废。在长期资产出售时会取得变价收入，报废时会获得残值收入，均应作为投资项目终结的一项现金流入。在现金流量测算中要注意的是，这里的长期资产变价收入不能与初始现金流量中的“原有长期资产的变价收入”混淆了。

2. 营运资金垫支的收回

项目投资在清理或终结时，流动资金将收回。营运资金垫支收回的数量应该等于各年垫支的流动资金作为投资额的合计数。

3. 停止使用土地的变价收入

停止使用土地的变价收入是指在项目投资清理或终结时，若将用于该项目投资的土地出售，所获得收入扣除相关税金和费用后的净收益。由于该项现金流量是基于出售土地的假设的，而在实际工作中，由于土地价格变动或者企业可能仍然会继续使用该宗土地等各方面的原因，一般没有考虑。

项目现金流量的内容构成可见图 7-1。

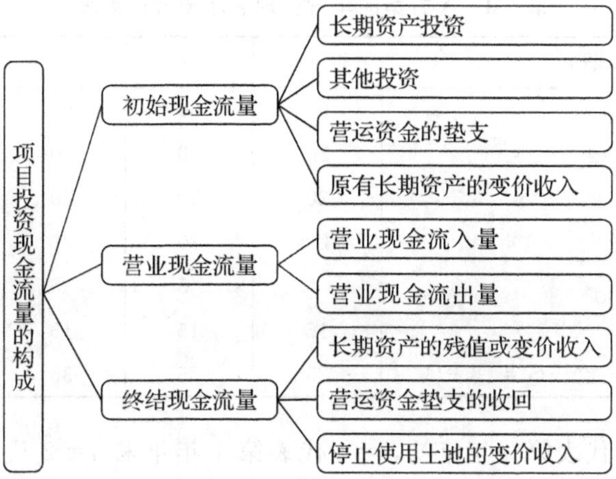

图 7-1　项目投资现金流量构成图

四、项目现金流量的测算

为了正确评价投资项目的优劣，必须正确计算现金流量。

(一)项目现金流量的测算过程

项目投资现金流量测算的步骤一般包括：

(1)计算长期资产的年折旧额或摊销额；

(2)计算年营业现金净流量；

(3)列出现金流量计算表。

其中现金流量计算表的列示依据是前面介绍的项目现金流量的构成。

【例 7-1】 新天地公司准备购入一台设备以准备扩充生产能力，现有 A、B 两个方案可供选择。

A 方案：购置设备需投资 100 万元，使用寿命为 5 年，采用直线法计提折旧，5 年后设备无残值。5 年中每年的销售收入为 60 万元，每年的付现成本为 20 万元。

B 方案：购置设备需投资 120 万元。另外，在第 1 年垫支营运资金 20 万元，采用直线折旧法计提折旧，使用寿命也为 5 年，5 年后有残值收入 20 万元。5 年中每年的销售收入为 80 万元，付现成本第 1 年为 30 万元，以后随着设备陈旧，逐年将增加修理费 5 万元。假设所得税税率为 25%，试计算两个方案的现金流量。

解　(1)第一步，计算两个方案每年的折旧额。

$$\text{A 方案的年折旧额}=\frac{100-0}{5}=20\ (\text{万元})$$

$$\text{B 方案的年折旧额}=\frac{120-20}{5}=20\ (\text{万元})$$

(2)第二步,计算两个方案每年的营业现金净流量。

A 方案根据年营业现金流量的计算如表 7-1 所示。

表 7-1 A 方案的年营业现金净流量估算表 单位:万元

项目计算期 t	1	2	3	4	5
销售收入①	60	60	60	60	60
付现成本②	20	20	20	20	20
折旧③	20	20	20	20	20
税前净利④=①-②-③	20	20	20	20	20
所得税⑤=④×25%	5	5	5	5	5
税后净利⑥	15	15	15	15	15
营业现金净流量⑦=①-②-⑤=③+⑥	35	35	35	35	35

在表 7-1 中,$t=0$ 代表第一年年初,$t=1$ 代表第 1 年年末,$t=2$ 代表第 2 年年末……后面以此类推。

B 方案根据年营业现金流量的计算如表 7-2 所示。

表 7-2 B 方案的年营业现金净流量估算表 单位:万元

项目计算期 t	1	2	3	4	5
销售收入①	80.00	80.00	80.00	80.00	80.00
付现成本②	30.00	35.00	40.00	45.00	50.00
折旧③	20.00	20.00	20.00	20.00	20.00
税前净利④=①-②-③	30.00	25.00	20.00	15.00	10.00
所得税⑤=④×25%	7.50	6.25	5.00	3.75	2.50
税后净利⑥	22.50	18.75	15.00	11.25	7.50
营业现金净流量⑦=①-②-⑤=③+⑥	42.50	38.75	35.00	31.25	27.50

(3)列出现金流量计算表。

A 方案根据项目投资现金流量的内容构成,计算每年的现金净流量如表 7-3 所示。

表 7-3 A 方案的各年现金净流量计算表 单位:万元

项目计算期 t	0	1	2	3	4	5
长期资产投资	-100.00					
其他投资	0.00					
营运资金垫支	0.00					
原有长期资产的变价收入	0.00					
营业现金净流量		35.00	35.00	35.00	35.00	35.00
长期资产残值或变价收入						0.00
营运资金收回						0.00
各年现金净流量合计	-100.00	35.00	35.00	35.00	35.00	35.00

B方案根据项目投资现金流量的内容构成，计算每年的现金净流量如表7-4所示。

表7-4　B方案的各年现金净流量计算表　　单位：万元

项目计算期 t	0	1	2	3	4	5
长期资产投资	−120.00					
其他投资	0.00					
营运资金垫支	−20.00					
原有长期资产的变价收入	0.00					
营业现金净流量		42.50	38.75	35.00	31.25	27.50
长期资产残值或变价收入						20.00
营运资金收回						20.00
各年现金净流量合计	−140.00	42.50	38.75	35.00	31.25	67.50

(二)项目现金流量估算中应注意的问题

在确定投资方案的相关现金流量时，应遵循的最基本原则是：只有增量的现金流量才是与项目相关的现金流量。所谓增量现金流量，是指接受或拒绝某个投资方案后，企业总现金流量因此发生的变动。因此，只有那些由于采纳某个项目引起的现金支出增加额才是该项目的现金流出，只有那些由于采纳某个项目引起的现金流入增加额才是该项目的现金流入。

在进行这种判断时，要注意以下几个方面的问题。

1. 区分相关成本和非相关成本

相关成本是指与特定决策有关的，在分析评价时必须加以考虑的成本。例如，差额成本、未来成本、重置成本和机会成本等都属于相关成本。非相关成本是指与特定决策无关，在分析评价时不必加以考虑的成本。例如，沉没成本、过去成本、账面成本等往往是相关成本。如果将非相关成本纳入投资方案的总成本，则一个有利的方案可能因此变得不利，一个较好的方案可能因此变为较差的方案，从而造成决策失误。

2. 不要忽视机会成本

在投资方案的选择中，如果选择了一个方案，则必须放弃投资于其他途径的机会。其他投资机会可能取得的收益是实行本方案的一种代价，被称为这项投资方案的机会成本。机会成本不是我们通常意义上的“成本”，它不是一种支出或费用，而是失去的收益。这种收益不是实际发生的，是潜在的。机会成本总是针对具体方案的，离开被放弃方案就无从计量确定。机会成本在决策中的意义在于它有助于全面考虑可能采取的各种方案，以便为既定资源寻求最为有利的使用途径。

3. 要考虑投资方案对其他部门的影响

当我们采纳一个新的投资项目后，该项目可能对公司的其他部门造成有利或不利的影响。因此，在进行投资分析时，应当关注新项目实施后对整个公司预期的现金流入的影响。当然，这些交互的影响是很难准确计量的。但决策者在进行投资分析时仍要尽可能将其考虑在内。

4.对净营运资金的影响

在一般情况下，当公司投资一个新项目并使销售额扩大后，对于存货和应收账款等流动资产的需求也会增加，公司必须筹措新的资金以满足这种额外需求。另一方面，公司扩充的结果是应付账款与其他一些应付费用等流动负债也会同时增加，从而降低公司流动资金的实际需要。

当投资方案的寿命周期快要结束时，公司将与项目相关的存货出售，应收账款变为现金，应付账款和应付费用也随之偿付，净营运资金恢复到原有水平。通常，在进行项目投资分析时，假定开始投资时筹措净营运资金，在项目结束时收回。

5.忽略利息支付和融资现金流量

在评价新投资项目和确定现金流量时，往往将投资决策和融资决策分开，即从全部资本角度来考虑。此时，利息费用和投资项目的其他融资现金流量不应看成是该项目的增量现金流量。也就是说，即使接受项目时不得不通过举借债务来筹集资金，与筹集债务资金相关联的利息支出及债务本金的偿还不作项目的现金流量。因为，当用公司要求的报酬率作为贴现率来贴现项目的现金流量时，该贴现率已经隐含了这些项目的融资成本。分析人员通常事先确定对投资项目的期望收益或报酬率要求，然后再寻求最佳融资方式。

五、项目投资决策中使用现金流量的原因

财务会计是按权责发生制计算企业的收入和成本，并以收入减去成本后的利润作为收益，用来评价企业的经济效益的。在项目投资决策中则不能用按这种方法计算的收入和成本作为评价项目经济效益高低的基础，而应以现金流入作为项目的收入，以现金流出作为项目的支出，以净现金流量作为项目的净收益，并在此基础上评价投资项目的经济效益。投资决策之所以要按以收付实现制计算的现金流量作为评价项目经济效益的基础，主要有以下方面的原因。

1.采用现金流量有利于科学地考虑资金的时间价值

科学的投资决策必须认真考虑资金的时间价值，这就要求在决策时一定要分清楚每笔预期收入款项的具体时间，因为不同的资金具有不同的价值。在衡量方案优劣时，应根据各投资项目寿命周期内各年的现金流量，按照资金成本，结合资金的时间价值来确定。而利润的计算，并不考虑资金收付时间，它是以权责发生制为基础的。

利润和现金流量的差异主要表现在以下几个方面：第一，购置固定资产、无形资产等长期资产时付出的大量现金不计入成本。第二，将固定资产、无形资产等长期资产的价值以折旧或摊销的形式逐期计入成本时，却又不需要付出现金。第三，计算利润时不考虑垫支流动资金的数量和回收的时间。第四，只要销售行为已经确定，就计算当期的营业收入，尽管其中有一部分并未于当期收到现金。可见，要在投资决策中考虑资金的时间价值，就不能利用利润指标作为评价投资决策指标的基础，而必须采用现金流量。

2.采用现金流量才能使投资决策更符合客观实际情况

在项目投资决策时，应用现金流量能科学、客观地评价投资方案的优劣，而利润则明显

地存在不科学、不客观的成分。这是因为：第一，利润的计算没有一个统一的标准，在一定程度上要受到存货计价、费用摊配和折旧计提方法不同的影响，因而净利润计算比现金流量的计算具有更大的主观随意性，作为决策的主要依据不太可靠。第二，利润反映的是某一会计期间"应计"的现金流量，而不是实际的现金流量。若以未实际收到的现金流入作为收益，具有较大的风险，容易高估投资项目的经济效益，存在不科学、不合理的成分。

第三节　项目投资的评价指标

项目投资决策评价的基本原理是：当投资项目报酬率超过资金成本时，企业价值将增加；当投资项目报酬率低于资金成本时，企业价值将减少。因此，投资者要求的报酬率即资金成本是评价项目是否为企业创造价值的标准。

项目投资决策通过一定的经济评价指标来进行。进行投资项目决策的评价指标有非贴现现金流量指标和贴现现金流量指标两类。

一、非贴现现金流量指标

非贴现的现金流量指标不考虑资金的时间价值，把不同时间的现金流量看成是等效的。因此，该类指标在选择方案时通常起辅助作用。非贴现的指标主要包括静态投资回收期和平均报酬率。

(一)静态投资回收期

1. 静态投资回收期的含义

静态投资回收期 PP(payback period)是指投资引起的现金流入累积到与投资额相等所需的时间，代表收回投资所需的年限。一般该指标以年为时间单位。

静态投资回收期指标的决策规则是，回收年限越短，投资方案越有利。

2. 静态投资回收期指标的计算

静态投资回收期的计算分为以下两种情况。

(1)当初始投资一次支出，且营业开始之后每年的净现金流量(含终结现金流量)相等时，投资回收期可按下列公式计算：

$$PP=\frac{C}{NCF}$$

式中：PP 表示静态投资回收期；C 表示项目投资的初始投资额；NCF 表示营业开始后每年相等的净现金流量。

(2)如果营业开始之后每年净现金流量(含终结现金流量)不相等，那么，计算投资回收期要根据每年年末尚未回收的投资额，使用倒扣除的方法加以确定。应用倒扣除法后，可用下式计算投资回收期：

$$PP=n-1+\frac{\text{第}(n-1)\text{年年末尚未收回的投资额}}{\text{第 }n\text{ 年年末的现金净流量}}$$

式中：n 表示投资额回收的那一年年份数。

此外，静态投资回收期有包括投资期的投资回收期（记作 PP）和不包括投资期的投资回收期（记作 PP^*）两种形式。不包括投资期的投资回收期计算如下：

不包括投资期的投资回收期＝包括投资期的投资回收期－投资期

【例 7-2】 新天地公司投资项目的相关现金流量见例 7-1 中的资料。要求计算 A 和 B 两个方案的静态投资回收期，并做出决策。

解 依题意可知 A 方案属于第一种情况，即初始投资一次支出且营业开始之后每年的净现金流量（含终结现金流量）相等，其投资回收期计算如下：

$$PP_A = \frac{C}{NCF} = \frac{100}{35} = 2.86\ (年)$$

即 A 方案的静态投资回收期为 2.86 年。

依题意可知 B 方案属于第二种情况，首先用倒扣的方法确定投资额收回的具体年份数，见表 7-5。

表 7-5 新天地公司 B 方案投资回收期计算表 单位：万元

年份(t)	每年净现金流量	年末尚未回收的投资额
0		140.00
1	42.50	97.50
2	38.75	58.75
3	35.00	23.75
4	31.25	0
5	67.50	

从表 7-5 中可以看出，由于 B 方案的初始投资额 140 万元将在第 4 年收回，所以静态投资回收期计算如下：

$$PP_B = 4 - 1 + \frac{23.75}{31.25} = 3.76\ (年)$$

即 B 方案的静态投资回收期为 3.76 年。

由于 $PP_A < PP_B$，即 A 方案的静态投资回收期 2.86 年短于 B 方案的静态投资回收期 3.76 年，所以，新天地公司应该选择 A 方案进行投资。

3. 静态投资回收期指标的优缺点

静态投资回收期的概念容易理解，计算也比较简单，但这一指标的缺点在于它不仅忽视了货币的时间价值，而且没有考虑回收期满后的现金流量状况。事实上，有战略意义的项目投资往往早期收益较低，而中后期收益较高。静态回收期法总是优先考虑急功近利的项目，它是过去评价投资方案最常用的方法，目前仅作为辅助方法使用，主要用来测定投资方案的流动性而非营利性。现用以下两个例子来说明该方法的缺陷。

【例 7-3】 假设有两个方案的预计现金流量，如表 7-6 所示。试计算静态投资回收期，并比较优劣。

表 7-6　甲、乙方案的预计现金流量表　　单位:万元

项目计算期 t	0	1	2	3	4	5
甲方案现金流量	−1000	400	600	300	300	300
乙方案现金流量	−1000	600	400	300	300	300

从表 7-6 可知,甲和乙两个方案的投资回收期相同,都是 2 年。如果用静态投资回收期指标进行评价,两个方案的静态投资回收期相等,而且回收后的净现金流量均为 300 万元,然而,从时间价值的角度而言,乙方案要更加优于甲方案。因此,静态投资回收期未考虑时间价值因素,是不科学的。

【例 7-4】假设有两个方案的预计现金流量如表 7-7 所示,试计算静态投资回收期,并比较优劣。

表 7-7　C、D 方案的预计现金流量表　　单位:万元

项目计算期 t	0	1	2	3	4	5
C 方案现金流量	−1000	600	400	300	300	300
D 方案现金流量	−1000	600	400	500	500	500

从表 7-7 可知,C 和 D 两个方案的投资回收期相同,都是 2 年。如果用静态投资回收期指标进行评价,两个方案的静态投资回收期相等,然而两个方案回收后的净现金流量不相等,实际上,D 方案初始投资收回后,每年比 C 方案的净现金流量均高出 200 万元,D 方案明显优于 C 方案。因此,静态投资回收期未考虑回收期满后的现金流量状况,也是不合理的。

(二)平均报酬率

1. 平均报酬率的计算

平均报酬率 ARR(average rate of return)是投资项目寿命周期内平均的年投资报酬率,也称平均投资报酬率。平均报酬率有多种计算方法。其中最常见的计算公式为

$$\text{平均报酬率 ARR}=\frac{\text{年平均净现金流量}}{\text{初始投资额}}\times 100\%$$

在采用平均报酬率这一指标决策时,应事先确定一个企业要求达到的平均报酬率,或称必要平均报酬率。平均报酬率指标的决策规则是,在进行决策时,只有高于必要平均报酬率的方案才能入选。而在有多个互斥方案的选择中,则选用平均报酬率最高的方案。

【例 7-5】现仍用前例新天地公司的资料(见表 7-3 和表 7-4)说明平均报酬率指标的计算与决策。

解　$\mathrm{ARR_A}=\frac{35}{100}\times 100\%=35\%$

$$\mathrm{ARR_B}=\frac{(42.50+38.75+35.00+31.25+67.50)\div 5}{140}\times 100\%=30.71\%$$

由于 $\mathrm{ARR_A}>\mathrm{ARR_B}$,即 A 方案的平均报酬率 35%大于 B 方案的平均报酬率 30.71%,所以,新天地公司应该选择 A 方案进行投资。

2. 平均报酬率指标的优缺点

平均报酬率的优点是简明、易算、易懂。其主要缺点是：第一，没有考虑货币的时间价值，投资开始年份的现金流量与最后一年的现金流量被看作具有相同的价值，所以，有时会做出错误的决策。第二，必要平均报酬率的确定具有较大的主观性。

二、贴现现金流量指标

贴现现金流量指标，是指考虑资金时间价值的分析评价指标，亦被称为动态指标，或折现现金流量指标。常用的贴现现金流量指标主要包括净现值、内含报酬率、获利指数和动态投资回收期等。

（一）净现值

1. 净现值的含义

净现值 NPV（net present value）是指特定方案在整个项目计算期内的每年净现金流量按资金成本或企业要求达到的报酬率折算后的现值的代数和，或者说是特定方案未来现金流入量的现值与未来现金流出量的现值之间的差额。

净现值指标决策所依据的原理是：假设预计的现金流入在年末肯定可以实现，把原始投资看成是按预定贴现率借入的。当净现值为正值时，偿还本息后还有剩余的收益。净现值的经济意义是投资方案考虑时间价值后的净收益。

要计算投资项目的净现值，不仅需要知道与项目相关的现金流量，还必须确定贴现率。在通常情况下，采用企业要求的最低报酬率或资金成本作为投资项目预定的贴现率。

净现值指标的决策规则是，在只有一个备选方案时，属于采纳与否决策，净现值为正值则采纳，净现值为负值则不采纳。在有多个备选方案的互斥项目选择决策时，应选用净现值为正值中最大的方案。

2. 净现值指标的计算

净现值的计算公式为

$$\mathrm{NPV} = \sum_{t=0}^{n} \frac{\mathrm{NCF}_t}{(1+K)^t}$$

式中：NPV 表示净现值；NCF_t 表示第 t 年的净现金流量；K 表示折现率（资金成本或公司要求的报酬率）；n 表示项目预计使用年限。

净现值的计算可按下列步骤进行：

第一步，计算项目的年折旧额；

第二步，计算项目每年的营业净现金流量；

第三步，列出现金流量计算表；

第四步，计算未来现金流量的总现值；

第五步，利用净现值指标进行决策。

【例 7-6】现仍用前例新天地公司的资料（见表 7-3 和表 7-4）说明净现值指标的计算与决策。假设资金成本为 10%。

解 前面例7-1中已经完成了净现值计算的前面三个步骤，所以A方案每年的营业现金净流量相等，其净现值计算如下：

$$
\begin{aligned}
NPV_A &= -100+35\times PVIFA_{k,n} \\
&= -100+35\times PVIFA_{10\%,5} \\
&= -100+35\times 3.791 \\
&= 32.69\ (\text{万元})
\end{aligned}
$$

B方案每年的NCF不相等，因此计算如下：

$$
\begin{aligned}
NPV_B &= -140+42.5\times PVIF_{10\%,1}+38.75\times PVIF_{10\%,2}+35\times PVIF_{10\%,3} \\
&\quad +31.25\times PVIF_{10\%,4}+67.5\times PVIF_{10\%,5} \\
&= -140+42.5\times 0.909+38.75\times 0.826+35\times 0.751 \\
&\quad +31.25\times 0.683+67.5\times 0.621 \\
&= 20.19\ (\text{万元})
\end{aligned}
$$

由于 $NPV_A > NPV_B$，即A方案的净现值32.69万元大于B方案的净现值20.19万元，所以，新天地公司应该选择A方案进行投资。

3. 净现值指标的优缺点

净现值是一个折现的绝对量正指标，是项目投资决策评价指标中最重要的指标之一。净现值指标考虑了资金的时间价值和整个项目寿命周期的现金流量，从动态的角度反映了项目投入与净产出的关系。从理论上讲，它比其他指标更完善，被誉为"高级理财的第一原则"，具有广泛的适用性。净现值指标的缺点在于不能直接反映项目实际报酬率水平，且当项目寿命期不等时，无法直接应用净现值确定方案的优劣。

（二）内含报酬率

1. 内含报酬率的含义

内含报酬率IRR(internal rate of return)，又称内部报酬率，或内含收益率，是指能够使未来现金流量的现值等于未来现金流出量的现值的贴现率，或者说是使投资方案的净现值为零的贴现率。

内含报酬率的决策规则是，在只有一个备选方案的采纳与否决策中，如果计算出的内含报酬率大于或等于公司的资金成本或必要报酬率，就采纳；反之，则拒绝。在有多个备选方案的互斥选择决策时，选择内含报酬率超过资金成本或必要报酬率最多的投资项目。

2. 内含报酬率指标的计算

根据内含报酬率的定义，满足下列等式：

$$0=\sum_{t=0}^{n}\frac{NCF_t}{(1+IRR)^t}$$

式中：IRR表示内含报酬率；NCF_t 表示第 t 年的净现金流量；n 表示项目预计使用年限。

然而实际工作中，内含报酬率是无法直接使用以上公式计算出来的。具体计算可以分以下两种情况。

(1)当初始投资一次支出，且营业开始之后每年的净现金流量(含终结现金流量)相等时，内含报酬率可按下列步骤计算。

第一步，计算年金现值系数。

$$\mathrm{PIVFA}_{i,n}=\frac{C}{\mathrm{NCF}}$$

式中：i 表示内含报酬率；n 表示项目的寿命期；C 表示项目投资的初始投资额；NCF 表示营业开始后每年相等的净现金流量。

第二步，查年金现值系数表，在相同的期数内，找出与上述年金现值系数相邻近的较大和较小的两个折现率。

第三步，在年金现值间应用插值法。根据上述两个邻近的折现率和已求得的年金现值系数，采用插值法计算出该投资方案的内含报酬率。

（2）如果营业开始之后每年净现金流量（含终结现金流量）不相等，则需按下列步骤采用“逐次测试插值法”计算。

第一步，逐次测试折现率。先预估一个折现率，并按此折现率计算净现值。如果计算出的净现值为正值，则表示预估的折现率小于该项目的实际内含报酬率，应提高折现率，再进行测算；如果计算出的净现值为负数，则表明预估的折现率大于该方案的实际内含报酬率，应降低折现率，再进行测算。经过如此反复测试，找到净现值由正值到负值，并且比较接近于零的两个折现率。需要指出的是，这两个折现率之差应小于或等于 5%，否则可能会导致误差太大。

第二步，在净现值间应用插值法。根据上述两个邻近的折现率，用插值法计算出方案的实际内含报酬率。

【例 7-7】 新天地公司投资项目的相关现金流量见例 7-1 中的资料。要求计算 A 和 B 两个方案的内部报酬率，并做出决策。

解 依题意可知 A 方案属于第一种情况，即初始投资一次支出且营业开始之后每年的净现金流量（含终结现金流量）相等，其内含报酬率计算如下：

$$\mathrm{PVIF}_{i,5}=\frac{C}{\mathrm{NCF}}=\frac{100}{35}=2.857$$

查表可知 $20\%<r<25\%$，令 $r=(20+x)\%$

$$\begin{array}{ll} \text{贴现率} & \mathrm{PVIFA}_{i,5} \\ \left.\begin{array}{l}\left.\begin{array}{l}20\% \\ r\end{array}\right\}x\% \\ 25\%\end{array}\right\}5\% & \left.\begin{array}{l}\left.\begin{array}{l}2.991 \\ 2.857\end{array}\right\}0.134 \\ 2.689\end{array}\right\}0.302 \end{array}$$

$$\frac{x\%}{5\%}=\frac{0.134}{0.302}\qquad x=2.22$$

则，$\mathrm{IRR}_{A}=20\%+2.22\%=22.22\%$

依题意可知 B 方案每年的 NCF 不相等，属于第二种情况，因而必须逐次进行测试，测试过程见表 7-8。

表 7-8　B 方案内含报酬率逐次测试表　　单位:万元

t	NCF_t	测试 10%		测试 15%		测试 16%	
		PVIF	现值	PVIF	现值	PVIF	现值
0	−140.00	1.00	−140.00	1.00	−140.00	1.00	−140.00
1	42.50	0.909	38.63	0.870	36.98	0.862	36.64
2	38.75	0.826	32.01	0.756	29.30	0.743	28.79
3	35.00	0.751	26.29	0.658	23.03	0.641	22.44
4	31.25	0.683	21.34	0.572	17.88	0.552	17.25
5	67.50	0.621	41.92	0.497	33.55	0.476	32.13
NPV	—	—	20.19	—	0.74	—	−2.75

根据以上测试可知 IRR 介于 11%与 12%之间,可用插值法:

贴现率　　　　　　净现值

$$\left.\begin{array}{r}\left.\begin{array}{r}15\%\\ r\end{array}\right\}x\%\\ 16\%\end{array}\right\}1\%\qquad\qquad \left.\begin{array}{r}\left.\begin{array}{r}0.74\\ 0\end{array}\right\}0.74\\ -2.75\end{array}\right\}3.49$$

$$\frac{x\%}{1\%}=\frac{0.74}{3.49}\qquad x=0.21$$

则,$IRR_B=15\%+0.21\%=15.21\%$

由于 $IRR_A > IRR_B$,即 A 方案的内含报酬率 22.22%大于 B 方案的内含报酬率 15.21%,所以,新天地公司应该选择 A 方案进行投资。

3. 内含报酬率指标的优缺点

内含报酬率指标是一个折现的相对量正指标。它从动态的角度直接反映了投资项目实际收益水平,计算不受设定折现率的影响。其缺点主要是计算过程比较麻烦,而借助计算机用插入函数法又无法求得真实的内含报酬率。

(三)获利指数

1. 获利指数的含义

获利指数 PI(profitability index),又称现值指数,是指营业后未来报酬的总现值与初始现金流量的现值的比率,或者说是投产后各年净现金流量的现值之和除以初始现金流量的现值。

获利指数指标的决策规则是,在只有一个备选方案的采纳与否决策中,获利指数大于或等于 1,则采纳;否则就拒绝。在有多个备选方案的互斥选择决策中,应采用获利指数大于 1 最多的投资项目。

2. 获利指数指标的计算

获利指数的计算公式为

$$PI=\frac{未来报酬的总现值}{初始现金流量的现值}$$

$$PI=\sum_{t=s+1}^{n}\frac{NCF_t}{(1+k)^t}\div\sum_{t=0}^{s}\frac{NCF_t}{(1+k)^t}$$

式中：PI 表示获利指数；NCF_t 表示第 t 年的净现金流量；k 表示折现率（资金成本或公司要求的报酬率）；n 表示项目预计计算期；s 表示项目预计的投资期。

【例 7-8】 新天地公司投资项目的相关现金流量见例 7-1 中的资料。假设资金成本为 10%，要求计算 A 和 B 两个方案的获利指数，并做出决策。

解 A 方案的获利指数计算如下：

$$PI_A=\frac{未来现金流入量的总现值}{初始现金流量的现值}=\frac{132.69}{100}=1.33$$

$$PI_B=\frac{未来现金流入量的总现值}{初始现金流量的现值}=\frac{160.19}{140}=1.14$$

由于 $PI_A>PI_B$，即 A 方案的获利指数 1.33 大于 B 方案的获利指数 1.14，所以，新天地公司应该选择 A 方案进行投资。

3. 获利指数指标的优缺点

获利指数是一个贴现的相对量正指标。它从动态的角度反映了投资项目的资金投入与总产出之间的关系，可以进行独立投资机会获利能力的比较。但它与净现值一样，无法直接反映投资项目的投资报酬率。

（四）动态投资回收期

1. 动态投资回收期的含义

动态投资回收期 PBP(payback period)是指在考虑货币时间价值的条件下，以投资项目净现金流量的现值抵偿原始投资现值所需要的全部时间，即动态投资回收期是项目从投资开始起，到累计折现现金流量等于 0 时所需的时间。一般该指标也是以年为时间单位。它与静态投资回收期之间的区别在于考虑了资金的时间价值，折现时使用的贴现率也仍然是资金成本或者投资者要求的报酬率。

动态投资回收期指标的决策规则是，回收年限越短，投资方案越有利。

2. 动态投资回收期指标的计算

动态投资回收期的计算，要根据每年年末尚未回收的投资额，使用倒扣除的方法加以确定，而回收的现金流量需要根据贴现率计算现值后，再计算未回收的投资额。公式为

$$PBP=n-1+\frac{第(n-1)年年末尚未收回的投资额}{第\ n\ 年年末的净现金流量现值}$$

式中：n 表示投资额回收的那一年年份数。

【例 7-9】 新天地公司投资项目的相关现金流量见例 7-1 中的资料。假设资金成本为 10%，要求计算 A 和 B 两个方案的动态投资回收期，并做出决策。

解 依题意可知 A 方案首先计算每年净现金流量的现值，然后用倒扣的方法确定投资额收回的具体年份数，见表 7-9。

表 7-9　新天地公司 A 方案动态投资回收期计算表　　单位：万元

年份(t)	每年净现金流量	净现金流量的现值	年末尚未回收的投资额
0			100.00
1	35	31.82	68.18
2	35	28.91	39.27
3	35	26.29	12.98
4	35	23.91	
5	35	21.74	

从表 7-9 中可以看出，由于 A 方案的初始投资额 100 万元将在第 4 年收回，所以动态投资回收期计算如下：

$$PBP_A = 4 - 1 + \frac{12.98}{23.91} = 3.54\ (年)$$

即 A 方案的动态投资回收期为 3.54 年。

依题意可知，B 方案首先计算每年净现金流量的现值，然后用倒扣的方法确定投资额收回的具体年份数，见表 7-10。

表 7-10　新天地公司 B 方案动态投资回收期计算表　　单位：万元

年份(t)	每年净现金流量	净现金流量的现值	年末尚未回收的投资额
0			140.00
1	42.50	38.63	101.37
2	38.75	32.01	69.36
3	35.00	26.29	43.07
4	31.25	21.34	21.73
5	67.50	41.92	

从表 7-10 中可以看出，由于 B 方案的初始投资额 140 万元将在第 5 年收回，所以动态投资回收期计算如下：

$$PBP_B = 5 - 1 + \frac{21.73}{41.92} = 4.52\ (年)$$

即 B 方案的动态投资回收期为 4.52 年。

由于 $PBP_A < PBP_B$，即 A 方案的动态投资回收期 3.54 年短于 B 方案的动态投资回收期 4.52 年，所以，新天地公司应该选择 A 方案进行投资。

3. 动态投资回收期指标的优缺点

尽管动态投资回收期考虑了资金的时间价值，相较于静态投资回收期有所改进，但仍然没有考虑回收期满后的现金流量状况，所以在实际工作中也未作为项目投资决策的主要评价指标。

三、投资决策指标的比较

以上介绍了项目投资决策中的贴现现金流量和非贴现现金流量两大类指标，下面对这些指标做一下比较。

（一）两类指标在投资决策应用中的比较

投资回收期作为评价企业投资效益的主要方法，在20世纪50年代曾流行全世界。现以美国专家的调查资料为依据，来说明各种指标在投资决策中应用的变化趋势。

1.20世纪50年代的情况

1950年，迈克尔·戈特（Michael Gort）教授对美国25家大型公司做的调查资料表明，被调查的公司全部使用投资回收期等非贴现的现金流量指标，没有一家使用贴现的现金流量指标。

2.20世纪六七十年代的情况

1970年，托姆斯·克拉默（Tomes Klammer）教授对美国184家大型生产企业近些年来的调查资料见表7-11。

表7-11　投资决策指标使用情况调查表1

投资决策指标类型	作为主要方法使用的公司所占的比例		
	1959年	1964年	1970年
贴现现金流量指标	19%	38%	57%
非贴现现金流量指标	81%	62%	43%
合计	100%	100%	100%

资料来源：*Journal of Bussiness*, July 1972。

3.20世纪80年代的情况

1980年，大卫·J. 奥布拉克（David J. Oblack）教授对58家大型跨国公司进行了调查，资料见表7-12所示。

表7-12　投资决策指标使用情况调查表2

投资决策指标类型	作为主要方法使用的公司所占的比例
贴现现金流量指标	76%
非贴现现金流量指标	24%
合计	100%

资料来源：*Financial Management*, Winter 1980。

4. 20 世纪末至 21 世纪初的情况

2001 年，美国杜克大学的约翰・格雷姆(John Graham)和坎贝尔・哈韦(Campbell Havey)教授调查了 392 家公司的财务主管，其中 74.9%的公司在投资决策时使用净现值指标，75.7%的公司使用获利指数指标，56.7%的公司在使用净现值指标和获利指数指标的同时使用投资回收期指标。调查的同时发现，年销售额大于 10 亿美元的公司更多地应用净现值或获利指数指标，而年销售额小于 10 亿美元的公司则更多地应用投资回收期等非贴现指标。

由此可知，20 世纪中后期，建立在资金时间价值原理基础上的贴现现金流量指标，在投资决策指标体系中的地位发生了显著的变化。使用贴现现金流量指标的公司不断增多，从 20 世纪 70 年代开始，贴现现金流量指标已经占据主导地位，并形成了以贴现现金流量指标为主、投资回收期指标为辅的多种指标并用的评价体系。最近的调查更是表明，许多公司在进行决策时会使用两种以上的指标，其中规模较大的公司倾向于使用贴现的现金流量指标，规模相对较小的公司则更多地应用了非贴现的现金流量指标。

(二)贴现现金流量指标广泛应用的主要原因

(1)非贴现现金流量指标把不同时间点上的现金流入和流出当作毫无差别的资金进行对比，忽略了资金的时间价值因素，这是不科学的。贴现现金流量指标则把不同时间点流入或流出的现金按照统一的折现率贴现到同一个时间点上，使不同时期的现金具有可比性，这样才能做出正确的投资决策。

(2)非贴现现金流量指标中的投资回收期只能反映投资的回收速度，不能反映投资的主要目标——收益的多少。同时，由于静态投资回收期指标没有考虑时间价值因素，因而会计算出快于实际的投资回收速度，不利于做出正确的投资决策。

(3)投资回收期、平均报酬率等非贴现现金流量指标对项目寿命期不同、资金投入的时间和提供收益时间不同的项目投资方案缺乏鉴别能力。贴现现金流量指标则可以通过净现值、内含报酬率和获利指数等指标进行综合分析，从而做出正确合理的决策。

(4)非贴现现金流量指标中的平均报酬率等指标，由于没有考虑资金的时间价值，实际上夸大了项目的盈利水平。而贴现现金流量指标中的报酬率则是以预计的现金流量为基础，在考虑了货币的时间价值以后计算出的真实报酬率。

(5)在运用投资回收期这一指标时，标准回收期是方案取舍的依据，但标准回收期一般都是以经验或主观判断为基础来确定的，缺乏客观依据。贴现现金流量指标中的净现值和内含报酬率等指标实际上都是以企业的资金成本为取舍依据的，任何企业的资金成本都可以通过科学计算确定，因此，这一取舍标准符合客观实际。

(6)管理人员水平的不断提高和相关分析软件的广泛应用，加快了贴现现金流量指标的推广使用。在 20 世纪五六十年代，只有很少企业的财务人员能真正了解贴现现金流量指标的真正含义，而当今，几乎所有大型企业的高级财务人员都明白这一方法的科学性和正确性。相关分析软件的广泛应用使贴现现金流量指标中的复杂计算变得非常容易，推动了贴现现金流量指标的应用进程。

(三)贴现现金流量指标的比较

通过以上对比可知,贴现现金流量指标是科学的投资决策指标。贴现现金流量指标包括净现值、内含报酬率和获利指数等,下面对它们进行比较。

1.净现值和内含报酬率的比较

在多数情况下,运用净现值和内含报酬率这两个指标分析判断得出的结论是相同的,如前例中新天地公司A方案和B方案的决策。但对于互斥选择项目而言,在如下两种情况下,有时会产生差异。

(1)投资规模不同

当一个项目的投资规模大于另一个项目时,投资规模较小的项目的内含报酬率可能较大但净现值可能较小。例如,假设项目甲的内含报酬率为30%,净现值为100万元;而项目乙的内含报酬率为20%,净现值为200万元。在这两个互斥项目之间进行选择,实际上就是在更多的财富和更高的内含报酬率之间进行选择,很显然,决策者将选择财富。所以,当互斥项目投资规模不同并且资金可以满足投资规模要求时,净现值指标的决策规则优于内含报酬率指标的决策规则。

(2)现金流量发生的时间不同

有的项目早期现金流入量比较大,而有的项目早期现金流入量比较小。之所以会产生现金流量发生时间不同的问题,是因为"再投资率假设",即两种方法假定投资项目使用过程中产生的现金流量进行再投资时会产生不同的报酬率。净现值指标决策是假定产生的现金净流量重新投资会产生相当于企业资金成本的利润率,而内含报酬率指标决策是假定现金净流量重新投资产生的利润率与此项目特定的内含报酬率相同。下面举例说明。

【例7-10】假设某公司有两个项目D和E,它们的初始投资不一致,详细情况如表7-13所示。

表7-13 项目D和项目E的投资决策数据表 单位:元

指标数据	年次(t)	项目D	项目E
初始投资	0	110000	10000
营业现金净流量	1	50000	5050
	2	50000	5050
	3	50000	5050
NPV		6100	1726
IRR		17.28%	24.03%
PI		1.06	1.17
资金成本		14%	14%

下面计算在不同的贴现率条件下的两个投资项目的净现值,见表7-14。

表 7-14　不同贴现率下 D 项目和 E 项目的净现值　　单位:元

贴现率(即资金成本)	D 项目的净现值	E 项目的净现值
0	40000	5150
5%	26150	3751
10%	14350	2559
15%	4150	1529
20%	−4700	635
25%	−12400	−142

从表 7-14 中可以看出,如果依据内含报酬率指标决策,应该拒绝项目 D 而采纳项目 E;如果应用净现值指标决策,则应采纳项目 D 而拒绝项目 E。产生上述差异的根本原因是,内含报酬率指标假定项目 D 前两期产生的现金净流量(第 1 年和第 2 年的 50000 元)若进行再投资,则会产生与 17.28%相等的报酬率,而项目 E 前两期的现金净流量(第 1 年和第 2 年的 5050 元)若进行再投资,则得到 24.03%的报酬率。与此相反的是,净现值指标假定前两期产生的现金净流量若进行再投资,报酬率应该相当,在本例中是 14%,即资金成本。从表 7-14也可以看出,在净现值指标计算过程中,若使用的贴现率(即资金成本)不高于 15%,则项目 D 的净现值大于项目 E,即项目 D 优于项目 E;如果使用的贴现率(即资金成本)高于 15%,则项目 E 的净现值大于项目 D,即项目 E 优于项目 D。因此,在资金成本为 14%,且没有资金限量的情况下,项目 D 虽然投资较多,但净现值也较高,可以为企业带来更多的财富,是较优的项目。而当资金成本率高于 15%后,不论用净现值指标还是内含报酬率指标,都会得出项目 E 优于项目 D 的结论。也就是说,净现值指标总是正确的,而内含报酬率指标有时却会得出错误的决策。

所以,在无资金限量的情况下,净现值指标要优于内含报酬率指标。

2. 净现值指标和获利指数指标的比较

由于净现值指标和获利指数指标使用的是相同的数据,在评价投资项目的优劣时,它们通常是一致的,但有时也会产生分歧。如例 7-9 中的项目 D 和项目 E(这两个项目的初始投资不一致),在资金成本为 14%时,项目 D 有净现值 6100 元,获利指数为 1.06;项目 E 有净现值 1726 元,获利指数为 1.17。如果用净现值法,则应选用项目 D;如果利用获利指数指标决策,则应选用项目 E。

只有当初始投资不同时,净现值指标和获利指数指标决策结论才会产生差异。由于净现值指标是用各期现金净流量现值减去初始投资的现值得到的,是一个绝对数,表示投资的效益或者说是给公司增加的财富;而获利指数是用现金净流量现值除以初始投资的现值,是一个相对数,表示投资的效率,因而评价的结果可能会不一致。

最高的净现值更加符合企业的最大利益,也就是说,净现值越高,企业的收益越大。而获利指数只反映投资回收的程度,不反映投资回收的多少,在没有资金量限制情况下的互斥选择决策中,应选用净现值较大的投资项目。也就是说,当获利指数指标与净现值指标得出不同结论时,应以净现值法为准。

总之，在没有资金量限制的条件下，利用净现值指标在所有的投资评价中都能做出正确的决策，而利用内含报酬率指标和获利指数指标在独立项目评价中也能做出正确的决策，但在互斥选择决策中有时会得到错误的结论。因而，在这三种评价指标中，净现值指标仍然是最好的项目投资评价指标。

课后思考

1. 简要说明投资的含义、作用、种类和管理原则。
2. 请介绍投资活动的现金流量构成及其测算过程和方法。
3. 请说明投资决策的贴现现金流量指标和非贴现现金流量指标的内容和决策准则。
4. 请说明固定资产的残值收入与变价收入之间的区别。
5. 请说明营业现金净流量的基本计算原理。
6. 请分析为什么投资决策时采用贴现现金流量指标更合理些？
7. 请对贴现现金流量指标的主要三项指标进行比较。
8. 若你是某公司的高管，你会用什么指标对投资项目进行决策，为什么？

案例讨论

东环公司新建项目投资决策

一、背景资料

（一）项目贴现率的动态估计

在采用贴现技术对投资项目进行动态经济评价时，贴现率的估计对企业而言是一个非常复杂且十分重要的问题。贴现率的选用本身有质和量两方面的要求必须予以考虑。首先，从质的方面考虑，实践中常用的贴现率一般有三种。

（1）采用银行贷款平均利率作为贴现率，这是投资项目获利水平的下限标准。

（2）以行业平均利润率为贴现率，体现了本行业投资利润率的标准；若低于这一标准，即使投资项目不亏本，也会使企业在行业竞争中处于劣势。

（3）以企业的平均资金成本为贴现率，说明项目的资金利润率若不能高于企业的资金成本，实际上是无利可图的。

因此，在采用内含报酬率作为投资项目的经济评价指标时，常用这三类利率指标作为基准指标与项目的内含报酬率进行对照比较。

其次，从量的方面考虑，在项目现金流量相同的前提下，贴现率的不同会给经济评价带来相反的结论。一般情况下，选用的贴现率偏高，会使项目的净现值偏低，反之则净现值偏高。

应该进一步思考的是：在进行投资项目的经济评价时，不论选哪一种贴现率指标进行贴现计算，在贴现率的量化上，都不能在整个项目寿命周期内一成不变，而应该根据宏观和微观不断变化的经济形势，在不同情况下分别采用不同的贴现率对投资项目进行动态经济分析。这样做的要求很高，难度也很大，但唯有这样才能使经济分析和评价起到其应有的作用。

(二)投资决策的其他影响因素

作为投资主体的企业而言,投资项目的成败往往关系到企业的生死存亡,因此必须认真分析影响动态估计的各种因素,准备各种对策,尽可能提高项目经济评价的可靠性,从根本上避免投资失误。

1.企业内部历史资料的真实积累是投资项目动态经济评价的基本前提

企业为求发展而进行项目投资,其决策最为根本的依据是企业的历史资料,历史资料的积累又靠企业日常的基础管理工作。企业改制后,决策者们应清醒地意识到,基础管理是企业生存之根本,而不是应付检查的形式。基础管理的好坏决定着历史资料是否真实可靠,历史资料是否真实可靠又直接影响投资项目能否正确决策,进而影响企业能否把握发展机遇。在这个价值链中,任何一个环节出现问题,都会给企业带来不可弥补的损失。如果说,要求企业对投资项目在今后若干年内的经济运行状态做出精确度很高的预测是一种苛求的话,那么要求企业对以往的经营状况做出准确无误的定量描述应该是现代企业管理起码的要求。因此,狠抓基础管理,确保历史资料的真实性,是正确进行投资决策的基本前提。

2.准确把握市场命脉是投资项目动态经济评价的基本要求

市场给企业提供了施展身手的舞台,企业在市场中遵循优胜劣汰的竞争规则拼搏求胜。可以说市场是企业赖以生存的土壤,企业对自身植根的这片土壤的了解程度便成为企业能否取胜的关键。我国大量的中小型企业目前对市场的了解仍然处于起步状态。它们掌握的市场情况从范围上看是狭窄的,从时间上看是以往的,从来源上看是源于自身的感受。这就决定了这些企业在市场竞争中总是处于被动挨打的局面。中小型企业要在市场竞争中取胜,必须要在市场调研和市场预测方面加大投入。就市场调研的范围而言,不仅要调研分析同类产品市场,还要考虑相关产品和替代产品的市场情况;就市场调研的时间而言,既要了解市场的过去和现状,更要掌握市场的发展趋势,用动态的观念、动态的方法搜集动态的市场信息;从调研和预测的方法上说,要用科学的手段,用定性分析和定量分析相结合的方法对动态的市场信息进行整理、分析和运用。这样,企业在进行投资决策时,才能科学、客观、准确地测算项目未来的收入、成本、利润及现金流量,才能进行真正意义上的动态经济评价。

3.国家经济政策和经济调控手段是影响投资项目动态评价的基本因素

国家宏观经济政策的出台和变动,利率、汇率、大宗物资指导性价格等经济调控手段的利用和变动,都是企业无法驾驭的,却又是与企业命运密切相关的重要因素。企业的决策层必须认真学习、研究国家宏观经济政策,了解经济调控手段的变动规律,掌握宏观经济周期及产品寿命周期等经济知识,把握相关资源价格变动和金融市场利率变动的一般规律。唯有如此,企业才有可能在一个相当长的时期内相对准确地选定适用的贴现率进行投资决策评价。

4.对国内外经济信息的掌握程度是投资项目动态评价的基本保证

我国加入WTO后,所有的企业都面临着国际市场的机遇和挑战。在进行投资决策时,除了考虑国内市场的状况和趋势,还要对相关产业及产品的国际市场态势有所了解,扩大信息的覆盖面,更全面地掌握信息和利用信息,使投资决策多增加一分成功的把握。

二、案例资料

东环公司是生产汽车零部件的企业。产品长期以来一直供不应求,为扩大生产能力,公司准备新建一条生产线。负责这项投资决策工作的财务总监经过调查研究后，得到如下相关资料：该投资项目初始投资为380万元，当年投资当年收益，第一年只能完成设计能力的一半产量。项目寿命期为五年，五年后估计可收回固定资产残值等终结流量40万元。企业提供的资料表明，自第二年达到设计能力后，每年的营业收入可达3200万元，每年的付现成本为2840万元(含流转税费)，固定资产折旧和无形资产摊销等非付现成本为每年60万元，所得税率为25%；若取贴现率为15%，则该项目的净现值(NPV)为381万元。以NPV是否大于零为项目的取舍标准，项目是可行的。计算见表7-15和表7-16。

表7-15　营业现金净流量计算表　　单位：万元

年次(t)	1	2	3	4	5
营业收入	1600	3200	3200	3200	3200
减：付现成本	1450	2840	2840	2840	2840
折旧和摊销	30	60	60	60	60
税前利润	120	300	300	300	300
减：所得税	30	75	75	75	75
税后利润	90	225	225	225	225
营业现金净流量	120	285	285	285	285

表7-16　现金流量及净现值计算表　　单位：万元

年次(t)	0	1	2	3	4	5
初始投资	−380					
营业现金净流量		120	285	285	285	285
终结现金流量						40
现金流量合计	−380	120	285	285	285	325
折现系数($i=15\%$)	1	0.870	0.756	0.658	0.572	0.497
现金流量现值	−380	104.40	215.46	187.53	163.02	161.53

但该投资决策结果送交公司中层干部讨论时引起很大争议。生产部长在汽车行业工作三十多年，对汽车零部件的行业前景和变动趋势了如指掌，他认为实际上在投资后的五年内，营业收入和付现成本是绝不可能一成不变的。在长达5年甚至10年的项目收益期内，很多因素都会发生不以人的意志为转移的变化。该项目的付现成本中原材料成本占85%左右，原材料价格或原材料消耗水平是影响项目收益的最为敏感的因素，原材料成本略有上升，对营业现金净流量将产生非常大的冲击，有可能使NPV发生逆转而导致整个项目投资失败。

他经过周密调查，估计该项目在运行的第二年原材料的市场价格会上涨10%，使当年的营业现金净流量从原来估算的260万元下跌为100万元；第三年由于市场上出现了性能更好的替代产品，使产品销售价格下挫5%，又使当年营业现金净流量下跌为−40万元；第四年企业采取各种促销手段，使销售量增长，又使营业收入回复到第二年的水平，并且通过管理降低生产成本，消化因促销而加大的销售费用对成本的负面影响，使付现成本不再继续高升，在亏损一年后即扭亏为盈，第四、第五年均保持税前利润60万元的水平。

公司聘请的独立董事也对财务总监的投资决策报告提出质疑，他经过对宏观经济形势、国家财经政策、行业相关政策及企业运行情况的预测和分析，认为在今后的几年内国家将继续维持积极财政政策，银行贷款利率仍维持较低水平，同时由于企业进行再投资近年内对股利分配政策会有一定影响，使企业资金的平均成本有所降低；项目后期（第四、五年）估计资金成本又有一定幅度的回升。他估计的未来五年国家利率水平分别为15%、8%、12%、12%、12%。他最后认为以企业近年的平均资金成本15%作为投资项目的贴现率不太合理。

三、案例分析

（一）分析生产部长的意见

通过表7-17和表7-18的计算，结果是：考虑到收益期内收入和成本的变化后，该项目的NPV为−76.86万元。也就是说，企业在经过努力、尽力改善自身的经验状况后，该项目的经济可行性仍是不容乐观的。这种情况是非常现实的。

表7-17 营业现金净流量计算表

单位：万元

年次(t)	1	2	3	4	5
营业收入	1600	3200	3040	3200	3200
减：付现成本	1450	3080	3080	3080	3080
折旧和摊销	30	60	60	60	60
税前利润	120	60	−100	60	60
减：所得税	30	15	0	0	5
税后利润	90	45	−100	60	55
营业现金净流量	120	105	−40	120	115

表7-18 现金流量及净现值计算表

单位：万元

年次(t)	0	1	2	3	4	5
初始投资	−380					
营业现金净流量		120	105	−40	120	115
终结现金流量						40
现金流量合计	−380	120	105	−40	120	155
折现系数(i=15%)	1	0.870	0.756	0.658	0.572	0.497
现金流量现值	−380	104.40	79.38	−26.32	68.64	77.04

此时，该投资方案的净现值NPV=−76.86万元。

（二）分析独立董事的意见

经过分析计算的项目净现值为−49.88万元。计算见表7-19。这一结果比原来不考虑贴现率变动的情况，净现值增加了26万元。虽然结果仍然未达到可行方案的标准，但考虑到贴现率的变动，并将它运用到经济评价中去，显然比在一个长达多年的时期内始终采用同一贴现率的思路要进了一大步。对于投资额更大、寿命期更长的投资项目，假如不考虑贴现率的变动，那么项目经济评价的质量是不可信的。

表 7-19　现金流量及净现值计算表　　单位：万元

年次(t)	0	1	2	3	4	5
初始投资	－380					
营业现金净流量		120	105	－40	120	115
终结现金流量						40
现金流量合计	－380	120	105	－40	120	155
估计折现率		15%	8%	12%	12%	12%
折现系数(i=15%)	1	0.870	0.857	0.712	0.636	0.567
现金流量现值	－380	104.40	89.99	－28.48	76.32	87.89

此时，该投资方案的净现值 $NPV=-49.88$ 万元。

财务总监经过细心测算后，发现该项目的净现值为负数，并且数额较大。当然，他也知道实践中完全可能出现相反的情况，即企业的经营形势向着收入增加、成本降低的方向变化，使一些原来认为不可行的项目实际上却有利可图。但是他认为，从会计学的"谨慎性"原则而言，做财务预算时应该把收入尽可能估计得保守些，而把成本费用尽可能地预算得全面充分些，以最大可能地增强风险承受能力。会计年度财务预算尚且如此，对于长期投资项目的经济评价而言，就更应该遵循这一原则，才有可能避免投资失误给企业带来不可挽回的损失，因此他建议公司放弃该投资项目。

（资料来源：徐凤菊，方明，刘英. 上市公司典型理财案例[M]. 武汉：武汉理工大学出版社，2004.）

讨论问题

(1)如果你是该企业的财务总监，你会做出什么样的决策？

(2)如果你是公司的独立董事，又会如何决策呢？

第八章　长期投资决策

学习目标

- 掌握固定资产更新投资决策分析方法。
- 掌握项目寿命期不等的投资决策分析方法。
- 掌握资本限量决策投资分析方法。
- 掌握投资期决策分析方法。
- 掌握投资开发时机分析方法。
- 理解投资风险分析中的风险调整法。
- 了解通货膨胀条件下的投资决策方法。
- 熟悉证券投资的种类和风险。
- 了解股票和债券投资的报酬率计算方法。
- 熟悉基金投资的概念及其优缺点。
- 了解衍生金融工具的基本概念和种类。

引导案例

多元化经营的陷阱

1989 年 8 月史玉柱和三个伙伴，用借来的 4000 元钱承包了天津大学深圳科技工贸发展公司电脑部，巨人集团由此起步。1991 年珠海巨人新技术公司注册成立，投资 80 万元，组织 10 多个专家开发出 M-6401 汉卡上市。1992 年巨人公司实行战略转移，将管理机构和开发基地由深圳迁往珠海。1993 年巨人集团成立了 8 家全资子公司，集团在一年之内推出手写电脑、笔记本电脑、传真卡、电子收款机、钻石财务软件、防病毒卡、加密卡等产品。同年，巨人实现销售额 300 亿元，利税 4600 万元，成为中国极具实力的计算机企业。

由于国际电脑公司的进入，电脑业于 1993 年步入低谷，巨人集团也受到重创。1994 年巨人集团提出发展目标：跳出电脑产业，走产业多元化的扩张之路，以发展寻求解决矛盾的出路。1993、1994 年，全国兴起房地产和生物保健品热，为寻找新的产业支柱，巨人集团开始迈向多元化经营之路——计算机、生物工程和房地产。在 1993 年开始的生物工程刚刚打开局面但尚未巩固的情况下，巨人集团毅然进军房地产这一完全陌生的领域。欲想在房地产业中大展宏图的巨人集团一改初衷，拟建的巨人科技大厦设计一变再变，楼层节节拔高，从最初的18层一直涨到70层，投资也从2亿元涨到12亿元。对于当时仅有1亿资产规模的巨人集团而言，单凭巨人集团的实力，根本无法承受这项浩大的工程。对此，史玉柱的设想是：1/3靠卖楼花，1/3靠贷款，1/3靠自有资金。但令人惊奇的是，大厦从1994年2月破土动工到1996年7月，巨人集团未申请过一分钱的银行贷款，全凭自有资金和卖楼花的钱支撑。

1995年5月，巨人集团在全国发动促销电脑、保健品、药品的“三大战役”。霎时间，巨人集团以集中轰炸的方式，一次性推出电脑、保健品、药品三大系列的30个产品。巨人产品广告同时以整版篇幅跃然于全国各大报。然而多元化的快速发展使得巨人集团自身的弊端一下子暴露无遗。1995年7月集团不得不再次宣布进行整顿，在内部进行了一次干部大换血。8月，集团向各大销售区派驻财务和监察审计总监，财务总监和监察审计总监直接对总部负责，同时，两者又各自独立，相互监控。但是，整顿并没有从根本上扭转局面。同年9月，巨人的发展形势急转直下，步入低潮。伴随着10月发动的“秋季战役”的黯然落幕，年底，巨人集团面临着前所未有的严峻形势，财务状况进一步恶化。

1996年初，为挽回局面，集团将重点转向减肥食品“巨不肥”，3月份，“巨不肥”营销计划顺利展开，销售大幅上升，公司情况有所好转。可是，一种产品销售得不错并不代表公司整体状况好转，公司旧的制度弊端、管理缺陷并没有得到解决。相反“巨不肥”带来的利润还被一些人私分了。集团公司内各种违规违纪、挪用贪污事件层出不穷。其属下的全资子公司康元公司，由于公司财务管理混乱，集团公司也未派出财务总监对其进行监督，导致公司浪费严重，债台高筑。至1996年年底，康元公司累计债务已达1亿元，且大量债务存在水分，相当一部分是由公司内部人员侵吞造成的，公司的资产流失严重。而此时更严重的是预计投资超10亿元的巨人大厦，公司将生物工程的流动资金抽出投入大厦的建设，而不是停工。进入7月份，全国保健品市场普遍下滑，巨人保健品的销量也急剧下滑，维持生物工程正常运作的基本费用和广告费用不足，生物产业的发展受到了极大的影响。

按原合同，大厦施工三年盖到20层，1996年年底兑现，但由于施工不顺利而没有完工。大厦动工时为了筹措资金巨人集团在香港卖楼花拿到了6000万港币，国内卖了4000万元，其中在国内签订的楼花买卖协议规定，三年大楼一期工程（盖20层）完工后履约，如未能如期完工，应退还定金并给予经济补偿。而当1996年年底大楼一期工程未能完成时，建大厦时卖给国内的4000万楼花就成了导致巨人集团财务危机的导火索。巨人集团终因财务状况不良而陷入了破产的危机之中。

（资料来源：毛付根，《财务与会计》，2000年第2期）

思考：巨人集团的危机的根源是多元化经营吗？这种避险的经营方式为什么反而成了巨人集团破产的导火索？

第一节　项目投资决策

项目投资决策包括采纳与否决策和互斥选择决策。对于采纳与否决策而言，评价其财务可行性也就是对其做出最终决策。贴现现金流量指标净现值、获利指数和内含报酬率是评价投资方案是否具有财务可行性的主要指标。非贴现的投资回收期和平均报酬率指标只是次要的或辅助指标，而且它们不一定会与上述三个贴现的主要指标的评价结论一致。根据前面对指标的比较，可以知道，在无资金限量的条件下，应该主要应用净现值指标的结论。对于互斥选择决策这里主要介绍固定资产更新投资决策、项目寿命期不等投资决策、项目资本限量决策、项目投资开发时机决策和项目投资期选择决策等项目投资中需要重点关注的问题。

一、固定资产更新投资决策

固定资产更新投资，是相对于固定资产的基本建设投资而言的，主要指对现有生产设施进行更新、对现有生产技术进行改造等方面的投资，是对技术上或经济上不宜继续使用的旧资产进行的更换，包括用先进技术对原有设备进行局部的改造。投资决策的备选方案一般包括继续使用旧设备方案和售旧购新方案两种。现代技术革新较快，当出现新的、更先进的固定资产时，企业就会面临这样的选择。在新旧设备尚可使用的寿命年限相同的情况下，投资决策的方法包括比较净现值法和差量分析法。比较净现值法是比较不同方案的净现值，选择净现值大于零且较高的方案进行投资。差量分析法是用不同方案的差量现金净流量计算差量净现值，然后进行比较，仍然是选择净现值较高的方案进行投资。若新旧设备尚可使用寿命年限不相同，将在后面专门介绍。

【例 8-1】新天地公司考虑用一台新的、效率更高的设备来代替旧设备，以减少成本，增加收益。旧设备原购置成本为 4 万元，已使用 5 年，估计还可使用 5 年，已提折旧 2 万元，假定使用期满后无残值，如果现在销售可得价款 2 万元，使用该设备每年可获收入 5 万元，每年的付现成本为 3 万元。该公司现准备用一台新设备来代替原有的旧设备，新设备的购置成本为 6 万元，估计可使用 5 年，期满有残值 1 万元，使用新设备后，每年收入可达 8 万元，每年付现成本为 4 万元。假设该公司的资金成本为 10%，所得税税率为 25%，新、旧设备均用直线折旧法计提折旧。试做出该公司是继续使用旧设备还是对其进行更新的决策。

解　(1)比较净现值法

第一步，计算各方案的年折旧额。

继续使用旧设备方案，则

$$\text{每年的折旧额}=\frac{40000-0}{10}=4000\ (\text{元})$$

售旧购新方案，有

$$\text{每年的折旧额}=\frac{60000-10000}{5}=10000\ (\text{元})$$

第二步，计算各方案的营业现金净流量 NCF。

继续使用旧设备方案的营业现金净流量的计算，见表 8-1。

表 8-1　继续使用旧设备方案营业现金净流量计算表　　单位：元

年次(t)	1	2	3	4	5
营业收入	50000	50000	50000	50000	50000
减：付现成本	30000	30000	30000	30000	30000
折旧和摊销	4000	4000	4000	4000	4000
税前利润	16000	16000	16000	16000	16000
减：所得税	4000	12000	4000	12000	4000
税后利润	16000	16000	16000	16000	16000
营业现金流量 NCF	16000	16000	16000	16000	16000

售旧购新方案的营业现金净流量的计算，见表 8-2。

表 8-2　售旧购新方案营业现金净流量计算表　　单位：元

年次(t)	1	2	3	4	5
营业收入	80000	80000	80000	80000	80000
减：付现成本	40000	40000	40000	40000	40000
折旧和摊销	30000	10000	10000	10000	10000
税前利润	7500	30000	30000	30000	30000
减：所得税	32500	7500	7500	7500	7500
税后利润		22500	22500	22500	22500
年营业现金流量 NCF	32500	32500	32500	32500	32500

第三步，确定两个方案的各年现金净流量。

继续使用旧设备方案的各年现金净流量的计算，见表 8-3。

表 8-3　继续使用旧设备方案各年现金净流量计算表　　单位：元

年次(t)	0	1	2	3	4	5
长期资产投资	0					
其他投资	0					
营运资金垫支	0					
原有长期资产变价收入	0					
年营业现金流量 NCF		16000	16000	16000	16000	16000
长期资产残值						0
营运资金垫支收回						0
合计	0	16000	16000	16000	16000	16000

继续使用旧设备方案的各年现金净流量的计算，见表 8-4。

表 8-4　继续使用旧设备方案各年现金净流量计算表　　单位：元

年次(t)	0	1	2	3	4	5
长期资产投资	－60000					
其他投资	0					
营运资金垫支	0					
原有长期资产变价收入	20000					
年营业现金流量 NCF		32500	32500	32500	32500	32500
长期资产残值						10000
营运资金垫支收回						0
合计	－40000	32500	32500	32500	32500	42500

第四步，计算各方案的净现值。

继续使用旧设备方案的净现值，有

$$NPV=0+16000\times PVIFA_{10\%,5}=16000\times 3.791=60656\ (元)$$

售旧购新方案的净现值，有

$$NPV'=-40000+32500\times PVIFA_{10\%,4}+42500\times PVIF_{10\%,5}$$
$$=-40000+32500\times 3.170+42500\times 0.621$$
$$=89417.5\ (元)$$

第五步，比较各方案的净现值，做出决策。

由于 $NPV'>NPV$，因此，应选择售旧购新方案进行投资。

(2)差量分析法

第一步，计算各方案的年折旧额。

第二步，计算各方案的营业现金净流量 NCF。

以上第一步和第二步与前面相同，这里不再赘述。

第三步，确定各年现金流量，计算差量现金净流量 ΔNCF。

两个方案的各年现金净流量和差量现金净流量的计算，见表 8-5。

表 8-5　两个方案各年现金净流量和差量现金净流量计算表　　单位：元

年次(t)	0	1	2	3	4	5
继续使用旧设备方案	0	16000	16000	16000	16000	16000
售旧购新方案	－40000	32500	32500	32500	32500	42500
差量现金净流量 ΔNCF	－40000	16500	16500	16500	16500	26500

第四步，计算两个备选方案的差量净现值

$$\Delta NPV=-40000+16500\times PVIFA_{10\%,4}+26500\times PVIF_{10\%,5}$$
$$=-40000+16500\times 3.170+26500\times 0.621$$

=28761.5（元）

第五步，根据两个方案的差量净现值，做出决策。

由于 $\Delta NPV>0$，因此，应选择售旧购新方案进行投资。

通过以上计算过程，可以看出差量分析法和比较净现值法本质上是相同的，两种方法得出的结论也是相同的，只是差量分析法的计算量略小，在实际工作中，两种方法可以通用。

在固定资产更新决策中还应注意以下三个方面的问题：第一，固定资产的残值收入有可以减少税收的部分，即固定资产清理的净损失（计入营业外支出），也应增加现金流量；第二，固定资产的残值收入有会增加税收的部分即固定资产清理的净收入（计入营业外收入），也应减少现金流量；第三，还应注意税法规定固定资产使用年限与企业固定资产折旧年限的差异问题。

二、项目寿命期不等投资决策

在实际工作中的较多情况下，由于技术差异、设备来源不同等原因，项目投资决策的备选方案的寿命期可能不相等。对于寿命期不相等的项目，不能对它们的净现值、内含报酬率和获利指数进行直接比较。比如下面的例 8-2 中的决策如果直接使用净现值指标决策就会出现失误。

【例 8-2】 大卫公司要在两个投资项目中选取一个，半自动化的 A 项目需要 16 万元的初始投资，每年产生 8 万元的净现金流量，项目的使用寿命为 3 年，3 年后必须更新且无残值。全自动化的 B 项目需要初始投资 21 万元，使用寿命为 6 年，每年产生 6.4 万元的净现金流量，6 年后必须更新且无残值。企业的资金成本为 16%，那么，该公司应选用哪个项目呢？

解 若不考虑项目寿命期，直接计算两个项目的净现值。根据上述条件，A 项目的现金流量计算表见表 8-6。

表 8-6 大卫公司 A 项目的现金流量计算表 单位：元

年次(t)	0	1	2	3
每年现金净流量	−160000	80000	80000	80000

B 项目的现金流量计算表见表 8-7。

表 8-7 大卫公司 B 项目的现金流量计算表 单位：元

年次(t)	0	1	2	3	4	5	6
每年现金净流量	−210000	64000	64000	64000	64000	64000	64000

根据以上两个项目每年的现金净流量计算其净现值如下：

$$NPV_A=-160000+80000\times PVIFA_{16\%,3}=19680（元）$$

$$NPV_B=-210000+64000\times PVIFA_{16\%,6}=25840（元）$$

由于 $NPV_B>NPV_A$，所以，应该选择 B 项目进行投资。

从以上计算很容易得出选择 B 项目的结论。但很显然，A 项目初始投资 16 万元低于 B 项目的 21 万元，而且 A 项目营业后每年的现金净流量 8 万元高于 B 项目的 6.4 万元，也就是A项目明显优于B项目，应该选择A项目进行投资。这两个截然相反的结论，是因为A项目和B项目的寿命期不同，不能直接比较净现值。

为了使投资项目可以进行比较决策，要设法使其在相同的寿命期内进行比较。可以使用的方法有最小公倍寿命法、年均净现值法和年均成本法三种。

(一)最小公倍寿命法

最小公倍寿命法，又称项目复制法，是将两个方案寿命期限的最小公倍数作为比较期间，并假设两个方案在这个比较区间内进行多次重复投资，对各自多次投资的各年现金净流量计算综合净现值，然后比较综合净现值的大小，并根据净现值指标决策规则做出投资决策的分析方法。

【例 8-3】 仍然应用例 8-2 中大卫公司的A项目和B项目的数据，可知A项目寿命期 3 年，B项目寿命期 6 年，两个项目寿命期的最小公倍数为 6 年，因此，在这个共同期间内，A项目可以投资 2 次，而B项目则可以就只投资 1 次。

A项目投资 2 次的每年现金净流量见表 8-8。

表 8-8　A项目投资两次的现金流量计算表　　单位:元

年次(t)	0	1	2	3	4	5	6
第 1 次投资	−160000	80000	80000	80000			
第 2 次投资				−160000	80000	80000	80000
2 次投资合计	160000	80000	80000	−80000	80000	80000	80000

解　A项目投资 2 次的综合净现值为

$$\begin{aligned} NPV'_A &= -160000 + 80000 \times PVIFA_{16\%,2} - 80000 \times PVIF_{16\%,3} \\ &\quad + 80000 \times PVIFA_{16\%,3} \times PVIF_{16\%,3} \\ &= 32295(\text{元}) \end{aligned}$$

B项目的寿命期 6 年，不需要投资，所以不需要再次计算综合净现值。

因为 $NPV_A' > NPV_B$，即A项目投资 2 次后的综合净现值比B项目的净现值高出 6455 元，所以应选择A项目进行投资。

最小公倍寿命法的优点是易于理解，缺点是计算可能会比较麻烦。比如某公司有甲和乙两个方案可供选择，甲方案的寿命期为 11 年，乙方案的寿命期为 10 年，那么最小公倍寿命就是 110 年，需要将甲方案投资 10 次、乙方案投资 11 次，计算非常复杂。

(二)年均净现值法

年均净现值是将投资项目在寿命期内总的净现值转化为每年的平均净现值，并进行比较分析的方法。净现值实质上是投资项目考虑资金时间价值后的总收益，将其平均到每年后，无论寿命期差异多大，都可以直接比较。然而这种平均并非算术意义上的简单平均，而是要考虑资金时间价值的平均，也就是已知投资项目收益的总现值(即净现值)，要求每年相等的平均收益，这个每年的平均收益就是一种年金，因此，年均净现值的计算公式为

$$ANPV=\frac{NPV}{PVIFA_{k,n}}$$

式中：ANPV 表示年均净现值；NPV 表示该项目的净现值；k 表示贴现率(即资金成本或投资者要求的报酬率)；n 表示项目寿命期。

年均净现值的决策规则与净现值的决策规则比较类似，在有多个备选方案的互斥项目选择决策中，选择年均净现值最大的方案进行投资。

【例 8-4】 仍然应用例 8-2 中大卫公司的 A 项目和 B 项目的数据，计算两个项目的年均净现值。

解 A 项目的年均净现值：

$$ANPV_A=\frac{NPV_A}{PVIFA_{16\%,3}}=\frac{19680}{2.246}=8762.24(\text{元})$$

B 项目的年均净现值

$$ANPV_B=\frac{NPV_B}{PVIFA_{16\%,6}}=\frac{25840}{3.685}=7012.21(\text{元})$$

因为 $ANPV_A>ANPV_B$，所以应选择 A 项目进行投资。

从计算结果可以看出，A 项目的年均净现值高出 B 项目 1750.03 元，因此，应该选择 A 项目进行投资。用年均净现值法和最小公倍寿命法得到的结论是一致的。

(三)年均成本法

根据上面年均净现值法的原理还可以推导出年均成本法。当备选的项目投资方案生产的产品相同、市场一样，即其未来收益相同，但收益的具体数额无法准确估计时，可以比较备选方案的年均成本，选择成本较低的方案。

年均成本是指项目投资引起的现金净流出量的年平均值，它是未来使用寿命年限内现金流出量的总现值转化的每年平均成本。其计算公式如下：

$$ACO=\frac{CO}{PVIFA_{k,n}}$$

式中：ACO 表示年均净现值；CO 表示表示该项目的成本总现值；k 表示贴现率(即资金成本或投资者要求的报酬率)；n 表示项目寿命期。

年均成本法的决策规则是，在有多个备选方案的互斥项目选择决策中，选择年均成本最小的方案进行投资。

【例 8-5】 某公司原有一台设备，原购置价值为 15 万元，预计使用 10 年，已使用 5 年，预计净残值为 1 万元。现该公司拟购买新设备替换原有设备，以提高生产率、降低成本。新设备购置成本为 20 万元，使用年限为 10 年，预计净残值收入为购置成本的 10%。使用新设备后公司每年付现成本将从 120 万元下降到 100 万元，公司如果购置新设备，旧设备出售可获得收入 5 万元。税法规定该项固定资产可按直线法计提折旧，折旧年限为 10 年，净残值率为 10%。假设公司所得税税率为 24%，资金成本为 10%，要求分别计算继续使用旧设备和购置新设备的平均年成本，并依据计算结果做出决策。

解 (1)继续使用旧设备方案的计算如下：

$$\text{旧设备的年折旧额}=\frac{15\times(1-10\%)}{10}=1.35\ (\text{万元})$$

旧设备的账面价值=15-1.35×5=8.25(万元)

旧设备的变现价值=5(万元)

旧设备的变现损失抵税=(8.25-5)×24%=0.78(万元)

继续使用旧设备方案付现成本的现值$=120\times(1-24\%)\times PVIFA_{10\%,5}$

$=120\times76\%\times3.791=345.74$(万元)

旧设备折旧抵税的现值$=1.35\times24\%\times PVIFA_{10\%,5}$

$=1.35\times24\%\times3.791=1.23$(万元)

旧设备净残值收入的现值$=1\times PVIF_{10\%,5}=1\times0.621=0.62$(万元)

旧设备残值净损失抵税的现值$=(1.5-1)\times24\%\times PVIF_{10\%,5}$

$=0.5\times24\%\times0.621=0.07$(万元)

继续使用旧设备方案的现金流出总现值=5+0.78+345.74-1.23-0.62-0.07

=349.6(万元)

继续使用旧设备方案的年均成本为

$$ACO=\frac{349.6}{PVIFA_{10\%,5}}=\frac{349.6}{3.791}=92.22\text{(万元)}$$

(2)售旧购新方案的计算如下:

$$\text{新设备的年折旧额}=\frac{20\times(1-10\%)}{10}=1.8\text{(万元)}$$

新设备的投资现金流出量=-20(万元)

新设备付现成本的现值$=100\times(1-24\%)\times PVIFA_{10\%,10}=100\times76\%\times6.145$

$=467.02$(万元)

新设备折旧抵税的现值$=1.8\times24\%\times PVIFA_{10\%,10}=1.8\times24\%\times6.145$

$=2.65$(万元)

新设备净残值收入的现值$=2\times PVIF_{10\%,10}=2\times0.386=0.77$(万元)

新设备残值净损失抵税的现值=0

售旧购新方案的现金流出总现值=20+467.02-2.65-0.77-0=483.6(万元)

售旧购新方案的年均成本为

$$ACO'=\frac{483.6}{PVIFA_{10\%,10}}=\frac{483.6}{6.145}=78.7\text{(万元)}$$

根据以上计算可知,售旧购新方案的年均成本为78.7万元,低于继续使用旧设备方案的年均成本92.22万元,所以,应该出售旧设备、更换新设备。

三、项目资本限量决策

项目的资本限量决策是指当企业备选的独立项目较多而资本有限时,只有在资本限量范围内选择若干个项目的组合进行投资以获得最大收益的决策。

为了使企业获得最大利益,应该在有限的资本范围内选择净现值最大的投资组合。可以使用的决策方法一般有比较综合净现值法和比较综合获利指数法。在这类决策中要重点注意的是,为了获得最大的利益,需要假设备选方案在资本限量范围内未用完的剩余资金,投资于现金替代品的短期无风险证券,不盈不亏,即将这部分剩余资金投资的净现值看作是

0、获利指数为1。

(一)综合净现值法

综合净现值是指备选方案中各投资组合项目的净现值合计额。综合净现值法的决策准准则是，选择综合净现值最高的备选方案作为投资对象，其具体步骤如下：

(1)列出每个项目的初始投资额，并计算所有项目的净现值。

(2)选出所有净现值大于零的可行项目。

(3)对所有可行的项目都在资本限量范围内仅限各种可能的组合，然后计算出各种组合的净现值合计额。

(4)选择综合净现值最大的组合作为接受方案。

(二)综合获利指数法

综合获利指数是指备选方案中各投资组合项目获利指数的加权平均值，其权数取各投资组合项目的投资比重。综合获利指数法的决策准则是，选择综合获利指数最高的备选方案作为投资对象。其具体步骤如下：

(1)列出每个项目的初始投资额，并计算所有项目的获利指数。

(2)选出获利指数大于1的可行项目。

(3)对所有可行的项目在资本限量内进行各种可能的组合，然后计算出各种组合的加权平均获利指数(含未用完的剩余资金)。

(4)选择综合获利指数最大的组合作为接受方案。

【例8-6】 新大道公司有五个可供选择的项目 A_1、B_1、B_2、C_1、C_2，其中 B_1 和 B_2、C_1 和 C_2 是互斥选择项目，该公司的最大资本限量是50万元，详情见表8-9。试确定该公司合适的投资组合。(假设组合后未用完的资金投资于有价证券，获利指数为1)

表8-9　新大道公司可投资项目数据表　　单位：万元

投资项目	初始投资	获利指数	净现值
A_1	20	1.375	7.5
B_1	18	1.467	8.4
B_2	40	1.250	10.0
C_1	11	1.309	3.4
C_2	10	1.210	2.1

解　如果新大道公司想选取获利指数最大的单项投资项目，那么它将选择项目 B_1；如果该公司按照每个项目的净现值大小来选择，那么首先将选择项目 B_2。而这两种选择方法都是错误的，因为它们选择的都不是使得公司投资收益最大的项目组合。也就是一般多项目的投资组合会优于单项投资。

为了选出最优的项目投资组合，可以用穷举法列出所有投资组合，在其中寻找满足资本限额要求的各种组合，并计算它们的综合获利指数和综合净现值，从中选择两个指标最高的最优组合方案。

以上五个项目的所有投资组合中满足初始投资限额为 50 万元条件的有 12 种，将这 12 种组合列于表 8-10 中，并分别计算它们的综合获利指数和综合净现值。

表 8-10　新大道公司投资项目组合表　　单位：万元

序号	项目组合	初始投资	综合获利指数∑PI	综合净现值∑NPV
1	A_1	20	1.375	7.5
2	$A_1B_1C_1$	49	1.386	19.3
3	$A_1B_1C_2$	48	1.360	18.0
4	A_1C_1	31	1.218	10.9
5	A_1C_2	30	1.192	9.6
6	B_1	18	1.375	8.4
7	B_1C_1	29	1.236	11.8

在表 8-10 中，投资组合 $A_1B_1C_1$ 有 1 万元资金没有用完，在计算综合获利指数时，假设该部分资金投资的获利指数为 1，则组合 $A_1B_1C_1$ 的综合获利指数可按以下方法计算：

$$\sum PI=\frac{200000}{500000}\times 1.375+\frac{180000}{500000}\times 1.467+\frac{110000}{500000}\times 1.309+\frac{10000}{500000}\times 1=1.386$$

从表 8-10 中可以看出，使用综合获利指数法和综合净现值法得到的结论一致，$A_1B_1C_1$ 投资组合综合获利指数 1.386 和综合净现值 193000 元均是最高的，所以应该选择 $A_1B_1C_1$ 组合进行投资。

四、项目投资开发时机决策

自然资源属于稀缺资源，资源储量有限，由于不断开采，价格会随着资源储量的下降而上升。对于相同的开采量，较早开发者获得的收入会少于较晚开发者；然而，资金有时间价值，较早开发者比较晚开发者先拿到资金。这类决策伴随着利益获取的同时，也会伴随有相应的成本。在等待开采时机的过程中，公司能够得到更为充分的市场信息或更高的产品价格，或者有时间继续提高产品的性能。但是，这些决策优势也会带来因为等待而引起的时间价值的损失，以及竞争者提前进入市场的威胁，此外，成本也可能会随着时间的推移和增加。那么，投资者是先开发获取资金的时间价值，还是晚开发获得更多的现金流量呢？这就需要进行开发时机决策。

项目投资开发时机决策的备选方案一般是两个：一个是取得矿产资源就开发的方案，也就是现在开发方案；另一个是等待涨价后再开发的方案，即将来开发方案。在实际工作中，资源的价格变动往往并非跳跃式上升，而是波浪式上升，然而这样的决策会比较困难，因此，这里根据分析，往往将价格上涨确定为一次性上升，以便于分析。

项目投资开发时机决策的方案仍然是使用比较净现值法和差量分析法，选择净现值较高的时机投资。由于差量分析法不能简化计算量，因此较少使用，这里也就不做介绍了。然而在这类决策的应用过程中要注意，如果现在开发方案的净现值计算到现在拿到项目资源时、将来开发方案的净现值计算到将来涨价的时间，则两个净现值无法比较。所以，需要将现在开发和将来开发方案的净现值计算到同一个时间点，一般是取得项目投资资源的时间点。

【例 8-7】 ABC 公司拥有一稀有矿藏，这种矿产品的价格在不断上升。根据预测，6 年后价格将一次性上升 30%，因此，公司要研究是现在开发还是 6 年后开发的问题。不论现在开发还是 6 年后开发，初始投资均相同，建设期均为 1 年，从第 2 年开始投产，投产后 5 年就把矿藏全部开采完。具体情况如表 8-11 所示。

表 8-11 ABC 公司矿藏开发项目数据表

投资与回收		收入与成本	
固定资产投资	80 万元	年产销量	2 000 吨
营运资金垫支	10 万元	现投资开发售价	0.1 万元/吨
固定资产残值	0 万元	6 年后投资开发每吨	0.13 万元/吨
资金成本	10%	付现成本	60 万元
		所得税税率	25%

要求做出 ABC 公司的项目开发时机决策。

解 第一步，计算投资项目的年折旧额，无论是现在开发还是将来开发的固定资产投资相同，每年折旧额相同，即

$$每年的折旧额=\frac{80-0}{5}=16\ (万元)$$

第二步，计算两个方案的营业现金净流量 NCF，具体见表 8-12。

表 8-12 ABC 公司不同开发时机的营业现金净流量计算 单位：万元

方案	现在开发	6 年后开发
年次(t)	2～6	8～12
营业收入	200	260
减：付现成本	60	60
折旧和摊销	16	16
税前利润	124	184
减：所得税	31	46
税后利润	93	138
年营业现金净流量 NCF	109	154

第三步，列出两个方案的现金流量计算表，具体见表 8-13 和表 8-14。

表 8-13　ABC 公司现在开发方案的现金流量计算表　　单位：万元

年次(t)	0	1	2～5	6	7	8～11	12
长期资产投资	−80						
其他投资	−10						
营运资金垫支	0						
原有长期资产变价收入	0						
年营业现金流量 NCF			109	109			
长期资产残值				0			
营运资金垫支收回				10			
合计	−90	0	109	119			

表 8-14　ABC 公司将来开发方案的现金流量计算表　　单位：万元

年次(t)	0	1	2～5	6	7	8～11	12
长期资产投资				−80			
其他投资				−10			
营运资金垫支				0			
原有长期资产变价收入				0			
年营业现金流量 NCF						154	154
长期资产残值							0
营运资金垫支收回							10
合计				−90	0	154	164

第四步，计算两个方案的净现值。

现在开发的净现值为

$$NPV_{现}=-90+109\times PVIFA_{10\%,4}\times PVIF_{10\%,1}+119\times PVIF_{10\%,6}$$
$$=-90+109\times 3.170\times 0.909+119\times 0.565$$
$$=291.32\ (万元)$$

将来开发的净现值

$$NPV_{将}=-90\times PVIF_{10\%,6}+154\times PVIFA_{10\%,4}\times PVIF_{10\%,7}+164\times PVIF_{10\%,12}$$
$$=-90\times 0.565+154\times 3.170\times 0.513+164\times 0.319$$
$$=251.90\ (万元)$$

第五步，根据两个方案的净现值，做出决策。

因为 $NPV_{现}>NPV_{将}$，即现在开发方案的净现值 291.32 万元高于将来开发方案的净现值 251.9 万元，所以应该采纳立即开发方案。

五、项目投资期选择决策

投资期是指项目从开始投入资金到项目建成投入生产所需要的时间。较短的投资期，需要在初期投入较多的人力、物力，但是后续的营业现金流量发生得比较早，能获取更多时间价值；较长的投资期，初始投资较少，但是由于后续的营业现金流量发生得比较晚，也会影响投资项目的净现值。因此，在可以选择的情况下，公司应该运用投资决策的分析方法，对延长或缩短投资期进行认真比较分析，以权衡利弊。

项目投资期选择决策的备选方案一般也是两个：一个是正常投资期方案，也就是使用较少投资、较长投资期的方案；另一个是缩短投资期方案，即较多投资、较短投资期的方案。

项目投资期选择决策的方案仍然是使用比较净现值法和差量分析法，选择净现值较高的方案投资。由于差量分析法可以简化计算，因此较为常用，然而这种方法不能反映不同投资期项目的净收益水平。

【例 8-8】 新天地公司进行一项投资，正常投资期为 3 年，每年投资 300 万元，3 年共需投资 900 万元，第 4—13 年每年现金净流量为 500 万元。如果把投资期缩短为 2 年，每年需投资 500 万元，2 年共需投资 1000 万元。竣工投产后的项目寿命和每年现金净流量不变，资金成本为 20%，假设寿命终结时无残值，不用垫支营运资金。试用差量分析法和净现值法分析判断是否应缩短投资期。

解 (1)应用比较净现值法决策

第一步，确定两个方案的营业现金净流量。

正常投资期方案和缩短投资期方案的营业现金净流量均相等，即

$$NCF=500\text{ 万元}$$

第二步，列出两个方案的现金流量计算表，具体见表 8-15。

表 8-15 新天地现金流量计算表 单位：万元

年次(t)	0	1	2	3	4～12	13
正常投资期	−300	−300	−300	0	500	500
缩短投资期	−500	−500	0	500	500	0

第三步，计算两个方案的净现值。

正常投资期的净现值为

$$NPV=-300-300\times PVIFA_{20\%,2}+500\times PVIFA_{20\%,10}\times PVIF_{20\%,3}$$
$$=455.48\text{ (万元)}$$

缩短投资期的净现值为

$$NPV'=-500-500\times PVIF_{20\%,1}+500\times PVIFA_{20\%,10}\times PVIF_{20\%,2}$$
$$=538.12\text{ (万元)}$$

第四步，根据两个方案的净现值，做出决策。

因为 $NPV'>NPV$，即缩短投资期的净现值 538.12 万元高于正常投资期的净现值 455.48 万元，因此，应该采纳缩短投资期方案。

(2)应用差量分析法决策

第一步，同前面的方法。

第二步，列出差量现金流量计算表，见表 8-16。

表 8-16　新天地差量现金流量计算表　　单位:万元

年次(t)	0	1	2	3	4～12	13
正常投资期	－300	－300	－300	0	500	500
缩短投资期	－500	－500	0	500	500	0
ΔNCF	－200	－200	300	500	0	－500

第三步,计算两个方案的差量净现值。

$$\Delta NPV = -200 - 200 \times PVIF_{20\%,1} + 300 \times PVIF_{20\%,2} + 500 \times PVIF_{20\%,3} - 500 \times PVIF_{20\%,13} = 84.6\ (\text{万元})$$

第四步,根据两个方案的差量净现值,做出决策。

因为 $\Delta NPV > 0$,即缩短投资期的净现值高出正常投资期的净现值 84.6 万元,所以应该采纳缩短投资期方案。

第二节　风险投资决策

项目投资决策涉及的时间较长,因而,对未来收益和成本都很难进行准确预测,或者说,具有不同程度的不确定性或风险性。为了分层次地研究问题,在前面内容的介绍中,我们避开了风险问题,将收益、折现率等都假设为确定情况下进行的分析。也就是说是按确定性投资决策问题进行的分析。然而风险是客观存在的,因此,本节将介绍风险性投资决策问题,主要针对风险调整法进行介绍。

净现值是投资决策的关键指标,影响该指标的因素主要有现金流量、项目寿命期和贴现率,其中项目寿命期一般由技术因素决定,不确定性较低,一般可以不考虑;而现金流量和贴现率的高低水平却是受到风险影响的。因此,以下将分别介绍按风险调整现金流量法和按风险调整贴现率法。

一、按风险调整现金流量法

风险的存在,使各年的现金流量变得不确定,为此,就需要按风险情况对各年的现金流量进行调整。这种先按风险调整现金流量,然后进行长期投资决策的评价方法,称作按风险调整现金流量法。其具体调整方法有很多种,这里仅介绍确定当量法。

确定当量法就是把不确定的各年现金流量,按照一定的系数(通常称为约当系数)折算为大约相当于确定的现金流量的数量,然后,利用无风险贴现率来评价风险投资项目的决策分析方法。

约当系数是肯定的现金流量对与之相当的、不肯定的期望现金流量的比值,通常用 d 来表示,即

$$d = \frac{\text{肯定的现金流量}}{\text{不肯定现金流量的期望值}}$$

在进行评价时，可根据各年现金流量风险的大小，选取不同的约当系数。当现金流量为确定时，可取 $d=1.00$；当现金流量的风险较小时，可取 $1.00>d\geqslant 0.8$；当现金流量的风险一般时，可取 $0.8>d\geqslant 0.4$；当现金流量风险较大时，可取 $0.4>d\geqslant 0$。

约当系数的选取可能会因人而异。敢于冒险的决策者会选用较高的约当系数，而不愿冒险的决策者可能选用较低的约当系数。为了防止决策者的偏好不同而造成决策失误，有些企业根据标准离差率来确定约当系数。因为标准离差率是衡量风险大小的一个很好的指标，因而，用它来确定约当系数是合理的。标准离差率与约当系数之间的经验对照关系如表 8-17 所示。

表 8-17　标准离差率与约当系数间的经验对照表

标准离差率	约当系数
0.01～0.07	1
0.08～0.15	0.9
0.16～0.23	0.8
0.24～0.32	0.7
0.33～0.42	0.6
0.43～0.54	0.5
0.55～0.70	0.4
……	……

有些时候，也可以对不同的分析人员各自给出的约当系数进行加权平均，用这个加权平均的约当系数对未来不确定的现金流量进行折算。

在约当系数确定后，决策分析就比较容易了。

【例 8-9】 当前无风险报酬率为 4%，公司有两个投资机会，有关资料见表 8-18 和 8-19。

表 8-18　甲项目风险投资决策数据表

年次 n	现金净流量（元）	约当系数	肯定现金净流量（元）	$PVIF_{4\%,n}$	未调整现值（元）	调整后现值（元）
0	−40000	1	−40000	1.000	−40000	−40000.00
1	13000	0.9	11700	0.962	12506	11255.40
2	13000	0.8	10400	0.925	12025	9620.00
3	13000	0.7	9100	0.889	11557	8089.90
4	13000	0.6	7800	0.855	11115	6669.00
5	13000	0.5	6500	0.822	10686	5343.00
净现值					17889	977.30

表 8-19　乙项目风险投资决策数据表

年次 n	现金净流量（元）	约当系数	肯定现金净流量（元）	$PVIF_{4\%,n}$	未调整现值（元）	调整后现值（元）
0	-47000	1	-47000	1.000	-47000	-47000.00
1	14000	0.9	12600	0.962	13468	12121.20
2	14000	0.8	11200	0.925	12950	10360.00
3	14000	0.8	11200	0.889	12446	9956.80
4	14000	0.7	9800	0.855	11970	8379.00
5	14000	0.7	9800	0.822	11508	8055.60
净现值					15342	1872.60

通过计算对比，未调整前 A 项目净现值较大，调整后，B 项目净现值较高。若不进行调整，就可能导致错误的判断。

调整现金流量法在理论上受到好评。该方法对时间价值和风险价值分别进行调整，先调整风险，然后把肯定现金流量用无风险报酬率进行折现。对不同年份的现金流量，可以根据风险的差别使用不同的约当系数进行调整。

二、按风险调整贴现率法

将与特定投资项目有关的风险报酬，加入到资金成本或公司要求达到的报酬率中，构成按风险调整的贴现率，并据此进行投资决策分析的方法，称为按风险调整贴现率法。

按风险调整贴现率法的基本思路是，对高风险的项目，采用较高的贴现率去计算净现值，然后根据净现值法的决策规则来选择方案。

按风险调整贴现率法具体包括按风险报酬率模型、按投资项目的风险等级和按资本资产定价模型等三种调整贴现率的方法。

（一）按风险报酬率模型调整贴现率

一项投资的必要报酬率可分为两个部分，即无风险报酬率和风险报酬率，其计算公式为

$$K=R_F+R_R=R_F+bV$$

因此，特定项目 i 按风险调整的贴现率可按下式计算：

$$K_i=R_F+b_iV_i$$

式中：K_i 表示项目按风险调整的贴现率；R_F 表示无风险贴现率；b_i 表示项目 i 的风险报酬系数；V_i 表示项目 i 的预期标准离差率。

按风险调整贴现率以后具体的评价方法与无风险时基本相同。这种方法把时间价值和风险价值混在一起，人为地假定风险一年比一年大，有时与实际情况不符。

（二）按投资项目的风险等级调整贴现率

这种方法是对影响投资项目风险的各因素进行评分，根据评分来确定风险等级，并根据

风险等级来调整贴现率。可以通过表8-20来加以说明。

表8-20 按风险等级调整的贴现率表

相关因素	投资项目的风险状况及得分									
	A项目		B项目		C项目		D项目		E项目	
	状况	得分	状况	得分	状况	得分	状况	得分	状况	得分
市场竞争	无	1	较弱	3	一般	5	较强	7	很强	9
战略协调	很好	1	较好	3	一般	5	较差	7	很差	9
投资回收期	1年	1	1.5年	4	2.5年	7	3年	9	4年	12
资源供应	很好	1	较好	4	一般	7	较差	9	很差	15
总分		4		14		24		32		43

总分	风险等级	调整后的贴现率
0≤·<8	很低	7%
8≤·<16	较低	8%
16≤·<24	一般	10%
24≤·<32	较高	12%
32≤·<40	很高	15%
≥40	最高	20%以上

在表8-20中，项目A的风险等级较低，其风险调整贴现率为7%；相应地，项目B的贴现率为8%；项目C的贴现率为12%；项目D的贴现率为15%；项目E的贴现率为20%。上表中的分数、风险等级、贴现率等都是由企业管理人员根据以往积累的经验来估计的。具体的评价工作可以由生产、销售、财务、技术等部门组成专家小组来进行。相关的因素当然不限于以上几个，应当根据企业的实际情况而定，所面临风险的状态也可能会更多。

（三）按资本资产定价模型调整贴现率

在资本资产定价模型中，将证券的风险分为两个部分，即可分散风险和不可分散风险。不可分散风险是由β值来测量的，而可分散风险，属于公司特别风险，可以通过合理的证券组合来消除。

在进行项目投资的资本预算时，我们可以引入与证券总风险模型大致相同的模型——资产总风险模型，具体如下式：

总资产风险＝不可分散风险＋可分散风险

可分散风险可通过企业的多角化经营而消除，那么，在进行投资时，值得注意的风险只是不可分散风险。

这时，特定投资项目按风险调整的贴现率可按下式来计算：

$$K_j = R_F + \beta_j (R_M - R_F)$$

式中：K_j表示项目按风险调整的贴现率（或项目的必要报酬率）；R_F表示无风险报酬率；β_j

表示项目 j 的不可分散风险 β 系数；R_M 表示市场报酬率（或市场平均报酬率）。

以上方法，对风险大的项目采用较高的贴现率，对于风险小的项目采用较低的贴现率，简单明了，便于理解，因此，在实践中广泛采用。

【例 8-10】 当前的无风险报酬率为 4%，市场平均报酬率为 12%，甲项目的 β 值为 1.5，乙项目的 β 值为 0.75。

甲项目按风险调整的贴现率＝4%＋1.5×（12%－4%）＝16%

乙项目按风险调整的贴现率＝4%＋0.75×（12%－4%）＝10%

其他的有关数据如表 8-21 和表 8-22 所示。

表 8-21　甲项目风险投资决策数据表

年次 n	现金净流量	$PVIF_{4\%,n}$	未调整现值	$PVIF_{16\%,n}$	调整后现值
0	－40000	1.000	－40000	1.000	－40000
1	13000	0.962	12506	0.862	11206
2	13000	0.925	12025	0.743	9659
3	13000	0.889	11557	0.641	8333
4	13000	0.855	11115	0.552	7176
5	13000	0.822	10686	0.476	6188
净现值			17889		2562

表 8-22　乙项目风险投资决策数据表

年次 n	现金净流量	$PVIF_{4\%,n}$	未调整现值	$PVIF_{10\%,n}$	调整后现值
0	－47000	1.000	－47000	1.000	－47000
1	14000	0.962	13468	0.909	12726
2	14000	0.925	12950	0.825	11550
3	14000	0.889	12446	0.751	10514
4	14000	0.855	11970	0.683	9562
5	14000	0.822	11508	0.621	8694
净现值			15342		6046

如果不对贴现率进行调整，两个项目的净现值差不多，甲项目比较好；而调整后，两个项目有明显的差别，乙项目要好得多。

按风险调整贴现率法在理论上受到批评，因其用单一的贴现率同时完成风险调整和时间调整。这种做法意味着风险随时间推移而加大，可能与事实不符，夸大了远期现金流量的风险。

从财务管理实务看，经常应用按风险调整贴现率法，主要原因是按风险调整贴现率比约当系数容易估计。此外，大部分财务决策都使用报酬率来决策，调整贴现率更符合人们的习惯。

第三节 通货膨胀条件下的投资决策

通货膨胀是当今社会经济生活中的一个重要现象。通货膨胀不仅会带来资金成本的不确定性，而且会增加预期现金流量的不确定性，从而使得投资项目的风险加大，在投资决策分析时必须将这个因素考虑在内。

为了对投资项目进行分析，在估计未来现金流量和资金成本时，可以都包括通货膨胀因素，也可以都不包括。当一项估计包括通货膨胀因素时，称之为名义量；当它不包括通货膨胀因素时，称之为实际量。也就是说，名义现金流量要用名义资金成本来贴现，实际现金流量要用实际资金成本来贴现。

一、通货膨胀对资金成本的影响

在存在通货膨胀的条件下，实际资金成本与名义资金成本的关系表示如下：

$$1+K_n=(1+K_r)(1+i)$$

式中：K_r 表示实际资金成本；K_n 表示名义资金成本；i 表示预期通货膨胀率。

上式整理后得到

$$K_n=K_r+i+iK_r$$

因为，一般情况下，上式中的交叉项 iK_r 相对其他两项而言数值较小，所以有时为了简化计算，也可以将该式记作：

$$K_n=K_r+i$$

二、通货膨胀对现金流量的影响

一般情况下，项目的营业收入、付现成本等可以是根据不变购买力水平(即假定无通货膨胀影响)估测出来的实际值，也可以是随通货膨胀变化的名义值。而每年的折旧是按照长期资产的历史成本和预定的折旧摊销方法计算出来的。也就是说，每年的折旧和摊销金额预先已经固定，它是一个名义量。所以，在求净现值时，一定要将折旧、摊销和其他的现金流量统一用名义值表示，并用名义资金成本贴现；或者统一用实际值表示，并用实际资金成本贴现。

在预期每年通货膨胀率相同的情况下，实际现金流量和名义现金流量的关系为

$$第\ t\ 年的实际现金流量=\frac{第\ t\ 年的名义现金流量}{(1+预期通货膨胀率)^t}$$

三、在通货膨胀条件下进行投资决策

下面举例说明通货膨胀条件下的投资决策方法。

【例 8-11】某企业的产品由于长期供不应求，打算新建一条生产线。该生产线的初始投资是 12.5 万元，分两年投入，第一年投入 10 万元，第二年投入 2.5 万元，第二年可完成建设

并正式投产。投产后，每年可生产 1000 个单位的产品，每单位售价 300 元，每年可获得营业收入 30 万元。投资项目可使用 5 年，5 年后残值可忽略不计，在投资项目经营期间要垫支营运资金 2.5 万元，每年发生付现成本 25 万元，其中包括原材料 20 万元，工资 3 万元，管理费用 2 万元；每年发生折旧 2 万元。在项目投资和使用期间，通货膨胀率预期为每年 10%。受物价变动影响，初始投资将增长 10%，投资项目终结后设备残值将增加到 37500 元，原材料费用将增加 14%，工资费用将增加 10%。折旧费每年仍为 2 万元，但是扣除折旧以后的管理费用每年将增加 45 元，同时销售价格预期每年增长 10%。假设该企业加权平均资金成本为 10%，所得税税率为 25%，那么在考虑通货膨胀率的情况下是否应投资该生产线？

解　(1)按名义值计算净现值。

将各年的营业收入和付现成本转换为名义值：

第 2 年营业收入的名义值＝300×1000×1.1＝330000(元)

第 3 年营业收入的名义值＝300×1000×1.12＝363000(元)

第 4 年营业收入的名义值＝300×1000×1.13＝399300(元)

第 5 年营业收入的名义值＝300×1000×1.14＝439230(元)

第 6 年营业收入的名义值＝300×1000×1.15＝483153(元)

同理，第 2 年原材料的名义值＝200000×1.14＝228000(元)，第 3—6 年原材料的名义值分别为 259920 元、296308 元、337792 元、385082 元。以相似的方法计算出工资与管理费用的名义值，加总可得每年付现成本。

(2)计算考虑通货膨胀条件下物价变动后的营业现金流量情况，见表 8-23。

表 8-23 按名义值计算的项目营业现金流量表　　单位：元

年次(t)	2	3	4	5	6
营业收入	330000	363000	399300	439230	483153
付现成本	281800	317852	358735	405112	457730
其中：原材料	228000	259920	296308	337792	385082
工资	33000	36300	39930	43923	48315
管理费用	20800	21632	22497	23397	24333
折旧	20000	20000	20000	20000	20000
税前利润	28200	25148	20565	14118	5423
所得税	7050	6287	5141	3530	1356
税后利润	21150	18861	15424	10589	4067
营业现金净流量	41150	38861	35424	30589	24067

(3)计算项目各年的净现金流量，见表 8-24。

表 8-24 按名义值计算的项目现金流量计算表 单位:元

年次(t)	0	1	2	3	4	5	6
长期资产投资	−110000	−27500					
营运资金垫支		−25000					
营业现金净流量			41150	38861	35424	30589	24067
营运资金垫支收回							25000
设备残值							37500
合计	−110000	−52500	41150	38861	35424	30589	86567

(4)以名义资金成本为贴现率计算净现值。

该企业的名义资金成本为

$$K_n = K_r + i + iK_r$$
$$= 10\% + 10\% + 10\% \times 10\%$$
$$= 21\%$$

$$NPV = -110000 - 52500 \times PVIF_{21\%,1} + 41150 \times PVIF_{21\%,2} + 38861 \times PVIF_{21\%,3} + 35424 \times PVIF_{21\%,4} + 30589 \times PVIF_{21\%,5} + 86567 \times PVIF_{21\%,6}$$
$$= -47444\ (元)$$

由以上计算可知,该项目投资的净现值远远小于零,因而不应投资该生产线。

第四节 证券投资管理

证券投资是指企业为特定经营目的和获取收益,在金融市场上买卖短期或长期有价证券的投资行为。有价证券是指各类记载并代表一定权利的法律凭证的统称。它是代表了一定量的财产权利、证明证券持有人有权按期取得一定的利息和股息等收入并可自由转让及买卖的所有权或债权凭证。有价证券包括股票、债券及其衍生品种如基金、可转换债券等。而证券投资是指投资者将资金用于购买股票、债券、基金等有价证券,从而获取收益的一种投资行为。证券投资具有流动性强、投资风险较高、交易成本低等特点。

一、证券投资的目的与风险

(一)证券投资的目的

企业进行证券投资的目的主要表现在以下几个方面。

1.充分利用闲置资金,增加企业收益

企业在生产经营过程中,一般都拥有一定数量的现金,以满足日常经营的需要,但是,从现金管理的角度来看,营利性较差的现金余额过多是一种浪费。因此,企业可以将闲置的现金进行有价证券投资,以获取一定的收益,并在现金流出超过现金流入时,将持有的证券出售，以取得经营所需的现金。这样，既能调节现金余额，又能增加企业的投资收益。

证券投资的收益包括投资的资本利得以及定期的股利或利息收益。资本利得是指证券投资者通过证券的买卖，主要是低价买进、高价卖出所获得的资本价差收益，但如果卖出价低于买入价，则资本利得收益表现为负值。股利或利息收益是投资者按期从证券发行方取得的资金使用费收入，如债券的利息、股票的股利等。

2.与筹集长期资金相配合

处于成长期或扩张期的公司一般每隔一段期间就会发行股票或公司债券，但所获得的资金一般并不一次用完，而是逐渐分次使用。这样，暂时不用的资金可投资于有价证券，以获取一定收益，而当企业进行投资需要资金时，则可出售有价证券，以获得现金。

3.满足未来的财务需求

从事季节性经营的公司在一年内的某些月份有剩余现金，在另几个月则会出现现金短缺，这些公司通常在现金有剩余时买入证券，而在现金短缺时出售证券。

4.获得对相关企业的控制权

有些企业为了控制其他企业，往往会动用一定资金购买其股票，以便获得对这些企业的控制权。

(二)证券投资的风险

证券投资风险可能来自于外部市场因素引起的系统性风险，也可能来自于某些特定公司或行业所特有的风险，具体包括违约风险、利率风险、购买力风险、再投资风险、流动性风险和破产风险等。

1.违约风险

违约风险是指证券发行方无法按期支付利息或偿还本金的风险。一般而言，政府发行的证券违约风险较小，金融机构发行的证券次之，工商企业发行的证券风险相对较大。造成发行方违约的原因有以下几个方面，政治、经济形势发生重大变动；发生自然灾害，如水灾、火灾等；企业经营管理不善，成本高、浪费大；企业在市场竞争中失败，市场占有率急剧下降；企业财务管理失误，不能及时清偿到期债务。

2.利率风险

利率风险是由于市场利率变动而引起证券价格波动，使投资者遭受损失的风险。证券的价格将随利率的变动而变动，一般而言，银行利率下降，则证券价格上升；银行利率上升，则证券价格下跌。不同期限的证券，利率风险也不一样，期限越长，风险越大。

3.购买力风险

购买力风险，又称通货膨胀风险，是指由于通货膨胀而使证券到期或出售时所获得的货币资金的购买力降低的风险。一般而言，随着通货膨胀的发生，浮动收益的证券比固定收益的证券抵御风险的能力更强。因此，普通股票被认为比公司债券和其他有固定收入的证券能更好地避免购买力风险。

4. 再投资风险

再投资风险是由于市场利率下降，投资者在证券到期后找不到合适投资机会的风险。例如投资者的部分债券到期，目前市场利率已下降到5%，而原来购买这部分债券的利率为8%，所以，投资者在目前市场条件下进行再投资的投资报酬率只能在5%左右，不能再获得原有的较高水平的报酬率。

5. 流动性风险

流动性风险是指在投资者想以合理的价格出售证券获取现金时，证券不能立即出售的风险。一种能在短期内以合适的价格大量出售的资产，是流动性较好的资产，这种资产的流动性风险较低；反之，有的资产不能在短期内以合理价格出售，则属于流动性较差的资产，这种资产的流动性风险较高。例如，购买未上市流通的公司债券，想立即出售比较困难，因而流动性风险较大，但若购买国库券，几乎可以立即出售，则流动性风险较低。

6. 破产风险

破产风险是在证券发行公司破产清算时，投资者无法收回应得收益的风险。当证券发行公司由于经营管理不善而持续亏损、现金周转不畅而无力清偿债务或其他原因导致难以持续经营时，公司可能会申请破产保护。破产保护会导致债务清偿的赦免，使得投资者无法取得应得的投资收益。

此外，债券投资还存在汇率风险，也就是由于外汇汇率的变动而给外币债券的投资者带来的风险。当投资者购买了某种外币债券时，本国货币与该外币的汇率变动会使投资者难以确定未来的本币收入。如果债券到期时，该外币贬值，就会使投资者遭受损失。

二、债券投资

债券是发行方为筹集资金，按法定程序向债权人发行的，在约定时间支付一定比率的利息，并在约定期限偿还本金的一种有价证券。发行方必须在债券上载明债券面值、债券利率、付息日及到期日等内容。目前我国发行的债券有到期一次还本付息债券，分期付息、到期还本债券，贴现发行债券等三种形式。

（一）债券投资的特点

债券投资相对于股票投资和基金投资而言，主要有以下特点：

1. 本金较安全

与股票相比，债券投资风险相对较低。

2. 收益较稳定

债券票面一般都标有固定利率，一般高于同期银行储蓄存款利率，债券发行方有按约定向投资者支付利息的法定义务。此外，投资者可以在市场进行买卖，获得买卖价差收入。因此，在正常情况下投资于债券都能获得比较稳定的收益。

3. 流动性较好，变现能力较强

许多债券都具有较好的流动性，特别是政府及大型企业发行的债券一般都可在金融市场上迅速出售。

4. 购买力风险较高

债券的票面利率在发行时就已确定，如果投资期间的通货膨胀率比较高，则本金和利息的实际购买力会不同程度地受到侵蚀，在通货膨胀率较高时，投资者虽然名义上有利息收入，但实际利率却可能低于通货膨胀率，导致其遭受损失。

5. 无经营管理权

投资者进行债券投资只能获取利息和买卖价差收入，无权参与债券发行公司的经营管理。

(二)债券的报酬率

债券投资的收益包括两个内容，一是债券的利息收入，另一个是资本利得或损失，即债券买入价与卖出价或偿还额之间的差额。衡量债券收益水平的指标为债券报酬率。决定债券报酬率的因素主要有票面利率、票面价值、期限、持有时间、购买价格和出售价格。

1. 本期报酬率的计算

本期报酬率又称直接报酬率、当前报酬率，指债券的年实际利息收入与买入债券的实际价格之比。其计算公式如下：

$$\text{本期收益率}=\frac{\text{债券年利息收入}}{\text{债券买入价}}\times 100\%$$

2. 持有期报酬率

持有期报酬率指买入债券后持有一段时间，又在债券到期前将其出售而得到的年均报酬率。其计算公式为

$$\text{持有期收益率}=\frac{\text{债券年利息收入}+(\text{债券卖出价}-\text{债券买入价})\div\text{持有年限}}{\text{债券买入价}}\times 100\%$$

典型债券每年均会有利息收入，而一次还本付息债券和贴现发行债券在持有期间均没有利息收入，因此，在应用上述公式时，债券年利息收入为零。

【例 8-12】 A 公司于 2015 年 6 月 1 日以 120 元的价格购买了 B 公司于 2014 年发行的面值为 100 元、年利率为 10%、每年 6 月 1 日支付一次利息的 10 年期公司债券，在 2016 年 6 月 1 日，A 公司将该债券以 140 元的价格卖出。要求计算该债券的持有期报酬率。

解

$$\begin{array}{c}\text{A 公司}\\ \text{持有期收益率}\end{array}=\frac{100\times 10\%+(140-120)\div 1}{120}\times 100\%=25\%$$

3. 到期报酬率

到期报酬率又称最终报酬率。一般的债券到期都按面值偿还本金，所以随着到期日的临近，债券的市场价格会越来越接近面值。

(1)短期债券投资的到期报酬率

对处于最后付息周期的附息债券、贴现债券和剩余流通期限在一年以内(含一年)的到期一次还本付息债券，其到期报酬率的计算公式为

$$到期收益率=\frac{(到期本息和-债券买入价)\div 剩余到期年限}{债券买入价}\times 100\%$$

(2)典型债券的到期报酬率

不处于最后付息期的固定利率、按年付息的典型债券的报酬率可借助于下面的公式，应用插值法求得债券的报酬率，公式为

$$P=F\times i\times \text{PVIFA}_{k,t}+F\times \text{PVIF}_{k,t}$$

式中：P 表示债券的买入价；F 表示债券的面值；i 表示债券的票面年利率；k 表示债券的到期报酬率；t 表示债券的剩余年限。

然而以上公式过于复杂，实际工作中常常用下列简化公式计算：

$$\text{YTM}=\frac{I+(F-P)/t}{(F+P)/2}\times 100\%$$

式中：YTM 表示债券到期报酬率；I 表示债券年利息额；P 表示债券的买入价；F 表示债券的面值；t 表示债券的剩余年限。

【例 8-13】 金海公司于 2016 年 4 月 1 日以 1010 元价格购买了某公司于 2013 年 4 月 1 日发行的面值为 1000 元、票面利率为 10%的 5 年期债券。要求计算债券到期报酬率。

解 $YTM=\frac{1000\times 10\%+(1000-1010)/2}{(1000+1010)/2}\times 100\%=9.53\%$

即金海公司购买的债券的到期报酬率为 9.53%

(三)债券投资决策

债券投资的决策是一个非常复杂的问题，对于投资者而言又是十分重要的。债券投资的决策应在分析价格、投资报酬率的基础上，通过进行综合的经济分析后做出。

1.基本分析

基本分析是对影响债券价格的各种基本因素(如经济增长、利率水平、通货膨胀、企业财务状况等)进行分析。因为一个发行债券的企业未来的发展前景实际上是由这些基本因素所决定的。基本分析既包括宏观经济形势(如经济增长、经济周期、利率水平、通货膨胀、货币金融政策、财政政策、产业政策等)分析，也包括公司分析。宏观经济形势对整个证券市场都会产生影响，它主要是影响证券市场的基本走势，因此，对宏观经济形势的基本方面进行分析，有利于从战略上把握债券投资的方向。在宏观经济形势已经确定的情况下，对发行债券企业财务状况的分析就更加重要。企业分析主要应对企业的财务状况和公司的经营状况进行分析。对企业财务状况的分析主要是通过企业定期公布的财务报告进行；对企业经营状况的分析主要了解企业的内部管理是否有效率，以及企业的销售情况、市场占有率、产品的生命周期、公司的投资计划、企业未来的新的利润增长点、企业的发展前景等。

2.技术分析

技术分析是运用数学和逻辑的方法，通过对证券市场过去和现在的市场行为进行分析，从而预测证券市场上债券的未来变化趋势。技术分析是在证券市场上广泛使用的一种风险方法，是长期以来证券投资者进行证券投资的经验总结。技术分析对证券投资是大有帮助的，作为一个证券投资者，有必要熟练掌握技术分析的基本方法。

基于以上的综合分析，投资者才能做出是否进行某种债券投资的决策。

三、股票投资

股票是股份公司发给股东的所有权凭证，是股东据以定期取得股息、红利的一种有价证券。股票投资者即为该公司股东，这里就是从投资者的角度讨论股票的投资问题。

（一）股票投资的特点

股票投资是一种比较具有挑战性的投资，股票投资具有以下特点。

1. 股票投资是一种股权性投资

股票投资者作为股票发行公司的股东，可以参与公司的经营决策，有选举权和表决权。若要控制一家企业，最好是收购这家企业超过半数的股票。

2. 股票投资风险较大

投资者购买股票后，不能要求股份公司偿还本金，但能在证券市场上转让。股票投资收益的高低主要取决于股票发行公司的经营状况、股票市场行情和整体经济环境的好坏。当公司经营状况较好、盈利能力较强时，一般而言，股票价格也会上涨，投资者的收益也会较高；当公司经营状况不佳、整体经济形势不景气时，股票价格可能会下跌，投资者就会遭受较大的损失。如果公司破产，股东的求偿权位于债权人之后，因此，股东可能部分甚至全部不能收回投资。可见股票投资的风险较大。

3. 股票投资收益不稳定

股票投资的收益主要是公司发放的股利和转让股票获得的资本利得，其稳定性较差。股票的股利直接与公司的经营状况相关，公司盈利多，就可能多发放股利，公司盈利少，就可能少发或不发股利。

4. 股票价格的波动大

股票价格受多种因素影响，波动性较大。政治因素、经济因素、投资者心理因素、企业的盈利能力、风险情况等，都会影响股票价格。自从有股市以来，股价暴涨暴跌的例子屡见不鲜。这一特点决定了股票市场具有很大的投机性，投资者既可以在股票市场上赚取高额利润，也可能会损失惨重，甚至血本无归。

（二）股票投资的报酬率

股票投资收益是指投资者从购入股票开始到出售股票为止整个持有期间所获得的收益，这种收益由股利收入和股票买卖差价两个内容组成。股票投资收益主要取决于股票市场股票的价格变化、公司的股利政策及投资者的经验与技巧。根据股票估价模型，可以推导出股票投资报酬率的计算公式。

1. 股利固定不变的股票的投资报酬率

对于每年股利相等的股票投资而言，其报酬率计算公式如下：

$$R=\frac{D}{P}$$

式中：R 表示股票的投资报酬率；D 表示每年固定的股利额；P 表示股票的价格。

2. 股利固定增长的股票的投资报酬率

对于每年股利固定增长的股票投资而言，其报酬率计算公式如下：

$$R=\frac{D_1}{P}+G$$

式中：R 表示股票的投资报酬率；D_1 表示第 1 年的每股股利；P 表示股票的价格；G 表示股利的年增长率。

3. 股利非固定增长的股票的投资报酬率

对于非固定股利或者股利非固定增长的股票，则借助于以下公式，利用插值法计算出股票的投资报酬率。

$$P=\sum_{t=1}^{n}\frac{D_t}{(1+R)^t}+\frac{P_n}{(1+R)^n}$$

式中：R 表示股票的投资报酬率；D_t 表示第 t 年的每股股利；P 表示股票的买入价格；P_n 表示股票的出售价格；n 表示股票的持有时间。

【例 8-14】 某公司在 2014 年 3 月 16 日投资 630 万元购买某种股票 100 万股，在 2015 年和 2016 年的 3 月 15 日每股各分得现金股利 0.4 元和 0.6 元，并于 2016 年 3 月 16 日以每股 7 元的价格全部出售。要求计算该股票的投资报酬率。

解 根据该公司投资股票的资料，建立如下关系式：

$$630=40\times PVIF_{R,1}+(60+700)\times PVIF_{R,2}$$

通过采用逐步测试法，可以发现，当 $R=12\%$ 时，有

$$40\times PVIF_{R,1}+(60+700)\times PVIF_{R,2}-630=11.59\ (万元)$$

当 $R=14\%$ 时，有

$$40\times PVIF_{R,1}+(60+700)\times PVIF_{R,2}-630=-10.09\ (万元)$$

因此，采用插值法，可以算出 $R=13.07\%$，即该项股票投资的报酬率为 13.07%。

(三)股票投资决策

股票投资是一项风险相对较高的投资，因此，投资者除自行分析外，还应参考外部研究机构对股票投资所做的分析，做出正确的判断。股票投资分析是一个复杂的过程，考虑问题时企业应采取从宏观到微观、由远及近的步骤进行。

1. 宏观经济分析

必须对整个国民经济的运行，包括生产、流通、服务等各个部门做出详细的分析，以便了解国民经济各部门、各地区所处的增长阶段及其发展趋势，了解它们在经济大环境和所属行业的特色条件下所从事的具体经济活动。

2. 上市公司分析

上市公司发行的股票在市场上流通与周转，每个公司各有特点，要了解它，就应从股票

发行公司的经济状况和财务状况入手,看其资本强弱、技术实力、获利多寡、偿债能力、成长潜力等,从而对股票发行公司做出恰如其分的判断与评价。同时,结合分析其股票本身的历史走势,看它在市场价格变动与企业财务状况相关联时的特点及变化轨迹,股票交易量和股票价格变动、市场价格变动的对应关系,并运用各种分析的结果预测股票未来变化的特点及走势。

3. 股票市场分析

股票市场作为一个整体的表现,可能与基本分析的结果相一致,但也并不一定与之完全相同,某一股票市场行为常常与基本经济所表现的状况相反。一个国家的经济状况和国民经济现状可能都是好的,但股票市场表现并不佳,相反地,有的国家国民经济的基本状况可能并不好,但其股票市场可能却很兴旺。总体而言,股票市场作为一个整体,其行为可能与基本投资分析所期望的不一样。股票市场有自身的运行规律,投资者和投机者往往偏好某些行业中的股票,不愿意投资到另一些行业中的某些股票,这种情况可能会使市场趋势与整个国民经济背道而驰。但这种行为通常是短期现象,投资者不应忽视其中可能产生的得失。同时,股票市场的趋势可能领先于经济状况,它的周期性变动对可以看到也可能看不到的临时发生的技术上、心理上和投资者情绪上的事件会引起反应,使有些股票的波动比市场大一些,有些比市场波动小一些。不过市场作为一个整体,对每种股票价格的变动负主要责任,起决定性的影响。所以,有必要把个别股票的预测与整个股市的预测联系起来,相互对照,以提高股票投资的成功率。

四、基金投资

证券投资基金简称为基金,指一种利益共享、风险共担的集合证券投资方式,即通过发行基金单位,集中投资者的资金,由基金托管人托管,由基金管理人管理和运用资金,从事股票、债券等金融工具投资。国际经验表明,基金对引导储蓄资金转为投资、稳定和活跃证券市场、提高直接融资的比例、完善社会保障体系、完善金融结构具有极大的促进作用。我国证券投资基金的发展历程也表明,基金的发展与壮大,推动了证券市场的健康稳定发展和金融体系的健全完善,在国民经济和社会发展中发挥日益重要的作用。

我国证券投资基金开始于 1998 年 3 月,在较短的时间内就成功地实现了从封闭式基金到开放式基金、从资本市场到货币市场、从内资基金管理公司到合资基金管理公司、从境内投资到境外理财的几大历史性的跨越,走过了发达国家几十年乃至上百年的历程,取得了显著的成绩。证券投资基金目前已经具有相当的规模,成为我国证券市场的最重要机构投资力量和广大投资者的最重要的投资工具之一。随着我国基金业的快速发展,证券投资基金在资本市场中的地位与影响力不断提高,其对资本市场发展的积极作用也正在逐步显示出来。

(一)基金的分类

证券投资基金可以按照多种标准进行分类,具体情况如下。

1.按规模是否可变动及交易方式,分为封闭式基金和开放式基金

开放式基金在国外又称为共同基金,它和封闭式基金共同构成了基金的两种基本运作方式。封闭式基金有固定的存续期,期间基金规模固定,一般在证券交易场所上市交易,投资者通过二级市场买卖基金单位。而开放式基金是指基金规模不固定,基金单位可随时向投资者出售,也可应投资者要求买回的运作方式。

2.按投资对象的不同,分为股票基金、债券基金、货币市场基金和衍生证券基金

股票基金以上市交易的股票为主要投资对象;债券基金以国库券、公司债券等固定收益类证券为主要投资对象;货币市场基金以短期国债、银行票据、商业票据等货币市场工具为主要投资对象;衍生证券基金以期货、期权等金融衍生证券为主要投资对象。

股票基金按投资对象的规模又可以分为大盘股基金、中盘股基金、小盘股基金。对于这三类基金的分类,在不同的市场有不同的分类标准。在美国市场,大盘股基金主要投资于总市值大于50亿美元的上市公司;中盘股基金主要投资于总市值在10亿～50亿美元的上市公司;小盘股基金主要投资于总市值小于10亿美元的上市公司。在国内证券市场,有一种比较通用的分类方法,该方法对于大盘股、中盘股和小盘股的界定是:将股票按照流通市值排序,累计流通市值居前30%的股票为大盘;累计流通市值居中间40%的股票为中盘;累计流通市值居后30%的股票为小盘。

3.按投资方式的不同,分为积极投资型基金和稳健投资型基金

积极投资型基金积极投资,以获取超越业绩基准的超额收益为目标;稳健投资型基金又称指数基金,是指被动跟踪某一市场指数,以获取一个市场平均收益为目标。

(二)基金投资的特点

一般认为,基金投资的特点表现在以下几个方面。

1.具有专家理财的优势

基金由专业的基金经理来投资运作,通过行家之手,精心选择投资品种,随时调整投资组合,自然可以获得更佳的投资回报。基金对信息的加工、分析能力,是非个人投资者所能企及的。基金经理、行业分析师对行业、公司的充分了解,既有利于获得第一手信息,也有助于其对公司未来盈利的预测,从而在操作中把握先机。

2.投资风险相对分散

基金投资的资产分布多元化,风险相对分散。基金能结合各种不同金融工具的特点,适应市场变化,选择多元化的投资渠道,控制投资风险。对于普通投资者,如果资金不足,只能选择少量的股票,万一运气不好,选择的股票都亏了,可能会血本无归,因此普通投资者一般难以做到分散投资,承担的风险相对较大。而基金公司由于它汇集大量投资者的资金,资金总额非常庞大,可以进行分散投资,通过投资组合来将风险最小化,收益最大化。

3.管理透明度高

开放式基金在每个开放日都会披露基金的单位资产净值,定期公布基金投资品种和结

构,投资者能够及时了解基金运作情况。

4.流动性较好

投资者可以随时按照基金单位资产净值申购、赎回,申购和赎回将按当天收盘后计算出来的基金净值成交。

然而,基金投资也不可避免地存在缺陷,比如无法获得很高的投资收益,投资基金在投资组合过程中,在降低风险的同时,也丧失了获得巨大收益的机会;在证券市场大盘整体大幅度下跌的情况下,进行基金投资也可能会损失较多,投资人承担较大的风险。

(三)基金投资决策

在选择基金时,需要注意浏览各种媒体、销售网点公告或基金管理公司的信息,了解基金的收益、费用和风险特征,判断某种基金是否切合投资者的投资目标。

具体说来,投资者应该考虑以下几个方面的内容。

1.基金的过往业绩

基金的回报水平是否有吸引力,它的过往表现是否一贯。

2.基金管理公司的情况

基金管理公司是否值得信赖;基金经理对管理基金是否具有足够的专业知识和投资经验。

3.基金是否适合投资者需要

基金的投资目标、投资对象、风险水平是否与投资者目标相符。比如说投资目标,每个人因年龄、收入、家庭状况的不同而具有不同的投资目标。一般而言,年轻人适合选择风险高些的基金,而即将退休的人适合选择风险较低的基金。

4.投资者的风险承受能力

尽管高风险投资的回报潜力也较大,然而,如果投资者对市场的短期波动较为敏感,便应该考虑投资一些风险较低及价格较为稳定的基金。假若投资者的投资取向较为激进,并不介意市场的短期波动,同时希望赚取较高的回报,那么一些较高风险的基金或许符合投资者的需要。

此外,购买基金一般需要承担申购费、赎回费、管理费和托管费等四项。在其他条件相当的情况下,投资者还需要适当关注基金的费用水平。

五、证券投资组合策略

人们在进行证券投资时,总是希望尽可能减少风险,增加收益。这是长期以来人们一直在探索的一个问题。20世纪50年代初期,由美国经济学家哈里·马科维茨(Harry Markwitxz)等人创立的现代证券投资组合理论试图解决这一问题。证券投资的风险可以分为系统风险和非系统风险。实践证明,只要科学地选择足够多的证券进行组合投资,就能基本分散大部分非系统风险。

证券投资组合策略就是根据市场上各种证券的具体情况以及投资者对风险的偏好与承

担能力，选择相应的证券组合方式。通过长期的证券投资实践，人们总结出多种证券投资组合策略，常见的有以下几种。

1. 保守型投资组合策略

保守型投资组合策略认为，最佳证券投资组合策略是尽量模拟证券市场现状，将尽可能多的证券包括进来，以便分散全部可分散风险，得到与市场平均报酬率相同的投资报酬。保守型投资组合策略基本上能分散全部可分散风险，并且不需要太专业的证券投资知识。这种策略所得到的收益不会高于证券市场的平均收益，但这种投资组合的风险也不大。

2. 冒险型投资组合策略

冒险型投资组合策略认为，与市场完全一样的组合不是最佳组合，只要投资组合做得好，就能击败市场或超越市场，取得远远高于平均水平的报酬。在这种组合中，尽可能多选择一些成长性好的股票，而少选择低风险、低报酬的股票，这样就可以使投资组合的收益高于证券市场的平均收益。另外，其组合随意性强、变动频繁。所以，采用这种投资组合，如果做得好，可以取得远远超过市场平均报酬水平的投资收益，但如果失败，会产生较大的损失。

3. 适中型投资组合策略

适中型投资组合策略认为，股票的价格终究会体现其优良的业绩。市场上股票价格的一时沉浮并不重要，只要企业经营业绩好，股票一定会上升到其未来的价值水平。采用这种策略的投资者，一般都善于对证券进行分析，如行业分析、企业业绩分析和财务分析等。通过分析，选择高质量的股票和债券组成投资组合。适中型投资组合策略如果做得好，就可以获得较高的投资收益，而又不会承担太大的风险。但进行这种投资组合要求投资者具有扎实的证券投资专业知识和丰富的投资经验。这种投资策略风险不太大，收益却比较高，所以是一种常用的投资组合策略。各种金融机构、投资基金和企事业单位在进行证券投资时一般都采用此策略。

六、金融衍生工具投资

金融衍生工具(derivative instrument)是近年来兴起的新型投资产品。从金融衍生工具的产生背景和发展历程看，金融衍生工具产生和发展的根本原因就在于其能满足投资者规避风险的需求。通过与基础资产(如股票、债券、外汇等)的配合使用，它能帮助投资者有效规避利率、汇率和股票等市场波动带来的系统下跌风险。目前国际上，美国具有全球最发达的金融衍生品市场，它是外汇期货、利率期货和指数期货等的发源地，其次为欧洲，具有多个金融期货和期权交易所，地处亚洲的新加坡、韩国等也发展较快。

(一)金融衍生工具的产生与发展

所谓金融衍生工具，又称衍生证券、衍生产品，是指由原生性金融商品或基础性金融工具创造出的新型金融工具。它一般表现为一些合约，这些合约的价值由其交易的金融资产的价格决定。金融衍生工具的共同特征是保证金交易，即只要支付一定比例的保证金就可以进行全额交易，不需实际上的本金转移，合约的了结一般也采用现金差额结算的方式进行，只有在满期日以实物交割方式履约的合约才需要买方交足款项。因此，金融衍生工具交易具有杠杆效应。保证金越低，杠杆效应越大，风险也就越大。国际上金融衍生工具品种繁多，活跃的金融创新活动不断地推出新的金融衍生工具。

作为衍生工具的发源地，美国具有当今世界上规模最大、创新最为活跃的金融衍生工具市场，它引领着世界各地金融衍生工具的发展趋势。美国的金融衍生工具的发展经历了从外汇期货、到利率期货、再到股指期货的金融期货发展历程，并相应开发了各种期权互换产品。

1972 年 5 月，随着布雷顿森林体系的解体和世界性的石油危机，利率和汇率也出现了剧烈波动。为适应金融市场波动增大的风险，芝加哥商品交易所(CME)推出了外汇期货合约。1975 年 10 月，芝加哥期货交易所(CBOT)率先推出第一张利率期货合约(GNMA)——政府国民抵押协会抵押凭证期货合约，不久之后，为了满足市场管理短期利率风险的需要，美国国际货币市场(IMM)在 1976 年 1 月推出了 90 天期的美国政府债券期货合约。1982 年 2 月，美国金县城市交通局(KCMT)推出价值线综合指数期货，为世界上第一只指数期货。从此，外汇期货、利率期货、指数期货三大金融期货品种的结构得以形成。金融期货推出之后，相应的期权、互换等陆续推出，到 20 世纪末期，美国金融衍生工具市场品种林立，开启了金融衍生工具的繁荣时代。

美国金融期货的产生，带动了其他发达国家金融产品的诞生。英国伦敦国际金融期货和期权交易所(LIFFE)于 1984 年 1 月推出了两种股指期货交易——金融时报 100 指数期货和金融时报欧洲股票价格指数，1985 年开始引入金融时报指数期权，1989 年到 1990 年期间引进 3 个月欧洲马克利率期货和期权交易，这也是第一个 3 个月欧洲货币利率期货，2001 年 1 月推出了全球股票期货(USF)，引起了巨大反响。

与英国一样，欧洲其他各国也主要是以股指期货为主，法国期货交易所(MATIF)于 1988 年 6 月推出了法国证券商协会 40 指数期货(CAC 40)；荷兰阿姆斯特丹金融交易所(FTA)于 1988 年 10 月推出了阿姆斯特丹股指期货(EOEI)；德国期货交易所(DTB)于 1990 年 9 月推出了德国股指期货(DAX)；西班牙衍生工具交易所(MEFFRW)于 1992 年 1 月推出了西班牙股指期货(IBEX 35)等。

虽然起步时间晚于美国市场，但欧洲金融衍生工具市场发展非常迅速，目前，欧洲共有 20 多个期货期权交易所。其中：伦敦是衍生工具交易的世界金融中心，共有 5 家期货和期权交易所，交易的合约超过 60 种，是除美国以外品种最多的市场；德国期货期权交易所成立后一直是全球最大的金融衍生工具交易所之一；法国国际期货交易所自 1988 年起成交量成为全球排名第三位的交易所。

亚洲的金融衍生工具市场主要包括日本、新加坡、中国香港等地，其中新加坡利用其宽松的政策环境和低廉的收费水平，成功地发展了多只离岸指数期货产品，如日经 225 指数期货、摩根台湾指数期货等。

国内市场的需求和国际接轨的迫切性，使得日本国内对于创设期货市场的呼声非常高。1985 年 10 月，日本东京证券交易所(TSE)推出 10 年期日本国债期货。1987 年 6 月，日本大阪推出了以 50 只股票打包组成的股票期货交易，俗称“股指 50”期货合约。1988 年，日本推出日经 225 指数期货合约。

新加坡衍生工具市场的发展经历了先期货后期权，先发展利率期货后发展股票指数期货的道路，并积极发展离岸指数期货产品。1986 年 9 月 3 日，SIMEX（新加坡交易所的前身）抢在日本之前推出日经 225 指数期货，整整两年后，日本才推出同类产品。1997 年 1 月 9 日，SIMEX 再次抢在台湾之前推出台湾概念指数期货——摩根台湾指数期货。

1986 年 5 月，香港期货交易所推出香港恒生指数期货合约，恒生指数以香港证券交易所上市的 33 只代表性的股票为样本股，是亚洲地区广受关注的股票指数之一。香港后来于 1990 年 2 月推出港元利率期货，1993 年 3 月推出恒生指数期权合约。

此外，韩国和我国台湾地区的金融衍生工具市场发展非常迅速。1992 年，韩国推出 KOSPI200 指数期货，此后的 1997 年 7 月，推出 KOSPI200 指数期权，它很快成长为全球交易量最大的十大金融衍生工具之一。我国台湾地区于 1998 年 7 月台湾加权指数期货，并陆续推出电子、金融指数期货等，2001 年 12 月推出台湾加权指数期权。

目前，期权、期货、互换等金融衍生工具大多数已相当成熟，它们已成为金融市场不可分割的一部分，越来越多的投资机构正利用金融衍生工具避免风险或达到其特定的投资组合目标。金融衍生工具已为投资者、投机商、公司、银行、基金管理者、投资机构甚至中央银行所使用。

（二）金融衍生工具的功能与作用

金融衍生工具有着避险、价格发现和盈利等基本的功能。随着其广泛应用，其功能也不断地被挖掘和拓展，延伸出了资产管理、筹集资金和激励等功能。

1. 避险功能

避险被普遍理解为以适当的抵消性的金融衍生工具交易活动来减少或消除某种基础资产或商品的价格风险。大多数的金融衍生工具能够作为避险工具或者对冲投资组合的风险，或者改变投资组合的风险特性，因此，金融衍生工具又被称为风险管理工具。

从整个市场看，避险功能之所以能够实现有两大原因：一是投资者面临不同的风险，通过市场达成对各自有利的交易使总体风险能得以控制。例如，进口商担心汇率上扬，而出口商害怕汇率下跌，他们之间进行反向的外汇套期保值就可以使风险得以对冲。二是市场上存在着愿意承担风险而获利的投机者。

金融衍生工具可以帮助企业及其他投资者规避风险，但这并不是说衍生工具交易没有风险。相反，衍生工具市场的避险功能的发挥正是通过其自身带有的风险同现货市场的风险相对冲而实现的。

2. 价格发现功能

金融衍生工具的价格发现功能主要体现在期货上。现货交易大多是分散的，生产经营者不易及时收集到所需的价格信息，即使收集到现货市场所反馈的信息，这些信息也是零散和片面的，其准确性、真实程度较低，对于未来供求关系变动的预测能力也比较差。当用现货市场的价格指导经营决策时，现货价格的滞后性往往会造成决策的失误；而期货市场之所以具有价格发现功能，主要是因为期货价格的形成具有透明度高、信息质量高等特点，能提前反映现货的价格走势。

3. 盈利功能

金融衍生工具的盈利，既包括交易本身所带来的收入，也包含提供经纪人服务的收入。金融衍生工具的价格变化会产生盈利。由于存在着明显的杠杆效应，投资者若操作正确就可以得到很高的利润率。金融衍生工具能够根据不同的经济状态设计和选择，增加了盈利途径。比如股票现货市场只有做多先买后卖才能赚钱，股票价格下跌时则无利可图。而在股票期货市场上，股价上扬时做多能赚钱，下跌时做空也可赚钱。

4. 资产管理功能

保持适宜的资产负债结构，对于金融机构特别是商业银行而言可谓生存发展之本。品种繁多的衍生金融工具，为资产负债管理提供了多种有效的方法和工具。商业银行就经常运用金融期货、金融期权对资产负债进行缺口管理，用利率互换来回避资产与负债到期时不匹配而产生的利率风险。对投资者而言，为了提高资产管理的质量，降低风险，提高收益，就必须进行资产组合管理。金融衍生工具的出现，为投资者提供了更多的选择机会和对象。不仅如此，工商企业也可利用金融衍生工具达到优化资产组合的目的。

5. 筹集资金功能

因为存在许多不确定因素，不少投资项目都令投资者望而却步。恰当地运用金融衍生工具交易，往往能降低投资风险，使筹资顺利进行。1992 年，英国北海石油公司准备在北海开发新油田，预计开采费用达 14 亿美元，而对于石油储量、最终开采费用、投产后的油价难以确定，筹集开发费遇到了困难。美国信孚银行利用衍生交易手段使难题迎刃而解。银行向北海石油公司提供浮动利率贷款，然后提供利息掉期，把浮动利率变成固定利率，从而锁定了利息成本。北海石油公司同时运用掉期，将石油价格由浮动价格变为固定价格，成本与未来收入共同锁定，从而降低了投资风险，使筹资顺利实现。

6. 激励功能

在公司制下，如何激励经营管理人员为所有者努力工作，这是一个关系到企业发展的重要问题。一些企业所有者用期权作为激励经营管理人员的工具，取得比较好的效果。他们给予经营管理人员较长期限内的该企业股票的买入期权。合约规定的买入价一般与当时的股价接近。这样，经营管理人员只要努力工作使企业经济效益不断提高，股票价格也会随之上扬，股票买入期权的价格同样会上升，经营管理人员便可从中获益。此外，金融衍生工具还有提高资信度和收入存量与流量之间的转换等功能。

(三)金融衍生工具的分类

金融衍生工具种类繁多，有的直接以传统金融工具为基础，形式上相对简单；有些则是通过组合再组合、衍生再衍生的形式形成，它们集多种特色于一身，比较复杂。一般而言，可以从原生资产、产品形态和交易方式、交易市场结构等角度对金融衍生工具进行分类。

1. 按原生资产分类

按原生资产不同，金融衍生工具大致可以分为利率类、股票类、货币类和商品类等四种，具体见表 8-25。

表 8-25 按原生资产分类的金融衍生工具

对象	原生资产	金融衍生工具
利率	短期存款 长期存款	利率期货、利率远期、利率期权、利率掉期合约等 债券期货、债券期权合约等
股票	股票 股票指数	股票期货、股票期权合约等 股票指数期货、股票指数期货合约等
货币	各类现汇	货币远期、货币期货、货币期权、货币掉期合约等
商品	各类实物商品	商品远期、商品期货、商品期权、商品掉期合约等

2.按产品形态和交易方式分类

按照产品形态和交易方式划分，是对金融衍生工具最常见的分类方式。金融衍生工具的产品形态和交易方式多种多样，其中最主要的有远期、期货、期权、互换四大类。不同的衍生交易方式，有各自的规则与应用范围，它们的风险程度也各不相同。

远期交易方式是指交易双方约定在未来的某个时间以某个价格交割某种数量的金融商品。远期交易可以自由地选择交易对手，合约的内容可以根据交易双方的需要而定，因此交易方式比较灵活。外汇远期是各类远期市场中规模最大的。将即期交易与远期交易，或者远期与远期交易组合到一起，就形成了掉期交易方式。掉期交易是回避汇率、利率风险最为常用的办法。

期货交易是一种集中交易标准化期货合约的交易形式，即交易双方在期货交易所通过买卖标准化的期货合约，并根据合约规定的条款约定在未来某一特定时间和地点，以某一特定价格买卖约定数量和质量的商品的交易行为。期货交易的最终目的并不是商品所有权的转移，而是通过买卖期货合约，回避现货价格风险。

期权，又称选择权，它赋予其购买者在规定期限内按双方约定的价格购买或出售一定数量某种金融资产的权利。期权的买方只有权利而没有任何义务，它可以在期权有效期内的任何时间(美式期权)或到期日(欧式期权)行使其买进或卖出的权利，也可以放弃这个权利。期权的卖方只有义务而没有权利，当期权买方按合约规定行使其权利时，期权卖方必须依约相应卖出或买进，期权的买方要获得这个权利必须支付一定费用，期权卖方承担了义务就应该获得报酬，这笔费用叫期权费或期权价格。

互换业务是指交易双方通过远期合约的形式约定在未来某一段时间内互换一系列的货币流量的交易。互换的具体对象包括债务、期限、利率、币种、偿还方式等。通过互换，交易双方可以实现筹资、避险、套利等不同目的。互换业务被称为金融交易上的“集成电路”，是国际金融市场上的一种十分有效、运用相当广泛的交易要素和交易技巧。在理解其本质和运作机理的基础上，研究并熟练掌握其在金融交易中的具体应用，便可不断开发出众多新型实用的衍生金融工具。

3.按交易市场结构分类

依据交易的市场结构，金融衍生工具可以分为场内交易和场外交易。场内交易又称交易所交易，是在交易所里按照交易所制定的规则进行的交易。这种方式交易合约标准化，交易成本低。场内交易有完备的清算程序和清算系统，将不履约的风险大大降低，大、小投资者都能平等参与交易，并且交易的透明度较高，有利于监督。金融期货、上市金融期权都属于场内交易的衍生金融工具。

场外交易又叫店头交易或柜台交易，是指交易所以外的交易。场外交易在交易成本、交易风险、市场透明度方面处于劣势，但它又有较大的灵活性。远期交易、掉期交易、互换、未上市的或称为银行的期权等都是场外交易的衍生金融商品。现代的场外交易大多数通过电子通信网络进行。场外交易早于交易所交易，但金融衍生商品在进入交易所交易后才得到了迅速发展。场内交易与场外交易互有长短，任何一种方式都难对另一种取而代之，它们将长期共存。

(四)金融衍生工具投资的优点

概括而言，企业进行金融衍生工具投资可以获得以下几个方面的益处。

1. 降低筹资成本，拓宽筹资渠道

企业可以通过远期合约和期货锁定未来筹资成本，通过期权改善资金结构，通过互换降低筹资成本、拓宽筹资渠道。比如，通过签订远期利率协议，企业可将单一期限的筹资利率固定下来，而当企业借入了一笔浮动利率贷款时，利用远期利率协议还可将贷款利率在未来的每一个展期进行利率锁定。

2. 提高投资收益，规避投资风险

通过期货和远期合约锁定未来投资收益，规避投资风险，通过投资决策的期权方法增加长期投资决策的科学性，通过互换增加投资渠道，提高投资回报。比如当企业预计未来存款利率要下跌时，可以通过卖出远期利率协议锁定未来投资收益。当企业持有一个固定利率债券时，若市场利率已经下跌到该固定利率以下，企业为了防止市场利率进一步下跌而使自己的投资收益下降，可以从事利率互换锁定其收益。在该利率互换中，投资者支付一个固定利率(即目前市场利率)并收入一个较短期限的浮动利率。经过两个互换交易，企业可以得到一个大于原固定利率的投资回报，通过利用金融衍生工具锁定未来收益的利率风险，从而将有关利率风险降低到最低限度。

3. 规避汇率风险

通过远期合约规避汇率风险，锁定成本或收益，通过支付一定的期权费获得因汇率反向波动带来的结算款项所产生无限收益的权利。

此外，金融衍生工具投资还可以对资产负债、利润分配进行管理，并且能够提供全新的财务分析方法等。

(五)金融衍生工具投资的风险

然而，在进行金融衍生工具投资时，企业也需要充分认识到其风险性。

1. 衍生交易是转嫁风险而不是消除风险

金融衍生工具派生于基础金融产品，它的风险控制机制是通过将基础金融产品可能产生的风险转移给愿意承担该风险的另一方，使基础金融产品持有人得以降低风险，控制自身风险，达到保值目的，而非彻底消除基础金融产品风险。

2. 金融衍生工具自身仍存在风险

作为契约型产品，金融衍生工具本身仍存在市场风险、结算风险、信用风险等一系列风险。不同的衍生工具还有不同的风险特征，在选择衍生工具时，必须充分考虑到衍生工具的具体风险特征。

3. 金融衍生工具存在可能放大风险的副作用

金融衍生工具在被用作避险工具时，存在可能放大风险的副作用。金融衍生工具虽由基础金融产品派生，但它的风险直接源于自身所代表的现金流规模和价格的不确定性，而非派生出该现金流的基础产品的名义本金。因此，一旦市场发生意外走势，风险无法对冲时，金融衍生工具交易的某一方很可能既无法转移基础产品产生的风险，又同时承担衍生金融工具交易损失，形成风险放大效应。

因此，企业应充分考虑自身的避险需要和风险承受能力，始终坚持以控制风险为目的，争取做到所有已认定的风险必须尽可能地转移给最适合承担该风险的另一方。而且，在选择金融衍生工具时，应尽量匹配风险与收益，以对冲风险，尽可能缔结对冲头寸以抵消风险，避免风险敞口头寸的存在。比如在利用货币互换避险时，不仅要注意汇率变化的风险，而且要综合考虑借助利率与汇率的互动关系来对冲风险，以便依靠利率上的收益（损失）部分对冲汇率上的损失（收益）部分，达到控制风险的目的。还可以在互换的基础上进行期权交易来控制风险，即一旦利率或汇率达到事先确定的目标值，可以选择履行或放弃期权交易，损失的只是期权的权利金，而避免了蒙受汇率、利率双重损失。

随着世界经济的进一步融合，企业的经济活动越来越紧密地与世界经济形势联系着，企业必将从各个层面感受到“零距离”的存在，包括信息的传递、资金的划拨等。与此同时，世界经济的变数日益增多，汇率波动频繁，利率走势难料，股价变化莫测，为了应对经济环境的变化，企业应当充分重视金融衍生工具的投资功能，避免过度投机，正确运用金融衍生工具，这对现代企业理财有着重大的现实意义。

课后思考

1. 固定资产更新决策的备选方案有哪些？可以采用哪些决策方法？

2. 对于寿命期不同的项目投资为什么不能用比较净现值法进行决策，又应该用那些方法决策？

3. 在项目投资的资本限量决策中，应建立哪些备选方案，又应该如何决策？

4. 在项目投资的投资期决策中，一般适合采用哪种决策方法，具体决策步骤如何？

5. 在项目投资的投资开发时机决策中，备选方案之间的决策要点是什么？

6. 请分析在投资决策中应该考虑的风险性因素。

7. 请说明风险性投资分析方法的有效性和局限性。

8. 请简要说明通货膨胀对投资决策的影响。

9. 请介绍证券投资的类别、特点，以及投资的策略。

10. 试说明衍生金融工具投资的意义和内容。

案例讨论

巴菲特的投资理念

巴菲特是当今世界具有传奇色彩的证券投资家，他以独特、简明的投资哲学和策略，投资可口可乐、吉列、所罗门兄弟投资银行、通用电气等著名公司的股票或可转换证券并大获成功。

一、巴菲特的投资经历

巴菲特投资那些现在的经营方式与5年前甚至10年前几乎完全相同的企业。据统计，1990—2000年间，财富杂志世界500强中只有25家能够达到业绩优异的双重标准：连续10年平均股东权益回报率达到20%，且没有一年低于15%。这些超级明星企业同时也是股票市场上的超级明星。这些公司能在10年前就达到持续盈利增长的竞争优势，当然可以相信在未来能够更大地提高它的增长能力。巴菲特说，我喜欢的是那种根本不需要怎么管理就能够挣很多钱的行业，它们才是我想投资的那种行业。政府雇员保险公司和华盛顿邮报就是这种行业，而可口可乐和吉列刀片都是巴菲特长期观察的在很长年限内具备持续竞争能力的企业。

巴菲特在1998年对于网络公司投资的评价是他并非网络股的专家，当时他认为自己看不清这个行业的发展前景，而通过网络泡沫的洗礼之后巴菲特慢慢认同新经济时代的来临，并认同新经济时代所产生的新兴行业开始步入收获期，已经值得投资，所以所谓"不熟不做"，也需要动态地考虑和观察。当每个人工作中离不开电脑的时候，电脑产业也就是传统行业了。

我们可以发现巴菲特重仓锁定集中持有的股票都集中在金融、消费品、传媒等日常生活中熟悉的领域，而可口可乐、华盛顿邮报、吉利刀片、美国银行又都是每日所见的产品。这些经验值得价值型投资者借鉴。

巴菲特第一次碰到大牛市，他的决定是退出股市。

1968年，美国股票的交易达到了疯狂的地步，日平均成交量达到了1300万股，比1967年的最高纪录还要多30%。股票交易所被大量的买卖单据忙得喘不过气来，这在它的历史上是破天荒第一次。而且如此这般持续了许多天。在1968年12月，道·琼斯指数爬升到990点，1969年又升到1000点以上。

在1969年5月，巴菲特担心自己陷入对苦难不幸的哀叹，同时也担心所得的盈利付之东流，他最终拿定了主意，做了一件非同寻常的决定，宣布解散他的私募基金。当市场正在牛市的高潮中时，他却宣布退出："我无法适应这种市场环境，同时我也不希望试图去参加一种我不理解的游戏而使自己像样的业绩遭到损害。"

事实证明巴菲特的决定是无比明智的。到1970年5月，股票交易所的平均每一种股票都比1969年初下降50%，

巴菲特第二次碰到大牛市，他的选择是卖出大部分股票。

1972年，美国股市又是一个大牛市，股价大幅上涨。当时几乎所有投资基金都集中投资到一群市值规模大的、企业声名显赫的成长股上，如施乐、柯达、宝丽来、雅芳和得克萨斯

仪器等,它们被称为“漂亮50股”,平均市盈率上涨到天文数字般的80倍。

由于股价太高,巴菲特无法买到股价合理的股票,非常苦恼。1972年时,伯克希尔公司证券组合资产规模有1亿多美元,巴菲特却大量抛出股票,只保留了16%的资金投资于股票,把84%的资金都投资于债券。

1973年,“漂亮50股”的股价大幅下跌,道·琼斯指数也不断回落,市场摇摇欲坠。那些1969年上市的公司眼睁睁地看着自己的股票市值跌了一半。

1974年10月初道·琼斯指数从1000点狂跌到580点,美国几乎每只股票的市盈率都是个位数,这在华尔街非常少见,没有人想再继续持有股票,每个人都在抛售股票。

在市场一片悲观声中巴菲特却高声欢呼。他在接受《福布斯》的记者访问时说:“我觉得我就像一个非常好色的小伙子来到了女儿国。投资的时候到了。”

巴菲特第三次碰到大牛市,他的选择却跑输大市。

巴菲特上一次碰到大牛市是1999年,标准普尔500指数上涨21%,而巴菲特却亏损20%,不但输给了市场,而且输得非常惨,相差41%,这是巴菲特40多年间业绩最差的一年。

从1995年到1999年美国股市上涨近150%,是一个前所未有的大牛市。最重要的推动力是网络和高科技股票的猛涨。而巴菲特却拒绝投资高科技股票,继续坚决持有可口可乐、美国运通、吉列等传统行业公司股票,结果在1999年牛市达到最高峰时大败给市场。

但巴菲特不为所动:“1999年我们的股票投资组合几乎没有什么变动。这一年有几家我们重仓拥有的公司经营业绩十分令人失望,尽管如此,我们仍然相信这些公司拥有十分出众的竞争优势,而且这种优势能够长期持续保持,而这种特质是取得长期良好投资业绩的保证。偶尔有些时候我和芒格相信我们可以分辨出一家公司到底有没有长期持续的竞争优势。但在大多数情况下,我们根本无法,起码是无法百分之百断定。这正是为什么我们从来不投资高科技公司股票的原因。尽管我们也同意高科技公司所提供的产品与服务将会改变整个社会这种普遍观点。但在投资中我们根本无法解决的一个问题是,我们没有能力判断出,在高科技行业中,到底是哪些公司拥有真正长期可持续的竞争优势。”

在1999年度大会上,股东们纷纷指责巴菲特,几乎所有的报刊传媒都说股神巴菲特的投资策略过时了,但巴菲特仍然不为所动。

其实巴菲特早在伯克希尔1986年报中就清楚地表达了他对大牛市的看法:“还有什么比参与一场牛市更令人振奋的,在牛市中公司股东得到的回报变得与公司本身缓慢增长的业绩完全脱节。然而,不幸的是,股票价格绝对不可能无限期地超出公司本身的价值。实际上由于股票持有者频繁地买进卖出以及他们承担的投资管理成本,在很长一段时期内他们总体的投资回报必定低于他们所拥有的上市公司的业绩。如果美国公司总体上实现约12%的年净资产收益,那么投资者最终的收益必定低得多。牛市能使数学定律黯淡无光,但却不能废除它们。”

结果证明,股神巴菲特是正确的。2000、2001、2003三年美国股市大跌9.1%、11.9%、22.1%,累计跌幅超过一半,而同期巴菲特业绩却上涨30%以上。

人们不得不佩服巴菲特的长远眼光,也不得不承认长期而言价值投资策略能够战胜市场。因为大牛市不可能一直持续,过高的股价最终必然回归于价值。

二、巴菲特的投资方式

《美国新闻与世界报道》周刊在其一期文章中刊文介绍了巴菲特式投资的六要素，称巴菲特的神秘之处恰在于他简单有效的投资方式。透彻研究巴式方法，会发觉影响其最终成功的投资决定，虽然确实与“市场尚未反映的信息”有关，但所有信息却都是公开的，是摆在那里谁都可以利用的。

没有内幕消息，也没有花费大量的金钱。是运气好吗？就像学术界的比喻：当有1000只猴子掷币时，总有一只始终掷出正面。但这解释不了有成千上万个投资人参加的投资竞赛中，只有巴菲特一人取得连续32年战胜市场的纪录。

巴菲特的投资方式究竟有什么要素？文章列举了6点供投资者参考。

1.赚钱而不要赔钱

这是巴菲特经常被引用的一句话：“投资的第一条准则是不要赔钱；第二条准则是永远不要忘记第一条。”因为如果投资一美元，赔了50美分，手上只剩一半的钱，除非有百分之百的收益，才能回到起点。

巴菲特最大的成就莫过于在1965年到2006年间，历经3个熊市，而他的伯克希尔·哈撒韦公司只有一年(2001年)出现亏损。

2.别被收益蒙骗

巴菲特更喜欢用股本报酬率来衡量企业的盈利状况。股本报酬率是用公司净收入除以股东的股本，它衡量的是公司利润占股东资本的百分比，能够更有效地反映公司的盈利增长状况。

根据他的价值投资原则，公司的股本报酬率应该不低于15%。在巴菲特持有的上市公司股票中，可口可乐的股本报酬率超过30%，美国运通公司达到37%。

3.要看未来

人们把巴菲特称为“奥马哈的先知”，因为他总是有意识地去辨别公司是否有好的发展前途，能不能在今后25年里继续保持成功。巴菲特常说，要透过窗户向前看，不能看后视镜。

预测公司未来发展的一个办法，是计算公司未来的预期现金收入在今天值多少钱。这是巴菲特评估公司内在价值的办法。然后他会寻找那些严重偏离这一价值、低价出售的公司。

4.坚持投资能对竞争者构成巨大“屏障”的公司

预测未来必定会有风险，因此巴菲特偏爱那些能对竞争者构成巨大“经济屏障”的公司。这不一定意味着他所投资的公司一定独占某种产品或某个市场。例如，可口可乐公司从来就不缺竞争对手。但巴菲特总是寻找那些具有长期竞争优势、使他对公司价值的预测更安全的公司。

20世纪90年代末，巴菲特不愿投资科技股的一个原因就是：他看不出哪个公司具有足够的长期竞争优势。

5.要赌就赌大的

绝大多数价值投资者天性保守。但巴菲特不是。他投资股市的620亿美元集中在45只股票上。他的投资战略甚至比这个数字更激进。在他的投资组合中，前10只股票占了投资总量的90%。晨星公司的高级股票分析师贾斯廷·富勒说:"这符合巴菲特的投资理念。不要犹豫不定,为什么不把钱投资到你最看好的投资对象上呢?"

6. 要有耐心等待

如果你在股市里换手,那么可能错失良机。巴菲特的原则是:不要频频换手,直到有好的投资对象才出手。

巴菲特常引用传奇棒球击球手特德·威廉斯的话:"要做一个好的击球手,你必须有好球可打。"如果没有好的投资对象,那么他宁可持有现金。据晨星公司统计,现金在伯克希尔·哈撒韦公司的投资配比中占18%以上,而大多数基金公司只有4%的现金。

巴菲特说道:"我们的重点在于试图寻找到那些在通常情况下未来10年,或者15年,或者20年后的企业经营情况是可以预测的企业。"这就所谓的巴菲特能力原则,巴菲特远离那些自己能力所无法把握的投资品种。

(资料来源:道客巴巴 http://doc88.com/p-845684166535.html)

讨论问题

(1)你认为在我国这样高市盈率的市场长线投资有效吗?

(2)你如何看待如下这一投资观点:一定数量的分散投资能降低非系统风险,但不能获得超越市场平均值的利润。

(3)请说明为什么在股票市场中赚钱越来越难?

(4)请结合巴菲特的投资思想说明"简单长期持有策略"胜过大部分"主动策略"。

(5)请阅读巴菲特的相关传记,讨论他投资的基本理论,并进行评述。

第九章　短期资产管理

学习目标

- 了解营运资金的概念及其管理原则。
- 掌握资产组合的概念及组合策略。
- 掌握现金的持有动机、现金预算和最佳现金持有量决策的基本方法，熟悉现金管理的日常控制。
- 了解短期金融资产的特征和投资策略。
- 理解应收账款的功能、成本和管理目标，掌握信用政策的内容与制定方法。
- 理解存货的功能与成本，掌握经济批量的测算方法，熟悉存货规划及控制方法。

引导案例

海尔集团营运资金管理目标：零营运资本

随着互联网时代的来临，海尔为实现由制造到服务的革命，提出了两个转型：一个是企业的转型——从制造业向服务业转型；另一个是商业模式转型——从传统经济下的模式转型到人单合一双赢模式转型。海尔认为企业的转型有两个战略条件：一个是“零库存下的即需即供”；另一个是“零距离下的虚实网结合”。

1. 针对库存的问题，海尔提出了零库存下的即需即供模式

这个模式从客户角度来讲，就是第一时间满足客户的需求，不断货、不压货。从企业角度看，就是按订单生产，通过大规模定制，在快速满足用户差异化需求的同时不增加库存和成本，实现零库存。海尔和大部分其他企业的不同就在于，海尔是获取和满足用户的真正需求，将商品销售到最终端用户手里。零库存是以快速响应和满足用户订单需求的速度消灭库存空间，即用时间消灭空间。海尔通过按单生产，推进即时制采购、即时制送料、即时制配送三个适时制，打通供应链的各环节，把物流变成一条流动的河，不断地流动。

2. 市场与客户导向的供应链整合

不同于传统模式下企业驱动渠道和供应商，海尔的创新在于充分以终端用户为中心，驱动产供销流程的高效运转。海尔的零库存管理，以市场和用户需求引导整个产业链的资源有效配置和营运资金有序流动，经销商和供应商可最小化库存与应收风险，避免大规模资金占用。

3. 从大规模制造向大规模定制转变

海尔对于从大规模制造变成大规模定制的理解是:低成本提供所有用户需求的个性化产品,高质量地帮用户找到它。

4. 从模块化设计到模块化组织

在模块化设计方面,海尔的供应商参与前端设计,与企业共同来面对用户,通过设计基本模块、与可变模块进行组合变换成多种型号,从而实现对内模块化、标准化,对外个性化、多样化。海尔通过对供应商进行标准化整合,使零部件通用化程度得以提高,从而使零部件的种类和数量都大幅减少,大大降低了整个供应链的存货成本和库存。通过业务流程再造,设立统一的营销、研发、采购、生产部门,海尔集团将"订单获取"(市场开发)、"订单创造"(产品开发)与"订单履约"(制造)等流程和组织进行模块化整合,反映出海尔模块化组织构建的细化与完善。

5. 供应商管理库存(VMI)与产业集群

海尔推进了供应商管理库存,在全国范围内拥有运营基地,成为海尔主要的原材料供应基地。供应商通过采用海尔 VMI 这种模式,可以省却原来需要的操作,如装卸、仓储、报验、办理订单入库、按单分拣、按需求配送至线、容器管理、结算服务等,由此供应商便可更加专注于生产及新技术的研发。

海尔供应链前端建设的一大特点是实现了产业集群。目前,海尔分布各地的工业园区周围聚集着大量供应商自己的工业园区,大大方便了海尔对前端供应链的优化整合工作,海尔与供应商之间实现了信息共享、物流同步,减少了供货的时间差和空间差,规避了传统模式下供应商提前生产、企业提前采购、货物长距离运输带来的库存资金占用、运输成本增加、耽误生产等问题,有效解决了供应商库存占用的问题,对整个供应链环节的营运资金管理模式优化和效率提升有显著的作用。海尔通过出色的供应链前端设计,使处于供应链前端的优秀供应商整合到了海尔整体供应链之中,形成稳定的合作关系。

(资料来源:《商业评论》,2014 年 7 月 15 日)

思考:海尔的营运资金管理体系的创新之处及其对其他企业的借鉴意义?

第一节　营运资金管理概述

短期资产管理实质上就是营运资金管理,也是企业日常生产经营周转管理的核心内容。本节主要介绍营运资金的概念、特点和管理原则等内容。

一、营运资金的概念

营运资金有广义和狭义之分。广义的营运资金,又称毛营运资金,是指一个企业投放在流动资产上的全部资金。具体包括现金、有价证券、应收账款、存货等占用的资金。这是一个具体的概念,主要用来研究企业资产的流动性和周转状况。狭义的营运资金,又称净营运资金，是指流动资产与流动负债的差额。这是一个抽象的概念，并不特指某项资产，但它是判断和分析企业流动资金运作状况和财务风险程度的重要依据，这个概念主要在研究企业的偿债能力和财务风险时使用。因此，企业营运资金的持有状况和管理水平直接关系到企业的盈利水平和财务风险。

营运资金管理的内容主要包括流动资产的管理和流动负债的管理。一个企业要维持正常的运转就必须要拥有适量的营运资金，因此，营运资金管理是企业财务管理的重要组成部分。据调查，公司财务经理有60%的时间都用于营运资金管理。要做好营运资金管理工作，必须解决好流动资产和流动负债两个方面的问题，也就是解决下面两个问题：第一，企业应投资多少在流动资产上，即资金运用的管理。主要包括现金管理、短期金融资产管理、应收账款管理和存货管理。第二，企业应该怎样来进行流动资产的融资，即资金筹措的管理，主要包括银行短期借款管理、商业信用管理和短期融资券管理。

由此可见，营运资金管理的核心内容就是对短期资金运用和资金筹措的管理。

二、营运资金的特点

为了有效地管理企业的营运资金，必须研究营运资金的特点，以便有针对性地进行管理。营运资金一般具有以下特点。

1. 周转的短期性

企业占用在营运资金上的资金，周转速度较快、周转期限较短，通常是在1年或一个营业周期内收回或偿还。这种周转的短期性也表现为，大部分资产都具有较强的变现能力，在企业出现紧急财务状况时，相比较于长期资产，更容易变现而获得现金，以满足企业生产经营中的急需。因此，企业在营运资金的供应上，可以根据这一特点，采用短期的筹资方式来解决，如短期银行借款、商业信用等。

2. 实物形态的易变性

营运资金在循环周转过程中，各种不同形态的营运资金在空间上同时并存，一般经常变化的实物形态按货币资金、储备资金、生产资金、成品资金、应收资金的顺序转化。因此，合理地配置营运资金各项目的比例，是保证营运资金得以顺利周转的必要条件。

3. 数量的波动性

营运资金占用的数量也会随着企业内外经营条件的变化而改变，时高时低，波动很大。因此，企业在流动资产管理上，必须合理配置各项流动资产，并根据波动情况随时调整其数量。

4. 来源的多样性

营运资金的来源渠道较多，其筹集的形式也较多样，期限的选择较为灵活。仅短期筹资就包括银行短期借款、短期融资、商业信用、应付的税费、票据贴现等多种方式。

三、营运资金的管理原则

企业的营运资金在全部资金中占有相当大的比重，而且周转期短，形态易变，所以是企业财务管理工作的一项重要内容。企业进行营运资金管理，必须遵循以下原则。

1.需要数量合理性原则

企业营运资金的需要数量与企业生产经营活动有直接关系，当企业产销两旺时，流动资产会不断增加，流动负债也会相应增加；而当企业产销量不断减少时，流动资产和流动负债也会相应减少。因此，要认真分析生产经营状况，合理确定营运资金的需要数量。

2.资金使用节约性原则

在营运资金管理中，必须正确处理保证生产经营需要和节约使用资金二者之间的关系。要在保证生产经营需要的前提下，遵守节约使用的原则，挖掘资金潜力，精打细算地安排资金。

3.资金利用效率性原则

营运资金周转是指企业的营运资金从现金投入生产经营开始，到最终转化为现金的过程。在其他因素不变的情况下，加速营运资金的周转也就相应地提高了资金的利用效率。因此，企业要加速存货、应收账款等流动资产的周转，以便用有限的资金取得尽可能高的经济效益。

4.偿债能力保障性原则

流动资产、流动负债以及二者之间的关系能较好地反映企业的短期偿债能力。流动负债是在短期内需要偿还的债务，而流动资产则是在短期内可以转化为现金的资产。因此，如果一个企业的流动资产比较多，流动负债比较少，说明企业的短期偿债能力较强；反之，则说明短期偿债能力较弱。但如果企业的流动资产太多，流动负债太少，也并不是正常现象，这可能是因流动资产闲置、流动负债利用不足所致。因此，企业必须合理安排流动资产与流动负债的比例关系，保证有足够的短期偿债能力。

四、短期资产的特征与分类

企业的资产包括短期资产和长期资产。短期资产，又称流动资产，是指可以在一年以内或超过一年的一个营业周期内变现或耗用的资产。本章重点讨论短期资产的管理，这就需要先了解短期资产的特点与分类。

(一)短期资产的特征

短期资产具有占用时间短、周转快、易变现等特点。企业拥有较多的短期资产，可以在一定程度上降低财务风险。与固定资产、无形资产和递延资产等各种长期资产相比，短期资产具有以下几个突出特点。

1.周转速度快

企业投资于短期资产上的资金周转一次所需要的时间较短，通常会在一年或一个营业周期内收回；固定资产等长期资产的价值则需要经过多次转移才能逐步收回或得以补偿。

2.变现能力强

短期资产中的现金、银行存款等项目本身就可以随时用于支付、偿债等经济业务，其他的短期金融资产、应收款项和存货等也能在较短时间内变现。

3. 财务风险低

公司拥有较多的短期资产，由于周转迅速、变现较快，可在一定程度上降低财务风险。

短期资产过多，会增加企业的财务负担，影响企业的利润；相反，短期资产不足，则表明企业资金周转不灵，会影响企业的经营。因此，合理配置短期资产的数量在财务管理中具有重要地位。企业在一定的生产周期内所需的比较合理的短期资产占用量应是既能保证生产经营的正常需要，又没有积压和浪费的占用量。

（二）短期资产的分类

按照不同的标准，可以将短期资产划分为不同的类别。

1. 按实物形态分

按照实物形态，可以将短期资产分为现金、短期金融资产、应收及预付款项和存货。

(1)现金

这是指广义的现金，指可以立即用来购买物品、支付各项费用或用来偿还债务的支付手段，主要包括库存现金和银行存款，有时也将即期或到期的票据看作现金。现金是短期资产中流动性最强的资产，可直接支付，也可以立即投入流通。拥有大量现金的企业具有较强的偿债能力和承受风险能力。但因为现金只有极低的收益，甚至不会带来收益，所以财务管理水平较高的企业并不会持有过多的现金。

(2)短期金融资产

短期金融资产指各种准备随时变现的有价证券以及不超过一年的其他投资，其中主要是指有价证券投资。企业通过持有适量的短期金融资产，一方面能获得较好的收益，另一方面又能增强企业整体资产的流动性，降低企业的财务风险。因此，适当持有短期金融资产是一种较好的财务策略。

(3)应收及预付款项

应收及预付款项指企业在生产经营过程中所形成的应收而未收的或预先支付的款项，包括应收款项、应收票据、其他应收款和预付账款。在市场经济条件下，为了加强市场竞争能力，企业拥有一定数量的应收及预付款项是不可避免的。企业应力求加快账款的回收，减少坏账损失。

(4)存货

存货指企业在生产经营中为销售或者耗用而储存的各种资产，包括商品、产成品、半成品、在产品、原材料、辅助材料、低值易耗品和包装物等。由于存货在短期资产中所占的比重较大，因此，加强存货的管理与控制，使存货保持在最优水平上，便成为财务管理的一项重要内容。

2. 按占用资金的时间分

按照短期资产占用资金的时间分，短期资产可分为永久性短期资产和临时性短期资产。

(1)永久性短期资产

永久性短期资产指满足企业一定时期生产经营最低需要的那部分短期资产。如企业保留的最低库存、生产过程中的在产品等。这种“永久”似乎与“短期”是相矛盾的，然而“短期”是就资产自身形态的使用或变化期限而言的，“永久”是从资产占用资金的角度出发界定的。这部分资产与固定资产相比，有两个方面相似：一是尽管融资所得资产从本质上看是短期资产，但投资的资金占用是长期性的，且相对稳定；二是对一个处于成长过程的企业而言，短期资产水平与固定资产一样会随企业发展而增长。但短期资产不像固定资产一样一直保持不变，其具体的实物个体在不断地变化与轮换。

(2)临时性短期资产

临时性短期资产指随生产的周期性或季节性需求而变化的流动资产，也称波动性流动资产，由形态不断变化的流动资产组成。

3.按在生产经营循环中所处的流程

按照在生产经营循环中所处的流程，可把短期资产划分为生产领域中的短期资产、流通领域中的短期资产以及生息领域中的短期资产。

(1)生产领域中的短期资产

生产领域中的短期资产指在产品生产过程中发挥作用的短期资产，如原材料、辅助材料或低值易耗品等。

(2)流通领域中的短期资产

流通领域中的短期资产指在商品流通过程中发挥作用的短期资产。商品流通企业的短期资产均为流通领域中的短期资产，工业企业的短期资产中的产成品、现金、外购商品等也属于流通领域中的短期资产。

(3)生息领域中的短期资产

生息领域中的短期资产指为获取利息收入而持有的短期资产，包括定期存款、短期有价证券等短期金融资产。企业通过将短期闲置的现金资产存入银行或者购买短期金融资产，可以在保持资产流动性的同时获得一定的利息收入。

五、资产组合政策

企业资产总额中短期资产和长期资产各自占有的比例称为企业的资产组合，资产组合政策是营运资金管理的重要内容。而企业总资产中的短期资产数量和比重一旦确定，长期资产的数量和比例也就相应不可改变了，所以，企业的资产组合政策实质上是确定企业流动资产的持有数量。

(一)影响企业资产组合的因素

不同类型的短期资产在流动性、盈利性和风险性上存在差异，企业不仅要确定短期资产在总资产中所占的比重，还要合理确定不同类型短期资产的持有水平。

企业在权衡确定短期资产的最优持有水平时，应当综合考虑如下因素。

1.风险与报酬

一般而言，持有大量的流动资产可以降低企业的风险，因为当企业不能及时清偿债务时，流动资产可以迅速地转化为现金，而固定资产的变现能力则较差。因而，在筹资组合不变的情况下，较多地投资于流动资产可以减少企业的风险。但是，如果流动资产太多，大部分资金都投放在流动资产上，以致造成积压呆滞，就会降低企业的投资报酬率。因此，要对风险和报酬进行认真权衡，选择最佳的投资政策。

2. 企业所处的行业

不同行业的经营范围不同，资产组合有较大的差异。流动资产中大部分是应收账款和存货，而这两种资产的占用水平主要取决于生产经营所处的行业。

3. 企业经营规模

企业经营规模对资产组合也有重要影响。随着企业规模的扩大，流动资产的比重相对下降，这是因为，一方面大规模企业与中小企业相比，有较强的筹资能力，当企业出现不能偿付的风险时，可以迅速筹集资金，因而能承担较大风险，所以可以只持有较少的流动资产而投资更多的固定资产；另一方面大规模企业因实力雄厚，机械设备的自动化水平较高，故应在固定资产上进行比较多的投资。

4. 市场利率水平

一般而言，在市场利息率比较高的情况下，企业为了减少利息支出，会千方百计地减少流动资产的投资，这便会减少流动资产在总资产中的比重；反之，当利息率下降时，则会呈相反方向变化。

(二)资产组合政策的类型

企业短期资产的数量按其功能可以分为正常需要量和保险储备量两大部分。正常需要量是指企业因正常生产经营而储备的流动资产数量。保险储备量是指应付意外情况的发生在正常生产经营需要量以外而储备的流动资产。企业的资产组合主要可以采用以下三种策略，如图 9-1 所示。

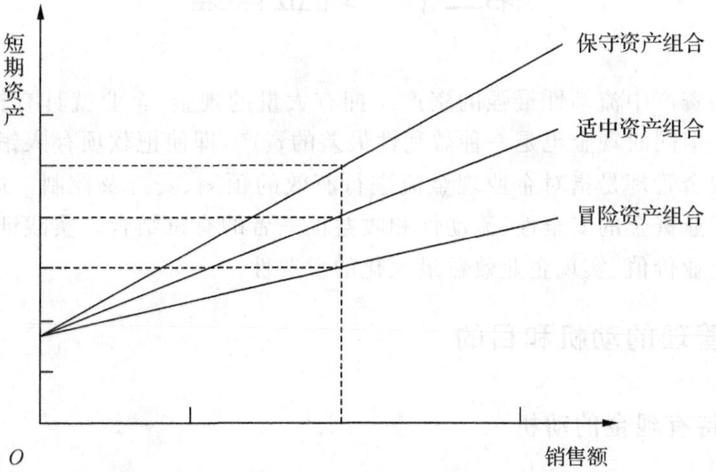

图 9-1　资产组合示意图

1. 适中的资产组合

适中的资产组合要求企业在一定的销售水平上保持适中的短期资产，既不过高也不过低，流入的现金恰好满足企业支付的需要，存货也刚好满足生产和销售所需。这种政策的特点是报酬和风险的平衡。在企业能够比较准确地预测未来经济状况时，可采用这种政策。

2. 保守的资产组合

有的企业在安排短期资产数量时，在正常生产经营需要量和正常保险储备量的基础上，再加上一部分额外的储备量，以便降低企业的风险。这便属于保守的资产组合。采用该政策时，企业的投资报酬率一般较低，风险也较小。

3. 冒险的资产组合

有的企业在安排短期资产数量时，只安排正常生产经营需要量而不安排或只安排很少的保险储备量，以便提高企业的投资报酬率。这便属于冒险的资产组合。采用这种政策时，企业的投资报酬率较高，但风险比较大。

(三)不同的资产组合对企业报酬和风险的影响

企业的长期资产和短期资产对企业的风险和报酬有不同的影响。较多地投资于短期资产可降低企业的财务风险。这是因为，当企业出现不能及时偿付债务时，短期资产可以迅速地转化为现金以偿还债务。但是，如果短期资产投资过多，造成短期资产的相对闲置，而长期资产却又相对不足，这就会使企业生产能力下降，从而减少企业的盈利。

总之，在资产总额和资产组合都保持不变的情况下，如果长期资产减少而短期资产增加，就会降低企业的风险，但也会减少企业盈利；反之，如果长期资产增加，流动资产减少，则会增加企业的风险和盈利。所以，在确定资产组合时要面临风险和报酬的权衡。

第二节 现金管理

现金是短期资产中流动性最强的资产。拥有大量的现金，企业就具有较强的偿债能力和抗风险能力。但同时现金也是一种盈利性最差的资产，即使把款项存入银行，其利息收入也是很低的。现金管理是指对企业现金流进行有效的预测、安排及控制。通过现金管理能够有效地保证企业资金的安全性、流动性和收益性三者的有机结合。实践证明，现金管理凸显出对于增加企业价值、实现企业效益最大化的重要性。

一、现金管理的动机和目的

(一)企业持有现金的动机

企业持有现金主要出于交易、预防和投资三个方面的动机。

1. 交易动机

交易动机，又称支付动机，是指企业为满足正常生产经营活动中的各种支付需要而持有现金,包括原材料的购买、支付工资、上缴税款等。这是企业持有现金的主要动机。由于企业每天的现金收入和现金支出很少,同时等额发生,因此,保留适当的现金余额是完全必要的,以避免企业在现金收支不平衡时中断正常的生产经营活动。企业所保持现金数量的多少,取决于其销售水平、应收账款的回收能力和应付账款的付款周期。

2. 预防动机

预防动机是指企业为应付突发事件需要保持有一定数量的现金,如应付自然灾害、生产事故、未能及时收回货款等。企业持有必要的现金,可以使这些意想不到的支出得到妥善的安排。为预防动机而持有现金的多少,主要受企业现金流量稳定性的影响。现金流量的不确定性越大,预防性现金的数额越大;反之,企业现金流量的可预测性越强,预防性现金持有的数额越少。此外,预防性现金持有的多少,还与企业的借款能力有关,如果企业在需要资金时能够借到所需款项,则预防性现金持有的数额可以减少;反之,如果企业在需要资金时不能借到所需款项,则预防性现金持有的数额要多一些。

3. 投资动机

投资动机是指用于不寻常的购买机会而持有的现金。比如遇有廉价原材料或其他资产供应的机会,便可用手头现金大量购入。再比如在适当时机购入价格有利的股票和其他有价证券等。

(二)现金管理的目的

一方面,企业必须经常持有适当的现金,以满足正常经营活动和意外情况对现金的需要;另一方面,现金是收益性最差的资产,企业持有过多的现金,又会影响企业的盈利能力。因此,现金管理的目的是在保证企业生产经营活动所需现金的同时,降低现金持有量,提高现金的使用效率。

现金管理的主要内容包括三个:第一,合理确定现金持有量,采用科学的方法,根据企业历史资料和经济发展变化,确定企业现金持有量保持在一个合理的水平上。第二,编制现金预算,根据确定的合理现金持有量,编制现金预算。第三,日常现金收支控制。

二、最佳现金持有量的确定

企业处于各种动机的要求而持有一定现金,但出于成本和收益的考虑,必须确定最佳现金持有量。最佳现金持有量的确定是现金管理的关键问题。目前应用较为广泛的最佳现金持有量确定的模式主要包括现金周转期模式、成本分析模式、存货模式、因素分析模式和随机模式等。

(一)现金周转期模式

现金周转期模式是指根据现金的周转速度来确定最佳现金持有量的一种方法。现金周转期是指从将现金投入生产经营过程(购买材料)开始,到收回现金为止平均所需要的时间。具体可以根据如下程序确定最佳现金持有量。

1. 确定现金周转期

企业从取得材料到将材料投入生产过程形成在产品、再到将在产品制成产成品进入仓库，最后到将产成品发出为止，这期间占用的资金，都属于存货；从存货发出到收到货款这段时间占用的资金都属于应收账款。所以，现金周转期受存货周转期、应收账款周转期的影响，另外，由于取得存货时并不一定支付现金，所以，在计算现金周转期时应扣除应付账款周转期。存货周转期、应收账款周转期、应付账款周转期之间的关系如图 9-2 所示。

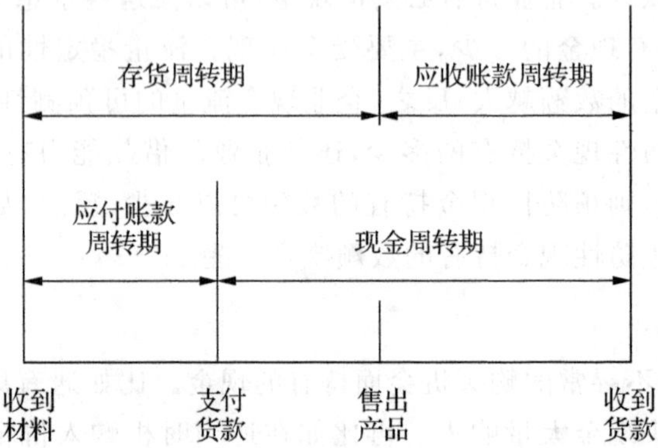

图 9-2　现金周转期示意图

根据图 9-2，现金周转期的计算公式为

$$现金周转期=存货周转期-应付账款周转期+应收账款周转期$$

2. 确定现金周转率

现金周转率是指一年中现金的周转次数，它与现金周转期成反比，其计算公式为

$$现金周转率=\frac{360}{现金周转期}$$

3. 确定最佳现金持有量

最佳现金持有量的计算公式为

$$最佳现金持有量=\frac{年现金需求总量}{现金周转率}$$

【例 9-1】 某企业的原材料购买和产品销售均采用信用方式：经测算其应付账款的平均付款期为 35 天，应收账款的平均收款期为 70 天，平均存货周转期为 85 天，每年现金需要量预计为 180 万元，计算该企业的最佳现金持有量。

解　$现金周转期=85-35+70=120(天)$

$$现金周转率=\frac{360}{120}=3\ (次)$$

$$最佳现金持有量=\frac{180}{3}=60\ (万元)$$

即该企业的最佳现金持有量为 60 万元。

(二)成本分析模式

成本分析模式是根据持有现金的相关成本来确定最佳现金持有量的一种决策模式。此时最佳现金持有量能使持有现金的总成本为最低的现金持有量。持有现金的成本包括机会成本、管理成本和短缺成本。

1. 机会成本

持有现金的机会成本是指由于资金被占用在现金这种形态上而不能用于其他投资所丧失的收益。现金是一种盈利性最差的资产，现金作为企业的一项经常性的资金占用，是有代价的，这种代价就是丧失的占用在现金上的资金若用于其他投资可以获得的收益。一般以有价证券的报酬率表示。现金持有量越多，持有现金的机会成本就越高，反之则越低。因此现金的机会成本属于变动成本，它与现金持有量有关。

2. 管理成本

现金管理成本是指因持有现金而发生的管理费用，如管理现金人员的工资、安全措施费用等。现金管理成本一般与持有现金的数额无关，属于现金持有成本中的固定成本。

3. 短缺成本

短缺成本是指因持有现金不足，不能满足业务开支的需要而使企业蒙受的损失或为此付出的代价，如不能偿还到期债务而支付的罚金、企业的信誉下降导致融资成本上升等。现金短缺成本随现金持有量的增加而下降，随现金持有量的减少而上升，所以现金短缺成本与现金持有量成反比例关系。

在成本分析模式法下，能够使现金持有的机会成本、管理成本和短缺成本为最低的现金持有量即为最佳现金持有量。确定最佳现金持有量的计算，可以先分别确定不同现金持有量的方案下的机会成本、管理成本和短缺成本；然后比较不同方案下的现金持有总成本，以确定最佳现金持有量。

【例 9-2】星光公司有 A、B、C、D 四种现金持有方案，它们各自的机会成本、管理成本、短缺成本的有关资料见表 9-1。

表 9-1　星光公司的现金持有方案金额　　单位：元

方案	A	B	C	D
现金持有量	20000	40000	60000	80000
机会成本率(%)	10	10	10	10
管理成本	10000	10000	10000	10000
短缺成本	10000	4000	2500	1200

根据表 9-1 的资料，计算各方案持有现金的总成本，见表 9-2。

表 9-2　星光公司持有现金总成本计算表金额　　单位:元

方案	A	B	C	D
现金持有量	20000	40000	60000	80000
机会成本	2000	4000	6000	8000
管理成本	10000	10000	10000	10000
短缺成本	10000	4000	2500	1200
持有现金总成本	22000	18000	18500	19200

表 9-2 说明,持有现金在 40000 元时,现金持有成本为 18000 元,在 A、B、C、D 四个方案中的总成本最低,因此,B 方案为最优方案。

(三)存货模式

存货模式是 1952 年美国经济学家威廉・鲍莫(William J. Baumol)提出来的,所以也称鲍莫模式。存货模式是根据存货经济订货量的决策方法确定能使相关总成本最低的最佳现金持有量的一种方法。存货决策模式的假设条件包括:取得现金时投资于有价证券,需要现金时变现有价证券;一定时期现金需求总量确定;每天现金需求量均匀稳定;不允许发生现金短缺。由于现金每天需要量均匀稳定,所以每次变现有价证券后现金持有量达到最高,随着每天现金的耗用,现金持有量呈直线下降的趋势,当现金持有量将降为零时,再变现一批有价证券,现金持有量又重新恢复到最高点,如此循环往复。因此,平均的现金持有量可以按每次有价证券变现数量的一半计算。具体现金变动模式如图 9-3 所示。

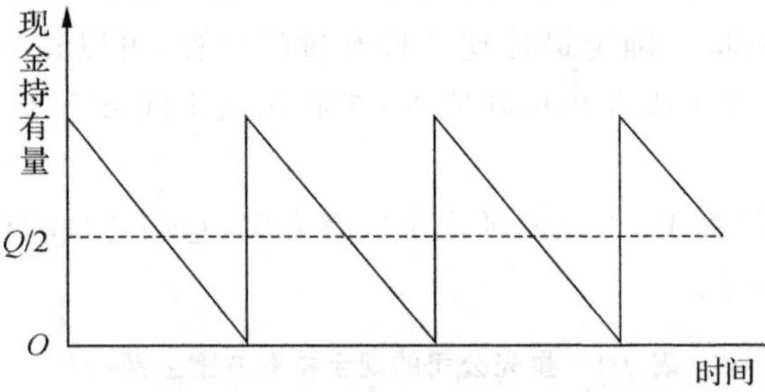

图 9-3　存货模式确定现金余额图

同时,在上述假设的情况下,与最佳现金持有量相关的成本主要包括机会成本和转换成本。因此,在存货模式下,也可以说最佳现金持有量是能使持有现金的机会成本和转换成本之和为最低的现金持有量。持有现金的机会成本与前面成本模式中的机会成本相同,该成本与现金持有量呈同方向变化,其大小取决于机会成本率(通常可用证券利息率来代替)。现金转换成本是指企业将有价证券转换为现金所发生的费用,如买卖有价证券支付的佣金、委托手续费、证券过户费、证券交易的税金等。这种成本只与交易次数有关,而与持有现金数量无关。

由于持有成本与持有量有关,在企业现金需要量一定时,现金持有量越大,持有成本越高,但转换次数就越少,相应转换成本就低;如果降低现金持有量,持有成本可以降低,但转换次数就增多，转换成本就越高。两者关系可用图 9-4 表示。两种成本总计最低时的现金持有量即为最佳持有量。

假定 TC 为现金管理总成本；F 为每次转换有价证券的固定费用；T 为一定时期现金需求总量；K 为机会成本率；Q 为最佳现金持有量，则持有现金的总成本的计算公式为

现金管理总成本＝机会成本＋转换成本

即

$$\mathrm{TC}=\frac{Q}{2}\times K+\frac{T}{Q}\times F$$

现金管理总成本与机会成本、转换成本的关系如图 9-4 所示。

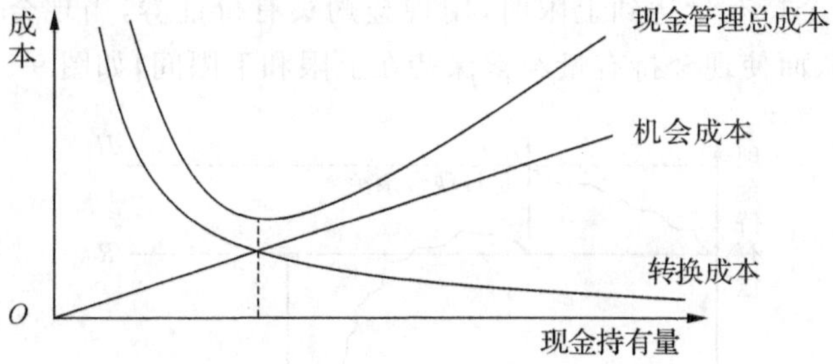

图 9-4　存货模式下各成本关系图

为了求出总成本最低时的现金持有量，对现金管理总成本公式中的 Q 求导，并令其导数等于 0，即可求得最佳现金持有量。其公式如下：

$$Q=\sqrt{\frac{2T\cdot F}{K}}$$

最佳现金持有量下的最小现金持有成本为

$$\mathrm{TC}-\sqrt{2T\cdot F\cdot K}$$

存货模式可以精确计算出最佳现金持有量和变现次数。明确了现金管理中基本的成本结构，对企业加强现金管理有一定的作用。

【例 9-3】假设某公司预计每月现金总需要量为 400 万元，现金与有价证券的每次转换成本 100 元，有价证券的月报酬率为 2%，计算该公司的最佳现金持有量。

解　$Q=\sqrt{\frac{2T\cdot F}{K}}=\sqrt{\frac{2\times 4000000\times 100}{2\%}}=200000$（元）

即该公司的最佳现金持有量为 20 万元。

（四）因素分析模式

因素分析模式是在上期现金持有量的基础上，考虑到有关因素变动的影响，来确定最佳现金持有量的一种方法。这些因素主要包括下期销售收入规模的变动和本期不合理的现金占用情况。其计算公式如下：

$$\text{最佳现金持有量}=\left(\text{上年现金平均占用额}-\text{不合理资金占用}\right)\times\left(1\pm\text{销售收入变动率}\right)$$

【例 9-4】某企业上期现金平均余额为 22000 元，经分析其中有 2000 元的占用属于不合

理占用,下期预计销售增长率为10%,计算该企业的下期最佳现金持有量。

解 最佳现金持有量=(22000－2000)×(1＋10%)=22000(元)

即该企业的下期最佳现金持有量为22000元。

(五)随机模式

随机模式,也称米勒—欧尔模型(Miller-Orr Model),它是美国经济学家默顿·米勒(Merton Miller)和丹尼尔·奥尔(Daniel Orr)于1996年首次提出的,是在企业未来现金流量不规则、现金需求难以预测的情况下确定最佳现金持有量的一种方法。这种方法的基本原理是制定一个现金控制的区域,定出上限和下限。上限代表最高现金持有量,下限代表最低现金持有量,当现金持有量达到上限时,用现金购买有价证券,当现金持有量下降到下限时,变现有价证券,从而使现金持有量经常保持在上限和下限间,如图9-5所示。

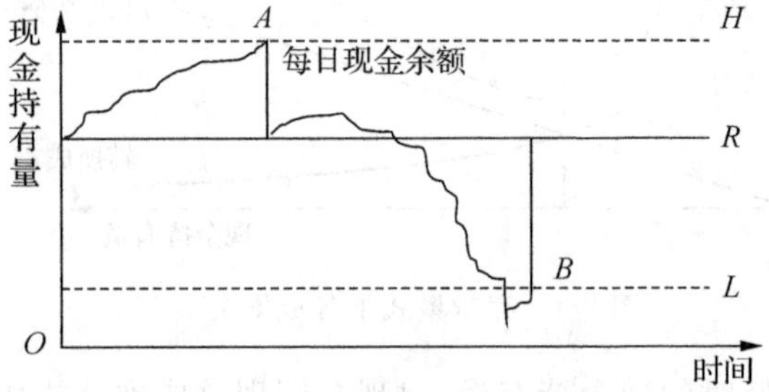

图9-5 现金管理随机模式示意图

在图9-5中,H为上限,L为下限,R为目标控制线,亦即最佳的现金持有量。当现金持有量升至A点时,购进$(A-R)$金额的有价证券,使现金持有量回落到R线上;当现金持有量降至B点时,卖出$(R-B)$金额的有价证券,使现金持有量回升到R线上。现金持有量在上、下限之间变化是合理的。现金控制线R的确定仍可根据使持有现金的机会成本和转换成本为最低的原理,并考虑现金持有量波动的标准差来确定。其计算公式如下:

$$R=\sqrt[3]{\frac{3b\sigma^2}{4i}}+L$$

式中:b表示变现成本;σ^2表示每日净现金流量方差;i代表有价证券的目标率。

最佳上限为

$$H=3R-2L$$

由于本模式中,现金流量是随机的,平均现金余额无法事先精确决定,但米勒估计平均现金余额计算如下:

$$平均现金余额=\frac{H+R}{3}$$

【例9-5】 某企业每日净现金流量的标准差为800元,有价证券的年利率为9%,每次转换的固定成本为1500元,每日最低现金需要量为500元。要求计算该企业现金最佳持有量、上限和平均余额。

解 $R=\sqrt[3]{\frac{3b\sigma^2}{4i}}+L=\sqrt[3]{\frac{3\times1500\times800^2}{4\times9\%}}+500=2500$(元)

$H=3R-2L=3\times2500-2\times500=6500$（元）

平均余额$=\dfrac{H+R}{3}=\dfrac{6500+2500}{3}=3000$（元）

企业的支出是随机的，收入也无法确切预知，尽管有事前的财务预算，但在实际工作中变化是经常的。因此，按随机模式测算出来的最佳现金持有量比较符合客观实际。当然，也由于随机模式是建立在企业现金未来需求总量和收入不可预测的前提下，因而计算出来的现金持有量比较保守。

三、现金预算管理

现金预算管理是现金管理的核心环节和方法。现金预算就是在企业长期发展战略的基础上，以现金管理的目标为指导，充分调查和分析各种现金收支影响因素，运用一定的方法合理估测企业未来一定时期的现金收支状况，并对预期差异采取相应对策的活动。现金预算可以月、周或日为基础来编制，也可覆盖几个月甚至一年。这主要根据企业生产经营特点与管理要求而定。

（一）现金预算的作用

企业现金持有量不足或过多，都说明现金管理不力，所以，对现金的流入和流出进行有效预测和管理，使现金持有量接近最优水平，就显得尤为重要。为了使企业能够实现并保持已确定的最佳现金持有量水平，需要对未来可能的现金收支数量和时间进行预测，编制现金预算。现金预算在现金管理上的作用表现在以下方面。

（1）可以揭示现金溢余或现金短缺的时期，使资金管理部门能够将暂时过剩的现金转入投资或在短缺时期来临之前安排筹资，以避免不必要的资金闲置或不足，减少机会成本。

（2）可以在实际收支实现以前了解经营计划的财务结果，预测未来财务期企业对到期债务的直接偿付能力。

（3）可以对其他财务计划提出改进建议。

企业应当持有一定的现金来预防可能出现的现金短缺，但又不能把过多的现金投放在这种非收益性的资产上。通过编制现金预算可以较为有效地预计未来现金流量，是现金收支动态管理的一种有效方法。

（二）现金预算的编制方法

现金预算的编制主要采用收支预算法，该方法是目前最为流行、应用最为广泛的现金预算编制方法。其基本原理是通过将预算期内可能发生的一切现金收支分类列入现金预算表内，从而确定收支差异并采取适当的财务对策。它具有直观、简便、便于控制等特点。

收支预算法编制现金预算的步骤如下：

（1）计算预算期内现金收入，即根据企业收入预算（包括销售收入预算、投资收入预算及其他收入预算）计算企业在预算期内所能获得的现金收入。

（2）计算预算期内现金支出，即根据企业现金支出计划（例如采购原材料、支付工资、支付管理费用、支付销售费用、支付利息、支付税金等）计算企业在预算期内的现金支出。

(3)计算现金短缺或溢余,估算企业在预算期内的现金余缺水平的公式如下:

$$\text{预算期内现金结余}=\text{预算期初现金余额}+\text{预算期内现金流入}-\text{预算期内现金流出}-\text{预算期末现金余额}$$

(4)现金融通,即根据计算出的期末现金结余情况进行短期投融资。如果现金不足,则提前安排筹资(比如向银行借款等),若现金溢余,则提前归还贷款或投资于有价证券,以增加收益。

【例 9-6】 使用收支预算法编制的新华公司的现金收支预算表如表 9-3 所示。

表 9-3 新华公司现金收支预算表 单位:万元

序号	现金收支项目	上月实际数	本月预算数
1	现金收入		
2	营业现金收入		
3	现销和当月应收款项的收回		1000
4	以前月份应收款项的收回		625
5	营业现金收入合计		1625
6	其他现金收入		
7	固定资产变价收入		120
8	利息收入		30
9	租金收入		105
10	股利收入		45
11	其他现金收入合计		300
12	现金收入合计(12=5+11)		1925
13	现金支出		
14	营业现金支出		
15	材料采购支出		800
16	当月支付的采购材料支出		480
17	本月付款的以前月份采购材料支出		320
18	工资支出		160
19	管理费用支出		128
20	销售费用支出		128
21	财务费用支出		64
22	营业现金支出合计		1280
23	其他现金支出		
24	固定资产投资支出		340
25	税款支出		85
26	利息支出		85
27	归还债务		100
28	股利支出		100
29	证券投资		130
30	其他现金支出合计		840
31	现金支出合计(31=22+30)		2120

续表

序号	现金收支项目	上月实际数	本月预算数
32	净现金流量		
33	现金收入合计减现金支出合计(33＝12－31)		－195
34	现金余缺		
35	期初现金余额		150
36	净现金流量		－195
37	期末现金余额		－45
38	最佳现金余额		180
39	现金溢余或短缺		－225

从表 9-3 中可以看出，新华公司预算期末发生了现金短缺，公司应当及时进行合理的短期资金筹措，防止由库存现金不足而导致的机会成本。

四、现金的日常控制

有效的现金管理方法包括加速收款和合理开支两个方面的内容。企业的现金流入与现金流出一般而言是很难预测的，为了应对这种不确定性可能带来的问题，企业往往需要保留比最佳现金持有量多的现金余额。为了尽量减少企业持有现金带来的成本增加和盈利减少，企业财务人员需要提高预测和管理能力，加速收款、合理开支，使现金流入和流出能够合理匹配，实现现金流动同步化的理想效果。

(一)加速收款

为了加速现金的周转，确保预算现金收入的实现，在赊销比例一定的情况下，企业应尽量缩短应收款项的回收时间。一般而言，企业应收账款的收回需要经过四个阶段，即客户开出付款票据、企业收到票据、票据交存银行、银行将款项划给企业。在这四个阶段中，都需要一定的时间，日常管理的重点是缩短前面两个阶段的时间，这两个阶段所需时间不仅与客户、企业、银行之间的距离有关，而且与收款的效率有关。在实际工作中，企业通常采取锁箱法和集中银行等方法来缩短这两个阶段所需的时间。

1. 锁箱法

锁箱法，又称邮政信箱法，是指通过在各主要客户所在地承租专门的邮政信箱，并开立分行存款账户，授权当地银行每日开启信箱，在取得客户支票后立即予以结算，并通过电汇再将货款拨给企业的方法。

采用锁箱法可以大大缩短企业办理收款的时间，因为这种方法不仅缩短了支票的邮寄时间，而且消除了企业处理支票所需的时间。但是，采用这种方法需要支付额外的费用。这种费用支出一般而言与存入支票张数成正比，所以，如果平均汇款数额较小，采用这种方法不一定有利。

2. 集中银行

集中银行是指通过制定集中银行、设立多个收款中心来加快现金回收的方法。在这种方法下,企业要指定一个主要开户银行(通常是总部的开户银行)为集中银行,并在收款额较集中的若干地区设立若干个收款中心,客户首先将款项交给较近的收款中心,然后由收款中心将款项交给集中银行。

集中银行的具体做法如下:(1)企业以服务地区和各销售地区的账单数量为依据,设立若干收款中心,并指定一个账户为集中银行。(2)企业通知客户将货款就近送到指定的收款中心办理款项结算手续。(3)收款中心将当天收到的货款存入当地银行,当地银行在进行票据交换后,立即将款项转给集中银行。

采用集中银行的优点是:(1)账单和货款邮寄时间可大大缩短。账单由收款中心寄发给该地区顾客,与由总部寄发相比,顾客能较早收到。顾客付款时,可到最近的收款中心办理,通常也较直接邮寄给企业所需时间短。(2)支票兑现的时间可以缩短。收款中心收到客户汇来的支票存入该地区的地方银行,而支票的付款银行通常也在该地区内,因而支票兑现较方便。

采用集中银行的缺点是:(1)每个收款中心的地方银行都要求有一定的补偿余额,而补偿余额是一种闲置的、不能使用的资金。开设的收款中心越多,补偿余额也越多,闲置资金也越多。(2)设立收款中心需要投入一定的人力和物力,费用较高。

(二)合理开支

企业在收款时,应尽量加快收款的速度,而在控制现金支出时,应尽量延缓现金支出的时间。企业现金支出的控制主要包括金额上的控制和时间上的控制。控制现金支出的方法有以下几种。

1. 采用零余额账户的方法控制现金的支出

采用此方法的前提条件是由银行提供一套账户系统。在这一系统下,由一个主支付账户为其他所有的子账户服务。每日终了,当所有转账支付票据都被结算完毕之后,特定的子账户就会出现负余额,此时,银行自动从主账户向这些特定子账户划拨足够的资金,使得子账户恢复零余额。

采用零余额账户的优点包括,加强了企业对现金支付的控制;减少了企业在地方银行账户上用于支付账款的超额现金;增加了现金的支付时滞。

2. 合理使用现金"浮游量"

所谓现金"浮游量",是指企业账户上现金余额与银行账户上所示的存款余额之间的差额。它是从企业开出支票,收款人收到支票存入银行将款项划出企业账户的这段时间内,企业可以利用的现金量。它是企业已经支出而银行尚未支出的未达账项。企业可以利用这个时间差,但必须控制好时间,防止发生透支。

3. 推迟支付应付账款

企业可以在不影响信誉的情况下,尽量推迟应付账款的支付时间。具体有如以下方法:

第一种,采用承兑汇票延迟付款。与普通支票不同的是,承兑汇票不是"见票即付"的票据。当它提交给开票方开户银行时,开户行还必须将它交给签发人(付款人)以获得承兑,然后,付款人将一笔相当于汇票金额的资金存入银行,这样就适当推迟了企业支付现金的时间。第二种,充分享受折扣期限,延迟付款。例如供货方提供的信用条件是"2/10,n/30",购货方则应该合理地选择在发票开出后的第10天付款,得到现金折扣。

4.调整工资支出模式

许多公司都在银行开有专门的支付工资的存款账户,该账户存款余额的多少,也会影响到公司的现金余额。为了减少这一账户的存款余额,公司不必在发放工资时一次就将所需支付的工资全部存入该账户,因为并不是所有的职工都在发放工资当天就到银行支取工资,公司应当预测发放工资后每天职工支取工资的数额和比例,分期分批地将这笔款项存入银行,这样既可以保证工资支付,又可以节约使用资金。

第三节　短期金融资产管理

短期金融资产是指能够随时变现并且持有时间不准备超过一年(含一年)的金融资产,包括股票、债券、基金等。短期金融资产由于易变现的特征而成为现金的替代品,因此,短期金融资产管理通常与现金管理密不可分。

一、短期金融资产管理的原则与内容

(一)短期金融资产管理的原则

短期金融资产管理是短期资产管理的一个重要方面。短期金融资产管理应当遵循的原则包括以下方面。

1.安全性、流动性与盈利性相均衡原则

持有短期金融资产的目的主要是使企业的现金持有形式多样化,要在确保安全、流动的基础上争取相对多的盈利。因此,应当综合考虑这三个方面,平衡处理,争取达到一个最佳平衡点。

2.分散投资原则

短期金融资产虽然持有的期限短,而且比较容易变现,但为了充分降低风险,还是应该遵循多样化的分散投资原则,把风险控制在可接受的范围内。

3.理智投资原则

持有短期金融资产的目标应该是安全与收益的最佳结合,所以投资时需要理智把握,不能过分追求盈利而忽视了最基本的安全。

(二)短期金融资产管理的内容

由于短期金融资产的内涵非常宽泛,既包含由银行发行的证券,又包含由企业或者政府发行的证券,既包含债权性质的证券,又包含股权性质的证券,因此,公司不仅要确定短期金融资产在全部短期资产以及总资产中所占的比例,还要合理确定短期金融资产的内部结构,即选择合适的短期金融工具,建立合适的投资组合。

短期金融资产管理与前面一章中介绍的证券投资有许多相似的地方,如投资对象、决策的基本方法等,本节主要讨论短期金融资产与其不同的方面。

二、短期金融资产的种类

最常见、最便捷的短期金融工具就是定期银行存款。但由于银行存款利率相对较低,而证券市场日益发达,这类金融资产在企业投资清单中所占的比例越来越小,多数企业更倾向于投资于一些报酬率更高的金融工具。

(一)短期国库券

短期国库券是指政府发行的、期限在1年以下的债券。短期国库券在西方被称为财政部账单,一般期限在1年以下,多为3个月或6个月,也有1年期的。由于有国家或其他级别政府部门的权威和信誉作担保,短期国库券一般具有风险低、收益不高的特点。

发行短期国债是世界各国政府筹资的普遍趋势,也为其他企业提供了较多的短期投资选择。西方发达国家短期国债一般占比达40%~50%。1994年我国财政部首次发行了半年期和1年期的短期国库券,但长期以来都是中期国债所占比重较高,短期国债和长期国债不足,而且我国国债市场绝大部分交易是在金融机构之间完成的,并没有成为企业投资工具的普遍选择。

(二)大额可转让定期存单

大额可转让定期存单亦称大额可转让存款证,是银行印发的一种定期存款凭证,凭证上印有一定的票面金额、存入和到期日以及利率,到期后可按票面金额和规定利率提取全部本利,逾期存款不计息。大额可转让定期存单可流通转让,自由买卖。大额可转让定期存单是一种固定面额、固定期限、可以转让的大额存款凭证。大额可转让存单的产生:为规避利率管制,花旗银行的前身First National City Bank于20世纪60年代初开始发行可转让定期存单,使商业银行的资金配置策略重心转向“负债管理”。

在我国,根据《中国人民银行关于大额可转让定期存单管理办法》的规定,大额可转让定期存单的发行单位限于各类银行。非银行金融机构不得发行大额可转让定期存单。大额可转让定期存单的发行对象为城乡个人和企业、事业单位。购买大额可转让定期存单的资金应为个人资金和企业、事业单位的自有资金。大额可转让存单可以转让,但不提前支取,也不分段计息,到期一次还本付息,不计逾期息。

大额可转让定期存单与定期存款存在较大的区别。第一,定期存款是记名不可转让的,存单通常是不记名和可以转让的。第二,定期存款金额不固定,大小不等,可能有零数,大额可转让定期存单金额则都是整数,按标准单位发行。第三,定期存款的利率一般是固定的,到期才能提取本金,大额可转让定期存单则有固定利率也有浮动利率,不得提前支取,但可在二级市场上转让。

(三)证券化资产

证券化资产是指实施了资产证券化(asset securitization)的资产。资产证券化是一种对(金融)资产所有权和收益权进行分离的金融创新,其基本流程是:发起人把证券化资产出售给一家特色信托机构 SPV(special purpose vehicle),或者由 SPV 主动购买可以证券化的资产,然后将这些资产汇集成资产池(asset pool),并以该资产池所产生的现金流量为支撑在金融市场上发行有价证券。为了提高资产支持证券的等级,SPV 常常会在发行之前聘请证券评级机构对资产支持证券进行信用评级,最后再由证券承销商把有资产支持的证券销售给投资者。

证券化资产在 20 世纪末取得了快速发展。由于证券化资产特殊的形成机制,发行人可以通过将众多风险较高的资产打包,并以此作为抵押发行证券化资产,有效处置多笔不良资产。

我国于 2005 年 12 月 1 日开始实施的《金融机构信贷资产证券化试点监督管理办法》为我国资产证券化提供了法律依据。根据有关规定,我国资产证券化的发起人一般为银行或资产管理公司(如信达、长城、华融与东方等资产管理公司)。

虽然证券化资产通常由信誉较好的投资银行或资产公司作为中介,通常具有较高的安全性,但是 2007 年全面爆发的美国次贷危机表明,在金融创新空前繁荣的现代市场,这种创新金融工具所隐藏的风险也是不容忽视的。

除了上述的各类短期金融资产以外,企业还可以用暂时闲置的资金投资于货币基金、商业票据、股票和债券,并在需要资金的时候再将这些短期金融资产出售变现。货币基金在第八章中已经进行了介绍,商业票据将在第十章中详细介绍,这里就不再赘述。

三、短期金融资产的投资组合决策

金融资产投资是一个充满风险的投资领域,由于风险的复杂性和多样性,投资者进行投资时必须防范风险。没有风险的投资是不存在的,而防范风险的最有效方法就是进行金融资产投资组合,以分散全部可以避免的风险。常用的金融资产投资组合方法主要有以下几种。

1.三分组合模式

比较流行的投资组合三分组合模式是:三分之一的资金存入银行以备不时之需;三分之一的资金投资于债券、股票等有价证券;三分之一资金投资于房地产等不动产。同样投资于金融资产的资金也要进行三分组合,即三分之一投资于风险较大的有发展前景的成长性股票;三分之一投资于安全性较高的债券、优先股或货币基金等金融资产;三分之一投资于中等风险的金融资产。

2.风险与报酬组合模式

风险与报酬组合模式是指按风险等级和报酬高低进行投资组合。金融资产的投资风险可以分为不同等级,收益也有高低之分。投资者可以测定出自己期望的投资报酬率和所能承担的风险程度,然后,在市场中选择相应风险和收益的金融资产作为投资组合。一般而言，在选择证券进行投资组合时，同等风险的金融资产，应尽可能选择报酬高的；同等报酬的金融资产，应尽可能选择风险较低的；并且要选择一些风险呈负相关的金融资产进行投资组合。

3. 多样化组合模式

多样化组合模式是指选择不同的行业、区域和市场的证券或金融资产作为投资组合。第一，尽可能选择足够数量的证券进行投资组合，这样可以分散大部分可分散风险。根据投资专家们的估算，在美国纽约证券市场上随机购买40种以上不同类型的证券，就可以分散大部分可分散风险。第二，选择证券的行业也应分散，不可集中投资于同一行业的证券。这是为了避免某个行业不景气，而使投资遭受重大损失。第三，选择证券的区域也应尽可能分散。这是为了避免因某个地区市场衰退而使投资者遭受重大损失。第四，将资金分散投资于不同的证券市场。这样可能防范同一证券市场的可分散风险。因为不同证券市场具有较大的独立性，即便在同一个国家，有时也可能一个市场强，一个市场弱。如在我国，深圳证券市场和上海证券市场有时就表现为一强一弱，同时在这两个证券市场上进行证券投资可以降低投资风险。

4. 期限搭配组合模式

期限搭配组合模式要求投资者根据未来的现金流量来安排各种不同投资期限的证券，进行长、中、短期相结合的投资组合。同时，投资者可以根据可用资金的期限来安排投资，长期不用的资金可以进行长期投资，以获取较大的投资收益；近期就可能要使用的资金，最好投资于风险较小、易于变现的金融资产。

第四节　应收账款管理

企业应收账款管理是企业营运资金管理的一个重要组成部分。应收账款从其产生来看主要有两个原因：一是企业销售和收款上的时间差，由于结算方式的原因而形成应收账款；二是企业为适应商业竞争的需要，在竞争机制的作用下，迫使企业以各种手段扩大销售，除了依靠产品质量、价格、售后服务、广告等之外，企业还可以实施赊销策略来扩大销售收入，从而形成应收账款。由竞争引起的应收账款是一种商业信用，是应收账款发生的主要原因。而应收账款是否正常，既反映了企业的销售状况，也反映了企业现金的收款能力和营运资金的周转利用水平。

一、应收账款的功能、管理目标和管理内容

(一)应收账款的功能

应收账款的功能是指应收账款在生产经营中的作用，主要包括以下两个方面。

1. 扩大销售的功能

企业销售产品时既可以采取现销，又可以采取赊销。显然，现销对销售方有利，赊销对

客户有利。在竞争激烈的市场经济条件下,促销已经成为企业普遍采取的经营策略。企业促销的手段虽然多种多样,但在银根偏紧、市场疲软、资金短缺的情况下,赊销的促销作用是十分明显的。它既可以使购买者及时得到自己需要的商品,又可以暂不付款,减轻自己的资金压力,因而对顾客具有很大的吸引力。特别是在企业销售新产品、开拓新市场时,赊销就具有更加重要的意义。

2. 减少存货的功能

由于赊销具有促销的功能,可以扩大产品的销售,降低库存商品数量,这有利于加速存货周转,降低存货的管理费用、仓储费用和保险费用等支出。因此,无论是季节性经营企业还是非季节性经营企业,当库存压力增大时,一般都会采用较优惠的条件进行赊销,把存货转化为应收账款,减少库存,节约支出,效果一般都不错。

(二)应收账款管理的目标

应收账款具有两面性:一方面,企业通过提供商业信用,采取赊销、分期收款等销售方式,可以扩大销售收入,增加利润;另一方面,较高的应收账款会导致较高的成本发生。同时较高的应收账款,表明有大量资金被占用,从而会影响企业资金的流动性和资金的利用效率。因此,应收账款的管理目标在于:通过应收账款管理扩大销售收入,提高市场竞争能力,同时尽可能降低在应收账款上的投资成本,并提高流动性。

(三)应收账款管理的内容

为了达到应收账款的管理目标,必须加强对应收账款的管理。应收账款管理主要可以从以下几个方面进行。

1. 确定信用政策

具体包括确定信用标准、信用期限、现金折扣和收账政策。

2. 收集信用资料

收集的信用资料一般来自于客户的财务报表、信用等级和信用报告、银行掌握的客户信用状况等。

3. 控制信用规模

根据客户的信用状况做出给予信用的决策,并确定其额度。

4. 实行信用监督

实行信用监督是根据给予客户的信用额度和信用期限,监督其履行情况。

二、应收账款的成本

持有应收账款是要付出一定的代价的,这种代价即是持有应收账款的成本。这种成本有些是实际发生的,有些却不是直接发生的机会成本。持有应收账款的成本主要包括机会成本、管理成本和坏账成本。

1. 机会成本

应收账款的机会成本是指因资金占用于应收账款而丧失投资于其他资产的机会，进而损失的投资收益。如投资于有价证券会有利息收入和股息收入。这一成本的大小通常与企业维持赊销业务所需要的资金数量（即应收账款占用资金）和资金成本有关。其计算公式为

$$\text{应收账款机会成本}=\frac{\text{年赊销收入}}{360}\times\text{应收账款平均收账期}\times\text{应收账款机会成本率}$$

从上述公式不难分析出，随着赊销业务的扩大，赊销收入增加越多，应收账款占用资金就越多，而应收账款的收账期（即周转期）越短，应收账款占用资金就越少。所以，提高应收账款的周转速度是减少应收账款机会成本的有效方法。

2. 管理成本

应收账款的管理成本是指企业为管理应收账款而相应发生的开支，包括从应收账款发生到收回期间所有与应收账款管理系统运行有关的费用。主要包括：

（1）调查客户信用状况的费用；

（2）收集信用信息、分析潜在客户信用状况的费用；

（3）应收账款账簿记录费用；

（4）应收账款收款及催收费用；

（5）其他费用。

管理成本一般相对稳定，在应收账款低于一定规模时，其成本是基本固定的，只有在应收账款的规模超过一定程度后，应收账款管理成本才会跳跃到一个新的水平，然后再转为此种固定状态。因此在决策分析中可以作为非相关成本，不列入决策考察范畴。

3. 坏账成本

应收账款的坏账成本是指企业持有的应收账款因故不能收回而造成的损失。这是企业持有应收账款的一种最大风险，不但不能取得收入和实现利润，而且连成本都不能收回。坏账成本的高低与客户的信用状况有直接关系，也同企业的管理水平相关。企业管理水平高，对客户信用状况的调查全面、仔细，对客户的监督和催收得力，则发生坏账损失的概率就低；反之，就高。坏账成本的测算一般是通过坏账损失率与赊销收入来计算的。即

$$\text{坏账成本}=\text{赊销收入}\times\text{平均坏账损失率}$$

三、信用政策的制定

信用政策是指企业在采用赊销方式时，为了对应收账款投资进行规划和控制确定的基本原则与行为规范。具体包括信用标准、信用条件和收账政策三个方面的内容。

（一）信用标准

信用标准是企业同意向客户提供商业信用而要求对方必须具备的最低条件，通常以预计坏账损失率作为判别标准。严格的信用标准，即只允许那些不付款可能性极小的客户暂不付款，将会减少销售收入，从而减少扣除信用成本前的利润；同时，严格的信用标准将减少赊销规模，减少在应收账款上的资金占用，从而降低机会成本；由于只对不付款可能性极小

的客户予以赊销，将有利于降低坏账成本；由于信用成本减少，将会有利于增加扣除信用成本的利润。反之，宽松的信用标准，即允许那些不付款可能性较大的客户暂不付款，将会有利于扩大销售收入，因而将会增加扣除信用成本前的利润；同时，宽松的信用标准将扩大赊销规模，增加在应收账款上的资金占用，从而增加机会成本；由于也对不付款可能性较大的客户予以赊销，将会增加坏账成本；由于信用成本增加，将会减少扣除信用成本后的利润。

因此，信用标准的确定应在权衡收益和成本的基础上做出决策。

【例 9-7】 红星公司当前信用政策下的经营情况如表 9-4 所示。

表 9-4　红星公司当期的信用政策内容表

项目	数据
S_0 ：销售收入	200 万元
P'：销售利润率	20%
$\overline{C_0}$：平均收账期	45 天
$\overline{B_0}$：平均坏账损失率	6%
R_0：应收账款占用资金的机会成本率	15%

该公司现拟调整信用标准，有 A、B 两个方案：

A 方案拟将信用标准提高到 8%，预计销售将减少 20 万元，减少的销售的平均收账期为 90 天，其余的销售收账期将为 40 天，减少的销售的平均坏账损失率为 8.7%，其余的销售的坏账损失率降低到 5.8%。

B 方案拟将信用标准降低到 15%，预计销售将增加 40 万元，增加的销售的平均收账期为 90 天，其余的销售收账期不变，增加的销售的平均坏账损失率为 14%，其余的销售的坏账损失率不变。

试为红星公司做出信用标准调整决策。

解　若假定：ΔS_A 表示 A 方案变动的销售收入；ΔS_B 表示 B 方案变动的销售收入；I_A 表示 A 方案的机会成本；I_B 表示 B 方案的机会成本；K_A 表示 A 方案的坏账成本；K_B 表示 B 方案的坏账成本；E_A 表示 A 方案的净收益；E_B 表示 B 方案的净收益。

以下对 A、B 两种方案的信用标准应用“总量法”计算各自可能产生的净收益金额，并在比较二者净收益的基础上进行决策。

(1)计算 A 方案的相关指标。

第一步，计算销售利润：

$$P_A=(S_0+\Delta S_A)\times P'=(200-20)\times 20\%=36(\text{万元})$$

第二步，计算应收账款的机会成本：

$$I_A=(S_0+\Delta S_A)\times\frac{\overline{C_A}}{360}\times R_0=(200-20)\times\frac{40}{360}\times 15\%=3(\text{万元})$$

第三步，计算应收账款的坏账成本：

$$K_A=(S_0+\Delta S_A)\times\overline{A}=(200-20)\times 5.8\%=10.44\ (\text{万元})$$

第四步，计算净收益：

$$E_A=P_A-I_A-K_A=36-3-10.44=22.56\text{（万元）}$$

(2)计算B方案的相关指标。

第一步，计算销售利润：

$$P_B=(S_0+\Delta S_B)\times P'=(200+40)\times 20\%=48\text{(万元)}$$

第二步，计算应收账款的机会成本：

$$I_B=(S_0+\Delta S_B)\times\frac{\overline{C_B}}{360}\times R_0=\left(200\times\frac{45}{360}+40\times\frac{90}{360}\right)\times 15\%=5.25\text{(万元)}$$

第三步，计算应收账款的坏账成本：

$$K_B=(S_0+\Delta S_B)\times\overline{B}=200\times 6\%+40\times 14\%=17.6\text{(万元)}$$

第四步，计算净收益：

$$E_B=P_B-I_B-K_B=48-5.25-17.6=25.15\text{（万元）}$$

(3)比较决策

以上计算过程表明，采用B方案较宽松的信用标准，能使红星公司获得较多的净收益，因此，应当采用方案B。

此外，常用的决策方法还有“增量法”，即通过比较不同信用政策所产生的增量收益来得出结论。在这种方法下，通常需要测算如下几个项目的变化情况。(1)信用标准变化对销售利润的影响；(2)应收账款机会成本的变化；(3)坏账成本的变化；(4)管理成本的变化。这里不再赘述。

(二)信用条件

信用条件是指企业接受客户信用订单时所提出的付款要求，主要包括信用期限、折扣期限和现金折扣等。

1. 信用期限

信用期限是指企业允许客户从购货到支付货款的时间间隔。通常，延长信用期限，可以在一定程度上扩大销售量；但不适当地延长信用期限，会给企业带来不良后果。过长的信用期限可能会给企业带来以下问题：其一，会使应收账款的平均收账期延长，占用在应收账款上的资金也会相应增加，这样会增加应收账款的机会成本；其二，会增加企业的坏账损失和收账费用，因为赊销的时间越长，发生坏账的可能性就越大，收回账款的费用也会相应增加。

2. 折扣期限

为了缩短客户的实际付款时间，加速资金的周转，同时减少坏账损失，企业常常可以给客户提供一个享受折扣的时间期限，这个期限称之为折扣期限。

3. 现金折扣

企业的客户在折扣期限内付款，则可以享受按销售货款的一定比率减少款项支付，该比率称之为现金折扣。

信用条件的一般形式如“1/10，n/30”，表示若客户在10天内付款，可以享受1%的现金折扣；若客户放弃现金折扣，则必须在30天内全额付款。在此，30天为信用期限，10天为折扣期限，1%为现金折扣百分比。然而，实际工作中，也有很多企业不提供现金折扣，其信用条件的形式如"net 35"或"n/35"，表示客户必须在35天内全额付款，提前付款也没有任何折扣。

企业究竟应当核定多长的现金折扣期限，以及给予顾客多大程度的现金折扣优惠，必须将信用期限及加速收款所得到的收益与付出的现金折扣成本结合起来考察。信用条件的选择与信用标准的选择相似，即比较不同的信用条件的销售收入及相关成本，最后计算出各自的净收益，并选择净收益最大的信用条件。

【例9-8】 新华公司采用赊销方式销售甲产品，该产品的单位售价为20元，销售利润率为25%。目前企业采用的信用条件为"n/45"，产品的年销售量为10万件，应收账款的平均收账期为45天，坏账损失率为2%。为了增加销售，同时加速应收账款的回收，企业拟向客户提供的信用条件为"2/10，n/30"。估计采用这一新的信用条件后，销售量将增加20%，有60%的客户将在折扣期内付款，其余40%的客户则会在信用期限内付款，坏账损失率将降为1%。另外，假设该企业的资金成本为20%，企业的生产能力和市场容量均可满足销售增长的需要。试为该企业确定应采用何种信用条件。

解　(1)计算目前信用条件下的相关指标

第一步，计算销售利润：

$$P_0=S_0\times P'=10\times 20\times 25\%=50\text{(万元)}$$

第二步，计算应收账款的机会成本：

$$I_0=S_0\times\frac{\overline{C_0}}{360}\times R_0=20\times 10\times\frac{45}{360}\times 20\%=5\text{(万元)}$$

第三步，计算应收账款的坏账成本：

$$K_0=S_0\times\overline{B_0}=20\times 10\times 2\%=4\text{ (万元)}$$

第四步，计算现金折扣成本(用 D_0 表示)：

$$D_0=0$$

第五步，计算净收益：

$$E_0=P_0-I_0-K_0-D_0=50-5-4-0=41\text{ (万元)}$$

(2)计算变化信用条件下的相关指标

第一步，计算销售利润：

$$P_{变}=S_{变}\times P'=10\times 20\times(1+20\%)\times 25\%=60\text{(万元)}$$

第二步，计算应收账款的机会成本：

$$I_{变}=S_{变}\times\frac{\overline{C_{变}}}{360}\times R_{变}$$

$$=20\times 10\times(1+20\%)\times(60\%\times\frac{10}{360}+40\%\times\frac{30}{360})\times 20\%$$

$$=2.4\text{ (万元)}$$

第三步，计算应收账款的坏账成本：

$$K_{变}=S_{变}\times\overline{B_{变}}=20\times 10\times(1+20\%)\times 1\%=2.4\text{ (万元)}$$

第四步，计算现金折扣成本：

$$D_{变}=S_{变}\times d_{变}$$

$$=20\times 10\times(1+20\%)\times 60\%\times 2\%$$

=2.88(万元)

第五步,计算净收益:

$$E_{变}=P_{变}-I_{变}-K_{变}-D_{变}=60-2.4-2.4-2.88=52.32\ (万元)$$

(3)比较决策

通过计算可知,新的信用条件可使企业获得的净收益高于现有的信用条件下的净收益,所以应采用新的信用条件。

(三)收账政策

收账政策是指客户超过信用期限而仍未付款时,企业采取的收账措施。企业如果采取积极的收账政策,就会减少应收账款的坏账损失,但会增加收账成本;反之,如果收账不力,虽然可以减少收账费用,却会增加坏账损失。企业可以选择的收账方式主要有:(1)定期向客户寄发账单;(2)由训练有素的催款员用电话与客户联系;(3)寄发催款纸质或电子邮件,信中说明客户拖欠货款的时间与金额,并要求付款;(4)派员上门催款;(5)对随后的发货采用预收货款方式;(6)停止发货直到客户还清大部分或全部货款为止;(7)委托收账机构催收账款;(8)向恶意拖欠的客户提起法律诉讼。

无论采取何种方式进行催收账款,都需要付出一定的代价,即产生收账费用。一般而言,收账费用支出越多,坏账损失越少,但这两者并不一定存在线性关系。通常情况是:(1)开始花费一些收账费用,应收账款和坏账损失没有明显的减少;(2)收账费用继续增加,应收账款和坏账损失将快速减少;(3)收账费用达到某一限度后,应收账款和坏账损失的减少就不再明显了,这个限度称为饱和点(见图 9-6 中的点 F)。在制定收账政策时,应权衡增加收账费用与减少应收账款机会成本和坏账损失之间的利弊。

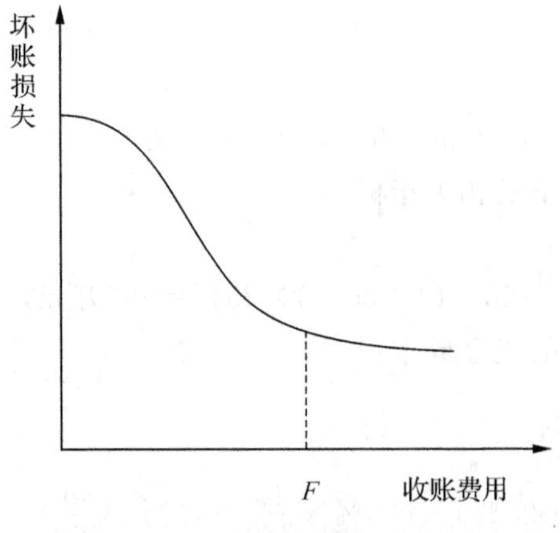

图 9-6 收账费用与坏账损失间的关系图

【例 9-9】假设新光公司应收账款有两个收账政策可供选择,具体政策内容如表 9-5 所示。

表 9-5 新光公司收账政策备选方案表

项目	A 方案	B 方案
年收账费用	6 万元	10 万元
平均收账期	60 天	30 天
坏账损失率	3%	2%

该公司当年的赊销收入为 480 万元,收账政策对销售收入的影响忽略不计。该企业应收账款的机会成本率为 20%。现根据以上资料进行计算,如表 9-6 所示。

表 9-6 新光公司收账政策分析评价表

项目	A 方案	B 方案
应收账款平均余额	480×60÷360=80(万元)	480×30÷360=40(万元)
应收账款的机会成本	80×20%=16(万元)	40×20%=8(万元)
应收账款的坏账成本	480×3%=14.4(万元)	480×2%=9.6(万元)
年收账费用	6 万元	10 万元
收账总成本	116.4 万元	67.6 万元

计算结果表明,B 方案的收账政策相关总成本低于 A 方案的收账政策相关总成本,因此,应该采用 B 方案的收账政策。

要制定最优的信用政策,应该将信用标准、信用条件和收账政策结合起来考虑,考察其综合变化对销售额、应收账款机会成本、坏账成本和收账成本的影响,决策的原则仍是赊销的总收益应大于因赊销带来的总成本。综合决策的计算相对复杂,计算中的几个变量都是预计的,有相当大的不确定性。因此,信用政策的制定并不能仅仅只靠数量分析,在很大程度上要凭管理者的经验来判断决策。

四、应收账款的日常控制

应收账款是企业对外提供商业信用的结果,其中往往存在着巨大的风险。前面介绍的信用政策的制定,是从决策层面上加强应收账款管理的方法,但仅此是不够的,还必须加强其日常管理,采用有效的方法和措施进行日常分析、控制,以便及时发现问题、解决问题。应收账款日常管理的方法和措施主要包括应收账款的追踪分析、账龄分析、收现保证率分析,以及根据有关会计准则建立应收账款坏账准备金制度,开展应收账款保理业务等。

(一)应收账款追踪分析

一般而言,客户赊销了产品,能否按期偿还货款主要取决于客户的信用品质、客户的财务状况和客户是否可以实现该产品的价值转换或增值等因素。其中,客户信用品质和财务状况这两个因素尽管在企业同意赊销之前就已进行过分析,但是不能因此忽略对它的关注,在赊销之后,仍然应进行追踪分析,因为这两个因素是有可能随时发生变化的。当发现客户的这两个因素有发生变化的可能性时,企业应采取果断的措施,尽快地收回应收账款,哪怕只能暂时收回部分应收账款也在所不惜。第三个因素,对客户能否及时支付应收账款也具有重大的影响。如果客户可以实现该产品的价值转换,尤其是可以实现该产品的价值增值,那么客户就会愿意及时付款。一方面是由于客户此时有付款的能力,另一方面是由于其希望建立良好的信誉,为以后的交易打下基础。从这个意义上说,应收账款问题并不仅仅是交易双方的问题,常常会涉及第三方。在商品的流通过程中,有一个环节出了问题,将可能会导致一系列的信用危机。所以,在进行应收账款的追踪分析时应时刻关注客户及其交易关联方情况的变化,以便及时做出决策。当然,企业不可能也没有必要对全部的应收账款都进行追踪分析。企业应该将主要精力集中于交易金额大、交易次数频繁或信用品质有疑问的客户。

(二)应收账款账龄分析

应收账款的账龄分析是指未收回的应收账款从其产生日起到目前为止的全部时间。企业已发生的应收账款的账龄有长有短,性质也有差异,有的尚处在信用期内,有的已逾期。企业进行应收账款账龄分析的重点是已逾期拖欠的应收账款。

一般而言,应收账款被拖久的时间越长,催收的难度就越大,转化为坏账的可能性也就越高。美国邓白氏公司(Dun &Bradstreet Corp.)的一份调查数据显示,应收账款预期的时间越长,则追账的成功率就越低。当逾期时间为一个月时,追账成功率为 93.8%;当逾期半年时,成功率急降至 57.8%;而当逾期两年左右时,成功率只能达到 13.5%。所以,开展应收账款账龄分析,将应收账款按账龄分类,密切关注应收账款的回收情况,适时地采取相应的对策和措施是加强应收账款日常管理的重要环节。

【例 9-10】 星宇公司应收账款规模及账龄结构如表 9-7 所示。

表 9-7　星宇公司应收账款账龄分析表

应收账款账龄	金额(万元)	百分比(%)
信用期内	1200	60
超过信用期 1～20 天	400	20
超过信用期 21～40 天	200	10
超过信用期 41～60 天	100	5
超过信用期 61～100 天	80	4
超过信用期 101 天以上	20	1
应收账款合计	2000	100

利用账龄分析分析表,可以了解到星宇公司的以下情况:

(1)尚在信用期内的应收账款额度。星宇公司有价值 1200 万元的应收账款处在信用期内,占全部应收账款的 60%。这些款项未到偿付期,欠款是正常的;但到期后能否收回,还有待再定。故及时监督仍是必要的。

(2)超过信用期的欠款额度,超过期限不同的应收账款比例,因拖欠时间太久而可能成为坏账的应收账款的额度。星宇公司有价值 800 万元的应收账款已超过了信用期,占全部应收账款的 40%。不过,其中拖欠时间较短的(20 天内)有 400 万元,占全部应收账款的 20%,这部分应收账款收回的可能性很大;拖欠时间较长的(21～100 天)有 380 万元,占应收账款的 19%,这部分款项收回有一定难度;拖欠时间很长的(101 天以上)有 20 万元,占全部应收账款的 1%,这部分款项有可能成为坏账。对不同拖欠时间的款项,企业应采取不同的收账方法,制定出经济、可行的收账政策;对可能发生的坏账损失,则应提前做好准备,充分估计这一因素对损益的影响。

对企业应收账款的账龄进行分析以后,如果发现逾期的应收账款比重较大,首先应分析产生这种情况的原因,如果属于企业信用政策的问题,应立即进行信用政策的调整;其次,应具体分析拖欠客户的情况,分辨这些客户发生拖欠的原因;再次,针对不同的情况采取不同的收账方法,制定出经济可行的收账方案。同时,对尚未逾期的应收账款也不应放松管理和账龄分析,防止发生新的逾期拖欠。

(三)应收账款收现保证率分析

应收账款收现保证率是指在一定会计期间内必须收现的应收账款占全部应收账款的比重。所谓必须收现的应收账款是指在一定会计期间内,为了保证企业正常的现金流转,特别是满足具有刚性约束的纳税及偿付不能展期的到期债务的需要,而必须通过应收账款收现来补充的现金,其数值等于当期必要现金支付总额与当期其他稳定可靠的现金流入总额之间的差额。即

必须收现的应收账款＝当期必要现金支付总额－当期其他稳定可靠的现金流入总额

应收账款收现保证率＝必须收现的应收账款÷全部应收账款

其中:当期其他稳定可靠的现金流入总额是指从应收账款的收现以外,可以取得的其他稳定可靠的现金流入数额,主要包括短期有价证券变现净额、可动用的银行贷款指标等。

企业当期现金支付需要量与当期应收账款之间存在着密切的关系,企业的应收账款的回收是企业现金的主要来源,但是应收账款的收现期却往往不稳定,它与现金的需要时间也往往不一致。所以,必须确定一个应收账款收现的最低标准,以保证企业的现金需要。应收账款收现保证率的设置能较好地满足这种需要。

(四)建立应收账款坏账准备制度

只要有应收账款就有发生坏账的可能性。按照会计权责发生制和谨慎性原则的要求,必须对坏账发生的可能性进行预先估计,并计提相应的坏账准备金。坏账准备金的计提比例与应收账款的余额和账龄存在着密切的关系。应收账款坏账准备金的具体计提比例可以由企业根据自己的实际情况和以往的经验加以确定。

【例 9-11】根据例 9-10 中的资料,星宇公司已制定的应收账款坏账准备金提取比例如表 9-8 所示。

表 9-8 星宇公司应收账款坏账准备金计提表

应收账款账龄	金额(万元)	计提比例(%)	计提金额(万元)
信用期内	1200	5	60
超过信用期 1～20 天	400	10	40
超过信用期 21～40 天	200	15	30
超过信用期 41～60 天	100	20	20
超过信用期 61～100 天	80	30	24
超过信用期 101 天以上	20	50	10
应收账款合计	2000	—	184

(五)开展应收账款保理业务

应收账款保理业务是指企业把赊销而形成的应收账款有条件地转让给银行,银行为企业提供资金,并负责管理、催收应收账款和坏账担保等业务,企业可借此收回账款,加快资金周转。保理业务是一种集融资、结算、账务管理和风险担保于一体的综合性服务业务,对于销售企业而言,它能使供应企业免除应收账款管理的麻烦,提高应收账款的周转率。但保理业务在我国起步较晚,相关法律法规还不够健全,由此途径收回的应收账款的代价也较高,因此,目前此类业务的开展还不够普遍。

第五节　存货管理

存货指企业在生产经营过程中为生产或销售而储备的物资,包括在产品、半成品、产成品等。存货管理在整个投资决策中居于举足轻重的地位。这是因为存货是联系产品的生产和销售的重要环节,存货控制或管理效率直接反映并决定着企业收益、风险、流动性的综合水平。而对大多数企业而言,存货在营运资金中往往占有较大的比重,因此,它是企业营运资金管理的重要部分。

一、存货的功能和管理内容

(一)存货的功能

存货的功能是指存货在企业生存经营过程中所具有的作用。存货主要有以下几个方面的功能。

1. 均衡生产经营

企业主要是通过产品或商品的不断流转而获得利润的。如果这种流转过程不顺畅、不连续,那么就会给企业造成经济损失。对于生产企业而言,如果原材料存货不足,就必然会造成生产中断,停工待料;对于商业企业而言,如果商品库存不足,就必然会失去销售良机。

而对于生产或销售具有季节性的企业而言，持有一定数量的存货就具有更加重要的意义。虽然随着自动化程度的提高，有些企业正在推行适时制，提出了零库存管理的管理措施，但从目前的情况看，要真正做到这点并非易事。

2. 降低存货成本

企业采购时，其进货的总成本与其采购物资的单位售价及采购的次数有密切的关系。许多企业为了鼓励客户购买其产品，往往给购货方提供较优厚的商业折扣，即当客户的采购量达到一定的数量时，便可以在价格上给予相应的数量折扣。所以，企业往往会考虑以适当增加库存为代价来较大批量地集中进货，这样就可以降低单位商品的买价。同时，由于采购总量一定，采购批量较大时，采购次数就会减少，从而还可以降低采购费用。

3. 保证销售顺畅

企业的产品一般是成批生产、成批销售的，对于客户而言，也有一个经济采购批量的问题，所以，企业保持一定的产成品库存是有利于销售的。否则，当碰到客户的大订单需求量时，就可能会丧失商机。进行存货管理，就是要尽力在各种存货成本与存货效益之间做出权衡，达到两者的最佳组合。

4. 防止意外损失

企业留有各种存货的保险储备，可以防止意外事件造成的损失。在采购、运输、生产和销售过程中，都可能发生意外事故，保持必要的存货保险储备，可避免或减少损失。

(二)存货的管理内容

存货管理的内容主要包括：

(1)合理确定存货的经济批量，降低相关成本。

(2)明确存货管理目标，加强存货的保险储备和再订货点控制。

(3)加强存货的日常控制与监督，充分发挥存货的作用。

二、存货的成本

存货是企业必不可少的短期资产，但并非持有存货越多越好，因为储备存货是有代价的。存货发生的成本、费用主要包括订货成本、采购成本、储存成本和缺货成本。

1. 订货成本

订货成本是指企业在组织货源过程中支付的费用。一般包括采购部门的日常经营费用(如采购人员的工资、入库搬运费和水电费等支出)和专门为订购存货发生的业务费用(如差旅费、邮电资等支出)。订货成本中有些是固定的，有些会随着订货次数的变化而变化，即订货次数越多，其订货成本越大。

2. 采购成本

采购成本，也称购买成本，是指存货本身的价值，包括存货采购过程中付出的代价，如存货的运费、保险费、途中合理损耗等。采购成本的多少取决于企业在一定时期内需要的数量和单价。在单价不随订购数量变动时，年采购成本在各种存货持有水平下是一致的。此时，采购成本的多少与存货持有水平无关。

3.储存成本

储存成本是企业为持有存货而发生的费用，包括存货资金占用费或机会成本、仓储费用、保险费用、存货残损霉变损失等。储存成本中有些是固定的，与存货水平高低无关，即固定性储存成本；有些则与存货持有水平有关，并随着存储时间的变化而变化，即变动性储存成本。

4.缺货成本

缺货成本是因存货供应中断而给企业造成的损失，包括由于材料供应中断造成的停工损失、复工时的生产准备费用、成品供应中断导致延误发货的信誉损失及丧失销售机会的损失等；如果企业为完成订单任务而不得不采取紧急采购来解决原材料，超过正常采购支出的部分也是一种损失。

缺货成本能否作为决策的相关成本，应视企业是否允许出现存货短缺的情形而定。若允许缺货，则缺货成本便与存货数量反向相关，即属于决策相关成本；反之，若企业不允许发生缺货情形，则此时缺货成本为零，也就无须加以考虑。

三、存货经济批量决策

存货的经济订货批量是指能够使企业在一定时期内存货的总成本最低的每批采购数量。由于在存货的订货成本、采购成本、储存成本和缺货成本中，有些是固定性的成本，有些是变动性的成本，其中固定性成本不受每批采购数量的多少影响，因此，只有变动性成本才是与经济订货批量决策有关的成本。与经济订货批量决策相关的成本主要包括变动性订货成本、变动性采购成本、变动性储存成本以及允许缺货时的缺货成本。以下针对基本经济批量模型和经济批量模型扩展的订货提前期及存货陆续供应和使用三种情况进行介绍。

(一)基本经济批量模型

基本经济订货批量是基于以下这些假设条件建立的：(1)存货的提前期为零；(2)每批订货一次到货；(3)供应周期内陆续均衡的耗用；(4)存货单位采购成本不变；(5)不允许缺货，即不存在缺货成本；(6)存货总需要量能准确地预测；(7)企业现金充足，不会因为现金短缺而影响进货。

一方面不存在缺货成本；另一方面由于存货的单位采购成本不变，也就是存货采购不管多与少，没有折扣，所以，采购成本也可以不考虑。这样，在影响存货的四项成本中，只需要考虑剩下的成本。因此，基本模型中经济批量是指一定时期订货成本和储存成本总和最低的每批采购数量。

从基本经济批量模型假设可知，订货成本和储存成本的高低决定着存货经济批量的多少，而储存成本和订货成本与订货量之间具有相反的变动关系。订货批量越大，企业储存的存货就越多，这会使存货储存成本上升；与此同时，由于订货次数减少，总订货成本将会降低。反之，降低订货批量能够降低储存成本，但由于订货次数增加，订货成本将会上升。图9-7说明了存货成本与订货量之间的关系。可见，随着订货批量的变化，存货的总成本也在发生变化，当订货成本等于储存成本的时候，存货总成本达到最低，此时的订货批量也就是经济订货批量。

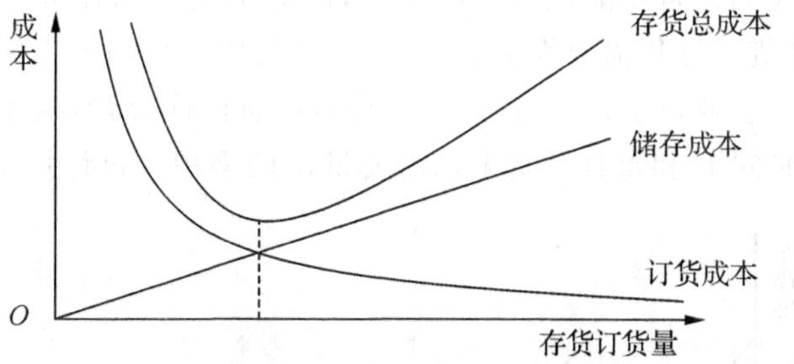

图 9-7　存货成本与订货量之间的关系

假定，Q 表示每批订货量（经济批量）；A 表示该存货全年需要量；F 表示每批订货成本；C 表示每单位存货年储存成本；TC 表示每年与决策相关的存货总成本；N 表示进货次数，则

$$\mathrm{TC}=\frac{Q}{2}\times C+\frac{A}{Q}\times F$$

使存货决策总成本 TC 最小的订货批量即为经济订货批量。求 T 对 Q 的倒数，可以得到经济订货批量计算公式：

$$Q=\sqrt{\frac{2A\cdot F}{C}}$$

存货决策总成本计算公式为

$$\mathrm{TC}=\sqrt{2A\cdot F\cdot C}$$

每年最佳订货次数计算公式为

$$N=\frac{A}{Q}$$

【例 9-12】 某企业每年耗用甲材料 3600 千克，该材料单位采购成本为 10 元，单位年储存成本为 2 元，每次订货费用为 25 元，要求确定其经济订货批量、经济批量下的总成本、年最佳订货次数。

解　经济订货批量为

$$Q=\sqrt{\frac{2A\cdot F}{C}}=\sqrt{\frac{2\times 3600\times 25}{2}}=300\ (\text{千克})$$

存货总成本为

$$\mathrm{TC}=\sqrt{2A\cdot F\cdot C}=\sqrt{2\times 3600\times 25\times 2}=600\ (\text{元})$$

每年最佳订货次数为

$$N=\frac{A}{Q}=\frac{3600}{300}=12\ (\text{次})$$

以上计算表明，当进货批量为 300 千克时，进货成本与储存成本总额最低，此时，每次采购 300 千克的量，即为经济批量。

(二)订货提前期

一般情况下，企业的存货不能做到随时补充，因此不能等到存货用完再去订货，而需要在没有用完时提前订货。订货需要提前期，即从发出订单到货物入库验收完毕为止的时间。在提前订货的情况下，企业再次发出订货单时，尚有存货的库存量，这个量称为再订货点，用 R 表示，它等于交货时间 L 和每日存货平均需要量 d 的乘积。再订货点如图 9-8 所示。

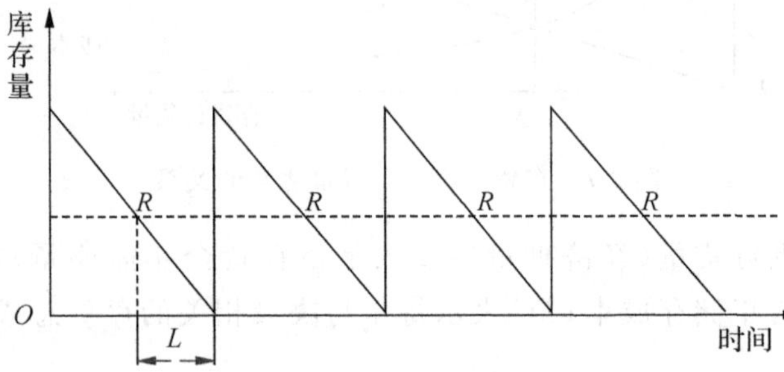

图 9-8 再订货点示意图

再订货点的计算公式为

$$R=L\times d$$

【例 9-13】 某公司每天正常耗用甲材料 20 件，企业从订货至到货的时间一般为 10 天，则再订货点为

$$R=L\times d=20\times 10=200(\text{件})$$

即企业在尚存 200 件存货时，就应当再次订货，等到下批订货到达时(再次发出订货单 10 天后)，原有库存刚好用完。此时，有关每次订货批量、订货次数、订货间隔时间等并无变化，仍然可以按照原经济订货批量进行采购。

(三)存货陆续供应和使用

在建立基本模型时，是假设所订货物一次全部入库，故存货增加时存量变化为一条垂直的直线。事实上，各批存货可能陆续入库，使存量陆续增加，尤其是产成品入库和在产成品的转移，几乎总是陆续供应和陆续耗用的，在这种情况下，需要对基本模型做一些修改。

假设每批订货量为 Q，由于每日送货量为 P，故该批货全部送到所需日数为 Q/P，称之为送货期，假定存货每日耗用量为 d，送货期内的全部耗用量为 $\frac{Q}{P}\times d$。由于货物边进库边消耗，所以当每批送达完毕时，存在如下库存量：

$$\text{最高库存量}=Q-\frac{Q}{P}\times d$$

$$\text{最低库存量}=\frac{1}{2}\times\left(Q-\frac{Q}{P}\times d\right)=\frac{Q}{2}\times\left(1-\frac{d}{P}\right)$$

与批量有关的存货决策总成本为

$$TC=\frac{A}{Q}\times F+\frac{Q}{2}\times\left(1-\frac{d}{P}\right)\times C$$

在订货变动成本与储存变动成本相等时，TC为最小值，故存货陆续供应和使用的经济订货批量公式为

$$Q=\sqrt{\frac{2A\times F}{C}\times\left(\frac{P}{P-d}\right)}$$

将这一公式代入上述存货决策总成本式中，可得出存货陆续供应和使用的经济订货批量总成本公式为

$$\mathrm{TC}=\sqrt{2A\times F\times C\times\left(1-\frac{d}{P}\right)}$$

四、存货的日常控制管理

存货控制是指在日常生产经营过程中，按照存货计划的要求，对存货的使用和周转情况进行的组织、调节和监督。

(一)存货的归口分级控制

存货的归口分级控制是加强存货日常管理的一种重要方法。这一管理方法包括如下三项内容。

1. 在企业管理层领导下，财务部门对存货资金实行统一管理

企业必须加强对存货资金的集中、统一管理，促进供、产、销互相协调，实行资金上的综合平衡，加快资金周转的速度。财务部门的统一管理主要包括如下几个方面工作：

(1)根据国家财务制度和企业具体情况，制定企业资金管理的各种制度。

(2)认真测算各种资金占用数额，汇总编制存货资金计划。

(3)把有关计划指标进行分解，落实到有关单位和个人。

(4)对各单位的资金使用情况进行检查和分析，统一考核资金的使用情况。

2. 实行资金的归口管理

根据使用资金和管理资金相结合、物资管理和资金管理相结合的原则，每项资金由哪个部门使用，就归哪个部门管理。各项资金归口管理的分工为

(1)原材料、燃料、包装物等资金归供应部门管理；

(2)在产品和自制半成品占用的资金归生产部门管理；

(3)产成品资金归销售部门管理；

(4)工具用具占用的资金归工具部门管理；

(5)修理用备件占用的资金归设备动力部门管理。

3. 实行资金的分级管理

各归口的管理部门要根据具体情况将资金计划指标进行分解，分配给所属单位和个人，层层落实，实行分级管理。具体分解过程为

(1)原材料资金计划指标可分配给供应计划、材料采购、仓库保管、整理准备各业务组管理；

(2)在产品资金计划指标可分配给各车间、半成品库管理；

(3)成品资金计划指标可分配给销售、仓库保管、成品发运各业务组管理。

(二)ABC 分类控制法

ABC 分类控制法又称巴雷托分析法或重点管理法。它是根据存货有关方面的特征,进行分类、排队,分清重点和一般,以有区别地实施管理的一种方法。ABC 分类控制法由意大利数理经济学家、社会学家维尔雷多·巴雷托首创。后来在 1951 年,管理学家戴克将其应用于库存管理,定名为 ABC 分析。ABC 分类控制法的基本原理可概括为“区别主次、分类管理”。它是将企业各种存货按重要性程度分为 A、B、C 三类(或更多),区别对待,分别实行按品种重点管理,按类别一般控制和按总额灵活掌握的方法进行控制。其关键在于区别重要的少数和次要的多数。

ABC 分类控制法的基本步骤是如下。

1. 编制品种序列表

品种序列表是按存货金额或耗用额的大小从大到小排列而编制的表格。由于存货品种很多,逐一排列可能非常麻烦,为此也可以将存货按照存货金额进行适当分层后,再按照金额大小从大到小进行排列。

【例 9-14】 河源公司存货分层后编制品种序列表,具体见表 9-9。

表 9-9　河源公司存货品种序列表

分层范围(万元)	品种数量	品种比例	金额(万元)	金额比例
≥10	15	3%	470	47%
5≤·<10	25	5%	180	18%
1≤·<5	80	16%	220	22%
0.5≤·<1	100	20%	80	8%
0.1≤·<0.5	150	30%	40	4%
<0.1 万	130	26%	10	1%
合计	500	100%	1000	100%

2. 划分 A、B、C 三类

进行存货分类的标准有两个,即金额标准和数量标准。其中金额标准是主要的,数量标准作为参考。

A 类存货的特点是金额巨大,但品种数量较少;B 类存货的特点是金额一般,但品种数量相对较多;C 类存货的特点是金额较少,但品种数量繁多。一般而言,A、B、C 三类存货的金额比例大致为 7∶2∶1,品种数量比例大致为 1∶2∶7。

在品种序列表中自上而下一次找出 A、B、C 三类物资,其划分标准如表 9-10 所示。

表 9-10　ABC 类控制法的分类标准

类别	品种比例	金额比例
A	5%～10%	70%～75%
B	10%～20%	10%～20%
C	70%～75%	5%～10%

如例 9-14 中河源公司把存货金额在 5 万元(不含)以上的作为 A 类存货,则品种比例为 8%,金额比例为 65%,基本上符合 A 类存货的特征,故将其作为 A 类存货;然后再向下找 B 类存货,如果把金额为 1 万～5 万元的存货作为 B 类存货,则品种比例为 16%,金额比例为 22%;基本上符合 B 类存货的特征,故将存货额为 1 万～5 万元的存货作为 B 类存货;其余的即为 C 类物资。所以 ABC 分类表见表 9-11。

表 9-11　河源公司 A、B、C 三类存货划分表

类别	品种	品种比例	金额比例
A	金额在 5 万元(不含)以上的存货	8%	65%
B	金额为 1～5 万元的存货	16%	22%
C	金额在 1 万元(不含)以下的存货	76%	13%

3. 确定管理标准

A 类存货应作为管理的重点。在订货批量上应严格按照经济订货量组织订货;核算上要按品种做金额和数量记录,存货检查上要经常检查其库存数量,要根据再订货点及时组织订货。C 类存货采取宽松的管理,无须逐项计算其经济订货量和再订货点,可增大每次订货量,减少订货次数,因为此类存货即使存货量多一些,对保持存货的成本影响也不大;在检查上可以采取定期检查的方式;核算上可以按大类做金额记录。B 类存货可以一般对待,有的可以宽松一些,有的可以严格一些。

(三)适时存货控制

适时制 JIT(just in time)管理思想认为企业的经营活动不应该由前一生产工序将在制品生产出来,去主观地推动下一工序的活动,而应当是由后一工序为了本工序自身的需要来拉动前一工序的生产。在现代社会,科学计算日新月异,市场需求千变万化,大批量、连续式的生产方式越来越不能适应新的技术经济条件,适时制管理思想应运而生。适时制管理思想在企业生产组织、存货控制等方面都可以加以运用,形成适时生产系统。适时制以小批量、订单式生产代替了传统的大批量、连续式的生产方式。适时制存货控制主张实施零存货(zero inventory)。传统观点认为持有一定的存货可以平衡生产准备成本和储存成本;可以随时满足客户的需要,按时交货;可以避免生产的中断、设备的闲置;能获取数量折扣的利益;避免原材料价格上扬的损失。适时制存货控制却认为存货大量占用企业的资源,如现金、人力、空间,并隐藏了生产效率低下的问题,因而不主张以存货解决生产准备成本与储存成本平衡等问题,提出了存货平衡问题的协调。

1. 生产准备成本与储存成本平衡问题的协调

传统存货管理允许生产准备成本的存在，但在JIT存货控制下却不允许其存在，其方法是可以与供应商签订长期合约，供应商根据合约及时供应企业所需材料，这样可以消除订货成本（准确地说是将订货成本最大限度地予以压缩，以至于可以将其忽略不计），另一方面，采用JIT存货控制的企业往往是自动化程度极高的企业，可通过电脑辅助设计完成产品的设计、电脑辅助工程系统完成对产品设计的测试、电脑自动化控制完成设备的调试，从而使生产准备成本大大降低。例如美国的Harley-Davidson公司采用了JIT存货控制以后，将机器设备的调试准备时间降低了75%。

2. 交货日期的解决方法

传统方式下为了保证及时交货而设置存货。JIT存货控制的做法则是，为一个客户加工的产品不可能满足其他客户的需要，因为现代社会需求不仅瞬息万变，而且千差万别，所以，事先生产出产品，然后等待客户购买，是愚蠢地守株待兔。对于已有订单而言，也不必早早地把产品生产出来等待取货，而应尽量缩短前置时间，力求做到在客户取货时完成发运货物前的各项准备工作。

前置时间是指产品自开工生产到产品完成交货准备的时间，其构成可用下式表示：

前置时间＝加工时间＋检验时间＋运输时间＋等待时间

运输时间是指产品或零件自某项作业（或部门）转移至另一作业（或部门）所花费的时间。等待时间是指零件或产品抵达另一作业（或部门）而等待再加工所花费的时间。

储存时间是指原材料、在产品或产成品储存以等待出售或运交顾客的时间。JIT存货控制认为，在前置时间中，只有加工时间是可以增加价值的时间，其余的检验时间、运输时间、等待时间都不能增加产品的价值，有的甚至是浪费价值。许多公司加工时间占前置时间的比例不到10%，亦即若前置时间为一个月（22个工作日），实际加工时间可能仅为两天，其余大部分是检验时间、运输时间、等待时间及储存时间，因此压缩前置时间具有极大的余地，将不增加价值的时间予以消除或压缩，也缩短前置时间，减少存货，降低成本。

3. 避免停工的方法

传统的存货管理认为持有存货可以避免停工造成的损失。JIT存货控制则认为存货不能解决这些问题，只是掩盖这些问题。若将湖中的岩石比喻为问题，而湖水就相当于存货，如果湖水很深，则岩石被深埋在水中无法露出水面，因而不易被发现，但并不等于不存在岩石。同样，当存货很多时，即使机器出现故障、原材料不良或运输出现问题，可以不影响对下一环节的供应，因而问题不易被外部发现，管理人员可以聊以自慰，甚至对问题视而不见。但在零存货的情况下，一旦机器出现故障、原材料不良或运输出现问题，将直接影响对下一环节的供应，问题马上会被外部发现。在JIT存货控制下，通过全面防护性维护杜绝设备故障、全面质量控制杜绝劣质材料或产品进入企业或下一环节、建立与供应商的稳固关系和推行看板管理确保材料或产品的及时供应。

全面预防性维护（total preventive maintenance）的主要目标是避免设备故障的发生。在JIT生产系统下实现机器设备的零故障并非天方夜谭，因为在JIT生产系统下重视工人的各种培训，使其足以有能力维护其操作的机器。同时，在JIT生产系统下，以需求带动生产，因此工人有足够的时间去维护操作的机器。全面质量控制主要解决所购材料或产品品种的质量。在JIT系统下十分重视自制或外购材料的品质。

4. 折扣与涨价问题的解决方法

传统存货管理认为持有存货可以获得数量折扣、减少涨价带来的损失。JIT存货控制解决这些问题的方法是挑选较为邻近的供应商，与其谈判并签订长期合约，与供应商保持紧密的关系，选择供应商时不以价格为主要依据，而以零件或材料的品质、如期交货的能力、随时供应的承诺为准绳。由于与供应商有稳定、长期的购销关系，一方面，采购价格也可能是较为优惠的，同时由于所供货物的品质与价格均在合约上加以规定，同样可以减少材料价格上扬的损失。

课后思考

1. 简要说明营运资金的概念、特点和管理原则。
2. 请介绍资产组合的含义、策略类型及不同策略的影响。
3. 企业持有现金的动机有哪些？企业现金管理的内容又包括哪些？
4. 在企业中进行日常现金控制有哪些方法？
5. 企业持有短期金融资产的管理原则是什么？并说明其投资策略有哪些选择。
6. 请简要介绍应收账款的功能、成本和管理目标。
7. 请说明应收账款政策的内容，及其决策的方法。
8. 请介绍应收账款日常控制的方法。
9. 请说明存货的功能、成本和管理目标，以及存货日常控制的基本内容。
10. 请简述存货经济批量的确定方法。

案例讨论

家乐福的存货管理

在我国制造业的存货管理中，尚存在着许多有待解决的问题。但同时大型流通零售企业在近年的发展中都形成了很好的存货管理经验，例如沃尔玛、家乐福等国际零售企业在发展中形成了良好的存货控制、仓储管理、信息管理的系统。这些经验为我国制造业存货管理提供了良好的借鉴。存货管理分为需求估算、购料订货、仓储作业以及账务处理四个阶段，本研究就从上述这四个阶段出发，结合零售业家乐福的做法进行具体阐述。

一、需求估算阶段

第一个环节是计划环节(plan)。预先周全的计划，可以防止各种可能的缺失，也可以使人力、设备、资金、时机等各项资源得到有效、充分的运用，又可以规避各类可能的风险。制订一个良好的库存计划可以减少公司不良库存的产生，又能最大效率地保证生产的顺利进行。

(一)家乐福的库存计划模式

在库存商品的管理模式上，家乐福实行品类管理(category management)，优化商品结构。一个商品进入之后，会有POS机实时收集库存、销售等数据，进行统一的汇总和分析，根据汇总分析的结果对库存的商品进行分类。然后，根据不同的商品分类拟订相应适合的库存计划模式，对于各类型的不同商品，根据分类制订不同的订货公式的参数。根据安全库存量的方法，当可得到的仓库存储水平下降到确定的安全库存量或以下的时候，该系统就会启动自动订货程序。

(二)从家乐福获得的启示

1. 运用 ABC 法对存货分类管理

运用 ABC 分类法对所有存货进行分类。家乐福根据流量大、移动快速，流量适中，以及流量低、转移速度慢三种情况把存货分为 A、B 和 C 三类。这就有助于管理部门为每一个分类的品种确立集中的存货战略。

2. 根据品类管理制订不同的库存计划模式

大致而言，存货的管理模式有 7 种模式：A/R 法(订单直接展开法)、复仓法、安全存量法、定时定购法、定量定购法、MRP 法(用料需求规划法)以及适时法。在同一个企业中，同时可以存在两种甚至两种以上的库存计划模式，这取决于存货的类型和企业的管理制度。现假设一家制造企业的存货已经按照 ABC 分类的概念并结合自身的情况进行了品种分类，分别为 A 类存货、B 类存货和 C 类存货。A 类的特性为流量大、移动快速，在企业存货中最为重要，对其就会采取严密的管理方式和预测准确的库存计划，即使预测的成本较高，也要尽可能使无效库存数为零，可以采用 MRP 法管理模式。B 类的特征为流量适中的存货，为仅次于 A 类的重要存货品种，对其采用中度管理的方式，原则上同时容许少量风险的无效库存的存在。可以采取安全存量的管理方式。C 类的特征为流量低或转移缓慢，相对重要性也较低，管理方式采用宽松的管制即可，简化仓储出库、入库手续。管理模式是复仓法。

二、购料订货阶段

计划层面的下一个层面即为实施层面(do)，也就是购料订货阶段。在选用合理的存货管理模式后，就根据需求估算的结果来实施订货的动作，以确保购入的货物能够按时、按量到达，保证生产或销售的顺利进行。

(一)家乐福的购料订货模式

在家乐福有一个特有的部门——OP(order pool)，也就是订货部门。它是整个家乐福的物流系统核心，控制了整个企业的物流运转。在家乐福，采购与订货是分开的。由专门的采购部门选择供应商，议定合约和订购价格。OP 则负责对仓库库存量的控制，生成正常订单与临时订单，保证所有的订单发送给供应商，同时进行库存异动的分析。作为一个核心控制部门，它的控制动作将它的资料传递到其他各个部门。对于仓储部门，它控制实际的和系统中所显示的库存量，并控制存货的异动情况；对于财务部门，它提供相关的入账资料和信息；对于各个营业部门，它提供存量信息给各个部门，提醒各部门根据销售情况及时更改订货参数，或增加临时订量。

(二)从家乐福获得的启示

1. 在公司内部形成一个控制中心

在公司内部形成一个类似 OP 的专门的控制部门，以它为中心，成射线状对企业其他各个部门形成控制，为财务提供资料，同时对各个营运部门形成互动的联系。即“牵一发而动全身”。在制造企业的内部，我们同样需要一个得力的控制中心的存在。

2. 明确各个部门的职责

在订货这个流程中，如果各个部门的职责没有分清的话，订货的效率会显著降低，或者说订货出错的概率会增加。在制造业中，我们需要让采购、仓库、财务、生产各个部门的职责明白清晰，这样，存货管理的效率才能够提高。

3. 优化进货流程

比较家乐福的订货流程，可以拟出制造业的一个进货流程如下：首先，电脑根据订货公式，计算订单；第二，由业务员人工审核确认后，由计算机输出，发给供应商；第三，供应商凭借计算机订单及订单号送货；第四，收货员下载订单到收货终端，持收货终端验收商品（严格控制未订货商品，未订货商品无法收货）；第五，上传终端数据至电脑系统，生成电脑验收单（超出订货数量的商品作为赠品验收或退还供应商）；第六，将电脑验收单加盖收货章后交给供应商作为结算凭证；最后，每日查验《超期未到货订单汇总表》，确保供应商准时送货。通过上述流程，可以达到优化进货流程的目的。

三、仓储作业阶段

（一）家乐福的仓储作业

家乐福的做法是将仓库、财务、OP、营业部门的功能和供应商的数据整合在一起。从统一的视角来考虑订货、收货、销售过程中的各种影响因素。因此，看家乐福仓储作业的管理就必须结合它的OP、财务、营业部门来看，这是一个严密的有机体。仓库在每日的收货、发货之外会根据每日存货异动的资料，将存量的数据传输给OP部门，OP则根据累计和新传输的资料生成各类分析报表。同时，家乐福已逐步以周期盘点（cycle count）代替传统一年两次的“实地盘点”。在实行了周期盘点后，家乐福发现，最大的功效是节省一定的人力、物力、财力，没有必要在两次实地盘点的时候大规模地兴师动众了。同时，盘点的效率得到了提高。

（二）从家乐福所获得的启示

1. 加强仓库的控制作用

根据“战略储存”的观念，仓库在单纯的存储功能以外还有更重要的管理控制的功能。第一，加强成品管理，有效维护库存各存货的品质与数量。第二，强化料账管理，依据永续盘存的会计理念进行登账管理。第三，要及时提供库存信息情报。要具备稽核功能、统计功能，以料、账和盘点的数据为基准，制订出有关信息报表。第四，注重呆废料管理。通过制订呆废料分析表，利用检查及分析等手段使仓库中的呆废料凸显出来，并及早活用，最大限度地减少损失。

2. 推行周期盘点

家乐福以周期盘点代替一年两次实地盘点的做法在一定程度上也是值得制造业企业学习的。周期盘点以一个月或几星期为一个周期，根据品类管理对存货的分类，同样也对所储存的存货进行盘点周期的分类。每一次盘点若干个储位或料项，根据盘点的结果进行调整，并生成周期盘点的相关报表。采用周期盘点可以达到缩短盘点周期、及早发现“人”的问题以及仓储中存在的问题。但周期盘点的实施需要企业财务、采购、仓库各个部门有更强的控制能力和相互间联系反应的能力。

四、账务管理阶段

账务管理是存货管理循环的最后一个环节，同时也是下一个循环的开始。账务管理包含两部分的内容：一是指仓储管理人员的收发料账；另一部分则是财务部门的材料账，对于这两类账的日常登记、定期的检查汇总，称为存货的账务管理。账务管理最主要的目标是保证料、账准确，真实反映库存存货的情况。

（一）家乐福的账务管理

家乐福的做法是从整体的角度出发，考虑仓库、财务、采购各个部门的职责和功能，减少不必要的流程，最大限度地提高效率和减少工作周期。在家乐福，账务管理的基本结构包括三个部分：一是库存管制，由仓管制订；二是异动管理，由OP部门负责入库、出库、存货增减情况的登录；三是库存信息，包括库存量查询在内，OP提供有关管理需求的账面报表，财务提供有关财务需求的报表。

（二）从家乐福所获得的启示

1. 利用计算机构建财务的结算流程

流程管理无处不在，无处不需。上面提到的进货流程是商品进出结算流程中的一环。同理，管理系统应具有一个完善的结算流程，即生成订单、依照订单验收商品并制验收单、依照验收单生成日期并电脑计算出应结算日期、供应商交结算对账单、财务人员录入供应商结算单并在电脑系统中完成自动对账、在结算日计算机做结算并由财务人员开支票。在存货管理中账务阶段的最后就要以计算机作为流程管制的要点，环环相扣，让计算机真正成为管理过程的控制工具，从而保证料、账管理的有效。

2. 财务人员参加周期盘点

周期盘点可以是仓库人员自动自发地进行，但这样的话，周期盘点就完全成了一个部门的内部作业了。在家乐福，盘点的计划由OP部门制订和控制，由财务部门组织，与仓管部门共同负责实施。每一次的周盘都与大盘一样，必须有财务人员到场。由财务人员来组织并参加周期盘点，一方面可以监督周期盘点的正确实施，维持盘点结果的准确性；另一方面也可以在部门与部门之间形成相互牵制、相互监督的关系。

（资料来源：MBA智库·百科 http://wiki.mbalib.com）

讨论问题

（1）结合案例说明存货管理在营运资金管理中的作用。

（2）查阅资料了解家乐福同业企业沃尔玛公司的库存管理模式。

（3）从家乐福存货管理的案例中有哪些具体的管理方法启示？

（4）我国零售行业的库存管理该如何改进？

（5）了解世界上先进的存货管理技术的发展过程如何。

第十章　短期筹资管理

学习目标

- 理解短期筹资的概念、特征及分类。
- 理解筹资组合的概念及组合的策略。
- 理解商业信用筹资的特征及筹资优缺点，掌握其资金成本的计算。
- 了解短期贷款筹资的种类、程序及其决策因素，掌握短期借款筹资的优缺点。
- 了解短期融资券的概念、特点及其发展历程，熟悉短期融资券的种类，掌握短期融资券筹资的优缺点。

引导案例

雨润食品短融债危机解除

2015年雨润的董事长被监视后，一度大规模扩张的雨润便一步步滑入了债务危机的漩涡里，并最终爆发了债务危机。面对危局，雨润试图通过转让股权寻求救赎，可连“卖身”都屡遭不顺，不过所幸困扰着南京雨润食品的短期融资债务危机终于在数月后得到化解。

2016年3月17日，雨润食品曾发布公告称，该公司发行的2015年度第一期短期融资券(简称15雨润CP001)应于2016年3月17日兑付本息。截至到期兑付日日终，公司未能按照约定筹措足额偿债资金，15雨润CP001不能按期足额偿付，已构成实质性违约。

据记者了解，本期短融规模为5亿元，期限为1年，利率为6.45%，到期应偿还的本息为53225万元，而在此前的3月9日，南京雨润就发布公告称，对于15雨润CP001兑付存在不确定性。

3月15日，新世纪评级也将南京雨润食品的主体信用等级由BB直接下调为CCC，并列入负面观察名单，将15雨润CP001的债项信用等级由B级下调为C级。

对于15雨润CP001发生的实质性违约，南京雨润食品于3月17日表示，公司目前正通过多途径努力筹措偿债资金，并积极通过外部渠道筹措资金等方式，力争尽快完成15雨润CP001本息资金的兑付，以及努力保障后续债务融资工具到期偿付。

然而，仅仅在宣布发生实质性违约4天之后，南京雨润食品就在3月21日宣布，公司确定于3月21日兑付15雨润CP001全部应付利息和部分应付本金，共计约2.52亿元人民币。据记者了解,当时本金5亿元只兑付了45%。

随后3月30日,南京雨润食品通过上海清算所发布公告称,经过公司经积极努力筹措资金,定于2016年3月31日兑付剩余应付本金2.8亿元。随着余下的2.8亿元本金全部兑付,这也就意味着15雨润CP001短期融资债务本息得以全部兑付。

(资料来源:每日经济网 http://www.dayjjw.cn/)

思考:企业短期负债融资的风险如何?企业是否能随意发行短期融资券?

第一节　筹资组合政策

企业除了需要长期资金外,还需要流动资金。企业的流动资金主要是通过各种形式的短期筹资来满足。

一、短期筹资的特征和分类

短期筹资是指筹集在一年内或者超过一年的一个营业周期内到期的资金,通常是指短期负债筹资,即流动负债。

(一)短期筹资的特征

短期筹资通常具有如下特征。

1. 筹资速度快

由于短期筹资的期限较短,债权人承担的风险相对较小,往往顾虑较少,不需要像长期筹资一样对筹资方进行全面、复杂的财务调查,因此短期资金更容易较快地筹集到。

2. 筹资弹性大

在筹集长期资金时,资金提供者出于资金安全方面的考虑通常会向筹资方提出较多的限制性条款或相关约束条件。短期筹资的相关限制和约束相对较少,而且不同期限的筹资更加便捷,使得筹资方在资金的使用和配置上显得更加灵活,富有弹性。

3. 筹资成本低

当筹资期限较短时,债权人所承担的利率风险相对较小,因此向筹资方索取的报酬,即债务人的资金使用成本也相对较低。

4. 筹资风险高

短期筹资通常需要在短期内偿还,因而要求筹资方在短期内拿出足够的资金偿还债务,这对筹资方的资金营运和配置提出了较高的要求。如果筹资企业的资金到期时不能及时偿还,就有陷入资金链断裂危机的可能。此外,短期负债利率通常波动较大,无法在较长时期内将筹资成本锁定在某个较低的水平,也就有可能高于长期负债的利率水平。因此,短期筹资的风险较高。

(二)短期筹资的分类

按不同标准可将短期筹资分为不同类型，其最常见的分类方式有以下几种。

1. 按应付金额是否确定分

按应付金额是否确定，可分为应付金额确定的短期负债和应付金额不确定的短期负债。

应付金额确定的短期负债，是指根据合同或法律规定到期必须偿还，并且在事先(借入时或偿还前)可以确定金额的短期负债，如短期借款、应付票据、应付账款等。

应付金额不确定的短期负债，是指根据公司生产经营状况到一定时期才能确定的短期负债或应付金额需要估计的短期负债，如应缴所得税、应付股利等。这种负债往往事先很难精准地确定偿还的金额。

2. 按短期负债形成情况分

按短期负债形成情况，可分为自然性短期负债和临时性短期负债。

自然性短期负债，又称自发性短期负债，是指企业在生产经营过程中不需要正式安排，由于结算程序等原因而自然形成一部分款项的支付时间晚于形成时间的流动负债，如应付账款、应付票据、应付职工薪酬等。

临时性短期负债，又称人为性短期负债，是指财务人员根据企业生产经营的需求做出真实安排才能获得的流动负债，如短期借款、短期融资券等。

二、影响企业筹资组合政策的因素

在确定资产组合的前提下，如何使用相关的资金去配套，是营运资金管理的又一项重要内容。筹资组合政策是指企业在筹资政策决策中，公司的资金结构适应其资产的寿命周期，将不同期限资产用短期筹资和长期筹资分别来满足的策略。影响企业筹资组合政策的因素主要包括风险和成本、企业所处的行业、企业的规模和市场利率水平等因素。

1. 风险和成本

一般而言，长期资金的利率高，相应的资金成本高，由于资金到期时间较长(如权益资金无须归还)，其财务风险相对较低；短期资金的利率低，其资金成本较低，但资金到期时间短，财务风险相对较高。因此，筹资组合实质上是对风险与成本的权衡。

2. 企业所处的行业

企业所处的行业不同，生产经营的性质和范围不同，其资产的期限构成也有着较大的差异。因此，企业在决策筹资组合时，要考虑本行业应用临时性短期负债和自然性短期负债的不同水平。如商品流通企业的自然性短期负债较多，临时性短期负债较少；而制造业虽然也有较多的自然性短期负债筹资，但当其处于产销旺季或者取得追加订单时，将使用更多的临时性短期负债。

3. 企业的规模

企业资产规模不同也将影响企业的筹资组合政策。一般而言，企业的规模越大对短期资金的需求就越少，而且管理比较规范，能够更多地使用自然性短期负债和长期筹资，但会较少地利用风险较高的临时性短期负债。与此不同的是，小规模企业的规模小、管理水平较低，可能在采购过程中较难利用商业信用筹资，使得其自然性短期负债较少，遇到产销高峰时，需要更多地利用临时性短期负债。

4. 市场利率差异

企业的筹资组合政策选择要考虑到市场利率差异的大小。具体而言是要考察长期资金利率水平与短期资金利率水平的差距。当两者之间差距较大时，应尽可能地选择短期资本，此时可能提高企业的经营风险，但只要加强资金合理调度，提高管理水平，是可以降低风险的；如果两者之间差距不大，则可以适当增加长期资金，当然，资产的利用效率还要提高，以降低总体成本。

三、筹资组合政策的类型

企业的筹资组合也就是对临时性短期资产、永久性短期资产和长期资产的来源进行管理。通常，有配合型筹资政策、激进型筹资政策和稳健型筹资政策三种可供公司选择的政策。

(一)配合型筹资政策

配合型筹资政策是将临时性短期资产所需资金用临时性短期负债来筹集，永久性短期资产和长期资产所需资金用自然性短期负债和长期筹资来满足(见图 10-1)。在配合型筹资政策下，公司将资产和资金来源在期限和数额上相匹配，以实现降低公司不能偿还到期债务的风险，同时，采用较多的短期负债筹资也可以降低公司的资金成本。

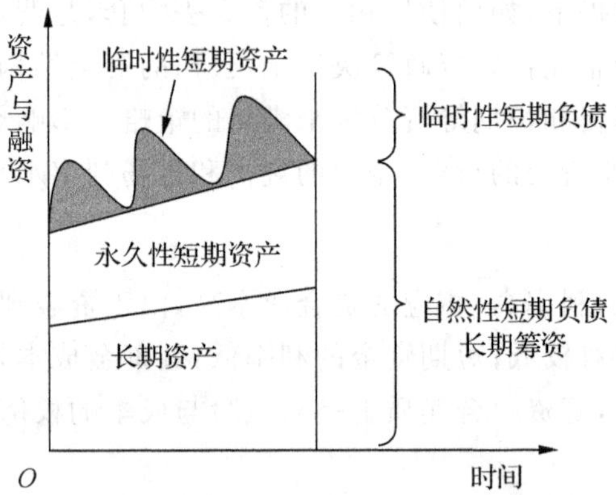

图 10-1 配合型筹资组合示意图

配合型筹资政策可用以下关系式表示资产和筹资之间的相互关系：

临时性短期资产＝临时性短期负债

永久性短期资产＋长期资产＝自然性短期负债＋长期筹资

在配合型筹资政策下，只要公司短期筹资计划严密，实现现金流动与预期安排一致，则在经营不力时，公司仅有自然性短期负债，没有其他短期负债；而在经营较好时，公司才筹措临时性短期负债。

但是公司在经营活动中，由于现金流动和各类资产使用寿命的不确定性，往往做不到资产与负债的完全配合。在公司的生产经营较好时，一旦公司的销售和经营下滑，未能取得预期的现金收入，便会发生难以偿还临时性负债的情况。因此，配合型筹资政策是一种理想的筹资模式，而在实际财务管理工作中较难实现。

（二）激进型筹资政策

激进型筹资政策中临时性短期负债不但要满足临时性短期资产的需要，还要满足一部分永久性短期资产的需要。最为激进的措施是将全部短期资产都用临时性短期负债来筹集（见图 10-2）。

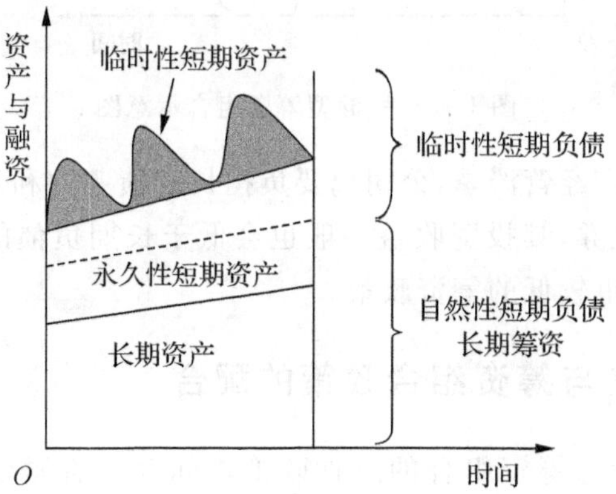

图 10-2 激进型筹资组合示意图

激进型筹资政策可用以下关系式表示资产和筹资之间的相互关系：

临时性短期资产＋部分永久性短期资产＝临时性短期负债

剩余部分永久性短期资产＋长期资产＝自然性短期负债＋长期筹资

临时性短期负债的资金成本相对于长期筹资的长期债务和股权资本而言一般较低，而激进型筹资政策中临时性短期负债占较大比重，使得公司的资金成本低于配合型筹资政策。另一方面，公司为了满足永久性短期资产对长期且稳定的资金的需要，必然要在临时性短期负债到期后借入新债或申请债务展期，将不断地举债和还债，加大了公司的财务风险水平。因此，激进型筹资政策是一种报酬高、风险大的筹资组合。

（三）稳健型筹资政策

稳健型筹资政策是指临时性短期负债只满足部分临时性短期资产的需要，其他短期资产和长期资产，用自然性短期负债、长期筹资来满足（见图 10-3）。

稳健型筹资政策可用以下关系式表示资产和筹资之间的相互关系：

部分临时性短期资产＝临时性短期负债

剩余部分临时性短期资产＋永久性短期资产＋长期资产＝自然性短期负债＋长期筹资

在稳健型筹资政策下，临时性短期负债在公司的全部资金来源中所占比例较小，公司保留有较多的营运资金，可降低公司无法偿还到期债务的风险，同时，蒙受短期利率变动损失的风险也比较小。但降低风险的同时也降低了公司的报酬，因为长期筹资的长期负债和股权资本在公司的资金来源中占有较大的比重，并且长期筹资的资金成本高于临时性短期负

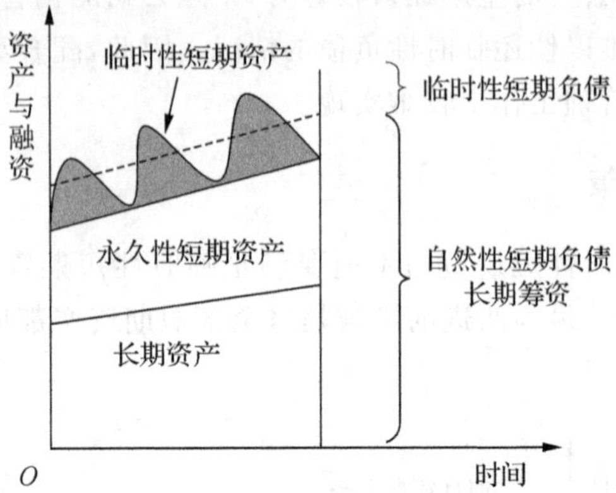

图 10-3　稳健型筹资组合示意图

债的资金成本，而且在生产经营淡季，公司仍要负担长期债务的利息成本。即使将过剩的长期资金投资于短期有价证券，其投资收益一般也会低于长期负债的利息。所以稳健型筹资政策是一种风险低、报酬也较低的筹资政策。

四、资产组合政策与筹资组合政策的配合

资产组合的三种政策与筹资组合的三种政策之间存在着紧密的联系，相互协调配合。当公司采用某种资产组合政策时，要求公司选择与之相适应的筹资组合，形成一个完整的资金运转体系。具体如图 10-4 所示。

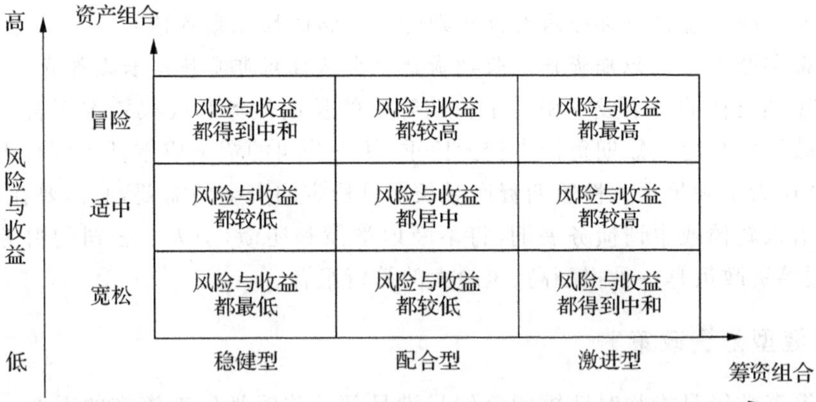

图 10-4　资产组合政策和筹资组合政策的配合效应

一般而言，如果公司对营运资金的使用能游刃有余，则有利的筹资组合就是采用收益和风险相匹配的配合型筹资组合。

第二节　商业信用筹资

商业信用是指在商品交易过程中以延期付款或预收货款进行购销活动而形成的企业之间的自然借贷关系，即在商品交易中，由于货币与商品在时间和空间上的分离而形成的企业之间的直接信用行为，属于自然融资。当今商品经济高度发达，市场竞争日趋激烈，商业信用得到了广泛的发展，并成为企业普遍运用的筹资手段。商业信用主要有赊购商品和预收货款两种形式。

一、赊购商品

赊购商品是一种最典型、最常见的商业信用形式。在此种形式下，买卖双方发生商品交易，买方收到商品后不立即支付现金，而是延迟到一定时期以后付款。根据交易时是否签发商业票据，可分为应付账款和应付票据两种具体形式。

(一)应付账款

应付账款是指在采购商品物资时先收到商品物资，货款延期到双方约定的时间支付。卖方为了尽快收回货款，往往在交易时规定信用条件，即规定信用期限、现金折扣及折扣期限。如“2/10，n/30”。应付账款信用按信用条件可分为无成本信用、放弃折扣信用和展期信用。

1. 无成本信用

无成本信用是指企业在以下两种条件下享受没有资金成本的商业信用。

(1)延期付款，但不提供现金折扣。在这种信用条件下，卖方允许买方在交易发生后一定时期内按发票金额支付货款，如“net 45”，是指在45天内按发票金额付款。这种条件下的信用期间一般为30～60天，但有些季节性的生产企业可能为顾客提供更长的信用期间。在这种情况下，买卖双方存在商业信用，买方可因延期付款而取得资金来源。而且由于卖方未提供折扣，买方将不存在资金成本。

(2)延期付款，但早付款有现金折扣，且买方在折扣期限内付款。在这种条件下，买方也不存在资金成本。如卖方提供的信用条件为“2/10，n/30”，即若买方在10天内付款，将享受2%的现金折扣，此时将不产生资金成本。

2. 放弃折扣信用

放弃折扣信用是指企业在折扣期外、信用期内付款而获得的信用。如卖方提供的信用条件为“2/10，n/30”，而买方在第11～30天内付款，买方将会产生较高的机会成本。其成本计算公式为

$$\text{放弃折扣的资金成本率}=\frac{\mathrm{CD}}{1-\mathrm{CD}}\times\frac{360}{C-D}\times 100\%$$

式中：CD表示现金折扣的百分比；C表示信用期限的天数；D表示折扣期限的天数。

【例 10-1】星海公司按“2/10,n/30”的条件购进了一批商品,假定商品价款为 1000 万元。现计算不同情况下星海公司所承受的商业信用成本。

解 如果公司在 10 天内付款,便可享受 10 天的免费信用期间,并获得 2%的现金折扣,免费信用额为

$$1000-1000\times 2\%=980(\text{万元})$$

如果公司在 10 天后、30 天内付款,则将承受因放弃现金折扣而造成的机会成本,计算如下:

$$\text{放弃折扣的资金成本率}=\frac{\mathrm{CD}}{1-\mathrm{CD}}\times\frac{360}{C-D}=\frac{2\%}{1-2\%}\times\frac{360}{30-10}\times 100\%=36.73\%$$

可见,公司放弃现金折扣的机会成本是较高的。如果公司不能在放弃现金折扣的信用期间内获得高于这一成本率的报酬率,那么放弃现金折扣是不理性的选择,即公司应该选择在 10 天内付款。

3. 展期信用

展期信用是企业在规定的信用期满后推迟付款即强制取得的信用。然而,在卖方提供现金折扣的条件下,仍然会存在与放弃现金折扣相同的机会成本。但是,该方式常常会损害企业的商业信誉,对日后交易带来不利影响。

(二)应付票据

应付票据是企业在采购商品物资时以商业汇票作为结算手段而推迟付款所获得的一种商业信用。商业汇票是交易双方根据购销合同的规定在进行延期付款的商品交易时由出票人开出的反映购销双方债权债务关系的票据。商业汇票开出之后,需由承兑人承兑,并交给持票人;当票据到期时,付款人应无条件支付票款本息。根据承兑人的不同,商业汇票可分为商业承兑汇票和银行承兑汇票两种。

对于购货企业而言,应付票据是一种短期筹资方式。这种筹资方式是由商品交易而产生的,具有方便、灵活的特点。但是,通常利用商业汇票筹集资金的使用期限较短,如我国有关法律规定,商业汇票的付款期限由交易双方商定,但最长不得超过 6 个月。商业汇票可以是无息票据,也可以是带息票据。在采用无息商业汇票时,购货企业等于得到一笔无息贷款,不需承担资金成本。与应付账款相比,商业汇票等于是付款人给收款人出具的一份书面承诺,因此,其信用会更好一些。如果付款人在汇票到期时未能支付票款,对其信誉会产生严重的损害。

二、预收货款

预收货款是指卖方按合同或协议的规定,在交付商品之前向买方预收部分或全部货款的信用方式。通常买方对于紧俏商品乐意采用这种结算方式办理货款结算。对于生产周期长、售价高的商品,生产者(卖方)也经常要向订货方(买方)分次预收货款,以缓和本企业经营收支不平的矛盾。

此外,企业在生产经营活动中往往还形成一些应付费用,如应付工资、应缴税金、应付利

息、应付水电费等。这些费用项目的发生企业受益在先、支付在后，支付期晚于发生期，因此它们也属于“自然筹资”的范围。由于这些应付项目的支付具有时间规定性，其负债额度因而较为稳定，因此，企业习惯上称之为“定额负债”。

三、商业信用筹资的优缺点

（一）商业信用筹资的优点

商业信用筹资的优点主要表现为以下几点。

1. 筹资最为便捷

商业信用与商品买卖同时进行，属于一种自然性筹资，不用进行非常正规的安排，而且不需办理手续，一般也不附加条件，使用权可由买方自行控制。买方何时需要，需要多少数量，在限定的额度内由其自行决定。

2. 限制条件少

商业信用比其他筹资方式条件宽松，不需要担保或抵押，选择余地较大。

3. 资金成本低

大多数商业信用都是由卖方免费提供的，当卖方不提供现金折扣，或者卖方提供现金折扣而买方享受折扣时，属于无成本信用，因此与其他筹资方式相比，其资金成本较低。

（二）商业信用筹资的缺点

企业利用商业信用筹资也存在一些缺点。

1. 期限较短

商业信用筹资的期限通常都较短，企业应当在销售方给予的信用期限内支付货款，否则就会给企业带来信誉上的损失。在有卖方提供现金折扣的条件下，如果企业为了取得现金折扣，必须在折扣期限支付款项，则筹资的期限会更短。

2. 存在高资金成本的可能性

若企业放弃现金折扣，在信用期内付款，将产生较高的资金成本。

3. 易使企业陷入过度商业信用

由于商业信用的自然性，容易使企业陷入过度商业信用中，这样会使企业在商业信用期满时无力支付，甚至造成企业之间相互拖欠，不仅影响企业资金运转，也会严重影响公司信誉，从而进一步影响公司以后的筹资能力。

第三节　短期借款筹资

短期借款筹资通常是指银行短期借款，又称银行流动资金借款，是企业为解决短期资金需求而向银行申请借入的款项，是筹集短期资金的重要方式。

一、短期借款的种类

企业短期借款通常包括信用借款、担保借款和票据贴现三类。

(一)信用借款

信用借款，又称无担保借款，是指不用保证人担保或没有财产做抵押，仅凭借款人的信用而取得的借款。信用借款一般都由贷款人给予借款人一定的信用额度或双方签订循环贷款协议。

1. 信用额度借款

信用额度借款是一种商业银行与企业之间商定的在未来一段期间内银行能向企业提供有最高限额的担保贷款的借款。信用额度一般是在银行对企业信用状况进行详细调查后确定的。信用额度借款一般要做出如下规定：(1)信用额度的期限。一般一年建立一次，也有短于一年的。(2)信用额度的数量。规定银行能贷款给企业的最高限额。例如，银行给某企业的信用额度是1000万元，企业已经从该银行借入的资金为600万元，尚未归还，因为有信用额度的存在，企业最多还能借入400万元。(3)应支付的利率和其他一些条款。

2. 循环协议借款

循环协议借款是一种特殊的信用额度借款，在此借款协议下，企业和银行之间也要协商确定贷款的最高限额，在最高限额内，企业可以借款、还款、再借款、再还款，不停地周转使用。

循环协议借款与信用额度借款的区别主要在于以下三个方面。

(1)持续时间不同。信用额度借款的有效期一般为一年，而循环协议借款可超过一年。在实际应用中，很多是无限期的，因为只要银行和企业之间遵守协议进行，贷款可一再延长。

(2)法律约束力不同。信用额度借款一般不具有法律的约束力，不构成银行必须给企业提供贷款的法律义务，而循环协议借款具有法律约束力，银行要承担限额内的贷款义务。

(3)费用支付不同。企业采用循环协议借款，除支付利息外，还要支付协议费。协议费是对循环贷款限额中未使用的部分收取的费用，这些收取的协议费是因为银行承担了为企业提供资金的法定义务。在信用额度借款的情况下，一般无须支付协议费。

(二)担保借款

担保借款是指有一定的保证人担保或利用一定的财产作抵押或质押而取得的借款。担保借款又分为以下三类。

1. 保证借款

保证借款是指按我国法律规定的保证方式以第三人承诺在借款人不能偿还借款时，按约定承担一般保证责任或连带责任而取得的借款。

2. 抵押借款

抵押借款是指按我国法律规定的抵押方式以借款人或第三人的财产作为抵押物而取得

的借款。它是银行的一种放款形式。抵押品通常包括有价证券、国债、各种股票、房地产，以及货物的提单、账单或其他各种证明物品所有权的单据。贷款到期，借款者必须如数归还，否则，作为一种补偿，银行有权处理抵押品。

3. 质押借款

质押借款是指按我国法律规定的质押方式以借款人或第三人的动产或权利作为质押物而取得的借款。可作为质押的质物包括：国库券（国家有特殊规定的除外）、国家重点建设债券、金融债券、AAA 级企业债券、储蓄存单等有价证券。出质人应将权利凭证交与贷款人。一般以银行汇票、银行承兑汇票、支票、本票、存款单、国库券等有价证券质押的，质押率最高不得超过 90%；以动产、依法可以转让的股份（股票）、商业承兑汇票、仓单、提单等质押的，质押率最高不得超过 70%；以其他动产或权利质押的，质押率最高不得超过 50%。《质押合同》自权利凭证交付之日起生效。以个人储蓄存单出质的，应提供开户行的鉴定证明及停止支付证明。

（三）票据贴现

票据贴现是商业票据的持有人把未到期的商业票据转让给银行，贴付一定利息以取得银行资金的一种借贷行为。票据贴现是商业信用发展的产物，实际上是一种银行信用。银行在贴现商业票据时，所付金额要低于票面金额，其差额为贴息。贴息与票面价值的比率就是贴息率。银行通过贴现把款项贷给销货单位（持票人），到期向购货单位收款（出票人），所以要收取利息。

采用票据贴现形式，企业一方面给购买单位提供临时资金融通，另一方面在本身需要资金时又可及时得到资金，有利于企业把业务盘活，更加合理地安排资金。

二、影响短期借款筹资的因素

在进行短期借款决策时，主要考虑短期借款的成本和贷款银行选择两方面的因素。

（一）短期银行借款的成本

银行短期借款成本表现为借款利率的形式。按照国际惯例，短期银行借款的利率会因借款公司的类型、借款金额及时间的不同而不同。例如，银行向信用好、贷款风险小的公司只收取较低的利率；反之，则收取较高的利率。此外，银行贷款利率有单利、复利、贴现利率和附加利率等种类。因此，公司应根据不同情况，确定短期借款的成本，以便做出选择。

1. 单利

单利的计算取决于所借款项或贷款的金额（本金）、资金借用时间的长短及市场一般利率水平等因素。按照单利计算的方法，只要本金在贷款期限中获得利息，不管时间多长，所生利息均不加入本金重复计算利息。多数银行通常按单利计算收取短期贷款利息，公司通常也按单利比较不同银行的借款成本。若利息在借款到期日随本金一并支付，则合同利率就是实际利率。

2. 复利

以复利计息，意味着存在对利息计息的情况。按照复利计算利息，借款人实际负担的利率——有效年利率，要高于简单年利率(名义利率)。在贷款到期以前定期付息的次数越多，有效利率高出名义利率的部分就越大。

3. 贴现利率

在贴现利率的条件下，银行会在发放贷款的同时，先扣除贷款的贴现利息，而以贷款面值与贴现利息的差额贷给企业。因此，借款人拿到的金额低于借款面值，当然，贷款到期时也不用支付利息。在以贴现利率的方式贷款时，借款人的借款实际利率也会高于名义利率，并且高出的程度远远大于复利贷款方式。

4. 附加利率

附加利率是指即使是分期偿还贷款，银行通常也按贷款总额和名义利率来计算收取利息。在附加利率方式下，虽然借款企业可以利用的借款逐期减少，但利息并不减少，故实际负担的利息费用较高。

(二)贷款银行的选择

企业在短期银行借款筹资过程中，必须对借款的银行做出选择。在完善的金融市场中，选择合适的银行对企业生产经营业务长期稳定的发展具有特别重要的意义。企业应该注意银行间的区别。

1. 银行的风险控制政策

不同银行的风险控制政策不一样，一些银行偏好比较保守的信贷政策，另一些银行则喜欢开展一些“创新性业务”。这些政策一定程度上反映了银行管理者的个性和银行存款的特征。业务范围大、分支机构多的银行能够很好地分散风险，而一些专业化的小银行能够接受的信用风险要小得多。

2. 银行的咨询服务业务

在企业贷款过程中，一些银行提供咨询服务，某些银行甚至设有专门机构向客户提供建议和咨询。

3. 银行的客户忠诚度

此处的银行客户忠诚度是指在公司困难时期银行支持借款人的行为。不同的银行对客户的忠诚度是不同的。一些银行要求企业无论遭受何种困难都必须无条件地偿还其贷款。而另一些银行非常在意维持老客户，即使自己遇到困难，也要千方百计地支持那些与自己有多年业务关系的企业，帮助这些企业获得更有利的发展条件。

4. 银行的专业化程度

银行在贷款专业化方面有着极大的差异。大银行有专门的部门负责不同类型的针对行业特征的专业化贷款。小银行则比较注重公司生产经营所处的经济环境。借款人可以从经营业务十分熟悉并且经验丰富的银行那里获得更主动的支持和更有创新性的合作。因此，企业应该慎重地选择银行。

此外，企业在贷款时还需要考虑银行的规模、对外汇的管理水平等因素。

三、短期借款筹资的基本程序

银行短期借款的程序与银行长期借款的程序基本相同。现结合流动资金借款的特点进行说明。

1.企业提出申请

向银行借入短期借款时，必须在批准的资金计划占用额范围内，按生产经营的需要，逐笔向银行提出申请。企业在申请书上应写明借款种类、借款数额、借款用途、借款原因、还款日期。另外，还要详细写明流动资金的占用额、借款限额、预计销售额、销售收入资金率等有关内容。

2.银行对企业申请的审查

银行接到企业提出的借款申请书后，应对申请书进行认真的审查。审查内容主要包括：审查借款的用途和原因，做出是否贷款的决策；审查企业的产品销售和物资保证情况，决定贷款的数额；审查企业的资金周转和物资耗用状况，确定贷款的期限。

3.签订借款合同

为了维护借贷双方的合法权益，保证资金的合理使用，企业向银行借入流动资金时双方应签订借款合同。借款合同主要包括基本条款、保证条款、违约条款和其他附属条款等四项内容。

4.企业取得借款

借款合同签订后，若无特殊原因，银行应按合同规定的时间向企业提供贷款，企业便可取得借款。

5.短期借款的归还

借款企业应按借款合同的规定按时、足额支付借款本息。贷款银行在短期贷款到期一周之前，应当向借款企业发送还本付息通知单，借款企业应当及时筹备资金，按期还本付息。

不能按期还本付息的，借款人应当在借款到期日之前向贷款人申请贷款展期，但是否同意展期应由贷款人视情况而定。申请保证借款、抵押借款、质押借款展期的，还应当由保证人、抵押人、出质人出具同意的书面证明。

四、短期借款筹资的优缺点

（一）短期借款筹资的优点

1.筹资较便利

银行资金充足，实力雄厚，能随时为企业提供比较多的短期贷款。对于季节性和临时性的资金需求，采用银行短期借款尤为方便。而那些规模大、信誉好的大企业，更可以借入利率较低的资金。

2.弹性较好

银行短期借款具有较好的弹性，可在资金需要增加时借款，在资金需要减少时还款。

(二)短期借款筹资的缺点

1.资金成本较高

采用短期借款的资金成本比较高，不仅不能与商业信用相比，与短期融资券相比也高出许多。而抵押借款因需要支付管理和服务费用，成本更高。

2.限制较多

向银行借款，银行要在对企业的经营和财务状况进行调查以后才能决定是否贷款，有些银行还要求对企业有一定的控制权，要求企业把流动比率、速动比率维持在一定的范围之内，这些都会构成对企业的限制。

第四节　短期融资券筹资

短期融资券(commercial paper)又称商业票据、短期债券、商业本票，是由大型工商企业或金融企业发行的短期无担保本票，是一种新兴的短期资金筹集方式。

一、短期融资券的发展历程

(一)短期融资券在西方的发展历程

短期融资券起源于商业票据。商业票据是一种古老的商业信用工具，产生于18世纪。它最初是随商品和劳务交易而签发的一种债务凭证。例如，一笔交易不是采用现金交易，而是采用票据方式进行结算，当货物运走后，买方按合同规定的时间、地点、金额，开出一张远期付款的票据给卖方，卖方持有票据，直至到期日再向买方收取现金。

这种商业票据是随商品、劳务交易而产生的商业信用。商业票据是一种双名票据，即票据上列明收款方和付款方的名称。持有商业票据的公司如果在约定的付款期之前需要现金，可以向商业银行或贴现公司贴现。这种方式使办理贴现的银行或贴现公司得到了利息，又收回了本金，是一种很好的短期投资方式。于是，有的投资人便比照这种贴现方式，从持票人手中买下商业票据，待票据到期后持票向付款方收回资金。有时，贴现票据的银行因为资金短缺，也将贴现的票据重新卖出，由新的购买人到期收取款项。

一些大公司发现了商业票据的这一特点，便凭借自己的信誉，开始脱离商品交易过程来签发商业票据，以筹措短期资金。20世纪20年代，美国汽车制造业及其他高档耐用商品开始盛行，为增加销售量，一般都采用赊销、分期付款等方式向外销售，这样就在应收账款上进行了大量投资，因而感到资金不足，在银行借款受到多种限制的情况下，开始大量发行商业票据以筹集短期资金。这样,商业票据与商品、劳务的交易相分离,演变成为一种在货币市场上融资的票据,发行人与投资者成为一种单纯的债务、债权关系,而不是商品买卖或劳务供应关系。商业票据上不必列明收款人,只需列明付款人,成为单名票据。为了与传统商业票据相区别,人们通常把这种专门用于融资的票据称为短期融资券或短期商业债券。

20 世纪 60 年代以后,工商界普遍认为发行短期融资券向金融市场筹措资金比向银行借款方便,利率也低,且不受银行信贷干预,因此,短期融资券数额急剧增加。以美国为例,1962 年 12 月仅有 60 亿美元,1985 年就增加至 3000 亿美元。20 世纪 70 年代,位于伦敦的欧洲短期融资券市场也开始形成,短期融资券市场不断扩大。目前,短期融资券已成为西方各类公司融通短期资金的重要方式。

(二)短期融资券在我国的发展历程

20 世纪 80 年代中后期,我国有些企业为解决流动资金的不足,开始采用短期融资券筹集资金。1989 年,中国人民银行下发了《关于发行短期融资券有关问题的通知》,以文件的形式肯定了各地发行融资券的做法。这一举措对于拓宽企业筹资渠道、优化企业短期资金来源、加快社会资金周转速度、优化资金投向具有重要意义。

为了规范短期融资券市场、提升社会资金配置效率,中国人民银行发布了相关文件,对短期融资券的发行、登记、托管、交易、结算、兑付、信息披露、监督管理等做出了明确规定,极大地促进了短期融资券的发行。

二、短期融资券的种类

按不同的标准,可对短期融资券进行不同的分类。

(一)按发行方式分

1. 经纪人代销的融资券

经纪人代销的融资券,又称间接销售融资券,它是指先由发行人卖给经纪人,然后由经纪人再卖给投资者的融资券。经纪人主要有银行、投资信托公司、证券公司等。企业委托经纪人发行融资券,要支付一定数额的手续费。

2. 直接销售的融资券

直接销售的融资券是指发行人直接销售给最终投资者的融资券。直接发行融资券的公司通常是经营金融业务的公司或自己有附属金融机构的公司,它们有自己的分支网点,有专门的金融人才,因此,有力量自己组织推销工作,从而节省了间接发行时应付给经纪人的手续费。

(二)按发行人的不同分

1. 金融企业的融资券

金融企业的融资券主要是指各大公司所属的财务公司、各种投资信托公司、银行控股公司等发行的融资券。这类融资券一般都采用直接发行方式。

2. 非金融企业的融资券

非金融企业的融资券是指那些没有设立财务公司的工商企业所发行的融资券。这类企业一般规模不大，多数采用间接方式发行融资券。

(三)按发行和流通的范围分

1. 国内融资券

国内融资券是一国发行者在其国内金融市场上发行的融资券。发行这种融资券一般只要遵循本国法律和金融市场惯例即可。

2. 国际融资券

国际融资券是一国发行者在其本国以外的金融市场上发行的融资券。发行这种融资券，必须遵循有关国家的法律和国际金融市场上的惯例。在美国货币市场和欧洲货币市场上，这种国际短期融资券较常见。

三、短期融资券的发行程序

企业发行短期融资券，一般要按如下程序进行。

1. 公司做出发行融资券的决策

公司财务人员对金融市场状况和企业筹资条件进行认真分析后，若认为采用发行短期融资券筹资比较合适，便可以提出申请，报总经理或董事会做出最后决策。

2. 评估融资券的信用评级

信用评级是由专家、学者组成专门的机构，运用科学的综合分析方法，对企业的财务状况和信用情况进行评定和估计。短期融资券的评估程序如下：

(1)申请评估的企业应与评估机构签订委托协议书，并按规定在 3 天内提供所需全部资料。

(2)协议书签订后，评估机构即组织高级经济师、注册会计师以及有关行业专家组成的评估小组，负责具体的评估工作，在若干天内进行调查和研究，写出评估报告。

(3)评估机构根据企业经营的业务性质，组织有关专家和部分评委员会对评估报告进行论证和审议，并以定量计分的方式对该企业融资券的信用等级做出评定。

(4)评估机构在此基础上进一步综合分析有关情况，并确定该企业的融资券等级。国际上融资券等级一般分四等七级，分别是 A、A-1、A-2、A-3、B、C、D。各等级的含义分别是：A 级信用程度最好，风险最小，发展前景最好；A-1 级为信用程度好，风险很小，发展前景好；A-2 级为信用程度好，风险小，发展前景较好；A-3 级为信用程度好，风险较小，发展前景尚好；B 级为信用程度一般，有一定风险，尚有一些发展前景；C 级为信用程度还可以，风险大，无发展前途；D 级信用程度最差，不准发行。

(5)委托人在接到评估机构的融资券资信等级通知书后 3 天内如无异议，则评级成立。委托人如果对评估结果有异议，应在接到信用评级通知书 3 天内申诉理由，提供补充材料，并申请复评，经评估机构认可，即可重新组织评估。

3. 向有关审批机关提出发行融资券的申请

中国人民银行总行及所辖各分行是我国企业发行融资券的审批、管理机关。企业要发行融资券，必须向各级人民银行的金融管理部门提出申请，经过批准后才能发行。

4. 审批机关对企业的申请进行审查和批准

中国人民银行的金融管理部门接到企业申请后，要对如下一些内容进行认真审查。

(1)对发行资格进行审查。这主要包括如下一些内容：审查发行单位是否在工商行政管理部门登记并领有营业执照；审查发行单位是否有足够的自有资产；审查发行单位是否有可靠的还款来源；审查信用担保人的资格和担保契约书的内容。

(2)对资金用途进行审查。企业发行融资券所筹集的资金只能用于解决企业临时性、季节性流动资金不足，不能用于企业资金的长期周转和固定资产投资。

(3)审查会计报表的内容。这主要包括：审查会计报表是否经注册会计师审计签字；审查会计报表中的资金来源和资金占用是否合理；审查企业盈利情况；审查企业的主要财务比率是否健全。

(4)审查融资券的票面内容。融资券票面一般要载明如下内容：企业名称、地址；融资券票面金额、票面利率；还本期限和方式；利息支付方式；融资券的发行日期和编号；发行企业签章和企业法人代表签章等。

5. 正式发行融资券，取得资金

融资券经审查机关审查同意后，便可正式发行。

如果企业采用自己直接发行方式，则需公告发行的数量、价格、时间等，以便让投资者了解一些基本情况。以后，投资人还要与发行人洽谈买卖条件，如果双方认为条件可以，则投资者买入融资券，发行人取得资金。

如果企业采用间接发行方式，则要按如下步骤进行：(1)发行融资券的企业与经纪人协商融资券的有关事项，并签订委托发行协议；(2)经纪人按协议中的有关条件和承销方式，发布公告并进行其他宣传活动；(3)投资者购买融资券，资金存入经纪人账户；(4)经纪人将资金划转发行融资券的企业的账户中，并按协议中的规定处理未售完的融资券。

四、短期融资券的筹资优缺点

(一)短期融资券的筹资优点

1. 筹资成本低

在西方国家，短期融资券的利率加上发行成本，通常要低于银行的同期贷款利率。这是因为在采用短期融资券筹资时，筹资者与投资者直接接洽，绕开了银行中介，节省了一笔原应付给银行的筹资费用。但目前我国短期融资券的利率一般要比银行借款利率高，这主要是因为我国短期融资券市场刚刚建立，投资者对短期融资券缺乏了解。随着短期融资券市场的不断完善，短期融资券的利率会逐渐接近银行贷款利率，直至略低于银行贷款利率。

2. 筹资数额较大

银行一般不会向企业贷放巨额的流动资金借款，比如，在西方，商业银行贷给个别公司的最大金额不能超过该公司资本的10%。因而，对于需要巨额资金的企业，短期融资券这一方式尤为适用。

3. 能提高企业的信誉

由于能在货币市场上发行短期融资券的公司都是著名的大公司，因而，能在货币市场上发行短期融资券的，说明该公司的信誉良好。

(二)短期融资券的筹资缺点

1. 筹资风险较大

短期融资券到期必须归还，一般不会有展期的可能。到期不归还，会产生严重后果。

2. 弹性较小

只有当企业的资金需求达到一定数量时才能使用短期融资券，如果数量少，则不宜采用短期融资券筹资方式。另外，短期融资券一般不能提前偿还，因此，即使公司资金比较宽裕，也要到期才能偿还。

3. 发行条件严格

并不是任何公司都能发行短期融资券，必须是信誉好、实力强、效益高的企业才能使用，而一些小企业或信誉不太好的企业则不能利用短期融资券来筹集资金。

课后思考

1. 请说明短期筹资的含义和类别。
2. 筹资组合政策的类型主要有哪些？这些政策与资产组合政策之间的关系如何？
3. 简要说明商业信用筹资具体方式、成本和筹资的优缺点。
4. 简述短期借款的种类、信用条件和筹资优缺点。
5. 请介绍短期融资券筹资的类别、程序和筹资优缺点。

案例讨论

商业信用融资案例分析

商业信用融资是一种被广泛使用的融资形式，它是在商业活动中所发生的资金融通方式和过程。商业信用融资一般可以分为有形的商业信用融资和无形的商业信用融资。

有形的商业信用融资是指商业票据融资，即由企业或金融公司等签发的汇票、本票、支票等。这些票据是有严格的期限的，在规定的期限内，签发者必须无条件支付。企业商业票据融资必须是非新设立的公司，而且信誉卓著，财力雄厚，在银行有一定的信用额度可供利用，短期资金需求量大。其特点是无担保、期限短、到期必付、利率低、限制少。而无形的商业信用演化的形式更加多样复杂。

(一)霍英东始创"卖楼花",靠商业信用巧融资金

霍英东始创"卖楼花"筹集资金,创下了中国商业融资的一个经典案例。霍英东原籍广东省番禺县,是香港知名的富商之一。二战结束后,香港人口激增,住房严重不足,加上工商业日渐兴旺,形成对土地和楼宇的庞大需求。霍英东审时度势,认定香港房地产业势必大有发展。1953 年年初,他拿出自己的 120 万港元,另向银行贷款 160 万港元,开始经营房产业,成立"立信置业有限公司"。

那个年代,英国、美国、加拿大及香港地产商都是按整幢出售房屋的,由一个公司拥有整幢地产楼宇。除非有巨额资金,一般人很难买得起房屋,因而房屋也不易脱手。刚开始,霍英东也和别人一样,自己花钱买旧楼,拆了后建成新楼逐层出售,从买地、规划、建楼,以至收租,资金周转期很长。这样当然可以稳妥地赚钱,可是由于资金少,发展就比较慢。他苦苦地思索改革房地产经营的方法,却没有结果。霍英东当时是向银行贷款建楼的,要付一分多利息,如果建成了才卖,万一人家不买,利息承担不起,自己只好"跳楼"。

有一天,一位老邻居到工地上找他,说是要买楼。霍英东抱歉地告他,盖好的楼已经卖完了。邻居指着工地上正在盖的楼说:"就这一幢,你卖一层给我好不好?"霍英东灵机一动,说:"你能不能先付定金?"邻居笑着说:"行,我先付定金,盖好后你把我指定的楼层给我,我就把钱交齐。"两人就这样成交了。这个偶然的事件,却使霍英东得到了启发。他立刻想到,他完全可以采取房产预售的方法,利用想购房者的定金来盖新房。这个办法不但能为他积累资金,更重要的是还能大大推动销售!

房产的价格是非常昂贵的,要想买一幢楼,就得准备好几万元的现金,一手交钱、一手接屋,少不得一角一分,拖不得一时一刻。当时只有少数有钱人才能买得起房产,所以房地产的经营也就不可能太兴旺。而霍英东采取的房产预售新办法,只要先交付 10%的定金,就可以购得即将破土动工兴建的新楼。也就是说,要买一幢价值 10 万港元的新楼,只要付 1 万港元,就可以买到所有权,以后分期付款。这对于房地产商人而言,好处是显而易见的:可以利用购房者交付的定金,去盖房屋,原来只够盖 1 幢楼的钱,现在就可以同时动手盖 10 幢楼,发展的速度大大加快。对于购买房产的人而言,也是有利的。先付一小笔钱,就可以取得所有权,待到楼房建成时,很可能地价、房价都已上涨,而已付定金的买方只要把房产卖掉,就有可能赚一大笔钱!因此,很快就有一批人变成了专门买卖楼房所有权的商人,这就是后来香港盛行的"炒楼花"。

霍英东把这叫作"房地产业的工业化"。这一创举使霍英东的房地产生意顿时大大兴隆起来,一举打破了香港房地产生意的最高纪录。当别的建筑商也学着实行这个办法时,霍英东已经赚到了巨大的财富。

(二)小小理发店,两个月融资 7 万元

一家位于市内商业闹市区、开业近两年的某理发店,吸引了附近一大批稳定的客户,每天店内生意不断,理发师傅难得休息,加上店老板经营有方,每月收入颇丰,利润可观。但由于经营场所面积限制,始终无法扩大经营。该店老板很想增开一家分店,但由于本店开张不久,投入的资金较多,要另开一间分店手头的资金还不够。

平时,有不少熟客都要求理发店能打折、优惠,该店老板都很爽快地打了 9 折优惠。

该店老板苦思开分店的启动资金时,灵机一动,不如推出 10 次卡和 20 次卡,一次性预收客户10次理发的钱，对购买10次卡的客户给予8折优惠；一次性预收客户20次的钱，给予7折优惠。对于客户来讲，如果不购理发卡，一次剪发要40元，如果购买10次卡（一次性支付320元，即10次×40元/次×0.8=320元），平均每次只要32元，10次剪发可以省下80元；如果购买20次卡（一次性支付560元，即20次×40元/次×0.7=560元），平均每次理发只要28元，20次剪发可以省下240元。

该店通过这种优惠让利活动，吸引了许多新、老客户购买理发卡，结果大获成功，两个月内该店共收到理发预收款达7万元，解决了开办分店的资金缺口，同时稳定了一批固定的客源。通过这种办法，该理发店先后开办了5家理发分店，2家美容分店。

（三）中国移动预存话费搞促销，筹集资金两个亿

2003年，中国移动通信公司广州分公司实行了一项话费优惠活动，实际也是一种商业信用融资形式，具体是：若该公司的手机用户在2002年12月底前向该公司预存2003年全年话费4800元，可以获赠价值2000元的话费卡，若预存3600元，可以获赠1200元话费卡，若预存1200元，可以获赠600元的话费卡。

该通信公司通过这种诱人的话费优惠活动，可以令该公司的手机用户得到实实在在的利益，当然更重要的是，还可以为该公司筹集到巨额的资金。据保守估计，假设有1万个客户参与这项优惠活动，该公司至少可以筹资2000万元，该活动有10万个客户参与，筹集资金2亿元，公司可以利用这笔资金去拓展新的业务，扩大经营规模。另外，该通信公司通过话费让利，吸引了一批新的手机用户，稳定了老客户，在与经营对手的竞争中赢得了先机。

许多行业是与理发、通信相类似的，比如保健中心、美容、汽车清洗店、公交汽车公司等服务行业，都可以通过收取次票、月票、年票的方式，去巧妙运用商业信用融资方式，这不仅可以吸引一批长期稳定的客户，更重要的是，可以筹集到一笔可观的无息资金。企业可以通过这笔无息资金去扩大经营规模。

（资料来源：百度文库 http://wenku.baidu.com/view/c84a177a02768e9951e73855.html）

讨论问题

（1）结合霍英东始创"卖楼花"案例，说明其对我国房地产行业的影响。

（2）请用亲身经历说明类似于理发店融资的商业信用融资方式，你又如何看待这些方式。

（3）请结合"中国移动"的案例具体说明商业信用融资的优点和缺点。

（4）分析商业信用融资在实际工作中的其他具体应用形式。

（5）查阅资料了解我国企业使用商业票据融资的现状。

第十一章　利润分配管理

学习目标

- 掌握利润分配的基本原则和影响因素。
- 掌握利润分配的程序。
- 掌握股利种类及股利的发放程序。
- 理解股利理论的主要观点。
- 掌握股利政策的内容和不同的政策类别。
- 理解股票回购的动机与方式。
- 了解股票分割与股票股利的区别。

引导案例

中国上市公司利润分配的“四大漏洞”

截至2011年8月31日，中国上市公司2011年中报披露完毕。虽然A股上市公司通常只是习惯于进行年终分配，但当年中报仍有87家公司推出了利润分配方案，其中，提出10送转5股以上的上市公司就多达50家。分配比例最高的庞大集团，推出的分配预案为每10股转增15股。而且，当年中期分配的一个明显特点是中小板和创业板公司成了分配的“主力军”，共计有61家公司，占比70%，并且分红派现慷慨的公司也多为创业板和中小板公司。

面对中国上市公司的高送转、高派现，人们很容易把它与上市公司对投资者的回报联系在一起。尤其是当创业板与中小板成了利润分配“主力军”的时候，更容易给市场一种错觉，似乎创业板与中小板公司更注重回报投资者。这其实只是一种表象，实际上在创业板与中小板成为利润分配“主力军”，在上市公司高送转与高派现的背后，往往存在“四大漏洞”。

第一，推出高派现的利润分配方案主要是满足控股股东或大股东对现金的需求。推出高派现方案的公司，主要以创业板、中小板上市公司为主。这些公司往往上市时间不是很长，控股股东与大股东所持有的股份还不能套现。为此，这些控股股东与大股东需要上市公司进行高派现来满足他们对现金的需求。以大富科技为例，该公司2010年年报每10股派发现金红利12.3元；2011年中报又推每10股派6元转增10股的分配方案。两次分红总额接近3亿元，其中仅实际控制人孙氏家族就可独占其中的约2亿元现金。

第二，推出高送转旨在为限售股的套现作准备。一方面通过高送转，可以扩大公司的流通股本，增加股票的流动性。另一方面通过高送转，可以进一步摊薄限售股的成本。此外，高送转还可以激活股性，推高股价，让限售股套现时获得更多的盈利。

第三，推出高送转也是为了配合企业再融资的需要。对于那些将要再融资的公司而言，推出高送转方案，既可以推高市场价格，又可以摊薄再融资价格，这是有利于再融资顺利实施的。而对于已经实施再融资，尤其是已经实施定向增发的公司而言，推出高送转似乎已经成了股市的“潜规则”。如当年中报推出每10股转增12.807股高转增方案的恒源煤电，2010年11月以每股36元的价格向6家特定对象增发了4409万股，这些股份将于2011年11月2日上市流通。因此，借中报之机推出高转增方案，显然不乏向6位特定对象“答谢”之意。

第四，推出高送转方案也有配合市场炒作之意。通常说来，推出高送转公司往往在方案推出前，其市场走势就是比较强劲的。而在这种强势的背后，则是机构投资者进驻其中。因此，一些上市公司推出高送转不乏配合机构炒作之意。如南通科技中报凭借政府部门6800万元的补助才得以盈利，但公司打肿脸充胖子，中报推出10转增10股的股本转增方案。该公司中报显示，其十大流通股东中，有包括4家基金在内的多家机构持有该股。因此该公司的高转增被市场质疑是“补贴机构”。

（资料来源：网络资料整理，原网址 http://www.bwchinese.com/article/1020882.html）

思考：为什么我国的上市公司会出现这些利润分配的“漏洞”？

第一节　利润分配概述

公司通过经营活动赚取收益，并将其在相关各方之间进行分配。公司的利润分配有广义和狭义之分。广义的利润分配是指对公司的收入和收益总额进行分配的过程；狭义的利润分配则是指对公司净利润的分配。本章内容主要是针对净利润分配。

一、利润分配的基本原则

公司的利润分配涉及所有者、债权人、员工、社会等各个利益主体的切身利益。为了维护社会秩序，充分发挥公司这一经济组织的优越性，平衡各方面的利益冲突，各国法律法规均对其分配原则和分配顺序做出了严格规定。我国《公司法》规定的公司税后利润的分配原则可以概括为以下几个方面。

1. 依法分配原则

国家有关利润分配的法律和法规主要有《公司法》、《外商投资公司法》等。公司在利润分配中必须切实执行上述法律、法规。公司利润分配的资金是在一定会计期间内实现的税后利润。税后利润是公司投资者拥有的权益，对这部分权益的处置与分配，有关法律都有明确的规定和要求，充分反映了国家制度对利润分配的各种限制。法律还制定了缴税、提留、分红的基本程序。公司的税前利润首先应按国家规定做出相应调整，增减应纳税所得额，然后依法缴纳所得税。对税后的净利润也应该按法律规定的顺序分配。

2. 权益对等原则

公司在利润分配中应遵守公平、公正、公开的原则，公司的投资者在公司中只有以其股权比例享有合法权益，不得在公司中谋取私利。公司的获利情况应当向所有的投资人及时公开，利润的分配方案应交股东会讨论，并充分考虑小股东的意见。利润分配的方式应当在所有股东中一视同仁，即公司在股利分配中应该遵守同股同权、同股同利的权益对等原则。

3. 利益兼顾原则

利益机制是制约机制的核心，而利润分配的合理与否是利益机制最终能否持续发挥作用的关键。利润分配涉及投资者、经营者、职工等多方面的利益，公司必须兼顾，并尽可能地保持稳定的利润分配。利益兼顾原则是指在公司的利润分配过程中不仅要考虑股东的利益，还要充分保护债权人的利益。按照风险承担的顺序及其合同契约的规定，公司必须在利润分配之前偿清所有债权人到期的债务，否则不能进行利润分配。同时，在利润分配之后，公司还应保持一定的偿债能力，以免产生财务风险，危及公司生存。此外，公司在与债权人签订某些长期债务契约的情况下，其利润分配政策还应征得债权人的同意或审核方能执行。

4. 稳定股价原则

股票在市场上的价格过高或过低都不利于公司的正常经营和稳定发展。股价过高会影响股票的流动性，并留下股价急剧下跌的隐患；股价过低，必将影响公司声誉，不利于今后增资扩股或举债融资，还可能引发被收购和兼并的风险。所以，稳定股价对于公司的正常生产经营具有重要的意义。而股利分配对股票价格有着直接的影响，维持股利政策的连续性和稳定性，有利于维持公司股票价格的合理定位。

5. 长远发展原则

股利分配的核心是股利支付比率，即公司的收益中用于支付股利和留存收益的比例各为多少。就公司发展而言，提高留存收益比例有利于公司当前的财务运作，减少外部融资，降低融资成本。但提高留存收益比例即意味着降低股利支付率，减少股东的当前收益，从而影响公司形象和投资者信心，增大公司未来的融资成本和融资难度。因此，股利政策的基本任务是通过股利分配，平衡公司和股东面临的现实利益与未来利益、短期利益与长远利益、分配与增长的三大矛盾，有效地增强公司的发展后劲，促进公司的长远发展。

公司的利润分配只有在遵循这些原则的前提下，制定相关的策略，才能最大限度地保证公司价值最大化，满足财务管理目标的要求。

二、影响利润分配的因素

公司的利润分配需要考虑法律因素、公司因素、股东因素和其他因素等几个方面的影响，合理地确定利润分配的政策。

(一)法律因素

为了保护国家、所有者、债权人和职工等各方的利益，有关法规对公司的股利分配有如下限制。

1.资本保全约束

资本保全约束是指公司不能用资本金发放股利。该规定要求公司不能因支付股利而引起资本金减少，目的在于保证公司有完整的资本基础，保护债权人的利益。任何导致资本减少的股利发放都是违反法律规定的。这样就避免了公司在经营不利时，利用资本金发放股利的方式达到转移资产的实质目的，也就起到了保护债权人利益的作用。

2.无利不分约束

无利不分约束是指公司当年没有盈余不得分配利润。该原则强调的是公司向所有者分配利润的前提条件，目的是为了维护公司的财产基础及其资信能力。然而，为了维护公司的信誉，避免股票价格大幅度的波动，我国法律规定股份有限公司若当年无利润，可以经股东大会特别决议，用盈余公积金分配股利，分配的股利不得高于股票面值的6%，盈余公积金分配完股利后不得低于公司注册资本金的25%。

3.积累优先约束

积累优先约束是要求公司必须按照一定的比例和基数提取各种公积金，股利只能从公司的可供分配利润中支付，公司当期的净利润按照规定提取各种公积金后和过去积累的未分配利润形成公司的可供分配利润。股东会、股东大会或者董事会违反规定，在公司弥补亏损和提取法定盈余公积金之前向股东分配利润的，股东必须将违反规定分配的利润退还公司。

4.偿债能力约束

偿债能力是指公司按时足额偿还各种到期债务的能力，是公司确定利润分配政策时要考虑的一个基本因素。美国有些州的法律规定，禁止缺乏偿债能力的公司支付现金股利。无偿债能力包括两种含义：一是公司的负债总额超过了资产的公允价值总额，即资不抵债；二是公司不能向债权人偿还到期债务。由于公司清偿债务的能力取决于公司资产的流动性，而不是其资产的多少，所以第二种含义的无偿债能力约束给予了债权人更大程度上的保护。公司现金股利引起的大量现金流出会影响公司的偿债能力。因此，公司在确定股利分配数量时，一定要考虑现金股利分配对公司偿债能力的影响，保证在现金股利分配后公司仍能保持较强的偿债能力，以维护公司的信誉和借贷能力，从而保证公司的正常资金周转。

5.累积利润约束

由于股东接受现金股利缴纳的所得税税率高于其进行股票交易的资本利得税率，公司通过留存收益来提高其股票价格，则可使股东达到避税的目的。于是很多国家规定公司不得超额累积利润，一旦公司的留存收益超过法律许可的水平，将被加征额外税收。如美国《国内收入法》规定，如果国内税务局能够查实公司是故意压低股利支付率以帮助股东逃避缴纳个人所得税，就可以对公司的累积盈余处以惩罚性的税率。我国法律目前对此尚未做出规定。

(二)公司因素

企业资金的灵活周转，是企业生产经营得以正常进行的必要条件。因此企业长期发展和短期经营活动对现金的需求，便成为对股利的最重要的约束因素。

1. 资产的流动性

企业现金股利的分配，应以一定资产流动性为前提。企业的资产流动性越好，说明其变现能力越强，股利支付能力也就越强。高速成长的营利性企业，其资产可能缺乏流动性，因为他们的大部分资金投资在固定资产和永久性流动资产上了，这类企业当期利润虽然多但资产变现能力差，企业的股利支付能力就会削弱。

2. 投资机会

有着良好投资机会的企业需要有强大的资金支持，因而往往少发现金股利，将大部分收益留存下来进行再投资；缺乏良好投资机会的企业，保留大量收益的结果必然是大量资金闲置，于是倾向于支付较高的现金股利。所以，处于成长中的企业，因一般具有较多的良好投资机会而多采取低股利政策；许多处于经营收缩期的企业，则因缺少良好的投资机会而多采取高股利政策。

3. 筹资能力

如果企业规模大、经营好、利润丰厚，其筹资能力一般很强，那么在决定股利支付数额时，有较大选择余地。但对那些规模小、新创办、风险大的企业，其筹资能力有限，这类企业应尽量减少现金股利支付，而将利润更多地留存在企业，作为内部筹资。

4. 盈利的稳定性

企业的现金股利来源于税后利润。盈利相对稳定的企业，有可能支付较高股利，而盈利不稳定的企业，一般采用低股利政策。这是因为，对于盈利不稳定的企业，低股利政策可以减少因盈利下降而造成的股利无法支付、企业形象受损、股价急剧下降的风险，还可以将更多的盈利用于再投资，以提高企业的权益资金比重，降低财务风险。

5. 资金成本

留存收益是企业内部筹资的一种重要方式，它与发行新股相比，具有实际筹资成本较低的优点。因此，很多企业在确定利润分配政策时，往往将企业的净收益作为首要考虑的筹资渠道，特别是在负债资金较多、资金结构欠佳的时期。

6. 其他因素

企业利润分配政策的确定还会受公司的其他自身因素的影响。如上市公司所处行业也会影响到它的股利政策。一般而言，朝阳行业处于超速成长期，甚至能以数倍于经济发展速度的水平发展，因此就可能进行较高比例的股利支付；而夕阳产业则由于处于发展的衰退期，会随着经济的高增长而萎缩，就难以进行高比例的分配；对公用事业行业而言，则往往有及时、充裕的现金来源，而且可选择的投资机会有限，所以发放现金股利的可能性较大。另外，企业可能有意地多发股利使股价上升，使已发行的可转换债券尽快地实现转换，从而达到调整资金结构的目的或达到兼并、反收购目的等。

(三)股东因素

1. 规避所得税

公司的股利政策会受股东对税赋因素考虑的影响。一般而言,股利收入的税率高于资本利得的税率,很多股东会出于规避所得税的考虑而偏好于低股利支付水平。因此,低股利政策会使他们获得更多节约所得税的利益。在我国,由于现金股利收入的税率是20%(2012年证监会有所调整,主要是为鼓励长期持股,持股1个月以内的税率是20%;持股1个月~1年的税率是10%;持股1年以上的税率是5%),而股票交易尚未征收资本利得税,因此,低股利支付政策可以给股东带来更多的资本利得收入,达到避税目的。

2. 规避风险

在一部分投资者看来,股利的风险小于资本利得的风险,当期股利的支付解除了投资者心中的不确定性。因此,他们往往会要求企业支付较多的股利,从而减少股东投资风险。

3. 追求稳定收入

有的股东依赖公司发放的现金股利维持生活,如低收入阶层、养老基金等机构投资者,他们往往要求公司能够支付稳定的股利,反对公司留存过多的收益。

4. 保障控制权

收益分配政策也会受到现有股东对控制权要求的影响。以现有股东为基础组成的董事会,在长期的经营中可能形成了一定的有效控制格局,他们往往会将股利政策作为维持其控制地位的工具。当公司为有利可图的投资机会筹集所需资金,而外部又无合适的筹资渠道可以利用时,为避免增发新股产生新的股东加入公司的可能性,而打破目前已经形成的控制格局,原股东就会倾向于较低的股利支付水平,以便从内部的留存收益中取得所需的资金。

(四)其他因素

影响股利政策的其他因素主要包括不属于法规规范的债务合同约束以及因通货膨胀带来的企业对重置实物资产的特殊考虑等。

1. 债务合同约束

一般而言,股利支付水平越高,留存收益就越少,公司的破产风险加大,就越有可能损害到债权人的利益。因此,为了保证自己的利益不受损害,债权人通常都会在公司借款合同、债券契约以及租赁合约中加入关于借款公司股利政策的条款,以限制公司股利的发放。

这些限制条款经常包括以下几个方面的内容:(1)未来的股利只能以签订合同之后的收益来发放,即不能以过去的留存收益来发放股利;(2)营运资金低于某一特定金额时不得发放股利;(3)将利润的一部分以偿债基金的形式留存下来;(4)已获利息倍数低于一定水平不得发放股利。

2. 通货膨胀的影响

通货膨胀会带来货币购买力水平下降、固定资产重置资金不足,此时,企业往往不得不考虑留用一定的利润，以便弥补由于货币购买力水平下降而造成的固定资产重置资金缺口。因此，在通货膨胀时期，企业一般会采取偏紧的利润分配政策。

三、利润分配的程序

利润分配的程序就是按照国家法规制度，将利润总额划分为国家的所得税收入、分配给投资者的利润和企业的留存收益等项目的步骤和顺序。按照我国法律规范，企业的利润首先应按国家规定做相应的调整，增减有关收支项目，然后依法缴纳所得税。

按照我国《公司法》的有关规定，企业缴纳所得税后的净利润应按以下顺序进行分配。

1.抵补罚没损失

税后净利润分配的第一步是支付被没收财物的损失和违反税法规定而支付的滞纳金和罚款。滞纳金、罚款和没收财务等具有赔偿性和惩罚性，是企业因经营管理不善而形成的支出，而不是生产经营活动中应该发生的费用，因而不能计入成本来冲减当期损益。为了维护国家法纪，这种惩罚性支出必须在税后利润中开支，以增强企业的法制观念。

2.弥补以前年度亏损

根据现行法律法规的规定，公司发生年度亏损，可以用下一年度的税前利润弥补，下一年度的税前利润不足弥补时，可以在5年内延续弥补，5年内仍然未弥补完的亏损，可用税后利润弥补。这里就是指最后的税后利润弥补。

3.计提法定盈余公积金

盈余公积金是从税后利润中提取的积累资金，是企业用于防范和抵御风险，保证企业稳定经营和长期发展的必要措施和手段。现行制度规定，根据税后利润扣除前述两项分配数额后余额的10%提取盈余公积金，主要用于弥补企业亏损、补充投资者分利的不足以及按规定转增资本金。但在补充投资分利或转增资本金后，企业留存的法定盈余公积金不得低于企业注册资本金的25%。企业的法定盈余公积金达到注册资本金的50%时可不再提取。

4.支付优先股股利

优先股是股份公司发行的分配红利和剩余财产时比普通股具有优先权的股份。一般优先股按事先约定的股息率取得股息，不受企业盈利与否或盈利多少的影响。根据我国法律规定，公司的普通股股利的分配，要以付清当年或积欠的优先股股利为条件。

5.计提任意盈余公积金

股份有限公司除提取法定盈余公积金外，还要按公司章程或董事会决议提取任意盈余公积金，并按董事会决定的用途安排使用，以满足企业生产经营的需要。

6.支付普通股股利

企业当年实现的税后利润，在弥补亏损、计提盈余公积金、支付优先股股利以后，剩下的利润可以用于向普通股股东发放股利。企业以前年度未分配利润可以并入本年度向投资者分配。

企业的利润分配必须严格按照上述顺序依次进行，凡是上一步骤内容未完成分配的，不得进行下一步骤的分配。

四、股利发放的程序

确定股利发放程序是股利政策的具体实施内容。由于股份公司的股东人数一般较多，而且由于股权可以自由转让，股东人数经常变动，所以，股利发放前后有一定的过程。通常股份公司的股利分配方案由公司董事会决定并宣布，必要时要经股东大会或股东代表大会批准后方能实施。公司每年发放股利的次数，不同的公司、不同的国家可以各不相同。比如，我国的股份公司多为1年发放一次股利，而美国公司则多为1季度发放一次股利。股份公司向股东发放股利的过程有宣布日、股权登记日、除息日和股利支付日等几个重要的日期。

1.宣布日

股份公司董事会根据定期发放股利的周期举行董事会会议，讨论并提出股利分配方案，由公司股东大会讨论通过后，正式宣布股利发放方案。宣布股利发放方案的那一天即为宣布日。在宣布日，股份公司应登记有关股利负债，即应付股利。在宣布的股利发放方案中，应明确股利分配的年度、分配的范围、股利分配的形式、拟分配的现金股利金额或股票股利的数量，并公布股权登记日、除息日和股利支付日等信息。

2.股权登记日

股权登记日是对有权领取股利的股东有资格登记截止的日期。只有在股权登记日前在公司股东名册上登记的股东，才有权分享股利。由于工作和实施方面的原因，自公司宣布发放股利至公司实际将股利发出要有一定的时间间隔，而且上市公司的股票在此时间间隔内处在不停交易之中，公司股东会随股票交易而不断更换。为了明确股利的归属，公司确定有股权登记日，凡在股权登记日当日列于公司股东名单上的股东，都将获得此次发放的股利，而在这一天之后或之前登记在册的股东，将得不到此次发放的股利。在信息技术环境下，股权登记非常方便、快捷，一般在股权登记日交易结束的当天即可打印出股东名册。

3.除息日

除息日，也称除权日，指领取股利的权利与股票相互分离的日期。在除息日前，股利获取权从属于股票，持有股票者即享有领取股利的权利。从除息日开始，股利获取权与股票相分离，新购入股票的人不能享有股利。除息日的确定是由证券市场交割方式决定的，因为股票买卖的交接、过户需要一定的时间。在美国，当股票交割方式采用例行日交割时，股票在成交后的第五个营业日才办理交割，即在股票登记日的四个营业日以前购入股票的新股东，才有资格领取股利。而在我国，由于采用次日交割方式，即“T＋1”交易制度，则除息日与登记日只差一个工作日。

4.股利支付日

股利支付日是公司将股利正式支付给股东的日期。在这一天，公司应通过邮寄等方式将股利支付给股东。目前在我国，公司可以通过中央结算登记系统将股利直接转入股东在证券公司开立的保证金账户。

【**例 11-1**】2015 年 4 月 24 日，宝山钢铁股份有限公司（股票交易代码 600019）2014 年年度股东大会审议通过了《关于 2014 年度利润分配的预案》。股东大会决议公告刊登在 2015 年 4 月 25 日的《上海证券报》、《中国证券报》、《证券时报》及上海证券交易所网站。具体内容如下。

(1)发放年度

发放年度为 2014 年度。

(2)发放范围

发放范围为截至 2015 年 5 月 13 日（股权登记日）下午上海证券交易所收市后，在中国证券登记结算有限责任公司上海分公司（以下简称中登上海分公司）登记在册的本公司全体股东。

(3)利润分配方案

本次利润分配以公司总股本 16471026024 股为基数，每股派现金红利人民币 0.18 元（含税）。

证券代码：600019。

证券简称：宝钢股份。

公告编号：临 2015-028。

共计派发现金股利总额为人民币 2964784684.32 元（含税）。

2014 年度公司不实施资本公积金转增股本等其他形式的分配方案。

(4)相关日期

股权登记日：2015 年 5 月 13 日。

除息日：2015 年 5 月 14 日。

现金红利发放日：2015 年 5 月 14 日。

(5)分派对象

截至 2015 年 5 月 13 日（股权登记日）下午上海证券交易所收市后，在中国证券登记结算有限责任公司上海分公司登记在册的公司全体股东。

(6)利润分配方案实施办法

公司股东宝钢集团有限公司的现金红利由本公司直接发放。

除上述股东外，本公司其他无限售流通股股东以及有限售条件流通股股东的红利委托中登上海分公司通过其资金清算系统向股权登记日登记在册并在上海证券交易所的各会员办理了指定交易的股东派发。已办理指定交易的投资者可于红利发放日在其指定的证券营业部领取现金红利，未办理指定交易的股东红利暂由中登上海分公司保管，待办理指定交易后再进行派发。

图 11-1 所示为宝钢股份 2014 年度股利发放程序图。

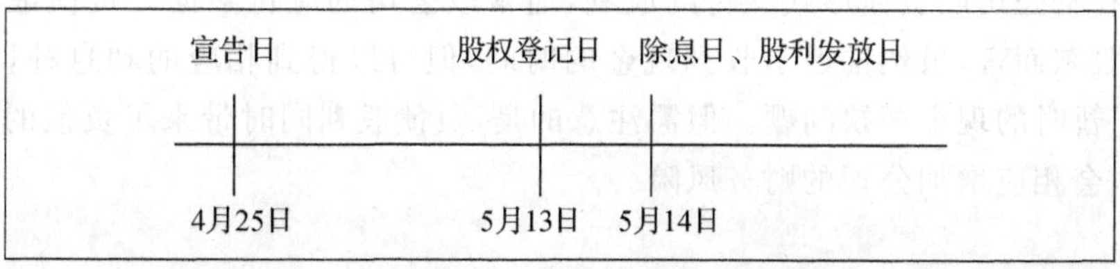

图 11-1　宝钢股份 2014 年度股利发放程序图

五、股利的种类

公司通常以多种形式发放股利，股利支付形式一般有现金股利、股票股利、财产股利和负债股利等，其中最为常见的是现金股利和股票股利。我国有关法律规定，股份有限公司只能采用现金股利和股票股利两种形式。

1. 现金股利

现金股利(cash dividend)是股份有限公司以现金的形式从公司净利润中划出来分配给股东的投资报酬，也称"红利"或"股息"。现金股利是股份有限公司最常用的股利分配形式。优先股通常用固定的股息率，在公司经营正常并有足够利润的情况下，优先股的年股利额是固定的。例如，某公司发行的优先股面值为1元，固定股息率为10%，那么在正常情况下，每股优先股可分得0.1元的现金股利。普通股没有固定的股息率，发放现金股利的次数和金额主要取决于公司的股利政策和经营业绩等因素。由于现金股利是从公司实现的净利润中支付给股东的，支付现金股利会减少公司的留存收益，因此发放现金股利并不会增加股东的财富总额。但是，不同的股东对现金股利的偏好是不同的，有的股东希望公司发放较多的现金股利，有的股东则不愿意公司发放过多现金股利。现金股利的发放会对股票价格产生直接的影响，在除息日之后，一般而言股票价格会下跌。如例11-1中的宝钢股份有限公司，宣布每股发放0.18元现金股利，股权登记日2015年5月13日宝钢股份的收盘价为8.58元/股，而除息日5月14日宝钢股份的收盘价为8.50元/股，接着的一个交易日，即5月15日宝钢股份的收盘价为8.16元/股。

2. 股票股利

股票股利(stock dividend)是股份公司以股票的形式从公司净利润中分配给股东的股利。股份有限公司发放股票股利，须经股东大会表决通过，根据股权登记日的股东持股比例将可供分配利润转为股本，并按持股比例无偿地向各个股东分派股票，增加股东的持股数量。发放股票股利不会改变公司的股东权益总额，也不影响股东的持股比例，只是公司的股东权益结构发生了变化，未分配利润转为股本，因此会增加公司的股本总额。股票股利的影响和意义将在本章第四节详细介绍。

3. 财产股利

财产股利是以现金以外的资产支付的股利，主要是以公司所拥有的其他企业的有价证券，如债券、股票，作为股利支付给股东。

4. 负债股利

负债股利是公司以负债形式支付的股利，通常以公司的应付票据等负债证券代替现金的发放。对股东而言，虽然推迟了收到现金的时间，但可以得到相应的利息补偿；对公司而言，则解决了暂时的现金短缺问题。但需注意的是，负债股利同时带来了负债的增加及留存收益的减少，会相应增加公司的财务风险。

第二节　股利理论

股利理论主要研究两个问题：一是股利的支付是否影响企业价值；二是股利的支付若会影响企业价值的话，使企业价值最大化的股利支付率是多少。在这个问题上，存在着不同的观点，形成了不同的股利理论。

一、股利政策无关论

该理论是由美国财务学家莫迪格莱尼和米勒于 1961 年提出的，故也被称为 MM 股利无关论。关于资金结构与企业价值的 MM 资金结构理论指出，在满足一定假设的前提下，企业的资金结构与企业价值无关。实际上，MM 资金结构理论同时还指出，在满足类似假设的前提下，企业的股利政策（即无论是用剩余现金流量支付的股利是多还是少）同样与其价值无关。

MM 股利无关理论以下面四个基本假设为前提：

(1)不存在个人和公司所得税，即股票价格上涨的资本利得和股票股利的现金所得之间所得税无差异；

(2)不存在股票发行费用和交易费用，证券市场是完全有效的资本市场，投资者和管理者一样可以公平地免费获得相同的信息，各种证券无限分散，任何投资者都不可能控制证券价格；

(3)公司的投资政策独立于股利政策；

(4)关于未来的投资机会，投资者和企业管理者之间信息是对称的。

在这些特定的假设条件下，MM 股利无关理论认为，假如某一公司发放给股东较高的股利，那么他们就必须发行更多的股票，其数额正好等于公司的股利。也就是说，在不改变投资决策和目标资金结构的条件下，公司若要增发股利，唯一的方法是靠增发新股的方式筹得投资所需资金。在完善的市场条件下，新股东购买股票愿付的价格必须与企业价值相一致。因此，这个活动的结果是新老股东之间的价值转移，即老股东将自己拥有的一部分资产转让给新股东，新股东则把同等价值的现金交付给老股东，企业价值保持不变。

MM 股利无关理论认为：

(1)在有关假设基础上，投资者将不会关心公司的股利分配，公司的股利政策将不会对公司的资产价值产生影响。

(2)公司股票的价格主要反映公司的投资方案和获利能力，与股利政策无关。

(3)公司用于投资的留存收益越多，公司越发展，投资效益越好，公司股价上涨得越快。因此，股东出售股票可获取丰厚的资本收益。

(4)股东的财富由分得的股利和股价升值而形成的资本利得两部分组成。股利的分派将导致公司增长的减退，进而引起股价的下跌。因此，股东从分派股利得到的好处正好被股价下跌而导致的损失所抵消，股利分配不影响股东财富的数量。

综上所述，对具有理性的投资者而言，在股利和资本利得的选择上并无明显的偏好，无论从公司或股东的角度来看，根本不存在最佳股利政策，公司的价值完全取决于投资决策的成败。虽然MM股利无关理论与实际情况相距甚远，但它为股利理论研究奠定了基础。

二、股利政策相关论

MM股利无关理论关于股利政策与公司价值无关的讨论与它们关于资金结构与公司价值无关的讨论一样，都是建立在一系列理想的假设之上的。但现实世界与MM理论假设的理想情景有很大的差异，MM的一些假设得不到很好的满足。事实上股利政策就可能对公司价值产生某种程度的影响。对此，许多财务学者和有关研究人员做了许多讨论，主要有以下四种理论。

(一)"在手之鸟"理论

"在手之鸟"理论来源于英国的格言"双鸟在林，不如一鸟在手"。该理论认为，投资者对于股利与资本利得这两种形式的收入具有不同的偏好，投资者更喜欢近期有确定收入的股利，而不喜欢远期且不确定的资本利得。股利可视为投资者的既得利益，好比在手之鸟；而股票价格的升降具有很大的不确定性，犹如林中之鸟，不一定能得到。因此，资本利得的风险要远远高于股利收入的风险。为此，投资者更愿意购买派发高股利的股票，从而导致该类股票价格的上涨。

"在手之鸟"理论的主要代表研究者有戈登、杜兰特和林特纳等。戈登指出，对于风险厌恶型的股东而言，由于股利是定期、确定的报酬，而未来的资本利得则缺乏确定性，因此，股东们更喜欢股利，对未来资本利得的允诺兴趣不大。据此，戈登认为，股利的支付可以减少投资者的不确定性，并使他们愿意按较低的普通股必要报酬率来对公司的未来盈利加以折现，从而使公司的价值得到提高。

相反地，不发放股利或降低股利支付率，而多留存公司的盈利进行再投资，以获得更多未来的资本利得，却会增大投资者的不确定性。因此，戈登和林特纳主张，就像还停留在丛林中尚未被抓到的两只小鸟比不上一只已抓在手中的鸟一样，发生在未来的资本利得，其风险高于目前已握在手中的股利。所以，为了使资金成本能降到最低、企业价值最大，公司应维持高股利支付率的股利政策。

但这一理论对股利政策的解释存在一定的疑问。从长远来看，不论是现金股利，还是资本利得，都需要有企业的实际业绩支撑才能真正实现。因此，尽管企业可以在短期内依靠资金的调度和安排满足既定数额的现金股利的发放，但如果没有长期盈利的业绩支持，必然会在某一时期无法保证优于以往的现金股利发放。相反，如果企业能够长期保持良好的盈利业绩，尽管市场在一段时期可能未能充分估计公司股票的价值而导致其价格被低估，但从长远看公司的实际价值一定会在股票价格上表现出来。因此，如果股票市场在较长时期内是一个有效率的市场，就不存在现金股利的风险一定低于资本利得的风险的结论，现金股利也就不一定优于资本利得。

(二)信号传递理论

MM股利无关理论关于股利政策与公司价值的讨论得以成立的基本假设之一，是投资者和公司的管理人员对公司的未来发展和收益情况有相同的了解和预期。但实际上，投资者对公司的实际状况和未来前途的了解远不如公司管理人员清晰，在这两者之间存在着信息不对称的情况。

信号传递理论认为，在信息不对称的情况下，公司可以通过股利政策向市场传递有关公司未来盈利能力的信息。一般说来，高质量的公司往往愿意通过相对较高的股利支付率把自己同低质量的公司区别开来，以吸引更多的投资者。对市场上的投资者而言，股利政策的差异或许是反映公司质量差异的极有价值的信号。如果公司连续保持较为稳定的股利支付率，那么，投资者就可能对公司未来的盈利能力与现金流量抱有较为乐观的预期。不过，公司以支付现金股利的方式向市场传递信息，通常也要付出较为高昂的代价。这些代价包括：(1)较高的所得税负担；(2)一旦公司因分派现金股利造成现金流量短缺，就有可能被迫重返资本市场发行新股，而这一方面会随之产生必不可少的交易成本，另一方面又会扩大股本，摊薄每股的税后盈利，对公司的市场价值产生不利影响；(3)如果公司因分派现金股利造成投资不足，并丧失有利的投资机会，还会产生一定的机会成本。尽管以派现方式向市场传递利好信号需要付出很高的成本，但为什么公司仍要选择派现作为公司股利支付的主要方式呢？这个难以破解的理论问题被布莱克(Black，1976)称之为“股利分配之谜”。

围绕“股利分配之谜”，经济学家们做出了各种各样的解释。其中，较有说服力的观点有四种。(1)声誉激励理论。该理论认为，由于公司未来的现金流量具有很大的不确定性，因此，为了在将来能够以较为有利的条件在资本市场上融资，公司必须在事先建立起不剥夺股东利益的良好声誉。建立“善待股东”这一良好声誉的有效方式之一就是派现。(2)逆向选择理论。该理论认为，相对于现金股利而言，股票回购的主要缺陷在于，如果某些股东拥有关于公司实际价值的信息，那么，他们就可能在股票回购过程中充分利用这一信息优势。当股票的实际价值低于公司的回购价格时，他们就会极力回避价值被高估的股票。于是，便产生了逆向选择问题，而派发现金股利则不存在这类问题。(3)交易成本理论。该理论认为，市场上有相当一部分投资者出于消费等原因，希望从投资中定期获得稳定的现金流量。对于这类投资者而言，选择稳定派现的股票也许是达到上述目的最廉价的方式。这是因为，倘若投资者以出售所持股票的方式来套现，就可能因时机选择不当而蒙受损失。况且，选择在何时以何种价位出售股票还需要投入许多时间和精力，这些交易成本的存在使得投资者更加偏好现金股利。(4)制度约束理论。该理论认为，公司之所以选择支付现金股利，是由于“谨慎人”的存在。这是指法律通常要求出于降低风险的考虑，信托基金、保险基金、养老基金等机构投资者只能持有支付现金股利的股票，并获得股利收入。如果公司不派现，那么，这种股票就会被排除在机构投资者的投资对象之外。

虽然股利分配的信号传递理论已为人们广泛接受，但也有一些学者对此持不同看法。他们的主要观点是：(1)公司目前的股利分配并不能帮助投资者预测公司未来的盈利能力；(2)高派现的公司向市场传递的并不是公司具有较好前景的利好消息，相反则是公司当前没有正现值的投资项目或公司缺乏较好投资机会的利空消息。不过，由于上述反对意见缺乏实证考察的支持，因此未能引起人们过多关注。

(三)税收差别理论

在不存在税收因素的情况下，公司选择何种股利支付方式并不重要。但是，如果对现金红利和来自股票出售的资本利得征收不同的税赋(如现金股利的税赋高于资本利得的税赋),那么,在公司及投资者看来,支付现金股利就不再是最优的股利分配政策。由此可见,在存在差别税赋的前提下,公司选择不同的股利支付方式,不仅会对公司的市场价值产生不同的影响,而且也会使公司(及个人)的税收负担出现差异。诚然如此,从逻辑上讲,一个好的股利政策除了应使融资成本和代理成本最小化之外,还应使税收成本最小化。在国外,投资者取得的股利和资本利得这两种形式的收入所适用的所得税税率是不相同的,资本利得的个人所得税税率通常要低于股利收入的税率(在我国,目前个人投资股票所获得的资本利得无须缴纳个人所得税),这就使得公司留存收益对投资者更有利,因此税收差别理论认为公司应当采取低支付率的股利政策,以实现资金成本最小化和企业价值最大化。此外,资本利得税要递延到股票真正出售时才发生,实际上是在公司留存收益而不支付股利的时候,给了投资者一个有价值的时机选择权,可以获得延迟纳税的好处。因此,即使政府对股利和资本利得这两种所得征收的税率相同,实际的资本利得税(以现值形式)也比股利收入税率要低。

税收差别理论的结论主要有两点:一是股票价格与股利支付率成反比;二是权益资金成本与股利支付率成正比。按照税收差别理论,企业在制定股利政策时必须采取低股利支付率政策,才能使企业价值最大化。

但是,这种理论也存在缺陷。因国外的投资者家庭年收入不同,其个人所得税税率也有很大的差异,低收入家庭的现金股利可能只需要缴纳税率很低的个人所得税,甚至根本不需要缴纳个人所得税,因此,那些个人所得税税率较低的投资者就可以也愿意选择发放现金股利较多的公司进行投资,那些个人所得税税率较高的投资者可以选择发放少甚至不发放现金股利的公司进行投资。只要各类投资者的数量足够多,大家就可以找到合适的投资对象,企业也可以找到相应稳定的筹资对象。如果是这样,就不存在现金股利与资本利得孰优孰劣的问题。

在我国,上市公司向股东派发现金股利要按照5%～20%税率代扣代缴个人所得税。也就是说,股东得到现金股利必须缴纳个人所得税。由于目前我国尚未建立起针对资本利得征收个人所得税的税收规定,如果股东出售股票获得资本利得只需支付必要的交易费用和印花税,不必缴纳个人所得税,那么,从税收的角度讲,在我国向股东分派现金股利对股东而言是不利的。

(四)代理理论

代理理论认为,股利政策实际上体现的是公司内部人与外部股东之间的代理问题。在存在代理问题的前提下,适当的股利政策有助于保证经理们按照股东的利益行事。而所谓适当的股利政策,是指公司的利润应当更多地支付给股东,否则,这些利润就有可能被公司的内部人所滥用。较多地派发现金股利至少具有以下几点好处:一是公司管理者要将公司的很大一部分盈利返还给投资者,于是他自身可以支配的“闲余现金流量”就相应减少了,而这又可在一定程度上抑制公司管理者过度地扩大投资或进行特权消费,进而保护外部投资者的利益。二是较多地派发现金股利,可能迫使公司重返资本市场进行新的融资,如再次发行股票。这一方面使得公司更容易受到市场参与者的广泛监督;另一方面,再次发行股票不仅为外部投资者借股份结构的变化对“内部人”进行控制提供了可能，而且再次发行股票后，公司的每股收益被摊薄，公司要维持较高的股利支付率，则需要付出更大的努力。因此，高水平的股利分配政策有助于缓解代理问题，并降低代理成本，但同时也增加了企业的外部融资成本。

一般而言，保持股利的稳定，并根据收益状况增加股利发放，可使投资者提高对企业的信任，有利于提高企业的财务形象，从而引起股价的上升，反之，则会引起股价的下跌。一般来说，投资者会根据股价变动来判断是否对企业进行投资，因而股价的升降将对企业产生重大影响，股利政策实际上将影响企业价值。

第三节　股利分配政策

股利分配政策是确定公司的净利润如何分配的方针和策略。公司的净利润是公司从事生产经营活动所取得的剩余收益，是股东对公司进行投资应得的投资报酬。从权益上讲，公司实现的净利润属于全体股东的权益，无论是以现金股利的形式给股东分红，还是作为留存收益留在公司内部，都属于股东的财富。公司将净利润以现金股利的形式分配给股东，股东可以用这些现金进行其他的投资或者用于消费；公司将净利润留存在公司内部，实际上是股东对公司进行再投资。因此，无论如何分配都没有改变净利润是股东财富的性质。但是，通过前面的股利理论分析可知，公司如何分配利润对股东财富具有现实的影响。这样，股利政策就成为公司财务管理的一项重要政策。

在实践中，公司的股利政策主要包括以下几个方面的内容：股利分配形式的确定；股利支付率的确定；每股股利的确定；股利分配时间的确定。其中，每股股利与股利支付率的确定是股利政策的核心内容，它决定了公司的净利润中有多少以现金股利的形式发放给股东，有多少留存收益能对公司进行再投资。一般而言，投资者对每股股利的变动会比较敏感。如果公司各年度之间的每股股利相差较大，就给市场传递了公司经营业绩不稳定的信号，不利于公司股票价格的稳定。

股份公司常用的股利政策主要有五种类型：剩余股利政策、固定股利政策、稳定增长股利政策、固定股利支付率政策和低正常股利加额外股利政策。

一、剩余股利政策

剩余股利政策是在公司有良好投资机会时，根据公司设定的最佳资金结构，测算出在最佳资金结构下投资所需的权益资金，先最大限度地使用留存收益来满足投资方案所需的权益资金，然后将剩余的收益作为股利发放给股东。这种股利政策的基本特点是企业如果有盈余，优先考虑投资的需要，如果满足投资需要后还有剩余，就用来发放股利，否则就不发放股利。“剩余”意味着只能用收益“多余部分”来支付红利。

采用剩余股利政策时，可以按照以下步骤实施：

(1)设定目标资金结构，即确定权益资金与债务资金的比率，在此资金结构下，加权平均资金成本将达到最低水平；

(2)确定公司下一年度的资金需要量；

(3)确定目标资金结构下投资所需的股东权益数额；

(4)最大限度地使用留存收益来满足投资方案所需的权益资金数额；

(5)投资方案所需权益资金已经满足后若有剩余盈余，再将其作为股利发放给股东。

【例 11-2】 某公司上一年度税后利润为 800 万元，今年年初公司讨论决定股利分配的金额。预计今年需要增加投资资金 1000 万元。公司的目标资金结构是权益资金占 60%，债务资金占 40%。公司采用剩余股利政策。筹资的优先顺序是留存收益、借款和增发股份。要求：公司可以用于分配现金股利的净额有多少？

解 公司应筹集的留存收益＝1000×60%＝600(万元)

股利可分配金额＝800－600＝200(万元)

【例 11-3】 某企业遵循剩余股利政策，其目标资金结构为资产负债率 60%。要求：(1)如果该年的税后利润为 60 万元，在没有增发新股的情况下，企业可以用于投资的最大支出是多少？(2)如果企业下一年度拟投资 100 万元，企业将支付多少股利？

解 (1)企业最大的投资支出＝60÷(1－60%)＝150(万元)

(2)企业支付股利＝60－100×(1－60%)＝20(万元)

剩余股利政策成立的基础是，大多数投资者认为，如果企业再投资的报酬率高于投资者在同样风险下其他投资的报酬率，他们宁愿把利润保留下来用于企业再投资，而不是用于支付股利。例如，如果企业有投资报酬率达 12%的再投资机会，而股东取得股息后再投资的报酬率只有 10%，则股东们愿意选择利润保留于企业。股东取得股利再投资后 10%的报酬率就是企业利润留存的成本。如果投资者能够找到其他投资机会，使得投资收益大于企业利用留存收益再投资的收益，则投资者更喜欢发放现金股利。这意味着投资者对于盈利的留存或发放股利毫无偏好，关键是企业投资项目的净现值必须大于零。

剩余股利政策的优点在于，可以最大限度地满足企业对再投资的权益资金需要，保持理想的资金结构，并能使综合资金成本最低。在例 11-2 中，如果公司不按剩余股利政策发放股利，将可向股东分配的 800 万元全部留用做投资(这样当年将不发放股利)，或全部作为股利发放给股东，然后再去筹借债务，这两种做法都会破坏目标资金结构，导致加权平均资金成本的提高，不利于提高公司的价值(股票价格)。

剩余股利政策也存在缺点。首先是忽略了不同股东对资本利得与股利的偏好，会损害那些偏好现金股利的股东利益，从而有可能影响股东对企业的信心。其次，企业采用剩余股利政策是以投资的未来收益为前提的，由于企业管理层与股东之间存在信息不对称，股东不一定了解企业投资的未来收益水平，也会影响股东对企业的信心。此外，如果较彻底地执行剩余股利政策，股利发放额就会每年随投资机会和盈利水平的波动而波动，即使在盈利水平不变的情况下，股利也将与投资机会的多寡呈反方向变动：投资机会越多，股利越少；反之，投资机会越少，股利发放越多。而在投资机会维持不变的情况下，股利发放额将因公司每年盈利的波动而同方向波动。

剩余股利政策不利于投资者安排收入与支出，也不利于公司树立良好的形象，一般适用于公司初创期。

二、固定股利政策

固定股利政策表现为每股股利支付额固定的形式。其基本特征是，不论经济情况如何，也不论企业经营好坏，不降低股利的发放额，将企业每年的每股股利支付额稳定在某一特定水平上保持不变，只有企业管理当局认为企业的盈利确已增加，而且未来的盈利足以支付更多的股利时，企业才会提高每股股利支付额。

这种股利政策的优点在于以下三个方面：

(1)固定的股利向市场传递着公司正常发展的信息，有利于树立公司的良好形象，增强投资者对公司的信心，稳定股票的价格。

(2)固定的股利额有利于投资者安排股利收入和支出，特别是那些对股利有着很高依赖性的股东更是如此。而股利忽高忽低的股票，则不会受这些股东的欢迎，股票价格会因此而下降。

(3)固定的股利政策可能会不符合剩余股利理论，但考虑到股票市场会受到多种因素的影响，其中包括股东的心理状态和其他要求，因此为了使股利维持在稳定的水平上，即使推迟某些投资方案或者暂时偏离目标资金结构，也可能要比降低股利或降低股利增长率更为有利。

固定股利政策的缺点在于，它会造成公司较高的财务负担。固定支付的股利与盈余相脱节，当盈余较低时仍要支付固定的股利，这可能导致资金短缺，财务状况恶化，而且还不能像剩余股利政策那样保持较低的资金成本。这种股利政策适用于盈利稳定或处于成长期的企业。

三、稳定增长股利政策

稳定增长股利政策是指在一定的时期内保持公司的每股股利稳定增长的股利政策。采用这种股利政策的公司一般会随着公司盈利的增加，保持每股股利平稳地增加。公司确定一个稳定的股利增长幅度，实际上是向投资者传递该公司经营业绩稳定增长的信息，可以降低投资者对该公司经营风险的担心，从而有利于股票价格上涨。公司在采取稳定增长股利政策时，要使股利增长幅度等于或略低于企业的利润增长幅度，这样才能保证股利增长具有可持续性。

此外，行业特点和公司经营风险也是影响公司是否应当采用稳定增长股利政策的重要因素。通常，公共事业行业的公司经营活动比较稳定，受经济周期影响较小，比较适合采用稳定增长股利政策，而一些竞争非常激烈的行业，由于公司经营风险较大，经营业绩变化较快，一般不适合采用这种股利政策。

稳定增长股利政策的优点和缺点类似于固定股利政策，二者具有同样的财务效应，因此，较多学者倾向于把这两种政策作为一类来进行介绍。

稳定增长股利政策适合于处在成长或成熟阶段的公司，在公司的初创阶段或衰退阶段则不适合采用这种股利政策。

四、固定股利支付率政策

固定股利支付率政策，是将每年盈利的某一固定百分比额度作为股利分配给股东。这一百分比通常称为股利支付率。股利支付率一经确定，一般不得随意变更。固定股利支付率越高，公司留存的净收益越少。在这一股利政策下，只要公司的税后利润一经计算确定，所应派发的股利也就相应确定了。

固定股利支付率政策的优点在于以下两个方面：一方面，采用该政策，股利与公司盈余紧密地配合，体现了多赚多分、少赚少分的股利分配原则。另一方面，由于公司的获利能力在年度间是经常变动的，因此，每年的股利也应当随着公司收益的变动而变动，并保持分配与留存收益间的一定比例关系。采用固定股利支付率政策，公司每年按固定的比例从税后利润中支付现金股利。从企业支付能力的角度看，这是一种有利于降低财务风险的股利政策。

固定股利支付率政策的主要缺点有：

(1)传递的信息容易成为公司的不利因素。大多数公司每年的收益很难保持稳定不变，如果公司每年收益状况不同，固定支付率的股利政策将导致公司每年股利分配额的频繁变化。而股利通常被认为是公司未来发展前景的信号传递，那么波动的股利向市场传递的信息就是公司未来收益前景不明确、不可靠等，很容易给投资者带来公司经营状况不稳定、投资风险较大的不良印象。

(2)容易使公司面临一定的财务压力。因为公司实现的盈利越多，固定支付比率下派发的股利就越多，但公司实现的盈利多，并不代表公司有充足的现金可用于派发股利，只能表明公司盈利状况较好而已。如果公司的现金流量状况并不好，却还要按固定比率派发股利的话，就很容易给公司造成一定的财务压力。

(3)缺乏财务弹性。股利支付率是公司股利政策的主要内容，模式的选择、政策的制定是公司的财务手段和方法。在不同阶段，根据财务状况制定不同的股利政策，会更有效地实现公司的财务目标。但在固定股利支付率政策下，公司丧失了利用股利政策的财务选择权，缺乏财务弹性。

(4)要确定合适的固定股利支付率难度较大。如果固定股利支付率定得较低，不能满足投资者对投资收益的要求；而若固定股利支付率定得较高，没有足够的现金派发股利时会给公司带来巨大财务压力，另外当公司需要大量资金时，也要受其制约。

由于公司每年面临的投资机会、筹资渠道都不同，而这些都可以影响到公司的股利分派，固定股利支付率政策只是比较适用于那些处于稳定发展且财务状况比较稳定的公司，所以，一成不变地奉行一种按固定比例发放股利的政策的公司在实际中并不多见。

五、低正常股利加额外股利政策

低正常股利加额外股利政策是介于固定股利与固定股利支付率之间的一种股利政策。其特征是：企业一般每年都支付较低的固定股利，当盈利增长较多时，再根据实际情况加付额外股利，即当企业盈余较低或现金投资较多时，可维持较低的固定股利，而当企业盈利有较大幅度增加时，则加付额外股利。

这种分配政策的优点有两个：一方面，吸收了稳定股利的优点，同时又摒弃了其不足，使公司在股利发放上留有余地和保持弹性。当公司盈余较少或投资需用较多的资金时，维持设定的较低但正常的股利，股东不会有股利跌落感；而当盈余有较大幅度增加时，则可适度增发股利，把经济增长的部分利益分配给股东，使他们增强对公司的信心，这有利于稳定股票的价格。因此，该政策是灵活性最大的股利政策。另一方面，可使那些依靠股利度日的股东每年至少可以得到虽然较低但比较稳定的股利收入，从而吸引住这部分股东。

低正常股利加额外股利政策也存在缺点，主要表现在：其一，公司在盈利较少或无盈利时，仍需支付正常股利。尽管所付的正常股利数额可能不大，但毕竟股利的支付会增加公司资金的流出，这对于本来资金就很紧张的公司而言，无疑是“雪上加霜”。其二，如果公司经营状态良好，盈利较多，并持续地支付额外股利，这又很容易提高股东对股利的期望值，从而将额外股利视为“正常”股利，一旦公司盈利下降而减少额外股利时，便会招致股东极大的不满。

这种股利政策适用于盈利与现金流量波动且不够稳定的企业，因而也被大多数企业所采用。

以上各种股利政策各有所长，公司在分配股利时应借鉴其基本决策理念，根据实际情况制定一套比较适合公司的股利政策。

第四节 股票股利、股票分割与股票回购

一、股票股利

股票股利是公司以发放股票作为股利的支付方式。股票股利的具体办法有送股与配股两种。

送股是指公司将未分配利润或盈余公积金转为股本，按增加的股票比例派送给股东，如“10 送 4”的股票股利是指持有 100 股的股东可无偿分到 40 股。送股具体又分两种：一种是以未分配利润送股；另一种是以公积金送股。

配股则是指公司在增发股票时，将股票以一定比例按优惠价格出售给原有股东。配股有时也可以作为公司再次筹资发行新股时采取的一种发行方式。

配股和送股的区别在于：(1)配股是有偿的，送股是无偿的；(2)配股成功会使公司现金增加；(3)配股实质上是给予原有股东的补偿，是给予他们一种优惠购买股票的权利。这种做法的目的在于保护原有股东对公司的控制权。

(一)股票股利的意义

股票股利尽管不直接增加股东的财富，也不增加企业的价值，但对股东和企业都有特殊意义。

1. 股票股利对股东的意义

(1)获得股票价值相对上升的利益。公司发放股票股利后其股价并不会成比例下降；一

般在发放少量股票股利(如2%～3%)后,大体不会引起股价的立即变化。这可使股东获得股票价值相对上升的收益,即填权收益,否则就会发生贴权。成长或发展中的公司发放股票股利同时还结合现金股利,股东会因所持股数增加而得到更多的现金。因此,发放股票股利能为投资者带来更多收益的这种心理影响,往往有利于股价的上升。

【例11-4】 某公司宣布发放10%的股票股利,然后每股再支付现金股利2元,某投资者拥有100股,计算其可得现金股利的金额。

解　2×100×(1+10%)=220(元)

而若不发放股票股利,该股东所得现金股利只有200元。

(2)发放股票股利通常是成长阶段的公司所采用的利润分配形式,因此投资者往往认为发放股票股利预示着公司将会有较大发展,利润将大幅度增长,足以抵消增发股票带来的消极影响,这种心理会带来稳定股价甚至导致股价上升的效应。

(3)在股东需要现金时,还可以将分得的股票股利出售,大部分国家税法规定出售股票所需承担的税率比收到现金股利所需承担的税率低,这使得股东可以从中获得节税收益。

(4)发放股票股利后,由于增加了股份数,每股净资产会下降。与此同时,如果股票市场价格下跌幅度大于每股净资产下降的幅度,则会给股东造成实质性的损失,这就是股票股利对股东而言的最大缺点。

2.股票股利对公司的意义

(1)发放股票股利使公司可以留存利润,也就是避免了大量现金的流出,便于进行再投资,这样有利于公司的长远发展。

(2)发放股票股利可以降低每股市场价格,在企业盈利和现金股利不变的情况下,会吸引更多的投资者。

(3)发放股票股利往往会向投资者传递公司将会继续发展的信息,从而提高投资者对企业的信心,在一定程度上稳定股票价格。

(4)股票股利对公司而言的主要缺点是它的管理费用比现金股利高得多,从理论角度而言,这笔管理费用是股东的损失,因为公司不以股票股利支付形式进行股利分配,节约的管理费用就会使公司的利润有所增加。另外,公司采用股票股利形式,有可能传递公司现金周转不灵的信息,特别是当公司财务报表所反映的投资报酬率低于投资者的预期或投资项目运转不良时尤其如此,从而会影响到公司的财务形象和再筹资能力,降低投资者对企业的信心,导致公司股价下跌。

(二)股票股利对公司权益的影响

股票股利不直接增加股东的财富,不导致公司资产的流出或负债的增加,同时也不增加公司的财产,但是会引起股东权益各项目的结构发生变化。

【例11-5】 天海公司在发放股票股利前,股东权益情况见表11-1。

表 11-1　天海公司发放股票股利前股东权益情况表

项目	金额(万元)
普通股(面额 1 元,已发行 20 万股)	20
资本公积	40
未分配利润	200
股东权益合计	260

假定公司宣布按市价发放 10％的股票股利,即发放 2 万股普通股股票,并规定现有股东每持 10 股可得 1 股新发放股票。若该股票当时市价为 20 元,随着股票股利的发放,需从“未分配利润”项目转出的资金为 20×20×10％＝40(万元)

由于股票面额(1 元)不变,发放 2 万普通股,只应增加“普通股”项目 2 万元,其余的 38 万元(40 万元－2 万元)应作为股票溢价转至“资本公积”项目,而公司股东权益总额保持不变。发放股票股利后,公司股东权益各项目见表 11-2。

表 11-2　天海公司发放股票股利后股东权益情况表

项目	金额(万元)
普通股(面额 1 元,已发行 22 万股)	22
资本公积	78
未分配利润	160
股东权益合计	260

可见,发放股票股利,不会对公司股东权益总额产生影响,但会发生资金在各股东权益项目间的再分配。

【例 11-6】××上市公司在 2016 年发放股票股利前,其资产负债表中的股东权益账户情况具体见表 11-3。

表 11-3　××上市公司发放股票股利前股东权益情况表

项目	金额(万元)
普通股(面额 1 元,已发行 2000 万股)	2000
资本公积	4000
盈余公积	2000
未分配利润	3000
股东权益合计	11000

假设该公司宣布按面值发放 30％的股票股利,现有股东每持有 10 股,即可获得赠送的 3 股普通股。该公司发放的股票股利为 600 万股,随着股票股利发放,未分配利润中有 600 万元的资金要转移到普通股的账户上去,因而普通股股本由原来的 2000 万元增加到 2600 万元,而未分配利润的余额由 3000 万元减少至 2400 万元,但该公司的股东权益总额并未发生改变,仍是 11000 万元,股票股利发放之后的资产负债中的股东权益部分见表 11-4。

表 11-4　××上市公司发放股票股利后股东权益情况表

项目	金额(万元)
普通股(面额 1 元,已发行 2600 万股)	2600
资本公积	4000
盈余公积	2000
未分配利润	2400
股东权益合计	11000

假设某位股东在派发股票股利之前持有公司的普通股 3000 股,那么,他拥有的股权比例为

3000 股÷2000 万股×100%=0.015%

派发股利之后,他拥有的股票数量和股权比例为

3000 股+900 股=3900(股)

3900 股÷2600 万股×100%=0.015%

通过上例可以说明,由于公司的净资产不变,而股票股利派发前后每一位股东的持股比例也不发生变化,那么他们各自持股所代表的净资产也不会改变。

需要指出的是,在例 11-4 中以市价计算股票股利价格的做法,是很多西方国家所通行的;除此之外,也有的按股票面值计算股票股利,我国目前即采用这种做法,如例 11-5。

发放股票股利后,如果盈利总额和市盈率不变,会由于普通股股数增加而引起每股收益和每股市价的下降,但又由于股东所持股份的比例不变,每位股东所持股票的市场价值总额仍保持不变。

(三)股票股利对股价的影响

在上市公司分红时,我国股票投资者普遍都偏好送股。对于股东而言,采取送股的形式分配利润将优于不分配利润。这种方式不会改变股东的持股比例,也不增减股票的含金量,但送股却有可能提高股票投资者的收益,其依据如下:

(1)按照我国的现行规定,上市公司的股东不论是自然人还是法人都要依法承担纳税义务,持股人必须缴纳股票收益(股利)所得税,缴纳额为股利的 5%~20%。而上市公司发放股票股利时,股东不必承担纳税义务。

(2)在股票供不应求阶段,送股增加了股东的股票数量,在市场炒作下有利于股价的上涨,从而有助于提高投资者的价差收入(资本利得)。

(3)送股以后,股票的数量增加了,同时由于除权降低了股票的价格,就降低了购买这种股票的门槛,改变了股票的供求关系。

【例 11-7】 某股票在股权登记日的收盘价为 15 元,拟定的分配方案为每 10 股送 8 股,计算除权价。

解　$\text{除权价}=\dfrac{\text{股权登记日的收盘价}}{1+\text{每股送股率}}=\dfrac{15}{1+0.8}=8.33\ (\text{元})$

该股票除权日的开盘价基数理论上就由 15 元降到 8.33 元,股东如果需要现金,可以通过卖出股票获得。如果该股票的股价由 8.33 元继续上涨,称为股价填权。虽然绝对股价下

降，但相对股价上升，如果上升至 15 元，则称填满权。如果该股票的股价由 8.33 元下降，则称作股价贴权。

由此可见，发放股票股利能达到降低公司绝对股价的目的。

二、股票分割

（一）股票分割的概念

股票分割又称拆股，是指股份公司用某一特定数额的新股按一定比例交换一定数额流通在外的股份的行为。例如，将原来的 1 股股票交换成 10 股股票。股票分割不属于利润分配的方式，但其所产生的效果与发放股票股利近似。

从会计角度而言，股票分割对公司的资金结构、资产的账面价值、股东权益的各账户（普通股、资本公积、盈余公积、未分配利润等）都不产生影响，只是使公司发行在外的股票总数增加，每股股票代表的账面价值降低，因此，股票分割与发放股票股利的作用非常相似，都是在不增加股东权益的情况下增加股票的数量。所不同的是股票分割导致的股票的增加数量可以远远大于发放股票股利，而且在会计处理上也有所不同。从实务上看，由于股票分割与股票股利非常接近，所以一般要根据证券管理部门的具体规定对两者加以区分。有的国家证券管理部门规定，发放 25％以上的股票股利即属于股票分割。

（二）股票分割的意义

1. 降低公司股票价格

股票分割是在不增加股东权益的情况下增加流通中的股票数量，分割后每股股票所代表的股东权益的价值将降低，每股股票的市场价格也将相应降低。当股票的市场价格过高时，股票交易会因每手交易所需的资金量过大而受到影响，特别是许多小户、散户，因资金实力有限而难以入市交易，从而使这类股票的流通性降低，股东人数减少。因此，许多公司在其股价过高时采用股票分割的方法降低股票的交易价格，提高公司股票的流通性，使公司的股东更为广泛。

2. 传递公司远期良好信号

一般而言，股票分割往往是成长中的公司所为，因此，企业进行股票分割往往被视为一种利好消息而影响其股票价格，这样公司股东就能从股份数量和股票价格中获得相对收益。

3. 增加股东的现金股利

股票分割在有些情况下也会增加股东的现金股利。尽管股票分割后各股东持有的股数增加，但持股比例不变，持有股票的总价值不变。不过，只要股票分割后每股现金股利的下降幅度小于股票分割幅度，股东仍能多获现金股利。例如，假定某企业股票分割前每股现金股利 3 元，某股东持有 100 股，可分得现金股利 300 元；企业按 1∶2 的比例进行股票分割后，该股东股数增为 200 股，若现金股利降为每股 1.8 元，该股东可得现金股利 360 元，仍大于其股票分割前所得的现金股利。

4. 有利于公司购并的实施

在购并另一家公司之前，首先对自己公司的股票进行分割，可以提高对被购并方股东的吸引力。

5. 为新股发行做准备

在新股发行之前利用股票分割降低股价，有利于提高股票的可转让性和促进市场交易活动，由此增加投资者对股票的兴趣，促进新发行股票的销售。

与股票分割相反，企业有时也进行股票合并操作。股票合并又称合股、逆向分割或反分割，即公司 1 股新股换取 1 股以上的旧股。显然，股票合并将减少流通在外的股票数量，提高每股股票的面值和其所代表的净资产的数额，进而提高股票的市场价格。股票合并通常是一些业绩不佳、股价过低的公司进行的，它们希望通过这种操作来提高股票价格，使之达到一个合理的交易价格水平。公司实行股票合并一般会传递公司处于财务困境的信息，因此，在实际工作中，除公司兼并之外，很少有股票合并的现象。

(三)股票分割与股票股利的比较

1. 股票分割与股票股利对公司的影响

二者对公司影响的共同之处在于公司股东权益总额均不会发生变化。

而二者对公司的影响也存在不同的地方。股票股利将使股本总数扩大，公司留存收益减少，每股面值不变；而股票分割则不影响公司的股本总额和留存收益，仅使公司股票的每股面额下降。

2. 股票分割与股票股利对市场的影响

两者对市场影响的共同点在于，对投资者传递了较为积极的信号。

然而两者对市场的影响也存在不同，股票分割必定能够促使股票市价下降，而股票股利则不一定。一般而言，股票股利的数额较大时，才可能使股票市价大幅下降。因此，只有在公司股价急剧上涨且预期难以下降时，才会采用股票分割的方法降低股价。而在公司股价上涨幅度不大时，通常采用发放股票股利的方法将股价维持在理想的范围之内。

三、股票回购

(一)股票回购的概念

股票回购是指上市公司从股票市场上购回本公司一定数额发行在外股票的行为。公司在股票回购完成后可以将所回购的股票注销，但在绝大多数情况下，公司将回购的股份作为“库藏股”保留，仍属于已发行的股份，但不参与每股收益的计算和收益分配。库藏股可以作为员工激励方案、发行可转换债券等用途，或在需要资金时将其出售。

股票回购既是一项重要的股利政策，也是完善公司治理结构、优化公司资金结构的重要途径。股票回购作为成熟证券市场上一个常见的公司财务活动，不仅对市场参与各方产生一定的影响，而且为上市公司本身带来显著的财务效应。

股票回购最早产生于美国，起源于公司规避政府对现金红利的限制。1974 年前后，美国政府对公司支付现金红利施加了限制条款，许多公司转而采用股票回购方式向股东分配收益。

在相对成熟的美国证券市场上，股票回购的方式主要有以下几种：

(1)公开市场回购，即公司在股票的公开交易市场上回购股票。这种方法的缺点是在公开市场购买时会推高股价，从而增加回购成本。另外，交易税和交易佣金也是不可忽视的成本。

(2)要约回购，即公司以事先确定的价格向市场要约回购股票。为吸引投资者出售持有的股票，要约价格一般会定得略高于市价。如果愿意售回的股票多于要约数量，公司按一定的配购比例向股东配购。

(3)协议回购。当公司欲从一个或几个主要股东处回购股票时，一般会采用这种方式。但这种交易需要制定合理价格，防止大股东借此高价向公司出售股票，损害未收回股份股东的利益。

股票回购必须遵守国家有关的法律法规。我国法律规定，公司一般不得收购本公司股票，但是，有下列情形之一的除外：(1)减少公司注册资本；(2)与持有本公司股份的其他公司合并；(3)将股份奖励给本公司员工；(4)股东因对股东大会做出的公司合并、分立决议持异议，要求公司收购其股份。公司因上述第(1)～(3)项的原因收购本公司股份的，应当经股东大会决议。公司依照上述规定收购本公司股份后，属于第(1)项情形的，应当自收购之日起十日内注销；属于第(2)和第(4)项情形的，应当在六个月内转让或者注销。

(二)股票回购的意义

1.可以作为一种反收购措施

股票回购在国外经常是一种重要的反收购措施，此举有助于公司管理者避开竞争对手企图收购的威胁。股票回购导致股价上升和公司流通在外的股票数量减少，从而使收购方要获得控制公司的法定股份比例变得更为困难。股票回购后，公司流通在外的股份少了，可以防止浮动股票落入进攻企业手中(不过，由于回购的股票无表决权，回购后进攻企业持股比例也会有所上升，因此公司需将回购股票再卖给稳定股东，才能起到反收购的作用)。在反收购战中，目标公司通常在股价已上升后实施股票回购，此举使得目标公司流动资金减少，财务状况恶化，减弱了公司作为被收购目标的吸引力。

2.有利于公司调整资金结构，获得财务杠杆利益

当公司管理当局认为，其权益资金在整个公司资金结构中所占的比例过高，资产负债率过低时，就有可能利用留存收益或通过对外举债来回购企业发行在外的普通股。实践证明，该方法有利于迅速提高公司的资产负债率。

无论是用现金回购还是负债回购股份，都会改变公司的资金结构，提高财务杠杆比例。在现金回购方式下，假定公司中长期负债规模不变，则伴随股票回购而来的是股权资金在公司资金结构中的比重下降，公司财务杠杆比例提高。在用增加债务回购股份的方式下，一方面是公司中长期负债增加，另一方面是股权资金比重下降，公司财务杠杆比例提高。公司资金结构中权益资金比重的下降和公司财务杠杆比例的提高，一般而言会导致两个相互联系

的结果：一是公司加权平均资金成本的变化；二是公司财务风险可能随债务比重增大到一定点之后而增大。所以，公司股票回购必须考虑优化其资金结构，合理发挥其财务杠杆作用。

3. 有利于稳定股价

过低的股价无疑将对公司经营造成严重影响。如果股价过低，会使人们对公司的信心下降，使消费者对公司产品产生怀疑，削弱公司出售产品、开拓市场的能力。在这种情况下，公司回购本公司股票以支撑公司股价，有利于改善公司的市场形象。股价在上升过程中，投资者又重新关注公司的运营情况，消费者对公司产品的信任增加，公司也有了进一步配股融资的可能。因此，在股价过低时回购股票，是维护公司形象的有利途径。在西方国家，股份回购也是政府稳定股市的重要手段之一。无论是美国 1987 年的“黑色星期一”、1997 年亚洲金融危机、还是“9·11”事件发生后，在市场暴跌出现恐慌时，监管部门为保持市场的稳定，一般都会放松管制，允许上市公司动用资金，甚至向上市公司提供低息优惠贷款购买股票，以防止股市崩盘。

4. 有助于股东获得节税收益

在美国，现金股利要按普通收入所得税税率纳税，而资本利得就可以享有较低的优惠税税率。股东通过回购股票得到的现金只有在回购价格超出股东的购买价格时才需纳税，并且是按照较低的优惠税税率缴纳的。股票回购使得股东能够以较低的资本利得税取代现金股利必须缴纳的较高的普通个人所得税。由于个人资本利得税低于股利收入税，且可以延期支付，加大了公司以股票回购来代替现金股利支付的动力。我国股利的个人所得税税率为 5%～20%，而股票转让所得的个人所得税还未征收，将来需要卖出股票换取现金时只需付出与成交额成一定比例的佣金、过户费和印花税。因此，通过股票回购，用提高股价的方式代替向股东支付现金股利，对公司和股东均有好处。

5. 有助于配置公司的超额现金

如果公司的现金超过其投资机会的需要量，但又没有较好的投资机会可以使用该笔现金，最好是分配股利。但出于股东避税、控股等多种因素的考虑，就可能通过股票回购而非现金股利的方式进行分配。这是因为，股票回购会引起每股收益和每股市价的上升。假定市盈率不变，则股东所持有的股份的总价值将会随之增加，从而起到了分配超额现金的作用。

6. 可作为实施股权激励计划的股票来源

公司实施管理层或者员工股票期权计划，直接发行新股会稀释原有股东权益，而通过回购股份再将该股份配置给员工则既满足了员工的持股需求，又不影响原有股东的权益。

（三）股票回购对公司利润的影响

当一个公司实现股票回购时，股价将发生变化，这种变化是两种效应的叠加：一种是，股票回购后公司股票的每股净资产将发生变化。在假设净资产收益率和市盈率都不变的情况下，股票的净资产和股价存在一个不变的参数关系，也就是净资产倍数。因此，股价将随着每股净资产的变化而发生相应的变化，而股票回购中净资产的变化可能是向上的，也可能是向下的。另一种是，由于公司回购行为的影响，以及投资者对此的心理预期，将促使市场看好该股，从而使该股股价上升，这种影响一般总是向上的。

【例 11-8】 假设 A 公司股本为 1 亿股，全部为可流通股，每股净资产为 2 元，在不同情况下回购股票，对公司有不同的影响。

(1)股票价格低于净资产。假设股票价格为 1.5 元，在这种情况下，假设回购 30%即 3000 万股流通股，回购后公司净资产总额为 1.55 亿元，回购后总股本为 7000 万股，则每股净资产上升为 2.21 元，将引起股价上升。

(2)股票价格高于净资产，但股权融资成本仍高于银行利率。在这种情况下，公司进行回购仍是有利可图的，可以降低融资成本，提高每股收益。假设 A 公司每年利润为 3000 万元，全部派发为红利，银行一年期贷款利率为 10%，股价为 2.5 元。公司股权融资成本为 12%，高于银行利率 10%。若公司用银行贷款来回购 30%的公司股票，则公司利润变为 2250 万元(即 3000－10000×30%×2.5×10%，未考虑税收因素)，公司股本变为 7000 万股，每股收益上升为 0.321 元，较回购前的 0.3 元上升了 0.021 元。

(3)其他情况。在非上述情况下回购股票，无疑将使每股收益下降，损害公司股东(指回购后的剩余股东)的利益。因此，这时股票回购只能作为股市大跌时稳定股价、增强投资者信心的手段，也或者是反收购战中消耗公司剩余资金的"焦土战术"，这种措施并不是任何情况下都适用的。因为短期内股价也许会上升，但从长期来看，由于每股收益的下降，公司股价的上升只是暂时现象，因此若非为了应付非常状况，一般无须采用股票回购。

(四)股票回购的负面效应

股票回购是一把双刃剑，在正确认识股票回购的积极意义的基础上，必须对股票回购可能带来的负面效应保持清醒的头脑。

1. 股票回购会带来财务风险

一般而言，股票回购因减少总股本，在利润预期不变的情况下，可以增加每股收益，从而使股价上升。但具体到某一公司，如果利用债务资金回购股票，会使资产负债率提高，公司债务负担增加，财务风险加大。尤其是当公司总资产报酬率小于借款利率时，公司净资产收益率会低于总资产报酬率。随着资产负债率的提高，公司净资产收益率将会加速降低，公司将为此承担较大的财务风险。所以，在一般情况下，上市公司不应仅仅为了追求财务杠杆效应而进行股票回购，对于高资产负债率的企业特别应该注意。

2. 股票回购会产生支付风险

由于股票回购需要大量的现金支出，因此不可避免地会对上市公司形成很大的支付压力。例如，如果用于股票回购的现金支出高于其可供分配利润和经营活动产生的现金净流量，即使公司的流动比率和速动比率较高，具有良好的支付能力，但一次性支付巨额资金用于股票回购，仍将会对企业的资金运营带来一定的影响，使之面临严峻的支付风险。

3. 股票回购容易导致内幕交易操纵股价

公司可能利用股票回购操纵股价，误导投资者，导致证券的管理混乱，损害中小股东的利益。

【例 11-9】 某公司 2016 年的有关资料如下：

(1)息税前利润 800 万元；

(2)所得税税率为25%；

(3)总负债为200万元,负债平均成本率为10%；

(4)普通股预期报酬率为15%；

(5)发行普通股,股数为60万股(每股面值1元),账面价值10元。

现知该公司可以增加400万元债务,以便以现行市价购回股票。假设该项措施使得负债平均成本率上升至12%,普通股预期报酬率上升1%,则该方案是否可行?

解 (1)根据以上资料,实施股票回购方案前的计算如下:

税前利润=800－200×10%=780(万元)

税后净利润=780×(1－25%)=585(万元)

每股利润=585÷60=9.75(元)

股票市价=9.75÷15%=65(元)

(2)若实施了该股票回购方案,则

税前利润=800－(200＋400)×12%=728(万元)

税后净利润=728×(1－25%)=546(万元)

剩余的股份数额=600000－(4000000÷65)=538462(股)

每股利润=5460000÷538462=10.14(元)

股票市价=10.14÷(15%＋1%)=63.38(元)

显然,公司回购股票会使股票的价格降低,即公司的总价值会降低,所以该方案是不可行的。

总之,虽然从各种法规角度而言,股票回购不一定可行,但是从理论上讲,它确实是股份公司可以采用的一种股利支付、筹集资金、调整资金结构、企业兼并和掌握控制权的有效方法。

课后思考

1.请简述企业税后利润分配应该遵循的法定程序。

2.企业利润分配的原则有哪些?

3.企业股利支付的方式有哪几种?企业应当如何选择?

4.请简要说明股利支付的程序。

5.企业在制定股利政策时应该考虑的因素有哪些?

6.目前主要的股利相关论的代表性观点有哪些?

7.简述不同股利政策的内容和特点。

8.请比较现金股利和股票股利对企业财务状况的不同影响。

9.请说明股票股利和股票分割的异同。

10.请介绍股票回购的含义和意义。

案例讨论

格力电器2014年利润分配方案

随着2014年白电上市公司年报公布完毕,各企业分红预案也一一与股民见面,一向大方的格力电器更是凭借“10 转 10 派 30”的慷慨分红，登榜新闻头条。整体而言，鉴于上市公司分红与净利润直接挂钩，2014 年 13 家白电上市公司中，以格力、美的、海尔为代表的 8 家企业提出分红预案，而这之中，7 家均获得营收、利润的双增长。

毫无悬念的是，家电业三大龙头股依然延续历年态势，派发丰厚分红。其中，行业一哥格力推出“最豪爽的年报分红预案”——10 转 10 派 30。以 30 亿总股本计，每股派现 3 元，格力电器此次共分红派现超过 90 亿元，分红比例超 60%。回顾历年格力及其他企业的分红表现，称呼格力为家电业的“现金奶牛”一点也不过分。

事件回放：2015 年 4 月 27 日晚，格力电器（沪市 000651）公布 2014 年年报，(1)全年看，公司实现营业总收入 1400.05 亿元，同比增长 16.63%；利润总额 167.52 亿元，同比增长 29.95%；实现归属于上市公司股东的净利润 141.55 亿元，同比增长 30.22%，基本每股收益 4.71 元/股，同比增长 30.47%。(2)从第四季度单季看，公司实现营业收入 393.40 亿元，同比增长 27.66%；实现归母公司净利润 43.28 亿元，同比增长 31.46%。(3)2014 年利润分配方案为 10 转 10 派 30 元。

1. 现金分红率超市场预期，价值股属性凸显

从历史情况，从 2011 年以来，格力电器加大了现金分红力度，2012、2013 年分别为 40.76%、41.50%，而此次的分红预案为 10 派 30 元，现金分红率高达 63.75%，对应的 2014 年股息率为 5.85%，这在降息周期中投资价值凸显。

2. 全年毛利率提升明显净利率仍有提升

(1)从全年看，毛利率为 37.1%，同比提升 4.1 个百分点；销售费用提升 1.9 个百分点至 20.6%，管理费用率下降 0.8 个百分点至 3.4%，财务费用率下降 0.6 个百分点至−0.7%，三项费用整体为 23.4%，整体提升 0.5 个百分点；最终净利率提升 1.1 个百分点至 10.1%。

(2)从单季看，由于 2013 年第四季度毛利率处于 40.6%的高位，2014 年第四季度同比有所下降，但仍处在 38.5%的较高水平；销售费用率下降 2.7 个百分点至 21.8%，管理费用率下降 2.5 个百分点至 2.7%，财务费用率下降 0.1 个百分点至−0.1%；2014 年第四季度三项费用率整体为 24.4%，同比下降 5.4 个百分点；净利润提升 0.3 个百分点至 10.8%。

3. 2015 年业绩稳定增长仍然可期待

一方面公司价格战将带来新一轮的行业洗牌，强者恒强，龙头股份额仍将提升，另一方面，2015 年以来钢价持续下行，而铜、铝、塑料件也保持低位运营，原材料价格低位仍将提高毛利率。而此外，从 2014 年的资产负债表中可以看出，其他流动负债额为 485.85 亿元，同比增长 57.15%；其中，销售返利为 466.59 亿元，同比增长 61.86%，由此可以判断 2015 年的公司业绩仍能保持平稳增长。

（资料来源：同花顺投资软件·研报大全）

讨论问题

(1)查阅资料了解格力电器公司的基本情况。

(2)比较格力电器同业的白色家电行业其他公司的 2014 年利润分配方案。

(3)请具体说明格力电器 2014 年高发放率分配方案的缘由及其影响。

第三篇

财务管理的拓展

第十二章　公司重组、兼并和清算

学习目标

- 掌握公司并购的概念与类型。
- 理解资产剥离和公司分立的动因与效应。
- 掌握企业重整的含义与程序。
- 理解财务危机的预警模型与方法。
- 了解破产清算预算的编制及破产财产的分配顺序。

引导案例

家电行业大型跨国并购尘埃落定

2016 年 4 月家电行业备受关注的两项跨国并购，近期都尘埃落定，就在同一天，美的与东芝宣布签署正式股权转让协议。美的以 537 亿日元获得东芝家电业务 80.1%的股权。夏普也宣布接受鸿海旗下富士康下调 1000 亿日元的收购提议，收购完成后富士康获得夏普三分之二的股权，日本“白电三巨头”一天内两家易主。

美的与鸿海“得偿所愿”，两家中国企业通过对日本家电巨头的收购，都获得了各自想要的东西。

根据美的与东芝的协议，美的和东芝将分别持有东芝生活电器株式会社(TLSC) 80.1%和 19.9%的股权，该业务将继续在东芝品牌及 TLSC 公司名称下开发、生产和销售白色家电产品，如冰箱、洗衣机、吸尘器及其他小家电。TLSC 集团中从事家电业务的员工将继续在 TLSC 集团工作。美的将获得东芝品牌 40 年的全球许可。此外，美的将获得超过 5000 项和家电相关的专利，并被授权使用由东芝持有的其他家电相关的专利。

美的董事长兼总裁方洪波表示，在美的现有强大家电以及暖通空调业务基础上，东芝家电带来了家喻户晓的品牌、优秀的团队和先进的技术，这将会显著增强美的在日本、东南亚及全球市场的竞争力。家电行业观察人士刘步尘则认为，在日本本土市场上，东芝白电产品市场占有率保持在前三或前四，美的此番收购东芝最大的价值在于为美的赢得了全球门槛最高的日本市场。他还预计 2016 年东芝对美的集团的营收贡献不低于 25 亿美元(约合 160 亿～170 亿元人民币)。

而鸿海则如愿以偿获得夏普的绝对控制权。根据协议，富士康及其关联公司将向夏普增资3888亿日元(约合人民币224亿元),获得夏普66%的普通股股权和1136.36万股特别股。这些股票可于2017年7月1日以1∶100的比例转换为夏普的普通股。届时,富士康持有夏普的股份比例将进一步提升到80%。

按计划,富士康集团将收购夏普三分之二的股权,从而获得控股地位。除了最重要的液晶面板资产之外,富士康也将获得夏普的家电业务。不过夏普未来将作为富士康的子公司保持独立营运的地位。业界也有消息称,之后鸿海将派出高层进入夏普新任董事会,并进一步成为夏普新任社长。

(资料来源:《南方日报》2016年4月7日,原文题为:跨国购当心"溶血反应")

思考:我国近年来的跨国并购潮的背景及趋势如何?

第一节 公司合并与收购

随着市场经济和资本市场的发展,公司之间的并购活动越来越频繁,有关并购问题已成为公司财务管理的重要内容。公司合并增强了合并各方的市场竞争能力,可以取得更为有利的竞争地位,从而有利于规模经济的实现。

一、合并与收购的含义

并购作为一种复杂的经济活动和公司资本经营方式,在很大程度上影响着公司的价值,并购必须在公司战略的引导下正确实施。在不同的法律背景和环境下并购有不同的表达方式,如合并、收购、兼并等,但其实质是基本相同的,为简化起见,本章一律采用"并购"来表述。

并购有广义和狭义之分。广义的并购是指一家公司将另一家正在营运的公司纳入其集团,目的是借此来扩大市场占有率、进入其他行业或者将被并购公司分割出售以谋取经济利益。

狭义的并购概念是指我国《公司法》所定义的吸收合并与新设合并。如果一家公司吸收其他公司,被吸收的公司法人主体资格不复存在,即为吸收合并;如果两个以上的公司合并成为一家新的公司,合并后各方解散,即为新设合并。

并购的广义和狭义概念的主要区别在于,狭义的概念反映了公司实现资本集中的特定模式,而广义的概念不仅包括狭义的并购活动,还包括控股方面的含义。控股是指一个公司通过购买另一家或多家公司的股权而对其他公司实现经营上的控制和影响,也就是涵盖了公司所有借助外力成长的模式,即利用其他公司现有的生产力实现扩张营运的所有方式。

本章所述的并购取狭义的概念。

二、并购的类型

公司并购的形式很多,按不同的分类标准有多种不同的类型。

(一)按并购双方行业的关系划分

按并购双方行业的关系划分,并购可分为横向并购、纵向并购、混合并购。

1. 横向并购

当并购方与被并购方处于同一行业,生产或经营同一类产品,并购使资本在同一市场领域或部门集中时,称为横向并购。如 2015 年业界热议的快的打车与滴滴打车的合并,并购前两个公司业务相同、市场份额接近,处于烧钱的恶性竞争中,而并购后则可以避免恶性烧钱,有利于公司扩大市场份额。这种并购投资的目的主要是确定或巩固并购公司在行业内的优势地位,扩大同类产品的生产规模,降低生产成本,获得规模效益,增强公司的市场支配能力,消除竞争,增加垄断实力。这种并购方式是早期并购的主要形式。

2. 纵向并购

纵向并购又称为垂直并购,是指在生产或经营上互为上下游关系的公司之间的并购。它又可以分为“前向并购”和“后向并购”。前向并购是指上游公司并购下游公司,如纺织厂并购印染厂。后向并购是指下游公司并购上游公司,如钢铁公司与其原材料供应商铁矿公司的并购。纵向并购实质上是生产同一产品、不同阶段的公司间的并购,并购双方往往是原材料供应者或产成品购买者。纵向并购的目的是组织专业化生产和实现产销一体化,加强公司对销售和采购的控制,节约运输和仓储费用,保证原材料及时供应,降低交易成本。纵向并购较少受各国有关垄断法律和政策的限制。在 20 世纪 20 年代,纵向并购是西方第二次并购高潮的主要形式。

3. 混合并购

混合并购是对处于不同产业领域、产品属于不同市场且与其产业部门之间不存在特别的生产技术联系的公司进行并购,如钢铁公司并购餐饮公司,因而产生多角化经营公司。采取混合并购这种方式,可通过分散投资、多样经营来降低公司风险,达到资源互补、优化组合、扩大市场活动范围的目的。

(二)按并购的实现方式划分

按并购的实现方式划分,并购可分为购买式并购、承担债务式并购、吸收股份式并购和控股式并购四种。

1. 购买式并购

购买式并购是并购公司用现金购买目标公司的资产或股票来实施控制。具体有以下两种情况:一是并购方筹集足够的现金购买被并购方全部资产,使被并购方除现金外没有持续经营的物质基础,成为有资金结构而无生产资源的空壳,不得不从法律意义上消失;二是并购方以现金方式通过市场、柜台或协商购买目标公司的股票或股权,一旦拥有大部分甚至全部股本,目标公司就被并购了。

2. 承担债务式并购

承担债务式并购是指在被并购公司资不抵债或资产负债相等的情况下,并购方以承担被并购方全部或部分债务为条件，取得被并购方的资产所有权和经营权。目前，我国很多公司采用这种并购方式。

3. 吸收股份式并购

吸收股份式并购是指并购方通过吸收目标公司的净资产或资产，将其评估作价，折算为股份，使自己成为并购方股东的一种并购行为。这种并购方式以入股为前提，并购后目标公司或者成为并购公司的分公司或子公司，或者解散并入并购公司。

4. 控股式并购

控股式并购是指并购方通过购买目标公司一定比例的股票达到控股，对其实施控制的一种并购行为。在这种并购方式下，目标公司作为经济实体仍然存在，并购公司成为目标公司的新股东。实际上，如果控股的主体是目标公司的管理层，这种控股式并购被称为管理层收购 MBO(managers buy-out)。所谓管理层收购是指目标公司的管理层通过举债或与外界金融机构合作收购本公司股份并拥有其控制权的一种并购行为。此类并购一般发生在成熟产业，因其保证偿还借款本息可能的稳定性和可预期的现金流。

(三)按涉及被并购公司的范围划分

按并购涉及被并购公司的范围划分，并购分为整体并购和部分并购。

1. 整体并购

整体并购指资产和产权的整体转让，是产权的权益体系或资产不可分割的并购方式。其目的是通过资本迅速集中，增强公司实力，扩大生产规模，提高市场竞争力。整体并购有利于加快资金、资源集中的速度，迅速提高规模水平与规模效益。实施整体并购也在一定程度上限制了资金紧缺公司的潜在购买行为。

2. 部分并购

部分并购指将公司的资产和产权分割为若干部分进行交易而实现公司并购的行为。具体包括三种形式：其一是对公司部分实物资产进行并购；第二是将产权划分为若干份等额价值进行产权交易；第三是将经营权分成几个部分(如营销权、商标权和专利权等)进行产权转让。

部分并购的优点在于：可扩大公司并购的范围；弥补大规模整体并购的巨额资金缺口；有利于公司设备更新换代，使公司将不需要的厂房设备转让给其他并购者，更容易调整存量资产结构。

(四)按公司并购双方是否友好协商划分

按并购双方是否友好协商划分，并购分为善意并购和恶意并购。

1. 善意并购

善意并购是指目标公司同意并购，且与并购公司通过共同协商，就并购条件达成一致而完成并购活动的并购形式。因为善意并购是在双方自愿、合作、公开的前提下进行的，并购的成功率很高。但是并购公司为了换取目标公司的合作，可能会牺牲自身的部分利益，加上并购协商需要较长的时间，可能会使并购行为丧失部分价值。

2. 恶意并购

恶意并购是指友好协商遭拒绝时，并购公司不顾目标公司的意愿，采取非协商购买的手段，强行并购目标公司，或者并购公司事先并不与目标公司协商，而突然直接提出公开收购要约的并购行为。恶意并购的优势在于并购公司完全处于主动地位，不用被动衡量各方利益，而且并购行动快、时间短，可以有效节约和控制并购成本。但恶意并购是在目标公司不知情或持反对态度时强行实施的，所以无法取得目标公司的配合，给公司股价带来困难，甚至很可能遭到目标公司的反击，并购风险较大。由于恶意并购对市场影响较大，各国政府都对其进行了限制。

(五)按并购交易是否通过证券交易所划分

按并购交易是否通过证券交易所划分，并购分为要约收购和协议收购。

1. 要约收购

要约收购是并购公司向目标公司的管理当局和股东发出购买该公司股份的书面意见(要约收购报告)，并按照依法公告的收购条件、收购价格、收购期限以及规定事项，收购目标公司股份的并购方式。要约收购是在成熟的证券市场中收购上市公司股权的基本形式。我国《证券法》规定收购方持有、控制一个上市公司(目标公司)已发行股份的30%时，应当在该事实发生的次日向中国证监会报送上市公司收购报告书，同时抄报上市公司所在地的中国证监会派出机构和证券交易所，并通知被收购公司。要约收购直接在股票市场中进行，受到市场规则的严格限制，风险较大，但自主性强，速战速决。恶意并购多采取要约收购的方式。

2. 协议收购

协议收购是指并购公司不通过证券交易所，直接与目标公司取得联系，股份的出让与受让双方通过面对面的谈判、协商达成共同协议，据此实现目标公司股权转移的收购方式。这种交易在证券交易所外进行，故也称为场外交易。协议收购已取得目标公司的理解与合作，有利于降低收购行为的风险和成本，但谈判过程中的契约成本较高。协议收购一般都属于善意收购。

(六)按是否利用目标公司本身资产来支付并购资金划分

按并购是否利用被并购公司资产来支付并购资金划分，可分为杠杆并购和非杠杆并购。

1. 杠杆并购

杠杆并购指并购方以目标公司的资产作为抵押，通过大量举债(约占收购价格的50%～70%)融资收购目标公司的一种并购行为。在这种方式下，并购方的债务偿还主要依靠出售目标公司的资产或营运所得来实现。总体上来看杠杆收购的目的不是为了取得目标公司的控制权，而在于通过并购重组，将目标公司的资产重新包装或剥离后再出售，以获取丰厚的投资收益。显然，杠杆并购的目标公司通常是那些拥有坚强管理组织、长期负债不多且产品市场占有率高、流动资金比较充足稳定、实际价值超过账面价值的公司。

2. 非杠杆并购

非杠杆并购即并购公司不用目标公司自有资金及营运所得来支付或担保并购价格的并购方式。在这种方式下，并购方也可以举债，但债务的担保以及偿还均不涉及目标公司的资产，进行此种并购的目的在于获得目标公司的控制权。

三、并购的动因与效应

逐利和应对激烈的竞争是公司并购的原始动因，随着社会的发展，不断提升公司价值成为并购的真正目的，并购中公司价值增值常常以并购的各种不同效应得以体现。

（一）公司并购的动因

并购是市场经济发展的必然结果，其具体动因主要包括以下六个方面。

1. 获取公司发展机会

在竞争性经济条件下，公司只有不断发展才能生存下去。公司的发展可以运用两种基本方式进行，通过内部投资新建方式扩大生产能力，或者通过并购获得行业内原有生产力。比较而言，并购往往是效率较高的方法。其原因主要在于，并购有效地降低了进入新行业的壁垒；并购大幅度降低了公司发展的风险和成本；公司通过并购发展时，不但获得了原有公司的生产能力和各种资产，还获得了原有公司的经验。

2. 开展多元化经营，实现战略重组

公司通过经营相关程度较低的不同行业，可以分散风险，稳定收入来源，增强公司资产的安全性。多元化经营可以通过内部积累和外部并购两种途径实现，但在多数情况下，并购途径更为有利。尤其是当公司面临变化了的环境而调整战略时，并购可以使公司低成本地迅速进入被并购公司所在的增长相对较快的行业，并在很大程度上保持被并购公司的市场份额以及现有的各种资源，从而保证公司持续不断的盈利能力。

3. 改善公司财务状况，获得节税利益

通过并购可以扩大公司规模，增强竞争实力，可以有利于公司筹资。并购现金充裕而负债比率低的公司，可以改变并购公司的财务状况，也可以提高公司的举债能力。

许多国家的税法和会计制度经常会使具有不同纳税义务的公司仅仅通过并购便可获利。例如，衰退行业的一个亏损公司被另一个行业的盈利公司并购，它们的利润可以在两家公司之间转移，可以大量减少纳税义务。

4. 降低代理成本

在公司所有权和经营权相分离的情况下，经理是决策和控制的代理人，而所有者作为委托人成为风险承担者，由此造成的代理成本包括契约成本、监督成本和剩余亏损。通过公司内部组织机制安排、报酬安排、职业经理人市场和股票市场可以在一定程度上减缓代理问题，降低代理成本。通过公开收购或代理权争夺而造成的接管，将会改选现任经理和董事会成员，从而作为最后的外部控制机制来解决代理问题，降低代理成本。

5. 获得特殊资产

企图获得某项特殊资产往往是公司并购的重要动因。特殊资产可能是一些对公司发展至关重要的专门资产，如土地是公司发展的重要资源，一些有实力、有前途的公司往往会由于狭小的空间难以扩展，而另一些经营不善、市场表现不景气的公司却可能占有较多的土地和优越的地理位置，这样优势公司就可能并购劣势公司以获取其优越的土地资源。另外，并购还可能是为了得到目标公司拥有的有效管理团队、优秀研究人员或专门人才及专有技术、商标、品牌等无形资产。

6. 政府意图

在一些特殊的经济政治环境中，或集权经济，或市场体制不完善的国家，有时会出于一定的政府意图而使若干公司进行并购。这些并购往往带有浓厚的计划经济和行政干预色彩。例如，20 世纪 80 年代初，我国一些地方的国有公司亏损严重，破产制度也因种种原因不能有效实行，许多亏损公司和劣势公司在政府的安排下，被并购到一些经济效益较好的大公司中。

（二）公司并购的效应

公司并购可产生协同效应，两公司并购后价值要高于并购前各公司单独价值的总和，达到“1 加 1 大于 2”的效果。这主要有三个方面的表现。

1. 经营协同效应

由于经济上的互补性及规模经济，两个或两个以上的公司合并后可提高其生产经营活动的效率，这就是所谓的经营协同效应。获取该效应的一个重要前提是产业中的确存在规模经济，且在并购前尚未达到规模经济。规模经济效益具体表现在两个层面：一个是生产规模经济。公司通过并购可调整其资源配置，使其达到最佳经济规模的要求，有效解决由专业化引起的生产流程的分离，从而获得稳定的原材料来源渠道，降低生产成本，扩大市场份额。公司市场份额的不断扩大，可以使公司形成某种程度的垄断，这既能带来垄断利润，又能保持一定的竞争优势。另一个是公司规模经济。通过并购，将多个工厂置于同一个公司领导之下，可带来一定的规模经济，表现为节省管理费用、节约营销费用、减少集中研究费用、增强公司抵御风险的能力、降低原料采购成本等。

典型的经营协同效应常常发生在横向并购中。横向并购的明显效果有两个：一是实现规模经济，这样可以消除重复设施、强化专业化生产和服务并为增加总需求提供更广泛的产品生产；二是降低竞争者的数量，提高行业的集中程度，从而降低行业的退出壁垒。

宽泛的经营协同效应也可以产生在纵向并购中。通过纵向并购，可以使并购公司在分销与采购方面更具控制力，进而使其与供应商和客户的议价能力明显提高，这有助于控制竞争对手的活动。

2. 管理协同效应

管理协同效应是指高管理效率公司并购另一个公司后，低管理效率公司的效率随着被并购而提升，低效率公司的管理效率从而得以提高。如果某公司有一只高效率的管理队伍，其管理能力超出管理该公司的需要,但这批人才只能集体体现其效率,公司不能通过解聘释放能量,那么该公司就可并购那些由于缺乏管理人才而效率低下的公司,利用这支管理队伍提高整体效率水平而增加公司利润。

3. 财务协同效应

并购主要是公司出于财务方面的考虑,有许多内部现金流量但缺乏投资机会的公司,与具有较少现金但拥有许多投资机会的公司之间通过并购,可因提高资金使用效率而获利,而且由于税法、会计处理惯例以及证券交易等内在规定的作用,还可在财务方面给公司带来财务能力提高、合理避税和预期效应等方面的收益。预期效应是指因并购使股票市场对公司股票评价发生改变而对股票价格的影响。

第二节　公司的剥离与分立

与并购一样,剥离和分立同样是企业重组的方式。通过剥离和分立,可以使公司所拥有的资产达到更有效的配置,从而提高公司的资产质量和资本的市场价值。

一、公司的剥离

(一)剥离的含义

公司的剥离是指公司将其现有的某些子公司、部门、产品生产线、固定资产等出售给其他公司,并取得现金或有价证券的回报。

剥离和并购业务之间存在一定的联系。如并购完成后,并购方可以将被收购公司的资产和业务出售以获得现金回报;有时在面临收购威胁的时候,剥离"皇冠上的明珠",也就是剥离收购者希望得到的资产来抵制收购;或者通过剥离来纠正以前草率甚至错误的并购业务;也可能会通过剥离公司原有部分资产或业务的方式,来避免受到反垄断法的起诉。

尽管剥离和并购两种业务之间存在着上述关系,并且两者之间也存在一些共同的特征,但剥离绝不是并购业务的相反过程。与并购相比,剥离还具有自身的动因和目的,需要采用不同的分析手段和分析方法。

(二)剥离的类型

根据不同的分类标准,剥离可以划分为不同的类型。

1. 按剥离是否符合公司的意愿划分

按剥离是否符合公司的意愿,可以分为自愿剥离和非自愿剥离。

(1)自愿剥离是指公司管理人员为优化资源效率配置、提升核心竞争力和企业在资本市场的价值而主动进行的剥离。

(2)非自愿剥离是政府主管部门或司法机构根据垄断法等法律法规,强迫公司进行的剥离。在并购活动中,如果政府认为并购后的公司会造成过度的垄断和控制,政府可能会要求这些公司剥离其一部分资产或业务，以防止这种现象的出现。

2. 按剥离业务中出售资产的形式划分

按剥离业务中出售资产的形式划分，可分为以下几种：

(1)出售资产，指仅出售公司的部分场地、设备等固定资产。

(2)出售生产线，指将与生产某一产品相关的全部机器设备等出售给其他公司。

(3)出售子公司，指将一个持续经营的实体出售给其他公司，剥离对象不仅包括产品生产线，而且还包括相关的职能部门及其职能人员。

(4)分立，则可以看成是一种特殊形式的剥离，是指在法律上和组织上将一个公司划分为两个独立的实体。

(5)清算，指将一个公司或其拥有的一个业务部门的全部资产零碎地而不是作为一个整体来出售，并将取得的现金分配给股东。当出售一个公司的资产所得超过其发行证券的市场价值时，清算对证券持有人而言可能是最有利的资产处理方式。

二、公司的分立

(一)分立的含义

分立是指将母公司在子公司中所拥有的股份按比例分配给母公司的股东，形成一个独立的新公司，从而在法律上和组织上将子公司从母公司中分出去。

分立是一种特殊形式的剥离。分立中一般不发生现金和证券支付，这种支付在剥离中通常会发生，子公司资产也不需要重新评估，只涉及权益在两个独立实体之间的划分，不存在股权和控制权向第三者转移的情况，现有的股东直接拥有对母公司和分立后新公司的控制权。分立后的新公司拥有独立的法律地位，可能拥有比分立前更大的规模；有其自己的管理队伍，投资者也可以直接选择合适的管理人员来管理这些特定的资产。

(二)分立的类型

1. 按照被分立公司是否存续划分

按照被分立公司是否存续划分，有派生分立和新设分立。

(1)派生分立是指公司以其部分资产新设一公司。在这种情况下，新设的公司需注册登记，原公司继续存在。

(2)新设分立是指公司将其全部资产分为若干份，重新设立两个或两个以上的新公司，原公司解散。

2. 按照股东对公司的所有权结构变化形式划分

按股东对公司所有权结构变化形式分，分立除纯粹的分立外还包括并股和拆股。

(1)并股，指母公司以其在子公司中占有的股份，向部分(而不是全部)股东交换其在母公司中的股份。股东交换其在母公司中的股份，并股中两个分公司的所有权结构发生了变化，一部分母公司的股东放弃了其在母公司的利益，而转为投资子公司。有些情况下，并股后的母公司股东甚至不能对子公司行使间接的控制权。

(2)拆股,指母公司将子公司的控制权移交给股东,与纯粹的分立相似。拆股中,母公司所拥有的子公司都分立出来,母公司自身则不复存在。拆股不仅带来管理队伍的变化,公司的所有权结构也可能发生变化,这取决于母公司选择何种方式向其股东提供子公司的股票。

三、剥离与分立的动因与效应

公司的剥离与分立的动因与效应往往是联系在一起的,有些动因直接来源于剥离和分立将会出现的结果,因此将二者结合在一起综合分析。主要有:

(1)提高公司股票的市场价值;

(2)调整经营战略;

(3)提高管理效率;

(4)健全管理激励机制;

(5)满足公司的现金需求;

(6)弥补并购决策失误或成为并购决策的一部分;

(7)获取税收或管制方面的收益。

以上介绍的剥离与分立的动因既有经济方面的,也有组织、经营方面的。事实上,公司的剥离与分立决策很少是由单个原因引起的,通常都会涉及相互关联的多个因素。因此,公司管理人员在剥离与分立的决策时应该综合考虑这些因素。

第三节　财务预警

财务危机是公司财务管理活动中的一个重要问题。每次经济衰退都会有大量的企业陷入财务危机,有的不得不申请破产。进行财务预警分析,建立企业财务预警模型,已成为现代企业财务管理的重要内容之一。上市公司的财务信息对多方利益相关者都有着重要影响。建立财务预警系统,强化财务管理,避免财务失败和破产,具有重要意义。

一、财务危机

(一)财务危机的内涵及实质

1.财务危机的内涵

财务危机的基本含义可以概括为三个方面:

第一,财务危机是企业盈利能力实质性削弱、持续经营难以为继的严重表现;

第二,财务危机是企业偿债能力严重削弱、资金周转困难的窘迫处境;

第三,财务危机是企业持续经营丧失或接近丧失,即企业破产或接近破产的严峻局势。

企业发生财务危机时企业出现严重亏损或持续亏损,无力支付到期债务和费用,直至破产。

2.财务危机的实质

企业发生亏损或持续亏损，企业履行义务受阻或企业破产，实质上是企业财务关系失衡、紧张直至恶化的外在表现。

(1)从企业与所有者之间的利益关系角度看财务危机

企业与所有者之间的利益关系是权益分配关系。企业赖以维系的基础是所有者投入的资本能保值与增值，也就是说，企业要有盈余。如果企业经营不善，发生亏损，所有者就不能获取投资报酬。当企业发生巨额亏损或连续亏损时，企业与所有者之间的关系就会紧张起来。

(2)从企业与债权人之间的利益关系角度看财务危机

企业的债权人，主要是指提供贷款的金融机构和提供商业信用的供应商等。此外，从某方面而言，企业员工和国家税务机关等也是企业的债权人。企业债权人为企业扩大经营和正常周转提供其所需要的资金，从而建立起企业与债权人之间的债权债务关系。这种关系赖以维系的基础是企业按期偿付借款本金和利息，按期支付货款和职工薪酬，以及缴纳税金等。

(二)财务危机显性表现的类型

财务危机的显性表现是指企业发生财务危机的不同状态或类型，它也是人们判断和识别财务危机的标志。财务危机的显性表现主要有亏损型财务危机、偿付型财务危机和破产型财务危机三种类型。

1.亏损型财务危机

亏损型财务危机是指以企业发生严重亏损或连续亏损为主要表现的财务危机。企业是所有者出资成立的以营利为目的的经济组织。企业进行生产经营和对外投资活动所发生的成本、费用，只有在其取得的收益或收入中得到足额的补偿，才能使投资者投入企业的资本得以保全，并使企业再生产过程得以顺利进行。收入如果补偿不了成本就是亏损。如果企业发生亏损不是很严重，企业不一定立即陷入财务危机的窘境，但对企业相关利益各方而言，确实是一个危险的信号。企业连续两年及两年以上发生亏损，则意味着亏损累积会严重侵蚀企业净资产，导致企业财务状况恶化。企业如果不能扭转这种势头，将会陷入更严重的财务危机之中。

2.偿付型财务危机

偿付型财务危机是以企业履行义务受阻，无力支付到期债务和费用为主要表现形式的财务危机，它是财务危机的基本类型。市场经济是一种信用经济。企业作为市场经济活动的主体，在其生存和发展的过程中以各种契约为基础，与相关各方结成了债权债务关系网，它是企业资金循环系统的重要组成部分。企业要按契约的规定偿还债务与费用，企业在到期日时必须有足够的资金储备或有同样的资金流入，否则，就会发生无力支付的困难局面。

3.破产型财务危机

破产型财务危机是企业最严重的财务危机。企业破产的基本含义就是破产还债，即以破产方式了结不能清偿的债权债务关系。按照企业破产的原因，破产一般分为两种类型：一种是会计破产，是指企业由于资不抵债即账面净资产出现负数而导致的企业破产；另一种是技术性破产，指企业由于财务管理失败，也就是企业无法偿还到期债务而导致的破产。

必须指出，以上所介绍的财务危机的三种显性表现类型，只是说明财务危机的主要显性特征，实际上它们之间是互相联系、相互转化的。

二、财务预警

（一）财务预警的概念及功能

1. 财务预警的概念

所谓财务预警，即财务失败预警，是指借助企业提供的财务报表、经营计划及其他相关会计资料，利用财会、统计、金融、企业管理、市场营销理论，采用比率分析、比较分析、因素分析及多种分析方法，对企业的经营活动、财务活动等进行分析预测，以发现企业在经营管理活动中潜在的经营风险和财务风险，并在危机发生之前向企业经营者发出警告，督促企业管理当局采取有效措施，避免潜在的风险演变成损失，起到未雨绸缪的作用。而且，作为企业经营预警系统的重要子系统，财务预警也可为企业纠正经营方向、改进经营决策和有效配置资源提供可靠依据。

2. 财务预警的功能

财务预警主要有如下三个方面的功能。

（1）预知财务危机的征兆

当可能危害企业财务状况的关键因素出现时，财务预警系统能预先发出警告，提醒企业经营者早做准备或采取对策以减少财务损失。

（2）预防财务危机发生或控制其进一步扩大

当财务危机征兆出现时，有效的财务预警系统不仅能预知并预告，还能及时寻找导致企业财务状况进一步恶化的原因，使经营者挖掘出问题的根源，并据此制定有效的措施，以阻止财务状况进一步恶化，避免严重的财务危机真正发生。

（3）避免类似的财务危机再次发生

有效的财务预警系统在及时回避现存财务危机的同时，还能通过系统详细地记录，了解其发生缘由、解决措施、处理结果，并及时提出建议，弥补企业现有财务管理及经营中的缺陷，完善财务预警系统，从而提供未来类似情况的前车之鉴，更能从根本上消除隐患。

（二）财务预警方法

以下主要针对财务预警的单变量模型、多变量模型和功效系数预警法进行介绍。

1. 单变量模型

单变量模型是指使用单一财务变量对企业财务失败风险进行预测的模型。该模型主要由威廉·比弗于 1966 年提出，他通过对 1954—1964 年间的大量失败企业和成功企业比较

研究，对 14 种财务指标进行甄别，最终得出可以有效预测财务失败的指标依次为

(1)债务保障率$=\frac{现金流量}{债务总额}\times 100\%$

(2)资产负债率$=\frac{负债总额}{资产总额}\times 100\%$

(3)资产收益率$=\frac{净利润}{资产总额}\times 100\%$

(4)资产安全率=资产变现率－资产负债率

比弗认为债务保障率能够最好地判定企业的财务状况(误判率最低)；其次是资产负债率，且离失败日越近，误判率越低。但各指标的判断准确率在不同的情况下会有所差异，所以在实际应用中往往使用一组财务指标，而不是一个指标，这样才能取得良好的预测效果。

2. 多变量模型

多变量模型是指使用多个变量组成的鉴别函数来预测企业财务失败的模型。较早使用多变量预测的是美国纽约大学的教授爱德华·阿尔曼，他是第一个使用鉴别分析研究企业失败预警的人。他选取了 1946—1965 年间的 33 家破产的和正常经营的公司，使用了 22 个财务指标来分析公司潜在的失败危机。他利用逐步多元鉴别分析法(MDA)逐步提取 5 种最具共同预测能力的财务指标，建立了一个类似回归方程式的鉴别函数——Z 计分模型。该模型是通过 5 个变量(5 种财务指标)将反映企业偿债能力的指标、获利能力指标和营运能力指标有机联系起来，综合分析预测企业财务失败或破产的可能性。表达式如下：

$$Z=0.012X_1+0.014X_2+0.033X_3+0.006X_4+0.999X_5$$

式中：Z 表示判别函数值；

X_1=(营运资金÷资产总额)×100；

X_2=(留存收益÷资产总额)×100；

X_3=(息税前利润÷资产总额)×100；

X_4=(普通股及优先股市场价值总额÷负债账面价值总额)×100；

X_5=(营业收入÷资产总额)×100。

一般地，Z 值越低，企业越有可能发生破产。

该模型还提出了判断企业破产的临界值：

若 $Z\geqslant 2.9$，则表明企业的财务状况良好，发生破产的可能性较小；

若 $2.7<Z\leqslant 2.9$，表明企业有财务失败的可能；

若 $1.81\leqslant Z\leqslant 2.7$，表明企业财务失败的可能性很大；

若 $Z<1.81$，表明企业存在很大的破产危险。

多变量模型除了以上介绍的 Z 计分模型以外，还有日本开发银行的多变量预测模型，中国台湾陈肇荣的多元预测模型，以及中国学者周首华、杨济华的 F 分数模型等。但是，这几种模型在实际工作中的应用并不广泛。就目前为止，Z 计分模型仍然占据着主导地位。

3. 功效系数预警法

在上述多变量模型中选择的 5 个预警变量都是指标数值越大所反映的财务状况越稳健。但在财务预警模型中仅仅选择极大型指标作为预警变量无法全面反映企业面临的风

险。下面将介绍多变量预警中一种采用综合考虑极大型指标、极小型指标、稳定型指标和区间指标进行预警的方法——功效系数财务预警法。

功效系数财务预警法采用经改进的功效系数对公司进行综合评价，对所选定的每个评价指标确定一个满意值和一个不允许值，然后设计并计算各类指标的单项功效系数，再根据各指标的权重计算公司的综合功效系数，用来进行财务预警。

功效系数法包括五个基本步骤。

(1)确定指标类型

根据功效系数法，首先对所选指标进行分类：

1)极大型指标，如净资产收益率、成本费用率等；

2)极小型指标，如资产损失率等；

3)稳定型指标，如流动比率、速动比率等；

4)区间型指标，如资产负债率等。

(2)确定各类指标的标准值

根据不同类型的指标，需要划分指标值的理想范围、允许范围和不允许范围。对每个指标确定其理想范围的满意值(或上下限)与不允许范围的不允许值(或上下限)。各类指标的临界值划分的参考标准如下。

1)极大型指标的满意值为行业平均值(剔除最大值和最小值)。不允许值在确定的时候有所区别：净资产收益率、总资产报酬率、销售利润率、成本费用率的不允许值为零，如果为零就是巨警了；已获利息倍数的不允许值为1；总资产周转率、流动资产周转率、应收账款周转率和存货周转率的不允许值为满意值的一半。

2)极小型指标的标准值的确定方法应该与极大型指标相反，其满意值为零，不允许值可以根据公司的管理目标来定，也可以取零。

3)稳定型指标。对于流动比率和速动比率而言，满意值可以在平均值之上再增加20%，不允许值的上下限则分别取满意值的一倍和一半。

4)区间型指标。先求出这类指标的行业平均值，在平均值的基础上增加和减少20%作为满意值范围的上下限，在平均值的基础上增加一倍和减少一半作为其不允许值范围的上下限。

当然，企业也可以根据自身的情况和行业特点做出相应的调整。

(3)构建功效系数法指标体系

一般地，功效系数法的指标体系由获利能力、偿债能力、经济效益和发展潜力四个模块构成。其中获利能力和偿债能力是公司财务评价的两大基本部分，而经济效益的高低又直接体现了公司的经营管理水平。此外，公司的发展潜力也应值得重视。在具体预警指标的选取方面，考虑到各指标间既能相互补充，又不重复，尽可能全面综合反映公司运营状况，故每个预警模块各取两个具有代表性的指标，共八个指标构成预警评价指标体系。具体见图12-1。

图12-1中的指标构成同样可以根据不同的行业和企业特征做适当的调整。

(4)设计并计算各类指标的单项功效系数

根据功效系数法，要针对所选定的每个预警指标的满意值(或者上下限)和不允许值(或

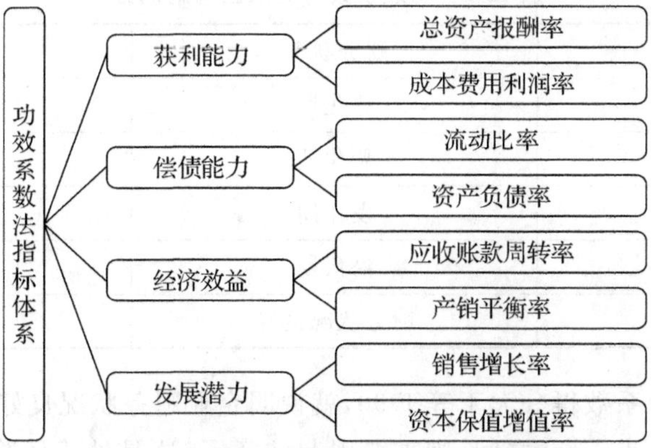

图 12-1　功效系数法指标体系构成图

上下限)，设计并计算各类指标的单项功效系数。根据上述四类指标分别设计单项功效系数如下。

1)极大型指标单项功效系数

$$\text{若实际值}<\text{满意值，功效系数}=\frac{\text{实际值}-\text{不允许值}}{\text{满意值}-\text{不允许值}}\times 40+60；$$

若实际值≥满意值，功效系数=100。

2)极小型指标单项功效系数

$$\text{若实际值}>\text{满意值，功效系数}=\frac{\text{不允许值}-\text{实际值}}{\text{不允许值}-\text{满意值}}\times 40+60；$$

若实际值≤满意值，功效系数=100。

3)稳定性指标单项功效系数

$$\text{若实际值}>\text{满意值，功效系数}=\frac{\text{上限不允许值}-\text{实际值}}{\text{上限不允许值}-\text{满意值}}\times 40+60；$$

$$\text{若实际值}\leqslant\text{满意值，功效系数}=\frac{\text{实际值}-\text{下限不允许值}}{\text{满意值}-\text{下限不允许值}}\times 40+60。$$

4)区间型指标单项功效系数

$$\text{若实际值}>\text{上限值，功效系数}=\frac{\text{上限不允许值}-\text{实际值}}{\text{上限不允许值}-\text{上限值}}\times 40+60；$$

若下限值≤实际值≤上限值，功效系数=100；

$$\text{若实际值}<\text{下限值，功效系数}=\frac{\text{实际值}-\text{下限不允许值}}{\text{下限值}-\text{下限不允许值}}\times 40+60。$$

5)确定综合功效系数

根据上述单项功效系数可以计算综合功效系数，其公式如下：

$$\text{综合功效系数}=\sum\text{各项指标的单项功效系数}\times\text{该指标的权数}$$

再根据综合功效系数的数值大小，可将警情划分为相应的警限区间，见表 12-1。

表 12-1 功效系数与警限区间的划分

综合功效系数	财务状况	警限
≤60	恶化期	巨警
60<·≤70	恶化期	重警
70<·≤80	发作期	中警
80<·<90	潜伏期	轻警
≥90	财务状况良好	无警

一般情况下，综合系数得分大于等于90，就说明企业财务状况良好，没有警情；综合功效系数得分处于大于80小于90之间，则需要引起注意了，这是处于风险的潜伏期；如果得分小于等于70，则比较危险，处于恶化期，应采取切实措施化解财务风险。

功效系数财务预警法自2000年提出以来，受得了国内理论界和实务界的关注，多位学者运用功效系数法在不同行业的上市公司中进行了财务预警实证研究，结果表明该方法具有较高的行业适用性和预警正确率。

第四节 企业重整与清算

企业破产重整制度起源于英国，完善于日本。企业重整作为一种法律制度，它最早起源于英国平衡法中的公司整理制度，美国联邦破产法则系统地规定了公司重整制定，而日本将其完善，形成高效而兼顾公平的公司再生制度。重整制定的产生有其内在的必然性，主要在于破产制度、和解制度不能满足现代社会发展的需求。重整制度是为了克服破产、和解制度的消极方面而发展起来的一种新型的企业再生制度。企业重整制度已成为现代企业制度的最新组成部分，并被许多市场经济国家作为重要的法律制度来运用。

一、企业重整的含义

企业重整是指对陷入财务危机，已经暂停营业，或具有停止营业危险时，经法院裁定，依法律程序予以整顿，使公司得以维持和复兴的一种法律行为。

在股份公司里，当公司因财务困难而停止营业或有停业之意时，也就是当公司流动资金欠缺已达极点，对已到清偿期的债务不能支付致使停止营业，或者如果继续支付已到清偿期的债务就会停业，公司面临破产，如果公司还有继续营业的价值，为避免开始破产程序，即可进行重整。

我国在新的破产法颁布前没有完整意义上的重整法律制度，在司法实践中，我国运用较多的是重整和整顿。在我国社会经济发展中出现了许多企业经营困难的情形，结合我国企业的特点，多是对企业产权关系及其债权、债务、资产管理结构进行改组、整顿和整理合并，我们通常称其为资产重组或企业整顿。

二、企业重整的类型

企业重整主要包括正式重整和非正式重整两种类型。

(一)正式重整

正式重整是将非正式重整的做法按照规范的方式进行。在企业陷入财务危机时,有关人员必须做出是对企业进行破产清算还是对其重整使之得以继续经营下去的决策。

进行重整的企业必须是以合理的财务负担标准衡量仍有继续经营价值的企业。那些依正常财务负担标准衡量仍无法继续经营的企业,通常不列在重整范围之内,避免使债权人遭受更大的损失。

在公司重整期间,公司股东会和董事会的权力被终止,由重整人接管公司业务和公司财产,由重整监督人监督重整人执行业务的情况,以关系人会议为最高议事机关。在正式重整中,法院起着重要的作用,特别是要对拟议的公司重整计划的公正性和可行性做出判断。

(二)非正式重整

1. 非正式重整的概念

当企业只是面临暂时性的财务危机时,债权人通常更愿意直接和企业联系,帮助企业恢复和重新建立较坚实的财务基础,以避免因进入正式法律程序而发生庞大费用和冗长的诉讼时间。

非正式重整有展期和部分减免两种方式。展期是指债权人同意推迟债务企业偿还债务利息或本金的时间。部分减免则是指债权人同意减少债务人偿还的本金数额,或同意降低利息率,或同意将一部分债权转化为股权,或将上述几种选择混合使用。

2. 非正式重整的利弊

非正式重整的有利之处有以下几点:

(1)非正式重整可以避免履行正式手续所需要发生的大量费用,所需要的律师、会计师的人数也比履行正式手续要少得多,可使重整费用降到最低。

(2)非正式重整可以减少重整所需的时间,使企业在较短的时间内重新进入正常经营的状态,避免了因冗长的正式程序使企业迟迟不能进行正常经营而造成的企业资产闲置和资金回收推迟等浪费现象。

(3)非正式重整使谈判有更大的灵活性,有时更容易达成协议。

非正式重整的弊端在于当债权人人数很多时,可能难以达成一致;没有法院的正式参与可能会使协议的严肃性受到影响,给一些机会主义者留下可乘之机;企业得不到破产保护的好处等。

三、企业清算

（一）企业清算的概念

企业清算指企业在终止过程中，为终结现存的各种经济关系，对企业的财产进行清查、估价和变现，清理债权和债务，分配剩余财产的法律行为。任何企业不论出于何种原因终止，都应当进行清算工作。清算是企业终止阶段的主要工作，企业的经济法律关系只有通过清算才能予以了结。

企业出现以下情形之一的，应当进行清算：(1)营业期限届满或企业章程规定的解散事由出现；(2)股东大会决议解散；(3)因企业合并或分立需要解散；(4)依法被吊销营业执照、责令关闭或者被撤销；(5)依法宣告破产。

（二）企业清算的程序

根据我国《破产法》的规定，企业破产清算的基本程序如下。

1.提出破产申请

我国法律规定，破产申请可由债务人向法院提出，即自愿破产，也可由债权人向法院提出，即非自愿破产。

2.法院受理破产申请

法院接到破产申请后应进行受理与否的审查。一般而言，法院应当自收到破产申请之日起 15 日内裁定是否受理。债权人提出破产申请的，法院应当自收到申请之日起 5 日内通知企业的债务人。债务人对申请有异议的，应当自收到法院的通知之日起 7 日内向法院提出。法院应当自异议期满之日起 10 日内裁定是否受理。

3.指定破产管理人

法院在破产程序中决定指定何人为破产管理人，债权人会议一般不得干预。但债权人会议对法院指定的破产管理人不服的，可以向法院提出异议。

4.债权人申报债权

债权人申报债权是破产程序中的重要环节。依照我国《破产法》的有关规定，债权人应当自收到通知后 30 日内，未收到通知的债权人应当自公告之日起 3 个月内，向人民法院申报债权，逾期未申报的债权人视为放弃债权。

5.召开债权人会议，选举债权人委员会

债权人委员会是人民法院审理企业破产期间的临时组织。按照现行法律制度规定，债权人会议可以决定设立债权人委员会。债权人委员会由债权人会议选任的债权人代表和一名债务人的职工代表或者工会代表组成。债权人委员会成员不得超过九人。债权人委员会成员应当经人民法院书面决定认可。

6.法院宣告债务人破产

法院对债务人进行破产宣告，意味着破产案件已经确定无疑地进入了清算程序，债务人将不可避免地陷入破产倒闭的境地，并会带来一系列其他的法律后果。因此，破产宣告法律制度在破产法上具有十分重要的地位。

7.处置破产财产

从形式意义上讲，破产财产是指应依破产程序分配给破产债权人的破产人财产，其着眼点在于财产的去向。管理人负责处置破产企业的财产。管理人在法院宣告债务人破产后，应当接管破产企业，开展清产核资、资产评估等工作，对破产财产和破产债权进行认定，清理、回收、管理、处分破产企业财产，代表破产企业参加诉讼和仲裁活动。

8.分配破产财产

破产财产的分配方法，以直接支付为原则。不便直接支付的，可以采取邮寄的方式将分配的款项寄给债权人。债权人未在指定期限内领取分配的财产的，对该财产可以进行提存或者变卖后提存价款，并由清算组向债权人发出催领通知书。债权人在收到催领通知书一个月后，或者在清算组发出催领通知书两个月后，债权人仍未领取的，清算组应当对该部分财产进行追加分配。

9.破产程序终结

破产程序终结是指引起破产程序终结的法律事实。我国《破产法》对此采取否定态度，即规定和解协议的成立只产生破产终止的效力。待和解整顿程序开始后，视和解整顿程序进行的结果如何而采用不同的终结方式。总体而言，破产程序可因事实的发生而终结。

(三)破产清算组

根据《破产法》的规定，人民法院应当自企业破产之日起1日内成立企业破产清算组，接管破产企业。其成员由人民法院从企业上级主管部门、政府财政部门等有关部门和专业人员中指定。实务中，出于工作的需要，清算组的成员一般来自破产企业的上级主管部门、工商局、税务局、人力资源和社会保障局、财政局等部门，其组长、副组长也由人民法院指定。

(四)破产清算预算

破产清算预算主要包括资产变现预算、货币收支预算、破产费用预算和债务清偿预算等内容。

1.资产变现预算

资产变现预算是指反映清算期初待变现财产、清算期内新增财产与新增收入、期初待清偿债务、清算期内新增债务与新增支出、清算后的不足清偿债务或剩余财产等方面的预算。

资产变现预算表可分为左右两方，左方为“可偿债资产”，右方为“应清偿债务”，其具体格式见表12-2。

表 12-2　某公司资产变现预算表

可偿债资产	金额	应清偿债务	金额
一、期初货币资产		一、期初应偿债务	
二、期初待变现资产		短期借款	
应收账款		应付账款	
其他应收款		其他应付款	
原材料		应付职工薪酬	
包装物		未交税金	
低值易耗品		长期借款	
代加工材料		二、期内新增债务	
在途材料		债务折让免除	
在产品		三、破产费用	
自制半成品		四、资产剩余额	
库存商品			
发出商品			
固定资产净值			
其他资产			
三、期内取得资产			
收回、追回财产			
账外设备			
可偿债资产			
四、资产不足额			
合计			

2. 货币收支预算

货币收支预算，是反映清算期内货币资金结余额、期内货币资金收支情况及清算完毕时可用于清偿或可分配的货币资金结余额等内容的预算，需要编制货币收支计划表，具体见表 12-3。

表 12-3　某公司货币收支计划表

项目	金额	项目	金额
期初结存		本期应支出(偿还)	
本期变现收入		短期借款	
应收账款		应付账款	
其他应收款		其他应付款	
原材料		应付职工薪酬	
包装物		未交税金	
低值易耗品		长期借款	
在途材料		破产费用	
在产品			
半成品			
库存商品			
发出商品			
其他资产			
追回财产			
账外设备			
固定资产			
代加工材料价值			
货币资金不足额			
合计		合计	

3. 破产费用预算

破产费用是指法院受理破产申请后发生的费用。具体包括诉讼费用，管理、变价和分配债务人财产的费用，管理人执行职务的费用、报酬和聘用工作人员的费用等。

(1)破产案件的诉讼费用具体包括：破产申请费用；破产管理人为收回破产财产提起诉讼或进行其他法律程序所发生的费用，以及破产管理人以破产企业名义应诉而发生的诉讼费用等；破产案件在诉讼过程中产生的其他费用，如证据保全费、调查费、财产保全费、公告费、鉴定费、送达费、勘验费，以及人民法院认为其他应当支付的诉讼费用。

(2)管理、变价和分配债务人(破产人)财产费用包括但不限于债务人财产的保管费、保养与修缮费、拍卖或变价变卖费、变更权属费、仓储费、运输费、保险费、评估费、公告及通知债权人受领财产的送达邮寄费、提存预分配财产费等。

(3)破产管理人报酬、聘用工作人员的费用和执行职务的费用。其中需要注意的是，破产管理人报酬的支付要向人民法院提出书面申请并经过审查批准程序，以防出现自己给自己支付报酬的局面。

在进行破产费用预算时，应编制破产费用预算表，具体格式见表 12-4。

表 12-4　某公司破产费用预算表

项目	金额	项目	金额
期初货币资金 预计清算借款		预计支出 (1)工资 (2)办公费 (3)差旅费 (4)评估费 (5)公告费 (6)审计费 (7)诉讼费 (8)租赁费 (9)会务费 (10)清算实施费 (11)其他费用	
合计		合计	

4. 债务清偿预算

债务清偿预算是反映清算结束各债权人所能得到的债权受偿额的预算。为此，在编制债务清偿预算表(见表 12-5)前必须做到：

(1)清理债权人清册，确定各债权人债权性质及数额；

(2)确定企业财产变现额、破产财产变现额；

(3)明确偿债次序；

(4)计算各债权人必须受偿比例及受偿额。

表 12-5　某公司债务清偿预算表

债权人名称(姓名)	债权内容	应偿额	偿还比例	可偿还额
各职工	工资		100%	
税务局	税金		100%	
小计				
××银行	一般借款			
××银行	一般借款			
××公司	应付账款			
××公司	应付账款			
××公司	应付账款			
××局	其他应付款			
小计				
合计				

(五)破产清算财产分配

破产财产的分配顺序如下。

1. 要优先清偿破产费用和共益债务

破产费用是指为全体债权人的共同利益在破产程序中支付的各项费用的总称。共益债务是指人民法院受理破产申请后，为了全体债权人的共同利益以及破产程序顺利进行而发生的债务。破产费用和共益债务均为破产程序顺利进行的物质基础，故应当从破产财产中随时支付。但破产费用、共益债务与全体债权人的利益是存在冲突的，因此，在破产程序中，应在最大限度地实现债权人的利益的前提下，承受科学、合理、合法的破产费用和共益债务。

2. 支付破产企业职工的相关费用

破产财产需要清偿破产企业所欠职工的工资和医疗、伤残补助、抚恤费用、所欠的应当划入职工个人账户的基本养老保险费用，以及法律、行政法规规定应当支付给职工的补偿金。

3. 缴纳税款

破产企业拖欠的国家税款应作为支付职工费用之后的程序清偿，从而优先于普通债权人获得清偿。税收是国家财政收入的来源，税收得不到保障，将威胁国家的政权稳定。因此，从维护社会公共利益的角度出发，税收在破产清算中应优先于一般债权人获得清偿。

4. 清偿普通债权

在完成前三个程序后，破产企业对无任何优先权的普通债权，根据债权比例进行概括分配。

(六)破产清算报告

破产清算报告是对清算组清算工作的全面总结，包括破产清算组的成立情况，清算组完成的主要清算工作(包括全面接管破产企业的情况，对破产企业的财务状况进行审计及审计结果情况，对破产企业的财产进行清理、评估、处理及结果情况，对破产企业对外债权债务的清理情况，清理中遇到的问题），对破产企业的终结审计结果，破产财产分配方案的制定情况及对通过的破产财产分配方案的执行情况等。

破产清算报告主要包括以下六个方面的内容。

(1)破产清算组的成立情况，即说明清算组的由来。

(2)清算组完成的主要清算工作。分为以下若干项：

全面接管破产企业，接管的具体时间，接管的具体内容，参加接管的人员等；

指定留守人员，明确留守人员工作职责等；

对破产企业的财务状况进行审计及审计结果情况，包括资产负债情况等；

对破产企业的财产进行清理、评估、处理及结果情况；

对破产企业对外债权的清理情况、追讨的结果及追讨中遇到的问题；

对破产企业对外投资的清理情况、处理情况以及处理的结果；

对破产企业的清理和审核情况及审核结果，包括对破产债权总额、有财产担保的债权总额、无财产担保的债权总额等；

对破产企业诉讼案件的清理情况及清算组参与诉讼情况；

对破产企业签订合同的清理情况及解除合同情况和继续履行合同情况；

对破产企业职工安置情况拖欠工资和社会保险费的清偿情况；

破产财产分配方案的制定情况及对通过的破产财产分配方案的执行情况。

(3)破产企业大宗资金的走向及回收情况。

(4)破产企业法定代表人及经营管理人员的离职或在职审计情况。

(5)企业破产原因分析。

(6)本破产清算案中待研究和待完善、待解决的问题，如职工的安装费问题、工资问题、住房问题究竟应怎样处理，也包括完善破产清算的操作规程问题。

清算组完成以上全部工作，在办理相关的手续如注销原破产企业登记，提请法院终结破产程序等之后，清算组正式撤销，破产企业的破产清算程序正式终止。

课后思考

1. 简述并购的含义、类型及企业并购的动因与效应。
2. 简述剥离的含义及其主要类型。
3. 简述分立的含义及其主要类型。
4. 分析企业剥离与分立的动因与效应。
5. 什么是财务危机？财务危机的显性表现类型有哪些？
6. 如何运用多变量模型进行财务预警？
7. 简要说明功效系数法进行财务预警的步骤。
8. 简述企业重整的含义和类型。
9. 简要说明企业清算的程序。

案例讨论

受累航运低谷造船业破产潮临近

——航运龙头之一中海集运净利润－28亿元

2016年航运业的复苏笼罩在一片阴霾之下。航运市场低迷，航运企业经营状况持续恶化的态势仍在蔓延。

专家表示，发展中经济体经济放缓，国际大宗货物市场需求端购买力不足等原因导致运力过剩、运价下跌，航运业遭遇了史上最难过的一年。2016年航运企业亏损、倒闭的情况可能会更多，市场的严峻形势将进一步持续。

船厂破产　航运市场持续低迷

2016年1月份，BDI指数暴跌近30%，无一日上涨。最新数据显示，BDI指数自1月4日473点起连续下跌，到1月13日BDI指数跌破400点，至1月27日，BDI指数已降至337点，创该指数诞生以来最低值。而2008年5月，该指数最高曾达到过11793点。

BDI指数反映了即期市场的行情，衡量的是铁矿石、水泥、谷物、煤炭和化肥等资源的运输费用。

航运业的低迷，是触发造船业破产潮的诱因之一。

1月23日，中海集运(601866.SH)发布2015年业绩报告，归属于上市公司股东的净利润约为－28亿元人民币。而2014年，中海集运实现净利润10.61亿元人民币。

据上海国际航运研究中心发布的《2015年第四季度中国航运景气报告》，干散货海运企业中，已有超六成企业长期处于亏损状态，近四成企业流动资金长期处于紧绷状态，而企业融资的难度与成本都已经非常高，有相当一部分濒临破产。2015年3月，不少国际航运公司正式进入破产程序。

前不久，舟山市中级人民法院宣布，受理浙江省海运集团提请舟山五洲船舶修造有限公司(以下简称五洲船舶)破产清算一案，这是近十年来，国内第一家破产倒闭的国有船厂。同样有着国资背景的舜天船舶(002608.SZ)也因资不抵债申请破产重整。

与此同时，2015年来，东方重工、明德重工等民营船厂申请破产重整，没有破产的企业，盈利状况也十分堪忧。造船企业的经营状况每况愈下。

受制航运　造船业难复苏

“在船价暴跌的市场下，船价跌去70%已经太正常不过了。也就是说，2010年花3000万美元买条船，现在只值750万美元。这时船东把船还给银行是最好的选择，但是由于有担保，不敢把船还给银行止损，硬撑的结果就是大型船东顷刻坍塌。”上海友鸿船务公司薛船长在接受《中国经营报》记者采访时表示。

“2008年金融危机之后，航运市场呈现波动式下降的趋势，2015年市场形势尤其差。”上海国际航运研究中心国际航运研究室主任张永锋在接受记者采访时表示。

“发展中经济体的经济增长开始放缓，外贸形势较差，2015年国际大宗货物市场需求端购买力不足，铁矿石、煤炭、原油等大宗货物价格大幅下跌，是影响航运市场不景气的重要原因。从运力层面看，运力增长大于需求增长，造大船的规模经济能暂时降低成本，因此很多企业跟风造大船，增加了许多订单，导致运力过剩。"张永锋从不同角度分析了航运市场低迷的原因。

交通运输部水运科学研究院经济政策与发展战略研究中心研究员谢燮告诉记者，BDI指数创历史新低，一是由于市场供需关系严重失衡，过剩的运力尚未通过有效的市场机制淘汰；二是由于航运业燃油成本占整体运营成本的份额比较高，油价的持续走低也压低了运价，进而造成BDI指数屡创新低。

"2009年以后随着欧债危机爆发及航运业投资风险上升，传统的一些欧洲航运基金大量撤离航运市场。但随着中国造船能力的提升和金融资本迫切走向国际的愿望，中国金融机构开始更多地参与国际船舶融资，特别是部分投机性投资的介入，也成为导致运力过剩的原因之一。"张永锋表示。

"相较于国际金融机构撤离航运市场，我们恰好在这一时期推出一些自贸区、融资租赁等政策，使得我们的金融机构在市场并不好的情况下大幅进入市场，甚至有些金融机构变成了船东，他们也要为这波供给过剩承担责任。"谢燮也认为金融机构的介入是供给过剩的一部分原因。

在谈及为什么2015年市场格外差时，薛船长表示，由于《破产法》在国内没有得到执行，该破产的公司没有破产，形成大量"僵尸企业"。为了挽救僵尸企业，合法的、非法的手段用了很多，苟延残喘了几年，现在政策一收紧，问题就全暴露出来了。

"船舶大型化也是市场崩溃的一大因素。因为大船的成本更低，吸引船东不断造大船，利用规模经济参与市场竞争。结果大家都这么想。现在大船负担更重，相应的物流等成本增加，装不满的话，经济性根本无法实现，最后市场越拼越差，加速了问题的爆发。"谢燮认为。

造船市场需求锐减

中国船舶工业行业协会最新公布的数据显示，2015年，全国造船完工量4184万载重吨，同比增长7.1%；承接新船订单量3126万载重吨，同比下降47.9%。中国船舶工业行业协会认为，接单难、交船难、盈利难、融资难，是当前船舶工业面临的严峻形势。

张永锋分析道，这个数据说明，市场突然之间变得更差了。而完工量增长则说明，大家预期市场在短期内是会复苏的，而且交付的估计很多都是大船。但是新船订单量变少，这是因为大家开始更加谨慎，认为短期内市场复苏的可能性不大，对市场信心不足。

"难点在于，如果航运市场供需关系失衡这个基本面不改变，航运企业可作为的空间不大。2009年到现在，企业能控制的成本基本控制了，进一步想控制成本很难。"他说。

经营状况一直良好的全球最大航运公司马士基航运，2015年第三季度利润大幅下滑，并宣布，将在2017年前从23000名全球雇员中裁员4000人，取消35个班轮班次，削减航线运力。

"一些企业可以通过裁员等办法降低成本，维持企业保本微利运行。但是国企的成本很难减下来，管理成本、人工成本、隐性成本等都很难减。"谢燮认为，政府要在反不正当竞争和反垄断方面把好关。只有让"僵尸企业"死完，让有经营能力的企业活下来，市场才能进入良性运转。

"当然，这个过程会很痛苦，企业倒闭、银行坏账、人员安置等问题都不容忽视。"张永锋说。

张永锋认为，2016年航运业形势仍然比较严峻。全球需求没有大亮点，中国经济放缓，运力过剩的情况很难在短时间内改变，市场很难出现大的反弹，甚至还有更差的可能。

谈到对未来市场的预测，谢燮认为，短时间内看不到整个航运行业复苏的期望，2016年仍然将面对运价的低迷。但部分新兴航线具有发展前景，比如与环印度洋区域相联系的航线。过剩的运力将通过激烈竞争的方式被清出市场，预计2017年航运市场的价格能够回归到整个行业保本微利的状况。

（资料来源：《中国经营报》2016年1月30日）

讨论问题

(1)查阅资料了解中集海运集团2015年的运营情况和经营成果。

(2)分析我国《破产法》执行的现状，以及对企业的影响。

(3)请结合案例理解“僵尸企业”的含义。

(4)进一步跟踪我国造船业在2016年及以后的发展状况。

第十三章　财务考核与激励

学习目标

- 理解并掌握财务考核的含义。
- 掌握财务考核的一般形式。
- 理解并掌握财务考核的各项主要内容。
- 了解财务激励的范畴。
- 了解财务激励的作用。

引导案例

华为员工股权激励案例

华为市场部一位中层表示，工作5年以上20万元年薪在华为研发和市场部门算是中等水平，而华为员工的工资水平也比中兴通讯等竞争对手差不多多了20%。更为重要的是，华为有六成员工持有公司股票，可以享受公司业绩增长所带来的盈利。财报显示，华为现有11万员工，其中6.5万人持股。对于华为员工工资比中兴通讯高的说法，中兴通讯一位内部人员表示，中兴通讯在奖金方面比华为高，但该人士不愿意透露中兴通讯员工的年薪水平和结构。但来自华为生产部门的内部员工表示，刚进华为时，起薪标准的确很可观，但工作一段时间后，其工作时长和辛苦度与得到的薪水并没有成正比，使得华为员工的薪水优越性相比前几年下降很多。

公司业绩的增长与员工薪水增长其实并不直接挂钩，它只是代表了员工薪水会增长的趋势，而华为员工持股的方式，将公司利益与员工利益直接挂钩，自然提高了华为的薪水竞争力。或许正基于此，中兴通讯也在加紧实施股权激励。2011年6月14日，中兴通讯第一大股东深圳中兴新通信设备公司减持4849.5万股，套现12.55亿元。该举动被业界猜测，中兴通讯通过迂回的方式实现员工激励。中兴通讯方面并没有对减持做任何说明，也不愿意透露减持的原因。

然而，作为上市公司，中兴通讯要实现持续的员工股权激励存在不小难题——用于激励的股权来自增发还是大股东转让？一般而言，大股东减持作为激励股权池的做法更为普遍。那么华为几乎年年向职工配股，股票又从何而来？事实上，从2001年开始，华为实行名为“虚拟受限股”的期权改革。虚拟股票是指公司授予激励对象一种虚拟的股票，激励对象可以据此享受一定数量的分红权和股价升值权，但是没有所有权，没有表决权，不能转让和出售，在离开企业时自动失效。

这就是说，假如华为向一名员工配"虚拟受限股"一万股，这或许并不表明华为需要增发一万股新股供认购。此外，"虚拟受限股"是否对应着华为相同数量的股份，这都是未知数。此前就有律师认为，华为的员工持股计划并不规范，而更像是内部奖励制度。

（资料来源：《第一财经日报》2011 年 6 月 21 日）

思考：(1)华为公司的"虚拟受限股"是真正意义上的公司股权激励吗？

(2)财务激励对公司的作用有哪些？

第一节　财务考核

财务考核是指将报告期财务指标实际完成数与规定的考核指标进行对比，确定有关责任单位和个人任务完成情况的过程。通常财务考核的结果与物质奖惩紧密联系，是贯彻责任制原则的要求，也是构建企业激励与约束机制的关键环节。财务考核主要在企业内部进行，国家财务部门对国资企业经营者的考核属于宏观财务考核。财务考核指标，应是责任单位或个人因承担完成责任的可控制指标，一般根据分管的财务责任指标进行考核，使财务指标的完成有强有力的制约手段与激励措施。因此，财务考核促使企业全面完成财务计划，监督有关单位与个人遵守财务制度，落实企业内部经济核算制的手段。

一、财务考核的形式与必要性

（一）财务考核的必要性

企业之所以要进行财务考核，其必要性主要体现在以下三个方面。

(1)财务考核是促使企业全面完成财务计划，监督有关单位与个人遵守财务制度，落实企业内部经济责任制的重要手段。

(2)通过财务考核，可以正确反映企业财务和管理绩效，贯彻按劳分配原则，多劳多得，促使企业加强基础管理工作，提高企业的竞争力。

(3)企业财务考核的过程，可以激发相关责任人的工作潜力和积极性，让他们为企业创造更多的价值，从而进一步促进财务管理目标的实现。

（二）财务考核的形式

财务考核在企业中有多样的形式，但主要目的都是为了贯彻经济责任制。通过财务考核，可以正确贯彻按劳分配原则，打破吃大锅饭的现象，促使企业加强基础管理工作，提高企业的竞争力。一般企业中常见的财务考核形式有以下四种。

1. 绝对指标形式的考核

这种形式适合于对某些固定性费用的开支和财务成果指标的考核，如制造成本中的某些间接费用、期间费用中的某些固定费用指标的考核，以及对利润额的考核等。

2. 相对指标形式的考核

这种形式适合于变动性较大，而且又有一定变化规律的财务指标考核，如运用销售资金率（或产值资金率）考核流动资金占用额，运用资产保值增值率考核国有资产管理业绩，运用变动费用率考核变动费用支出额等。

3. 按指标完成百分比形式的考核

这种形式适合于某些在基期的基础上要求降低或者增加的财务指标考核，如按费用降低率、流动资金周转加速率等指标考核等。

4. 评分形式的考核

这种形式适合于对多种财务指标进行综合性考核的情况，并有利于进行综合评价与考核。

上述财务考核的常见形式相互间有着密切联系。企业应当采用何种考核形式，应根据企业的具体情况加以确定。各种形式可以单独运用，也可以配合使用，在企业财务管理过程中，各种方法也要相互呼应。其中，财务预测与财务决策是前提，财务计划是纲领，财务控制与财务分析是保证，而财务考核是归宿。财务考核一定要连续进行，形成科学的财务管理方法体系。

二、财务考核的主要内容

财务考核主要是对企业规章制度的健全性与有效性、企业资金管理能力、企业财务人员工作能力等三个方面进行考核。

1. 企业规章制度健全性与有效性的考核

企业需要明确并深入研究目前国家已经颁布实施的与本企业行业类别相关的基本法规制度和专项法规制度。企业需要通过学习这些法律法规，并按照企业内部规定按时考核企业是否按照法规制度要求或上级单位有关财务管理制度制定了相关的管理办法，内部管理制度中设计的事项管理措施、流程是否符合实际管理情况。考核时要充分结合本企业实际情况，考核要在查看相关资料的基础上进行。

2. 企业资金管理能力的考核

资金是企业运作的前提，企业活动都是围绕着资金运动过程进行的，伴随着某一项目运行的始终，那么所有的经济活动都会在财务上有所反映，资金管理的效果直接影响企业的营运能力，企业对资金的管理能力直接关系到企业的生存发展问题。由于资金管理活动是企业财务管理工作的重中之重，决定着企业财务管理结果的优劣，因此对资金管理的考核要从以下几个方面进行。

（1）资金是否按照专款专用、专户存储的原则管理。

（2）资金使用是否按照资金成本的效益性原则管理。

（3）资金支付是否按照有关规章制度、流程执行办理。

（4）资金是否存在挪用、不合理挤占等情况。

(5)月均账户资金余额是否在需要范围内。例如,建设项目单位要求每月账户资金平均余额大于月度资金需要总量的10%(一般情况下,建设项目资金支付小于资金需求总量,若资金剩余大于10%就会出现资金沉淀,增加企业资金成本)。

(6)资金使用率是否在合理范围内。例如,建设项目单位要求资金使用率在85%以上(由于建设项目一般属于综合性工程,需要与多方单位、政府部门、地方群众等发生关系,资金预计在100%,但实际支付存在偏差,因此资金使用率做到100%是理论目标)。

3. 企业财务人员工作能力的考核

由于管理的主体是人,而非规章制度,因此对事项考核的同时,对人的考核也是财务考核的主要内容。具体而言,对一般企业的财务人员考核主要包括以下几个方面。

(1)一般财务人员是否持证上岗、财务负责人是否具备中级以上资格或同等资格水平;

(2)财务账目是否清晰、财务报表是否准确;

(3)财务人员是否按照有关规章制度进行财务会计事项的处理,是否存在违规办理会计事项;

(4)财务人员是否遵守工作纪律、保守财务秘密;

(5)财务档案的立册、保管是否及时安全;

(6)是否服从主管领导、是否具有团队精神。

以上考核方面可根据企业或行业性质不同有所调整。

三、财务考核的指标

财务考核的主要指标有企业盈利能力指标、企业偿债能力指标、企业资金营运周转效率指标、企业收入指标、企业成本费用指标和企业利润指标等类别。

(一)企业盈利能力考核的指标

企业盈利能力的主要考核指标有净资产收益率指标、总资产报酬率指标以及总资产净利率指标等。其中净资产收益率指标的通用性最强,适用范围最广,并不受行业的限制。

1. 净资产收益率

净资产收益率的计算主要靠净利润和所有者权益平均数的保障,通过二者的比值来确定。通常净资产收益率越高,表明投资收益的能力越强,反之就越差。该指标在大多数企业中都能适用,具有很强的通用性。

2. 总资产净利率

总资产净利率主要依靠净利润与总资产平均数的比值来确定。总资产收益率越高,表明企业总资产为所有者创造的利润越高。

3. 总资产报酬率

总资产报酬率可以用息税前利润和总资产平均数的比值来确定。其中息税前利润是税前利润(利润总额)和利息费用的总和。总资产报酬率表示企业全部资产为所有者、债权人和政府获取收益的能力,全面反映了企业的获利能力和投入产出情况。

(二)企业偿债能力指标的考核

企业的偿债能力又划分为短期偿债能力和长期偿债能力,二者所应用的指标不同,但都是为了考核企业在未来经营过程中,可能出现的偿债压力和情况而设置的指标。

1. 流动比率

流动比率是流动资产和流动负债的比值,流动比率越高,企业短期偿债能力越强,但并不是流动比率越高越好。

2. 速动比率

企业也可以通过速动比率来考核短期偿债能力。企业的速动资产由货币资金、交易性金融资产、应收票据、应收账款和其他应收款组成,当确定了速动资产之后,可以用速动资产和流动负债的比值来确定速动比率。

3. 资产负债率

资产负债率在企业中应用非常广泛,计算相对简单,即为负债总额与资产总额的比值。一般而言资产负债率越低,财务风险越小。但从企业的所有者角度来看,股东并不希望资产负债率过低。

除此之外,还有现金比率(现金和有价证券与流动负债的比值)、产权比率(负债总额和股东权益总额的比值)、利息保障倍数(息税前利润和利息费用的比值)等指标,在此不再具体说明。

(三)企业资金营运周转效率指标的考核

企业可以通过总资产周转率、流动资产周转率、非流动资产周转率、应收账款周转率、存货周转率和固定资产周转率等指标来考核企业资金营运周转的效率。

1. 总资产周转率

该指标用总资产的周转次数来确定。具体而言可以用营业收入和总资产平均总额来确定,最终确定的总资产周转天数,可以用一年的天数除以总资产周转次数。一般情况下,总资产周转次数越多,说明企业对全部资产的利用效率越高,资产的质量越好。

2. 流动资产周转率

流动资产周转次数同样可以用营业收入和流动资产平均余额的比值来确定。然后结合一年的天数确定流动资产周转天数。流动资产周转次数表示 1 元流动资产支持的营业收入。一般情况下,流动资产周转次数越多,表明流动资产利用效果越好,资产质量越高。

3. 应收账款周转率

应收账款周转率同样用应收账款对应应收账款平均收账期指标来确定。通过赊销收入和应收账款平均余额来计算,然后结合一年的天数最终确定应收账款平均收账期。该指标所反映的是从销售开始到回收现金需要天数的平均值。应收账款周转次数越多,表明应收账款的管理效率越高,资金利用率越好。及时收回应收账款可以增强企业的短期偿债能力。

当然,该指标中不仅仅包含应收账款,还包括应收票据。

4. 存货周转率

存货周转率指标与其他资产周转率指标计算相似,但不同的是存货周转率是通过营业成本和存货平均余额的比值来确定的。在周转次数的计算中,只有存货周转率比较特殊。考核存货周转率的目的在于使存货管理在保证生产经营连续性的同时,尽可能减少经营资金占用,提高企业资金使用率。此外,考核存货周转率的另外一个作用就是可以增强企业短期偿债能力。存货周转次数越多,表明企业存货管理效率越高,存货资金利用效果越好。

(四)企业收入指标的考核

对于企业收入指标的考核,可以从真实性、合理性、效率性和持续性等四个方面进行。其中,收入真实性的确认是最为必要的。收入真实性的确认必须以实际发生的经济业务为基础,并尽量与经济收益相接近。收入结构的合理性主要通过主营收入和其他业务收入的构成比例来考察。收入的效率性强调,收入并不直接等于实际现金净流入和真实财务的增加,如果收入不能转化为足够的实际现金净流入,再高的收入也只不过是"账面富贵"。而收入的持续性问题则是需要更加细致地确认的。收入中包含经常项目带来的收益,也包括非经常项目带来的收益,只有经常项目收益才是可以确认为持续性的收入。

(五)企业成本费用指标的考核

在众多的考核指标中,成本费用指标的考核最为广泛和重要,在企业日常经营管理中对费用的考核也最为严格,其中包括产品生产成本的考核、制造费用的考核、管理费用的考核、财务费用的考核以及销售费用的考核。需要注意的是,不能片面地认为某些费用项目超支就一定不合理,要将各项费用和销售量的增减变动结合起来考察,并考虑未来可能的合理的费用增长区间。

(六)企业利润指标的考核

对于企业利润指标考核的难点在于利润质量和预期获利能力的考察。对于利润质量而言,一般认为企业执行适度稳健的会计政策是产生高质量利润的关键。同时利润的构成与利润的质量也是分不开的,如果主营业务利润在净利润中所占比重不高,则说明利润质量不高。此外,现金净流量越大,说明利润质量越高。对于预期获利能力而言,可以通过营业净利率、营业毛利率和成本费用利润率去考察。成本费用利润率越高,表明企业成本费用控制得越好,企业的获利能力越强。

第二节　财务激励

财务激励是采用支薪制(支付薪金)和分享制(经理能得到企业盈利的一定比例作为个人报酬)等方式将经理人员的报酬与企业的经营业绩联系起来,以激发雇员的智慧,调动其管理和劳动热情。

一、财务激励机制建立的基础

应该肯定，经济手段在调动职工积极性中具有不可忽视的作用。建立企业的财务激励机制要立足于以下基础。当前，我国的主要矛盾仍是落后的社会生产力和人民群众日益增长的物质文化需要之间的矛盾。在生产力水平和人民生活水平都还较低的情况下，尽快改善生活是我国人民最普遍也是最迫切的需求。因此，运用经济激励手段来调动广大职工的积极性，不仅是必要的，而且是必需的。

(一)在激励手段上，应清醒地认识到经济激励的条件性

在相当长的一段时期，由于历史原因，我国过分地从人的精神方面考虑问题，忽视了人的经济、物质需求，致使我国职工的积极性在总体上处于较低的状态。党的十一届三中全会以后，我国认真贯彻“按劳分配”的原则，打破了“大锅饭”，恢复了奖金制度，并逐步改革工资制度，这在很大程度上调动了职工的积极性。但是，与此同时，我国的一些管理者又走到了另一个极端，在思想上倾向于把人看成“经济人”，管理中把经济、物质刺激作为唯一的激励手段，认为靠金钱就能够解决一切问题，从而忽视了其他激励手段的运用以及思想政治教育的作用。这说明，人们对经济激励的有效性及其条件还缺乏清醒认识。

经济手段的确有激励作用，但同时也存在固有的局限。一方面，人是社会的人，在现实社会生活中，人的心理需要结构十分复杂。尽管人们有提高改善生活的需求，但金钱并不是万能的。许多人为了满足其他需要，可以降低甚至放弃对经济的需求。因此，经济激励不具有绝对的普遍性，只能在一定范围内和一定条件下发挥其激励作用。另一方面，在人们生活水平较低甚至难以保障时，经济因素的激励作用较为明显，但当人们的生活达到一定水平后，经济需求就会排到次要的位置，经济激励的作用也即随之降低。所以，经济激励也不具有绝对稳定性和持久性。正因为如此，西方管理界才放弃了单一的金钱刺激，出现了激励手段的转向。特别应该重视的是，经济手段既有激励作用，也对价值观具有导向作用。单纯运用这种激励手段，容易使人斤斤计较，患得患失，甚至见利忘义。

因此，我们一方面应正确认识经济激励的有效性、局限性及其转化的条件，适时、适度地运用这种手段；另一方面应从我国的社会性质和社会条件出发，在吸收西方管理科学有益成分的同时，努力发扬思想政治工作的传统和优势，用正确的人生观、价值观和伦理观教育和引导广大职工，从而克服经济激励的局限并抑制其负面效应，这样才能更科学、更持久地提高广大职工的工作积极性。

(二)在激励功能上，应努力增强经济手段的激励性

从我国当前情况看，经济激励无疑还是一种必要的激励手段，但运用了手段并不等于发挥了功能。就经济激励手段而言，从其外部形态看，它表现为金钱或物质；而从其内在实质看，它是通过满足人的需要而发挥激励功能的。所以，同是这种激励手段，但由于满足人们需要的程度和范围不同，其激励功能会有明显的差别。因此，如何增强和提高经济手段的激励功能，这是我国财务管理界所面临的十分现实问题。我国现在普遍实行奖金制度，但从近几年情况看，奖金的激励功能在不断下降，奖金额越发越高，而职工的工作积极性并未同步

增强。甚至在有些单位,奖金完全成了保健因素,发了奖金人们觉得理所当然,少发或不发就十分不满。究其原因,主要是没有很好地注意发挥经济手段的激励功能。就奖金来看,它既可以成为保健因素,也可以成为激励因素。如果仅把奖金作为满足生理需要的金钱,那么,随着人们生活的改善,它自然就会变为保健因素;但若把奖金同时作为职工工作成绩的肯定方式,作为取得成就的物质标志,这就意味着奖金不仅满足了生理需要,而且会保持甚至加强激励作用。但我国有些单位的管理者恰恰忽视了这一点,发现奖金激励效果降低,就一味增加奖金数额,而没有从如何有效发挥奖金的激励功能角度考虑问题。

总之,在我国的实际管理中,不能仅仅着眼和满足于经济激励手段的运用,而应注重研究和探索如何有效发挥其激励功能,努力增强经济手段的激励性,使其真正发挥出激励作用,从而在更高水平上把职工的工作积极性调动起来。

(三)在激励环节上,应注重实现目标设置的科学性

西方管理界对激励问题的研究有一个较明显的特点,即很多理论是围绕目标这个环节展开的。之所以如此,是因为目标的确是整个激励过程的关键环节。人们努力工作的动机要靠目标来激发;人们的工作绩效如何,要用目标来衡量;人们究竟可以得到何种奖酬,也要以实现目标的程度为依据。所以西方激励理论以目标为核心的研究方向是合理的,也是很值得我们借鉴的。就目标来看,其中包括既相区别又相联系的两个方面:一是工作目标;二是奖酬目标。一般而言,只有这两个目标设置得科学,激励机制才能正常运行。因此,在激励过程的诸环节中,应特别重视目标设置的科学性。

从我国现实情况而言,首先,应掌握好工作目标的难度。工作目标是为职工确立的努力方向,也是衡量积极程度和工作绩效的标尺。因此,工作目标既不能定得过高,也不能定得过低。如果目标过高,难度太大,会降低职工的期望值,影响积极性;相反,如果目标定得过低,只要每天上班就可以轻易达到,那么,这种目标就失去了意义。所以,在实际管理中,应该运用科学方法进行精确的测定,制定出既有较高难度又不致令人失望的、大多数人经过努力可以完成而努力不够又难以达到的工作目标。其次,应注意提高奖酬目标的金额和效果。奖酬目标即职工超额完成工作目标后将得到何种奖酬,其作用是推动职工努力完成工作目标。而要真正起到推动作用,就必须提高奖酬目标在职工心目中的价值。因此,在设置奖酬目标时,必须克服随意性和单一化的问题,应对职工的需要状况进行深入细致的调查研究,在认真分析的基础上,针对职工的优势需要来确定奖酬目标。同时,要考虑人们需要的差别性,尽量设置多种奖励方式和奖励内容,其中既要有物质奖励,也要有精神奖励。如果有条件,分别设置不同的奖酬目标,从而增强奖酬目标的金额和效果。此外,由于绩效价值比是职工对奖酬目标价值的主观判断,所以,管理者还应通过恰当的思想教育工作,引导和端正职工的价值观,使他们正确认识各种奖酬目标的真实价值,这样就会从根本上提高奖酬目标的效价。

总之,我们也应紧紧抓住目标这个关键环节,努力增强目标设置的科学性,以科学的目标为支点,建立起具有中国特色的、科学合理的激励机制。

(四)在具体实施上,应注意提高激励结果的有效性

激励理论以人的需要为基础,对激励的过程进行研究,其根本目的就是要提高激励结果

的有效性，最终把人的积极性真正调动起来，并取得相应的工作绩效。在现代管理中，任何管理措施都应该讲求效率，激励也不例外。激励的效率一般表现为激励的效果与所投入的人力、物力、财力之比。既然为调动积极性进行了投入，就应该取得相应的激励效果，即激励应该是有效的激励。而且，在投入相同的情况下，应尽可能提高激励的效果，使激励成为高效率的激励。这正是应该引起我们重视的问题。

从我国的管理情况看，对激励的重要性是普遍认同的，激励的工作也始终在进行着，但在实际的激励过程中，存在着形式化和简单化的倾向。很多单位在形式上年年都搞评优奖励、表彰先进，但往往仅当作一种程序性工作进行简单化处理，并没有切实从激励效果出发，认真分析影响激励效果的各种因素，并通过深入细致的工作努力提高激励的有效性，因而常常难以达到预期的激励目的。

因此，应注意的是，首先，在激励问题上要树立效率观念，应该正确认识目的与手段、动机与效果的关系，真正把达到激励效果、提高激励效率作为激励工作的目的，使各种具体的激励措施紧紧围绕这一目的展开，力求在必要投入的基础上，取得高效的激励结果。其次，应该对激励过程进行深入的分析研究，正确认识各激励环节相关因素及可能出现的问题，并通过恰当有效的方法加以解决，尽量避免和减少激励过程中的"损耗"，以增强激励的实效性。总之，在激励工作的具体实施中，应注重激励结果的有效性，要把提高激励效率作为工作的出发点和衡量的标准，努力发挥出激励投入的效能，使动机和效果统一起来。这样，才能真正把广大职工的工作积极性充分调动起来。

二、财务激励的手段

行为科学家认为，人类行为产生于人类动机，人类动机根源于人类需要。因此，根据人的不同需要，激发人相应的行为动机，是科学运用激励并使之产生显著效果的基本方法。马斯洛在《动机和人格》一书中指出，人类有五种基本的需要，即生理、安全、社会、自尊和自我实现。根据人的需要，财务激励的主要手段包括物质激励和非物质激励两个方面。

（一）物质利益激励

物质利益约束是以调整或变动工资、奖金、罚款或抵押形式，通过调整分配关系，对脱离计划或规范的行为发挥控制、约束作用。利益约束是建立在人们对物质利益的关心上，具有震动大、反映快的特点，是约束机制的基础。因为，在商品经济社会中，金钱是人们生存的必要条件，工作也主要是谋生的手段。在这种情况下，经济因素对人们的行为有着重要的影响。金钱是重要的，它能满足许多需要，它不仅能提供人们所需要的东西以提高他们的生活水平，而且它还是向其他人展示自身成就和自尊的有力方式。所以，以金钱刺激作为手段的激励思想并非毫无道理。尤其是在当前的历史条件下，它应该说是具有合理性的。因此，在现代的企业管理中，它不失为一种必要的激励手段。

在企业内部，每个劳动者和责任单位都是一个利益主体，它们有共同的利益追求，也存在着利益差别。从而，在共同利益基础上形成以群体利益同个体利益、长远利益同现时利益、全局利益同局部利益以及企业利益同社会利益之间矛盾统一的利益结构，形成了现实的和潜在的物质利益动力。利用财务手段，通过分配关系加以激励，使物质动力变为经营和财务活动的现实积极性,是物质利益激励机制发挥作用的基础和主要表现形式。物质利益动力的发挥,从财务分配角度而言,有赖于以下原则的正确处理。

1.适度原则

掌握多盈多分,少盈少分,不盈不分,亏损处罚的原则;逐步提高分配质量,适当积蓄,形成一种"蓄而待发"的心理效益;防止出现利益丰厚而动力递减的现象。

2.差别原则

对责任单位应按"效"分配。从财务角度讲"经济效益"综合体现的财务成果,就是利润,这是利益分配的源泉。因此,应该计算各责任单位的效益,分配与效益挂钩,体现群体利益差别,以调动劳动者个体与劳动组织集体利益相结合的积极性。

目前,国内外企业对高层管理人员的物质激励应用较普及的是股权激励模式,该方式将在后面单独进行介绍。

(二)非物质激励

马克思主义者认为,人有物质需求,同时也需要精神生活。金钱并不是人们所需要和所追求的唯一报酬,承认、赞扬、提升、责任、发展机会等,也能对人们实行有效的激励,这种类型的报酬有时比金钱更富有成效。从企业管理角度讲,财务人员和全体参加经济活动过程员工的精神需求主要有以下几个方面。

(1)良好的企业内部环境,特别是管理者同被管理者之间相互理解、公正和友善形成的宽松气氛。它是精神生活的最基本的需求,也是产生精神动力最基本的环境条件。

(2)对劳动者的公正评价,这涉及对劳动者自身价值、尊严、声誉的肯定和需求。如果能给予公开的肯定、表彰或荣誉,劳动者个体或群体都会得到精神上的满足,并继续为此发挥他们的才智。

(3)对企业前途的信念和信心。如果使企业员工在财务活动中有充分的发言权,并有平等的机会成为企业某一方面或某一部门的主管,就会在企业员工中产生有福同享、有难同当、同舟共济的认同感,就会把自己放在主人翁的位置上。

以人的需要层次论为基础,可建立起如下的财务激励模式:需要→目标→动机→作为→绩效→奖酬→满足→积极性。该模式表明:第一,以人的多种需要为激励的基点,有针对性地设置目标,以此激发起向目标努力的动机,并引发出努力行为,然后根据工作绩效给予相应的奖酬,其中既有物质的,也有精神的,还有个人发展方面的,从而使人的各种需要得到满足并看到进一步满足的希望,最终达到激发工作积极性的目的。第二,在针对需要设置目标时,应注意提高目标效益,并让职工参与目标制定,以提高目标的可接受性;若要通过目标激发起工作动机,则应使目标具有一定难度,但又要有实现的可能;要使工作动机转化为正确的实际行为,必须有正确的角色概念和明确具体的努力方向;行为要真正取得满意的绩效,还需要具备相应的能力和良好的工作环境;在绩效与奖酬环节上,要注意两者的紧密关联;奖酬能否使人满足进而调动起积极性,又取决于奖酬是否公平。在整个激励过程中,只有处理好各种影响因素,顺利通过每一个环节,最后才能真正把人的积极性激发调动起来。

三、股权激励

股权激励是一种通过经营者获得公司股权形式给予企业经营者一定的经济权利，使他们能够以股东的身份参与企业决策、分享利润、承担风险，从而勤勉尽责地为公司的长期发展服务的一种激励方法。股权激励是为了激励员工，平衡企业的长期目标和短期目标，特别是关注企业的长期发展和战略目标的实现，因此，确定激励对象必须以企业战略目标为导向，即选择对企业战略最具有价值的人员。股权激励对改善公司治理结构、降低代理成本、提升管理效率、增强公司凝聚力和市场竞争力能起到非常积极的作用。

（一）股权激励的特点

相较于其他物质激励方式，股权激励具备长期激励性、高回报性和参与控制性的特点。

1.长期激励性

从员工薪酬结构看，股权激励是一种长期激励，员工职位越高，其对公司业绩影响就越大。股东为了使公司能持续发展，一般都采用长期激励的形式，将这些员工利益与公司利益紧密地联系在一起，构筑利益共同体，减少代理成本，充分有效地发挥这些员工的积极性和创造性，从而达到公司的目标。

2.高回报性

人才的价值回报不是工资、奖金就能满足的，有效的办法是直接对这些人才实施股权激励，将他们的价值回报与公司的持续增值紧密联系起来，通过公司增值来回报这些人才为企业发展所做出的贡献。这种较高的回报性特征可以激励公司高管或核心技术人员等更好地为企业创造价值。

3.参与控制性

通过股权激励，使员工参与关系到企业发展的经营管理决策，使其拥有部分公司控制权后，他们不仅会关注公司的短期业绩，更加会关注公司的长远发展，并真正对此负责。

（二）常用的股权激励模式

激励模式是股权激励的核心问题，直接决定了激励的效用。

1.股票期权

股票期权是一种选择权，是允许激励对象在未来条件成熟时购买本公司一定数量的股票的权利。公司事先授予激励对象的是股票期权。公司事先设定了激励对象可以购买本公司股票的条件（通常称为行权条件），只有行权条件成熟时激励对象才有权购买本公司股票（行权），把期权变为实在的股权。行权条件一般包括三个方面：一是公司方面的，如公司要达到的预定的业绩；二是等待期方面的，授予期权后需要等待的时间（等待期一般为 2～3 年）；三是激励对象自身方面的，如通过考核并没有违法违规事件等。

行权条件成熟后，激励对象有选择行权或不行权的自由。激励对象获得的收益体现在授予股票期权时确定的行权价和行权之后股票市场价之间的差额。如果股票市场价高于行权价，并且对公司股票有信心，那么激励对象会选择行权，否则激励对象就会放弃行权，股票期权作废。

股票期权以未来二级市场上的股价为激励点，不需要企业支出大量的现金进行即时奖励。所以股票期权特别适合成长期初期或扩张期的企业，特别是网络、科技等发展潜力大、发展速度快的企业采用。一方面，这种企业股价上升空间大，将激励对象的收益与未来二级市场上的股价波动联系起来，能够达到很好的激励作用，并且股票期权实施的时间期限一般比较长，一般为5～10年，所以对留住人才和避免管理层的短视行为具有较好的效果。同时，这种企业本身发展和经营的资金需求比较大，需要尽量降低激励成本，而股票期权不需要企业现金支出，所以比较受该类企业的欢迎。当然，其他企业也完全可以采用这种模式。目前股票期权是上市公司采用最多的一种股权激励模式，占到80%以上。

2.限制性股票

公司预先设定了公司要达到的业绩目标，当业绩目标达到后则公司将一定数量的本公司股票无偿赠予或低价售与激励对象。授予的股票不能任意抛售，而是受到一定的限制的。一是禁售期的限制，在禁售期内激励对象获授的股票不能抛售。禁售期根据激励对象的不同设定不同的期限。如对公司董事、经理规定的禁售期限长于一般激励对象。二是解锁条件和解锁期的限制，当达到既定业绩目标后激励对象的股票可以解锁，即可以上市交易。解锁一般是分期进行的，可以是匀速的，也可以是变速的。

限制股票的特点是以公司的业绩为股票授予的条件，所以将公司的业绩与激励对象的收益联系得特别密切。只有公司业绩达到预定要求，激励对象才可以被免费赠予或低价授予股票，才能抛售股票，否则激励计划取消。该模式在成熟型企业中能收到更好的效果。因为该类企业在短时间内股价上涨空间不会很大，所以激励对象的收益更多地来自于股票本身而非股价的涨幅。

3.股票增值权

股票增值权就是公司授予激励对象享有在设定期限内股价上涨收益的权利，承担股价下降风险的义务。具体而言包括以下内容：

(1)公司授予激励对象一定数量的股票增值权，每份股票增值权与每股股份对应。

(2)公司在授予股票增值权时设定一个股票基准价，如果执行日股票价格高于基准价，则两者的价差就是公司奖励给激励对象收益，激励对象获得的收益总和为股票执行价与股票基准价的价差乘以获授的股票增值券数量。奖励一般从未分配利润中支出。如果执行日股票价格低于基准价，则要受到惩罚，如股票执行价与股票基准价的价差的二分之一从激励对象的工资中分期扣除。

股票增值权的授予不会影响公司的总资本和所有权结构，不涉及股票来源问题。但股票增值权大多是现金兑现，所以对企业的资金压力比较大。因此，此模式适合于现金充足、发展稳定的成熟型企业。

4.分红权/虚拟股票

虚拟股票和分红权类似，公司授予激励对象的是一种股票的收益权，而非真实的股票。激励对象没有所有权、表决权，不能出售股票，一旦离开公司则自动失效。

虚拟股票/分红权模式实际上是将奖金延期支付，其资金来源于企业的奖励基金，其发放不会影响公司的总资本和所有权结构。同时，虚拟股票受市场的影响小，只要公司有好的收益，被授予者就可以通过分红分享到好处。但与股份增值权模式一样，虚拟股票模式也需要公司以现金支付，公司的现金压力较大，所以适合于现金充足、发展稳定的成熟型企业或非上市公司。

(三)股权激励在非上市公司中的作用

股权激励不仅适用于上市公司，还可以在非上市企业中使用。对公司员工来讲，实行股权激励有利于激发员工的积极性，实现自身价值。中小企业面临的最大问题之一就是人才的流失问题。由于待遇差距，很多中小企业很难吸引和留住高素质的管理和科研人才。实践证明，实施股权激励计划后，由于员工的长期价值能够通过股权激励得到体现，员工的工作积极性会大幅提高。同时，由于股权激励的约束作用，员工对公司的忠诚度也会有所增强。

对非上市公司来讲，股权激励有利于缓解公司面临的薪酬压力。由于绝大多数非上市公司都属于中小型企业，他们普遍面临资金短缺的问题。因此，通过股权激励的方式，公司能够适当地降低经营成本，减少现金流出。与此同时，也可以提高公司经营业绩，留住绩效高、能力强的核心人才。

对原有股东来讲，实行股权激励有利于降低职业经理人的“道德风险”，从而实现所有权与经营权的分离。非上市公司往往存在一股独大的现象，公司的所有权与经营权高度统一，导致公司的“三会”制度等在很多情况下形同虚设。随着企业的发展、壮大，公司的经营权将逐渐向职业经理人转移。由于股东和经理人追求的目标是不一致的，股东和经理人之间存在“道德风险”，需要通过激励和约束机制来引导和限制经理人的行为。

课后思考

1. 请简述财务考核的含义和形式。
2. 请说明财务激励机制建立的基础。
3. 财务激励中的物质激励有哪些方式？
4. 股权激励常用的形式有哪些？
5. 请说明股权激励在非上市企业中的作用。

案例讨论

阿里巴巴的股权激励

公司如何建立自己的长效激励制度一直是不少创业者思考的问题。阿里巴巴集团很早就发展了自己的股权激励制度，经过马云等阿里高层的发展和研究完善，阿里集团推出了一个“受限制股份单位计划”，这个制度很像创投模式中的 Vesting 条款，员工逐年取得期权，这样有利于保持团队的稳定性和员工的积极性，也能为阿里的收购大局提供筹码。

“在行权之日，第一件事是先缴税！”阿里巴巴的员工都知道，当你要借一大笔钱缴税的时候，多半是你股权激励变现钱的时候。这些钱可以交购房首付，或是买高配置 SUV 车。而阿里巴巴的中高层，每到奖励日，更是向属下大派红包。

“在阿里内部（可以说）有一个共识——（现金）奖金是对过去表现的认可，受限制股份单位计划则是对未来的预期，是公司认为你将来能做出更大贡献才授予你的。”谈及阿里巴巴集团的股份相关激励措施，一位从阿里巴巴离职的人士对记者表示。

在阿里巴巴集团的股权结构中，管理层、雇员及其他投资者持股合计占比超过 40%。根据阿里巴巴网络的招股资料，授予员工及管理层的股权报酬包括受限制股份单位计划、购股权计划和股份奖励计划三种，但对外界而言，如何获得、规模几何则扑朔迷离。

“员工一般都有（受限制股份单位，简称 RSU），每年随着奖金发放，年终奖或者半年奖都有可能。”上述人士表示，阿里巴巴的员工每年都可以得到至少一份受限制股份单位奖励，每一份奖励的具体数量则可能因职位、贡献的不同而存在差异。

阿里巴巴集团成立以来，曾采用四项股权奖励计划授出股权报酬，包括阿里巴巴集团 1999 年购股权计划、2004 年购股权计划、2005 年购股权计划及 2007 年股份奖励计划。

上述人士指出，实际上，2007 年，阿里巴巴集团旗下 B2B 业务阿里巴巴网络在香港上市后，购股权奖励就越来越少，受限制股份单位计划逐渐成为一个主要的股权激励措施。

受限制股份单位计划：4 年分期授予

无论是在曾经上市的阿里巴巴网络，还是在未上市的阿里巴巴集团，受限制股份单位计划都是其留住人才的一个重要手段。

“本质上就是（股票）期权。”该人士指出，员工获得受限制股份单位后，入职满一年方可行权。而每一份受限制股份单位的发放则是分 4 年逐步到位，每年授予 25%。而由于每年都会伴随奖金发放新的受限制股份单位奖励，员工手中所持受限制股份单位的数量会滚动增加。

这种滚动增加的方式，使得阿里巴巴集团的员工手上总会有一部分尚未行权的期权，进而帮助公司留住员工。

阿里巴巴网络 2011 年财报显示，截至当年年末，尚未行使的受限制股份单位数量总计约 5264 万份，全部为雇员持有。2012 年，阿里巴巴网络进行私有化时，阿里巴巴集团对员工持有的受限制股份单位同样按照 13.5 港元/股的价格进行回购。上述人士介绍，对于已经授予员工但尚未发放到位的受限制股份单位，则是在这部分到期发放时再以 13.5 港元/股的价格行权。

在整个集团中，除了曾上市的阿里巴巴网络较为特殊外，其他业务部门员工获得的受限制股份单位一般是针对集团股的认购权，而在阿里巴巴网络退市后，新授予的受限制股份单位也都改为集团股的认购权。

“受限制股份单位奖励和现金奖金奖励不同。”前述人士解释，前者反映了公司认为你是否未来还有价值，当年的业绩不好可能现金奖励不多，但如果认为未来价值很大，可能会有较多的受限制股份单位奖励。他指出，在一些特别的人才保留计划下，也可能会提前授予，一般而言，每个员工每年都可以得到至少 1 份受限制股份单位奖励，有些也可能是 2 份。

从本质上来看，在受限制股份单位和购股权激励下，员工获得的都是股票期权，二者的不同之处在于，受限制股份单位的行权价格更低，仅 0.01 港元。以退市前的阿里巴巴网络为例，持有其购股权的员工可能会因市价低于行权价而亏损，而对于持有受限制股份单位的员工而言，除非股价跌至0.01港元之下才会“亏损”。

由于未上市，阿里巴巴集团授出的集团股的受限制股份单位并没有可参考的市场价。比方说，2013年的公允价格为15.5美元/股，恰好契合了阿里巴巴集团上年回购雅虎股份时，股权融资部分普通股15.5美元/股的发行价。

“只有在行权的时候才会知道（公允价格），所有人都适用同一个价格。”该人士介绍，阿里巴巴集团内部有一个专门负责受限制股份单位授予、行权、转让等交易的部门——option（期权）小组。受限制股份单位可以在内部转让，也可以转让给外部第三方，但均须向option小组申请。一般而言，option小组对向外部转让的申请审核时间更长一些，需要耗时3至6个月。

对于员工而言，持股本身并不会带来分红收入，而是在行权时带来一次性收益。假设一名员工2009年加入阿里巴巴集团，获得2万股认购权，每股认购价格3美元，到2012年行权时公允价格13美元/股，那么行权将带来20万美元的收入。

股权套住并购企业

除了留住员工，受限制股份单位还有另一个重要用途——并购支付手段。

上述人士介绍，在阿里巴巴集团的并购交易中，一般现金支付部分不会超过50%，剩余部分则以阿里巴巴集团的受限制股份单位作为支付手段。

“这部分支付的受限制股份单位是从期权池中拿出来的，稀释一般是在一轮（新）投资时。”该人士解释，每次稀释后，从中划出部分作为期权池，用于未来的员工激励、并购等。

“离职的时候，尚未发放到位的股票期权也会重新回到期权池中。”该人士介绍，由于员工获得的受限制股份单位会滚动增加，直至离职的时候总会有部分已授予但未发放到位的期权。

一位曾参与阿里巴巴并购项目的人士说，通常比如阿里并购一家公司协议价是2000万人民币，阿里只会拿出现金600万元，另1400万元则以阿里4年受限制股份单位的股权来授予。而这一部分股权激励，主要是给并购公司的创始人或是原始股东的。据说，这也是马云并购公司的先决条件之一。

所谓“金手铐”，正是阿里巴巴飞速发展的机制保障之一。当然，据阿里内部人士说，阿里目前有25000名员工，其中中高层在1000名至2000名左右，如果以陆续行权的价格来计算的话，那阿里自成立以来给员工及高管开出的红利，将是一个天文数字。

（资料来源：MBA智库 http://doc.mbalib.com/）

讨论问题

1. 阿里巴巴集团的“受限制股份单位计划”激励措施的作用有哪些？
2. 查阅资料进一步理解阿里巴巴集团的“购股权计划”和“股份奖励计划”的实施模式。

附　录

附表 1　复利终值系数表(FVIF 表)

n/i	1%	2%	3%	4%	5%	6%	7%	8%	9%	10%	11%	12%	13%	14%	15%	16%	17%	18%	19%	20%	25%
1	1.010	1.020	1.030	1.040	1.050	1.060	1.070	1.080	1.090	1.100	1.110	1.120	1.130	1.140	1.150	1.160	1.170	1.180	1.190	1.200	1.250
2	1.020	1.040	1.061	1.082	1.103	1.124	1.145	1.166	1.188	1.210	1.232	1.254	1.277	1.300	1.323	1.346	1.369	1.392	1.416	1.440	1.563
3	1.030	1.061	1.093	1.125	1.158	1.191	1.225	1.260	1.295	1.331	1.368	1.405	1.443	1.482	1.521	1.561	1.602	1.643	1.685	1.728	1.953
4	1.041	1.082	1.126	1.170	1.216	1.262	1.311	1.360	1.412	1.464	1.518	1.574	1.630	1.689	1.749	1.811	1.874	1.939	2.005	2.074	2.441
5	1.051	1.104	1.159	1.217	1.276	1.338	1.403	1.469	1.539	1.611	1.685	1.762	1.842	1.925	2.011	2.100	2.192	2.288	2.386	2.488	3.052
6	1.062	1.126	1.194	1.265	1.340	1.419	1.501	1.587	1.677	1.772	1.870	1.974	2.082	2.195	2.313	2.436	2.565	2.700	2.840	2.986	3.815
7	1.072	1.149	1.230	1.316	1.407	1.504	1.606	1.714	1.828	1.949	2.076	2.211	2.353	2.502	2.660	2.826	3.001	3.185	3.379	3.583	4.768
8	1.083	1.172	1.267	1.369	1.477	1.594	1.718	1.851	1.993	2.144	2.305	2.476	2.658	2.853	3.059	3.278	3.511	3.759	4.021	4.300	5.960
9	1.094	1.195	1.305	1.423	1.551	1.689	1.838	1.999	2.172	2.358	2.558	2.773	3.004	3.252	3.518	3.803	4.108	4.435	4.785	5.160	7.451
10	1.105	1.219	1.344	1.480	1.629	1.791	1.967	2.159	2.367	2.594	2.839	3.106	3.395	3.707	4.046	4.411	4.807	5.234	5.696	6.192	9.313
11	1.116	1.243	1.384	1.539	1.710	1.898	2.105	2.332	2.580	2.853	3.152	3.479	3.836	4.226	4.652	5.117	5.624	6.176	6.777	7.430	11.642
12	1.127	1.268	1.426	1.601	1.796	2.012	2.252	2.518	2.813	3.138	3.498	3.896	4.335	4.818	5.350	5.936	6.580	7.288	8.064	8.916	14.552
13	1.138	1.294	1.469	1.665	1.886	2.133	2.410	2.720	3.066	3.452	3.883	4.363	4.898	5.492	6.153	6.886	7.699	8.599	9.596	10.699	18.190
14	1.149	1.319	1.513	1.732	1.980	2.261	2.579	2.937	3.342	3.797	4.310	4.887	5.535	6.261	7.076	7.988	9.007	10.147	11.420	12.839	22.737
15	1.161	1.346	1.558	1.801	2.079	2.397	2.759	3.172	3.642	4.177	4.785	5.474	6.254	7.138	8.137	9.266	10.539	11.974	13.590	15.407	28.422
16	1.173	1.373	1.605	1.873	2.183	2.540	2.952	3.426	3.970	4.595	5.311	6.130	7.067	8.137	9.358	10.748	12.330	14.129	16.172	18.488	35.527
17	1.184	1.400	1.653	1.948	2.292	2.693	3.159	3.700	4.328	5.054	5.895	6.866	7.986	9.276	10.761	12.468	14.426	16.672	19.244	22.186	44.409
18	1.196	1.428	1.702	2.206	2.407	2.854	3.380	3.996	4.717	5.560	6.544	7.690	9.024	10.575	12.375	14.463	16.879	19.673	22.091	26.623	55.511
19	1.208	1.457	1.754	2.107	2.527	3.026	3.617	4.316	5.142	6.116	7.263	8.613	10.197	12.056	14.232	16.777	19.748	23.214	27.252	31.948	69.389
20	1.220	1.486	1.806	2.191	2.653	3.207	3.870	4.661	5.604	6.727	8.062	9.646	11.523	13.743	16.367	19.461	23.106	27.393	32.429	38.338	86.736
25	1.282	1.641	2.094	2.666	3.386	4.292	5.427	6.848	8.623	10.835	13.585	17.000	21.231	26.462	32.919	40.874	50.658	62.669	77.388	95.396	264.700
30	1.348	1.811	2.427	3.243	4.322	5.743	7.612	10.063	13.268	17.449	22.892	29.960	39.116	50.950	66.212	85.850	111.070	143.37	184.68	237.38	807.790

附表 2　复利现值系数表(PVIF 表)

n/i	1%	2%	3%	4%	5%	6%	7%	8%	9%	10%	11%	12%	13%	14%	15%	16%	17%	18%	19%	20%	25%	30%
1	0.990	0.980	0.971	0.962	0.952	0.943	0.935	0.926	0.917	0.909	0.901	0.893	0.885	0.877	0.870	0.862	0.855	0.847	0.840	0.833	0.800	0.769
2	0.980	0.961	0.943	0.925	0.907	0.890	0.873	0.857	0.842	0.826	0.812	0.797	0.783	0.769	0.756	0.743	0.731	0.718	0.706	0.694	0.640	0.592
3	0.971	0.942	0.915	0.889	0.864	0.840	0.816	0.794	0.772	0.751	0.731	0.712	0.693	0.675	0.658	0.641	0.624	0.609	0.593	0.579	0.512	0.455
4	0.961	0.924	0.888	0.855	0.823	0.792	0.763	0.735	0.708	0.683	0.659	0.636	0.613	0.592	0.572	0.552	0.534	0.516	0.499	0.482	0.410	0.350
5	0.951	0.906	0.863	0.822	0.784	0.747	0.713	0.681	0.650	0.621	0.593	0.567	0.543	0.519	0.497	0.476	0.456	0.437	0.419	0.402	0.320	0.269
6	0.942	0.888	0.837	0.790	0.746	0.705	0.666	0.630	0.596	0.564	0.535	0.507	0.480	0.456	0.432	0.410	0.390	0.370	0.352	0.335	0.262	0.207
7	0.933	0.871	0.813	0.760	0.711	0.665	0.623	0.583	0.547	0.513	0.482	0.452	0.425	0.400	0.376	0.354	0.333	0.314	0.296	0.279	0.210	0.159
8	0.923	0.853	0.789	0.731	0.677	0.627	0.582	0.540	0.502	0.467	0.434	0.404	0.376	0.351	0.327	0.305	0.285	0.266	0.249	0.233	0.168	0.123
9	0.914	0.837	0.766	0.703	0.645	0.592	0.544	0.500	0.460	0.424	0.391	0.361	0.333	0.300	0.284	0.263	0.243	0.225	0.209	0.194	0.134	0.094
10	0.905	0.820	0.744	0.676	0.614	0.558	0.508	0.463	0.422	0.386	0.352	0.322	0.295	0.270	0.247	0.227	0.208	0.191	0.176	0.162	0.107	0.073
11	0.896	0.804	0.722	0.650	0.585	0.527	0.475	0.429	0.388	0.350	0.317	0.287	0.261	0.237	0.215	0.195	0.178	0.162	0.148	0.135	0.086	0.056
12	0.887	0.788	0.701	0.625	0.557	0.497	0.444	0.397	0.356	0.319	0.286	0.257	0.231	0.208	0.187	0.168	0.152	0.137	0.124	0.112	0.069	0.043
13	0.879	0.773	0.681	0.601	0.530	0.469	0.415	0.368	0.326	0.290	0.258	0.229	0.204	0.182	0.163	0.145	0.130	0.116	0.104	0.093	0.055	0.033
14	0.870	0.758	0.661	0.577	0.505	0.442	0.388	0.340	0.299	0.263	0.232	0.205	0.181	0.160	0.141	0.125	0.111	0.099	0.088	0.078	0.044	0.025
15	0.861	0.743	0.642	0.555	0.481	0.417	0.362	0.315	0.275	0.239	0.209	0.183	0.160	0.140	0.123	0.108	0.095	0.084	0.074	0.065	0.035	0.020
16	0.853	0.728	0.623	0.534	0.458	0.394	0.339	0.292	0.252	0.218	0.188	0.163	0.141	0.123	0.107	0.093	0.081	0.071	0.062	0.054	0.028	0.015
17	0.844	0.714	0.605	0.513	0.436	0.371	0.317	0.270	0.231	0.198	0.170	0.146	0.125	0.108	0.093	0.080	0.069	0.060	0.052	0.045	0.023	0.012
18	0.836	0.700	0.587	0.494	0.416	0.350	0.296	0.250	0.212	0.180	0.153	0.130	0.111	0.095	0.081	0.069	0.059	0.051	0.044	0.038	0.018	0.009
19	0.828	0.686	0.570	0.475	0.396	0.331	0.277	0.232	0.194	0.164	0.138	0.116	0.098	0.083	0.070	0.060	0.051	0.043	0.037	0.031	0.014	0.007
20	0.820	0.673	0.554	0.456	0.377	0.312	0.258	0.215	0.178	0.149	0.124	0.104	0.087	0.073	0.061	0.051	0.043	0.037	0.031	0.026	0.012	0.005
25	0.780	0.610	0.478	0.375	0.295	0.233	0.184	0.146	0.116	0.092	0.074	0.059	0.047	0.038	0.030	0.024	0.020	0.016	0.013	0.010	0.004	0.001
30	0.742	0.552	0.412	0.308	0.231	0.174	0.131	0.099	0.075	0.057	0.044	0.033	0.026	0.020	0.015	0.012	0.009	0.007	0.005	0.004	0.001	0
40	0.672	0.453	0.307	0.208	0.142	0.097	0.067	0.046	0.032	0.022	0.015	0.011	0.008	0.005	0.004	0.003	0.002	0.001	0.001	0.001	0	0
50	0.608	0.372	0.228	0.141	0.087	0.054	0.034	0.021	0.013	0.009	0.005	0.003	0.002	0.001	0.001	0.001	0	0	0	0	0	0

附表 3　年金终值系数表(FVIFA 表)

n/i	1%	2%	3%	4%	5%	6%	7%	8%	9%	10%	11%	12%	13%	14%	15%	16%	17%	18%	19%	20%	25%
1	1.000	1.000	1.000	1.000	1.000	1.000	1.000	1.000	1.000	1.000	1.000	1.000	1.000	1.000	1.000	1.000	1.000	1.000	1.000	1.000	1.000
2	2.010	2.020	2.030	2.040	2.050	2.060	2.070	2.080	2.090	2.100	2.110	2.120	2.130	2.140	2.150	2.160	2.170	2.180	2.190	2.200	2.250
3	3.030	3.060	3.091	3.122	3.153	3.184	3.215	3.246	3.278	3.310	3.342	3.374	3.407	3.440	3.473	3.506	3.539	3.572	3.606	3.640	3.813
4	4.060	4.122	4.184	4.246	4.310	4.375	4.440	4.506	4.573	4.641	4.710	4.779	4.850	4.921	4.993	5.066	5.141	5.215	5.291	5.368	5.766
5	5.101	5.204	5.309	5.416	5.526	5.637	5.751	5.867	5.985	6.105	6.228	6.353	6.480	6.610	6.742	6.877	7.014	7.154	7.297	7.442	8.207
6	6.152	6.308	6.468	6.633	6.802	6.975	7.153	7.336	7.523	7.716	7.913	8.115	8.323	8.536	8.754	8.977	9.207	9.442	9.683	9.930	11.259
7	7.214	7.434	7.662	7.898	8.142	8.394	8.654	8.923	9.200	9.487	9.783	10.089	10.405	10.730	11.067	11.414	11.772	12.142	12.523	12.916	15.073
8	8.286	8.583	8.892	9.214	9.549	9.897	10.260	10.637	11.028	11.436	11.859	12.300	12.757	13.233	13.727	14.240	14.773	15.327	15.902	16.499	19.842
9	9.369	9.755	10.159	10.583	11.027	11.491	11.978	12.488	13.021	13.579	14.164	14.776	15.416	16.085	16.786	17.519	18.285	19.086	19.923	20.799	25.802
10	10.462	10.950	11.464	12.006	12.578	13.181	13.816	14.487	15.193	15.937	16.722	17.549	18.420	19.337	20.304	21.321	22.393	23.521	24.701	25.959	33.253
11	11.567	12.169	12.808	13.486	14.207	14.972	15.784	16.645	17.560	18.531	19.561	20.655	21.814	23.045	24.349	25.733	27.200	28.755	30.404	32.150	42.566
12	12.683	13.412	14.192	15.026	15.917	16.870	17.888	18.977	20.141	21.384	22.713	24.133	25.650	27.271	29.002	30.850	32.824	34.931	37.180	39.581	54.208
13	13.809	14.680	15.618	16.627	17.713	18.882	20.141	21.495	22.953	24.523	26.212	28.029	29.985	32.089	34.352	36.786	39.404	42.219	45.244	48.497	68.760
14	14.947	15.974	17.086	18.292	19.599	21.015	22.550	24.215	26.019	27.975	30.095	32.393	34.883	37.581	40.505	43.672	47.103	50.818	54.841	59.196	86.949
15	16.097	17.293	18.599	20.024	21.579	23.276	25.129	27.152	29.361	31.772	34.405	37.280	40.417	43.842	47.580	51.660	56.110	60.965	66.261	72.035	109.69
16	17.528	18.639	20.157	21.825	23.657	25.673	27.888	30.324	33.003	35.950	39.190	42.753	46.672	50.980	55.717	60.925	66.649	72.939	79.850	87.442	138.11
17	18.430	20.012	21.762	23.698	25.840	28.213	30.840	33.750	36.974	40.545	44.501	48.884	53.739	59.118	65.075	71.673	78.979	87.068	96.022	105.93	173.64
18	19.615	21.412	23.414	25.645	28.132	30.906	33.999	37.450	41.301	45.599	50.396	55.750	61.725	68.394	75.836	84.141	93.406	103.74	115.27	128.12	218.05
19	20.811	22.841	25.117	27.671	30.539	33.760	37.379	41.446	46.018	51.159	56.939	63.440	70.749	78.969	88.212	98.603	110.29	123.41	138.17	154.74	273.56
20	22.019	24.297	26.870	29.778	33.066	36.786	40.995	45.762	51.160	57.275	64.203	72.052	80.947	91.025	102.44	115.38	130.03	146.63	165.42	186.69	342.95
25	28.243	32.030	36.459	41.646	47.727	54.865	63.249	73.106	84.701	98.347	114.41	133.33	155.62	181.87	212.79	249.21	292.11	342.60	402.04	471.98	1054.8
30	34.785	40.588	47.575	56.085	66.439	79.058	94.461	113.28	136.31	164.49	199.02	241.33	293.20	356.79	434.75	530.31	647.44	790.95	966.70	1181.9	3227.2

附表 4　年金现值系数表(PVIFA 表)

n/i	1%	2%	3%	4%	5%	6%	7%	8%	9%	10%	11%	12%	13%	14%	15%	16%	17%	18%	19%	20%	25%
1	0.990	0.980	0.971	0.962	0.952	0.943	0.935	0.926	0.917	0.909	0.901	0.893	0.885	0.877	0.870	0.862	0.855	0.847	0.840	0.833	0.800
2	1.970	1.942	1.913	1.886	1.859	1.833	1.808	1.783	1.759	1.736	1.713	1.690	1.668	1.647	1.626	1.605	1.585	1.566	1.547	1.528	1.440
3	2.941	2.884	2.829	2.775	2.723	2.673	2.624	2.577	2.531	2.487	2.444	2.402	2.361	2.322	2.283	2.246	2.210	2.174	2.140	2.106	1.952
4	3.902	3.808	3.717	3.630	3.546	3.465	3.387	3.312	3.240	3.170	3.102	3.037	2.974	2.914	2.855	2.798	2.743	2.690	2.639	2.589	2.362
5	4.853	4.713	4.580	4.452	4.329	4.212	4.100	3.993	3.890	3.791	3.696	3.605	3.517	3.433	3.352	3.274	3.199	3.127	3.058	2.991	2.689
6	5.795	5.601	5.417	5.242	5.076	4.917	4.767	4.623	4.486	4.355	4.231	4.111	3.998	3.889	3.784	3.685	3.589	3.498	3.410	3.326	2.951
7	6.728	6.472	6.230	6.002	5.786	5.582	5.389	5.206	5.033	4.868	4.712	4.564	4.423	4.288	4.160	4.039	3.922	3.812	3.706	3.605	3.161
8	7.652	7.325	7.020	6.733	6.463	6.210	5.971	5.747	5.535	5.335	5.146	4.968	4.799	4.639	4.487	4.344	4.207	4.078	3.954	3.837	3.329
9	8.566	8.162	7.786	7.435	7.108	6.802	6.515	6.247	5.995	5.759	5.537	5.328	5.132	4.946	4.472	4.607	4.451	4.303	4.163	4.031	3.463
10	9.471	8.983	8.530	8.111	7.722	7.360	7.024	6.710	6.418	6.145	5.889	5.650	5.426	5.216	5.019	4.833	4.659	4.494	4.339	4.192	3.571
11	10.368	9.787	9.253	8.760	8.306	7.887	7.499	7.139	6.805	6.495	6.207	5.938	5.687	5.453	5.234	5.029	4.836	4.656	4.486	4.327	3.656
12	11.255	10.575	9.954	9.385	8.863	8.384	7.943	7.536	7.161	6.814	6.492	6.194	5.918	5.660	5.421	5.197	4.988	4.793	4.611	4.439	3.725
13	12.134	11.348	10.635	9.986	9.394	8.853	8.358	7.904	7.487	7.103	6.750	6.424	6.122	5.842	5.583	5.342	5.118	4.910	4.715	4.533	3.780
14	13.004	12.106	11.296	10.563	9.899	9.295	8.745	8.244	7.786	7.367	6.982	6.628	6.302	6.002	5.724	5.468	5.229	5.008	4.802	4.611	3.824
15	13.865	12.849	11.938	11.118	10.380	9.712	9.108	8.559	8.061	7.606	7.191	6.811	6.462	6.142	5.847	5.575	5.324	5.092	4.876	4.675	3.859
16	14.718	13.578	12.561	11.652	10.838	10.106	9.447	8.851	8.313	7.824	7.379	6.974	6.604	6.265	5.954	5.668	5.405	5.162	4.938	4.730	3.887
17	15.562	14.292	13.166	12.166	11.274	10.477	9.763	9.122	8.544	8.022	7.549	7.102	6.729	6.373	6.047	5.749	5.475	5.222	4.988	4.775	3.910
18	16.398	14.992	13.754	12.659	11.690	10.828	10.059	9.372	8.756	8.201	7.702	7.250	6.840	6.467	6.128	5.818	5.534	5.273	5.033	4.812	3.928
19	17.226	15.678	14.324	13.134	12.085	11.158	10.336	9.604	8.950	8.365	7.839	7.366	6.938	6.550	6.198	5.877	5.584	5.316	5.070	4.843	3.942
20	18.046	16.351	14.877	13.590	12.462	11.470	10.594	9.818	9.129	8.514	7.963	7.469	7.025	6.623	6.259	5.929	5.628	5.353	5.101	4.870	3.954
25	22.023	19.523	17.413	15.622	14.094	12.783	11.654	10.675	9.823	9.077	8.422	7.843	7.330	6.873	6.464	6.097	5.766	5.467	5.195	4.948	3.985
30	25.808	22.396	19.600	17.292	15.372	13.765	12.409	11.258	10.274	9.427	8.694	8.055	7.496	7.003	6.566	6.177	5.829	5.517	5.235	4.979	3.995
40	32.835	27.355	23.115	19.793	17.159	15.046	13.332	11.925	10.757	9.779	8.951	8.244	7.634	7.105	6.642	6.233	5.871	5.548	5.258	4.997	3.999
50	39.196	31.424	25.730	21.482	18.256	15.762	13.801	12.233	10.962	9.915	9.042	8.304	7.675	7.133	6.661	6.246	5.880	5.554	5.262	4.999	4.000

参考文献

[1]张丹.公司财务管理[M].武汉:华中科技大学出版社,2013.

[2] 荆新,王化成,刘俊彦.财务管理学(第7版)[M].北京:经济管理出版社,2009.

[3] 王积田,温薇.财务管理[M].北京:人民邮电出版社,2012.

[4] 赵艳秉,周庆海.财务管理原理[M].北京:北京大学出版社,2012.

[5] 刘锦辉,任海峙.财务管理学[M].上海:上海财经大学,2010.

[6] 彭海颖,罗美娟、叶继英.财务管理学——教程与案例(第二版)[M].杭州:浙江大学出版社,2011.

[7] 刘淑莲,牛彦秀.公司理财(第二版)[M].大连:东北财经大学出版社,2011.

[8] 裘益政,竺素娥.财务管理案例[M].大连:东北财经大学出版社,2011.

[9] 徐凤菊,方明,刘英.上市公司典型理财案例[M].武汉:武汉理工大学出版社,2004.

[10] 张友棠.财务预警系统管理研究[M].北京:中国人民大学出版社,2004.

[11] 彭浪,胡世红,刘衡.高级财务管理学[M].北京:经济管理出版社,2010.

[12] 徐鹿,邱玉兴.高级财务管理[M].北京:科学出版社,2007.

[13] 陈国欣.财务管理学(第二版)[M].天津:南开大学出版社,2011.

[14] 谷卫,张俊民.财务管理学(第四版)[M].上海:立信会计出版社,2008.

[15] 卢家仪.财务管理(第四版)[M].北京:清华大学出版社,2011.

[16] 陈玉箐.财务管理实务与案例[M].北京:中国人民大学出版社,2001.

[17] 丁玉芳,邓小军.高级财务管理理论与实务[M].北京:经济管理出版社,2009.

[18] 詹姆斯·范·霍恩.财务管理与政策教程(第10版)[M].宋逢明,等译.北京:华夏出版社,2000.

[19] 斯蒂芬·罗斯,等.公司理财[M].吴世农,等译.北京:机械工业出版社,2005.

[20] 道格拉斯·爱默瑞,等.公司财务管理[M].荆新,王化成,等译.北京:中国人民大学出版社,1999.